Barbara Grabow-von Dahlen

Handelspolitik der Bundesrepublik Deutschland gegenüber Entwicklungsländern

SCHRIFTEN
DES DEUTSCHEN ÜBERSEE-INSTITUTS
HAMBURG

-------------------------------------- Nummer 24 --------------------------------------

Barbara Grabow-von Dahlen

Handelspolitik
der Bundesrepublik Deutschland
gegenüber Entwicklungsländern

Hamburg 1994

Geographisches Institut
der Universität Kiel

Gesamtherstellung: Deutsches Übersee-Institut, Hamburg

ISBN 3-926953-23-3
Copyright Deutsches Übersee-Institut
Hamburg 1994

DEUTSCHES ÜBERSEE-INSTITUT

Das Deutsche Übersee-Institut ist ein Institutsverbund bestehend aus:

- dem Institut für Allgemeine Überseeforschung
- dem Institut für Asienkunde
- dem Deutschen Orient-Institut
- dem Institut für Iberoamerika-Kunde
- dem Institut für Afrika-Kunde

Das Deutsche Übersee-Institut hat die Aufgabe, gegenwartsbezogene, regionale und überregionale Forschung zu betreiben und zu fördern. Im Bereich der überregionalen Forschung stehen die Entwicklungen der Nord-Süd- und der Süd-Süd-Beziehungen im Mittelpunkt des Interesses.
Das Deutsche Übersee-Institut ist bemüht, in seinen Publikationen verschiedene Meinungen zu Wort kommen zu lassen, die jedoch grundsätzlich die Meinung des Autors und nicht unbedingt die des Instituts darstellen.

Inhaltsverzeichnis .... Seite

Verzeichnis der verwendeten Abkürzungen VIII
Verzeichnis der Tabellen X
Verzeichnis der Abbildungen XII

1 Einleitung... 1
   1.1 Ziel und Gegenstand der Arbeit.. 3
   1.2 Vorgehensweise 4
   1.3 Begriffliche Grundlagen 5

2 Entwicklungstendenzen im Welthandel.. 8
   2.1 Entwicklung des Welthandelsvolumens 8
   2.2 Entwicklung der Welthandelsströme 10
   2.3 Strukturmerkmale des Welthandels 13
   2.4 Rahmenbedingungen für den Welthandel.................................... 18
   2.5 Die Stellung der Entwicklungsländer im Welthandel...................... 22
       2.5.1 Die Entwicklung des EL - Anteils am Welthandelsvolumen... 22
       2.5.2 Die Handelsströme der EL..................................... 25
       2.5.3 Merkmale der sektoralen Exportstruktur.................. 27
       2.5.4 Merkmale der sektoralen Importstruktur.................. 30
       2.5.5 Entwicklung der Terms of Trade............................. 31

3 Entwicklung und Struktur des deutschen Außenhandels......................... 32
   3.1 Entwicklung des Außenhandelsvolumens in den achtziger Jahren ... 32
   3.2 Die Handelsströme der Bundesrepublik Deutschland..................... 33
   3.3 Merkmale der sektoralen Export-/Importstruktur.......................... 35
   3.4 Die Entwicklung des Außenhandels mit den Entwicklungsländern... 37
       3.4.1 Regionale Entwicklung und Struktur des Außenhandels mit den
           Entwicklungsländern 39
       3.4.2 Die sektorale Entwicklung und Struktur des Außenhandels mit den
           Entwicklungsländern 41

4 Entwicklungsländerbezogene Handelspolitik der Bundesrepublik
Deutschland auf nationaler Ebene.. 46
   4.1 Handelspolitische Ziele und Grundsätze 46
   4.2 Verwirklichungsebenen handelspolitischer Ziele und Grundsätze ... 48
       4.2.1 Exkurs: Zuständigkeitsbereiche der EG gemäß Art.113 EWG-
           Vertrag 48
       4.2.2 Freiräume für eine nationale Handelspolitik............... 51
   4.3 Umsetzung der Handelspolitik auf nationaler Ebene..................... 54
       4.3.1 Rechtliche Rahmenbedingungen............................. 54
       4.3.2 Förderung von deutschen Exporten in die Entwicklungsländer ... 60
           4.3.2.1 Beratungs - und Kontaktstellen für den Außenhandel... 60
           4.3.2.2 Möglichkeiten der Exportfinanzierung und Ausfuhrgewähr-
               leistungen.. 66
           4.3.2.3 Förderung von Auslandsmessebeteiligungen von Bund und
               Ländern... 79
           4.3.2.4 Sonstige Fördermaßnahmen von Bund und Ländern.... 85
       4.3.3 Indirekte Exportförderung durch wirtschaftspolitische und /oder
           entwicklungspolitische Maßnahmen......................... 87

4.3.3.1 Exportmöglichkeiten im Rahmen der entwicklungspolitischen
Zusammenarbeit mit Entwicklungsländern 88
4.3.3.2 Sonstige indirekte Fördermaßnahmen............................. 94
4.3.4 Exkurs: Die Instrumente der deutschen Exportförderung im internationalen Vergleich 97
4.3.5 Förderung von Exporten aus den Entwicklungsländern 102
4.3.5.1 Beratungs- und Kontaktstellen für Exporteure aus den
Entwicklungsländern in der Bundesrepublik Deutschland 103
4.3.5.2 Handelsförderung im Rahmen der bilateralen Entwicklungszusammenarbeit.. 105
4.3.5.3 Der Integrierte Beratungsdienst für die Privatwirtschaft
(IBD) in den Entwicklungsländern..109
4.3.6 Funktion, Bedeutung und Förderung von Direktinvestitionen für die
Gestaltung der Außenwirtschaftsbeziehungen zu den Entwicklungsländern 125
4.3.6.1 Entwicklung und Merkmale der Direktinvestitionen in Entwicklungsländer unter besonderer Berücksichtigung
deutscher Direktinvestitionen 126
4.3.6.2 Außenwirtschaftseffekte von Direktinvestitionen................... 129
4.3.6.3 Das Instrumentarium zur Förderung von Direktinvestitionen
in Entwicklungsländern 134

5 Entwicklungsländerbezogene Handelspolitik der Bundesrepublik Deutschland im Rahmen der EG 149
5.1 Die Institution Europäische Gemeinschaft... 149
5.2 Handelspolitische Ziele und Grundsätze der EG 154
5.3 Möglichkeiten einer Einflußnahme auf die EG - Handelspolitik seitens der
Bundesrepublik Deutschland.. 158
5.4 Umsetzung der EG - Handelspolitik.. 162
5.4.1 Das Allgemeine Zollpräferenzabkommen 163
5.4.2 Handelspolitik im Rahmen der Lomé - Verträge................................ 172
5.4.2.1 Grundlagen der Lomé - Verträge 172
5.4.2.2 Behandlung handelspolitischer Fragen im Rahmen des
Lomé IV Abkommens 177
5.4.2.2.1 Handelspolitik im Agrarbereich........................... 181
5.4.2.2.2 Handelspolitik im Bereich mineralischer
Rohstoffe 187
5.4.2.2.3 Handelspolitik im Bereich Halb- und Fertigwaren ... 190
5.4.2.3 Maßnahmen zur Absatzförderung... 191
5.4.3 Handelspolitik im Rahmen der Kooperation mit Staaten des
südlichen und östlichen Mittelmeers... 194
5.4.4 Handelspolitik im Rahmen der Zusammenarbeit mit den
Entwicklungsländern Asiens und Lateinamerikas............................... 200
5.4.5 Handelspolitik im Rahmen der multilateralen Zusammenarbeit........... 205
5.5 Zur Genese des europäischen Binnenmarktes und dessen Implikationen für
die künftigen Handelsbeziehungen der EG zu Entwicklungs- und Schwellenländern 207
5.5.1 Bausteine und Zielsetzungen des europäischen Binnenmarktes 208
5.5.2 Faktische und potentielle Auswirkungen des integrierten Marktes für
die Handelsbeziehungen der EG zu Entwicklungs- und Schwellenländern 209

5.5.2.1 Überblick über die Auswirkungen bzw. zu erwartenden
Auswirkungen 210
5.5.2.2 Produktspezifische und ländergruppenspezifische
Auswirkungen 211
5.5.2.3 Überblick über Akteure und Kräfte der Strukturierung und
Konfiguration der künftigen Handelsbeziehungen 213

6 Entwicklungsländerbezogene Handelspolitik der Bundesrepublik Deutschland auf internationaler Ebene 217

6.1 Handelspolitik im Rahmen des GATT 217
    6.1.1 Zur Entstehung des GATT 217
    6.1.2 Ziele und Grundsätze des GATT 218
    6.1.3 Organisation und Arbeitsweise des GATT 220
    6.1.4 Ergebnisse, Bedeutung und Konfliktfelder der GATT-
    Verhandlungen unter besonderer Berücksichtigung der laufenden
    Uruguay-Runde 223
        6.1.4.1 Die Erklärung von Punta del Este 223
        6.1.4.2 Verhandlungspositionen in der Uruguay - Runde 224
        6.1.4.3 Arbeitsschwerpunkte und Verhandlungsverlauf im Rahmen
        der Uruguay - Runde 231
        6.1.4.4 Die Folgen eines möglichen Scheiterns der
        Uruguay - Runde 241
6.2 Die Handelspolitik im Rahmen des UN Systems und anderer internationaler
Organisationen 243
    6.2.1 Handelspolitik im Rahmen des UN-Systems 243
    6.2.2 Funktion und Bedeutung der UNCTAD 244
        6.2.2.1 Aufgaben und Organisation der UNCTAD 244
        6.2.2.2 Ergebnisse der UNCTAD Vollversammlungen 245
    6.2.3 Rolle und Funktion sonstiger Organisationen im Rahmen des UN-
    Systems 250
    6.2.4 Handelspolitik im Rahmen sonstiger internationaler Organisationen... 254

7 Fazit 256

Verzeichnis der verwendeten Abkürzungen

Abl.	Amtsblatt der EG
ASEAN	Association of Southeast Asian Nations (Vereinigung Südostasiatischer Länder)
APS	allgemeines Präferenzsystem
BDI	Bundesverband der Deutschen Industrie
BfAI	Bundesstelle für Außenhandelsinformationen
BMWi	Bundesministerium für Wirtschaft
BMZ	Bundesministerium für wirtschaftliche Zusammenarbeit und Entwicklung
CDG	Carl Duisberg Gesellschaft
CIM	Centrum für Internationale Migration und Entwicklung
DAC	Development Assistance Committee (Entwicklungshilfeausschuß der OECD)
DBA	Doppelbesteuerungsabkommen
DEG	Deutsche Investitions- und Entwicklungsgesellschaft mbH
DI	Direktinvestition
DIHT	Deutscher Industrie- und Handelstag
DÜI	Deutsches Übersee-Institut
ECIIP	European Communities-International Investment Partners
EEF	Europäischer Entwicklungsfonds
EG	Europäische Gemeinschaften
EGKS	Europäische Gemeinschaft für Kohle und Stahl
EIB	Europäische Investitionsbank
EL	Entwicklungsländer
ERP	European Recovery Program
EuGH	Gerichtshof der Europäischen Gemeinschaften
EZ	Entwicklungszusammenarbeit
FAO	Food and Agriculture Organization of the United Nations (Ernährungs- und Landwirtschaftsorganisation der Vereinten Nationen)
FZ	Finanzielle Zusammenarbeit
GATT	General Agreement on Tariffs and Trade (Allgemeines Zoll- und Handelsabkommen)
Gesamttextil	Gesamtverband der Textilindustrie in der Bundesrepublik Deutschland
GTZ	Deutsche Gesellschaft für Technische Zusammenarbeit
GZT	Gemeinsamer Zolltarif
IBD	Integrierter Beratungsdienst für die Privatwirtschaft in Entwicklungsländern
IDA	International Development Association (Internationale Entwicklungsorganisation)
IFC	International Finance Corporation (Internationale Finanz-Corporation)
IHK	Industrie- und Handelskammer
IL	Industrieländer
ITC	International Trade Centre (Internationales Handelszentrum)
KfW	Kreditanstalt für Wiederaufbau
LDC	Least Developed Countries (am wenigsten entwickelte Länder)
NfA	Nachrichten für Außenhandel
OECD	Organization for Economic Cooperation and Development (Organisation für wirtschaftliche Zusammenarbeit und Entwicklung)
OPEC	Organization of Petroleum Exporting Countries (Organisation erdölexportierender Länder)
RKW	Rationalisierungs-Kuratorium der Deutschen Wirtschaft e.V.

SES	Senior Experten Service
so.	sonstige
TZ	Technische Zusammenarbeit
UN/-VN	United Nations (Vereinte Nationen)
UNCTAD	United Nations Conference on Trade and Development (Welthandels- und Entwicklungskonferenz)
UNIDO	United Nations Industrial Development Organization (Organisation der Vereinten Nationen für industrielle Entwicklung)

Verzeichnis der Tabellen ....Seite

Tab. 1 : Liste der führenden Welthandelsländer 11

Tab. 2 : Beispiele historisch bedingter regionaler Konzentrationen im
Außenhandel (in % der Gesamtexporte 1989) 14

Tab. 3 : Die Entwicklung der regionalen Exportstruktur der EL 25

Tab. 4 : Anteil von Rohstoffen an der Warenausfuhr 1989 (in %) 28

Tab. 5 : Die Bedeutung einzelner Warengruppen im Welthandel (in %) 28

Tab. 6 : Anteile am Welthandel mit Fertigwaren (in %) 29

Tab. 7 : Merkmale der sektoralen Importstruktur (in % der Gesamtexporte).... 30

Tab. 8 : Die wichtigsten deutschen Exportkunden 1991 34

Tab. 9 : Entwicklung der sektoralen Import - und Exportstruktur nach
Warengruppen (in %) 36

Tab.10 : Bedeutung einzelner Gütergruppen in der Import - Exportstruktur
(in % von Gesamt) 36

Tab.11 : Entwicklung der Importe und Exporte aus den Entwicklungsländern
in den achtziger Jahren (in Mrd. DM) 37

Tab.12 : Entwicklung der Im- und Exporte nach Regionen (in Mrd. DM) 39

Tab.13 : Anteil an den Gesamtimporten aus Entwicklungsländern nach
Regionen 1991 (in %) 40

Tab.14 : Anteil an den Gesamtexporten in die Entwicklungsländer nach
Regionen 1991 (in %) 40

Tab.15 : Die wichtigsten Handelspartner aus den Entwicklungsländern
1991 (in Mrd. DM) 41

Tab.16 : Warenstruktur der Einfuhren aus den Entwicklungsländern (in %) 42

Tab.17 : Anteil der EL an den Gesamtimporten der Bundesrepublik nach
Warengruppen (in %) 44

Tab.18 : Anteil der EL an den Gesamtexporten der Bundesrepublik
Deutschland nach Warengruppen (in %) 45

Tab.19 : Publikationsübersichten 63

Tab.20 : Zins - und Provisionssätze der AKA Ausfuhrkredit - Gesellschaft
mbH (Oktober 1992) 70

Tab.21 : Förderung von Auslandsmessebeteiligungen für mittelständische
Unternehmen durch die Bundesländer.. 83

Tab.22 : Maßgebliche Umsatzgrenzen für die Förderung von Beratungen......... 85

Tab.23 : Intensität der Exportförderung in den einzelnen Bereichen................. 99

Tab.24 : Mögliche Ansprechpartner für einen ausländischen Exporteur in der
Bundesrepublik Deutschland.. 104

Tab.25 : Beispiel eines IBD-Projektes.. 112

Tab.26 : Beispiele für wichtige Beratungsfelder und deren Zuordnung zu
bestimmten Zielgruppen und Ebenen.. 116

Tab.27 : Übersicht über die derzeitigen IBD bzw. IBD- ähnlichen Projekte...... 119

Tab.28 : Anteil der EG am Handel ausgewählter AKP - Staaten...................... 179

Tab.29 : Globale Mittelausstattung im Rahmen der Mittelmeerpolitik.............. 196

Tab.30 : Bedeutung der EG für den Außenhandel der
Mittelmeeranrainerstaaten 199

Tab.31 : Vertragsparteien des Allgemeinen Zoll - und Handelsabkommens
(Stand Juli 1992).. 222

Tab.32 : Länder, die die GATT-Regeln de facto anwenden (Stand Juli 1992)... 222

Tab.33 : Die Verhandlungsrunden des GATT und ihre Ergebnisse.................. 225

Verzeichnis der Abbildungen .... **Seite**

Abb. 1 : Entwicklung des Welthandelsvolumens 9

Abb. 2 : Zuwachsraten des Welthandelsvolumens 9

Abb. 3 : Anteile am Welthandel (in %) 11

Abb. 4 : Regionale Verteilung der Exporte der westlichen Industrieländer
1989 12

Abb. 5 : Anteil der EL am Welthandelsvolumen nach Regionen (in %) 23

Abb. 6 : Durchschnittliche Wachstumsrate der Exporte von 1980-1989 (in %) . 24

Abb. 7 : Entwicklung der Terms of Trade (1980=100) 31

Abb. 8 : Die Entwicklung des Außenhandels der Bundesrepublik Deutschland
von 1980-1991 (in Mrd. DM) 33

Abb. 9 : Überblick über Ausfuhr-, Durchfuhr-, Transitbeschränkungen von
Embargowaren nach dem Außenwirtschaftsrecht und Kriegswaffen-
kontrollgesetz (Stand März/91) 59

Abb.10 : Exportförderung im Ländervergleich 102

Abb.11 : Ablauf eines Maßnahmenpakets 120

Abb.12 : Das Protrade-Leistungsangebot 121

Abb.13 : Handelsbeeinflussende Auswirkungen von kosten- , absatz- , und
beschaffungsorientierten Direktinvestitionen 135

Abb.14 : Zusagenbestand nach Kontinenten (Stand Ende 1991) 141

Abb.15 : Zusagenbestand nach Wirtschaftssektoren (Stand Ende 1991) 141

Abb.16 : Lomé IV Finanzprotokoll 175

Abb.17 : Einflußgrößen für Strukturierung der Handelsbeziehungen der EG zu
den Entwicklungs- und Schwellenländern 216

Abb.18 : Organogramm der Uruguay-Runde 232

1 Einleitung

Die achtziger Jahre waren gekennzeichnet von einem tiefgreifenden Strukturwandel in der Weltwirtschaft, der sich auch zu Beginn der neunziger Jahre fortsetzte. Die sich verändernde Stellung der Entwicklungsländer in der Weltwirtschaft ist dabei einer der wesentlichen Faktoren der sich verändernden weltwirtschaftlichen Rahmenbedingungen.

Die Entwicklungsländer haben sich in den letzten Jahren zunehmend weltwirtschaftlich geöffnet. Trotz der verstärkten Weltmarktorientierung und durchaus beachtlichen Fortschritten hinsichtlich des Diversifizierungsgrades ihrer Produktions- und Exportstrukturen ist es ihnen jedoch insgesamt, weder durch eine Intensivierung des Nord-Süd-Handels noch durch eine Ausweitung des Handels untereinander, gelungen, eine gewichtigere Rolle im Welthandel zu übernehmen. In diesem Zusammenhang ist in den letzten Jahren ein verstärktes Bemühen der Entwicklungsländer erkennbar, den Süd-Süd-Handel vor allem durch die Wiederbelebung regionaler Integrationspläne zu intensivieren. Allerdings darf hierbei nicht übersehen werden, daß der Süd-Süd-Handel, auch wenn er in den letzten Jahren deutliche Zuwachsraten aufweist, weltwirtschaftlich unverändert von nur untergeordneter Bedeutung ist. Hauptakteure im internationalen Handel sind weiterhin die EG, Japan und die USA, die einen immer größeren Anteil des Welthandels unter sich und zudem im wachsendem Maße intraregional abwickeln. Dieser Trend zur Polarisierung in den Handelsbeziehungen äußert sich u.a. in dem wachsenden Protektionismus der Industrieländer untereinander und vor allem gegenüber den Entwicklungsländern. Der Warenaustausch mit der übrigen Welt ist deutlich hinter der Dynamik der immer enger werdenden Verflechtungen zwischen den wichtigsten Industrienationen zurückgeblieben. Auf seiten der Entwicklungsländer sind allein die asiatischen Schwellenländer in die anhaltenden Konzentrationsprozesse miteinbezogen. Sie bilden im asiatisch-pazifischen Raum gemeinsam mit Japan die dritte große Handelsregion, deren Entwicklung in den letzten Jahren zudem noch weitaus dynamischer verlief als in den Handelsregionen Nordamerika und Europa.

Im Gegensatz zu der wachsenden Integration einiger weniger Schwellenländer in das Welthandelssystem, wurde die Gruppe der ärmsten Entwicklungsländer von der dynamischen Welthandelsentwicklung weitgehend abgehängt. Ihre Stellung im Welthandel hat sich geradezu marginalisiert. Zurückgefallen sind auch die hochverschuldeten Entwicklungsländer, denen es ebenfalls nicht gelungen ist, mit der von den Industrieländern getragenen Expansion des Welthandels Schritt zu halten. Die Stellung der Entwicklungsländer ist somit geprägt durch eine zunehmende Differenzierung einzelner Entwicklungsländergruppen in Hinblick auf ihre

Fähigkeit zu einer erfolgreichen Integration ihrer Volkswirtschaften in das Weltwirtschaftssystem.

Die sich vollziehende Polarisierung im Welthandel findet seine Entsprechung bei den Auslandsinvestitionen. Sie dienen in zunehmendem Maße der Internationalisierung der Produktion mit immer intensiveren und komplexeren grenzüberschreitenden Vorleistungs- und Absatzverflechtungen. Derartig motivierte Investitionen lösen in erheblichem Umfang handelsschaffende Wirkungen aus. Dies hat zur Folge, daß die umfangreichen Verlagerungen von Produktionskapazitäten ins Ausland als eine der treibenden Kräfte der Welthandelsentwicklung im letzten Jahrzehnt anzusehen sind. An dieser Entwicklung konnten, bis auf wenige Ausnahmen, die Entwicklungsländer jedoch nicht partizipieren, da ausländische Direktinvestitionen eine nahezu ausschließliche Domäne der Industrieländer geworden sind.

Vor dem Hintergrund einer sich verstärkenden Regionalisierung und Polarisierung im Welthandel stellt sich die Frage nach den wirtschaftlichen Perspektiven der Entwicklungsländer in den 90er Jahren. Über ihre Integration in das Weltwirtschaftssystem oder ihre Marginalisierung entscheiden sie durch ihre Bereitschaft zur wirtschafts- und handelspolitischen Reformierung zu einem nicht unwesentlichen Teil selber. Das Außenwirtschaftssystem zahlreicher Entwicklungsländer ist nach wie vor durch einen niedrigen Liberalisierungsgrad gekennzeichnet, was eine erfolgreiche Integration in die Weltwirtschaft sicherlich erschwert. In den letzten Jahren sind allerdings im Rahmen eines weltweiten ordnungspolitischen Umdenkens auch immer mehr Entwicklungsländer dazu übergegangen, ihren Außenwirtschaftssektor zu reformieren. Für die Exportindustrie ist hierbei vor allem die Liberalisierung der Importe von Kapitalgütern und Vorprodukten von besonderem Interesse. Auch die teilweise erheblichen Abwertungen der Währungen und die Einführung flexiblerer Wechselkurssysteme im Verbund mit einem Ausbau der Exportförderungssysteme haben die Voraussetzungen für eine verstärkte Integration in den Welthandel verbessert.

Für ein Land wie die Bundesrepublik Deutschland, das derart intensiv in die Weltwirtschaft integriert und auch mit den Entwicklungsländern über mannigfaltige wirtschaftliche Beziehungen verflochten ist, liegt es im vitalen Eigeninteresse, eine geordnete Entwicklung des Weltwirtschaftssystems sicherzustellen. Die weitergehende Integration der Entwicklungsländer durch eine Ausdehnung der Handelsverflechtungen sowohl auf der Export- als auch auf der Importseite sind dabei eine wesentliche Voraussetzung für eine geordnete und expansive Entwicklung.

In diesem Zusammenhang stellt sich Frage, welchen Beitrag die von der Bundesrepublik betriebene Handelspolitik leisten kann, die Entwicklungsländer bei deren eigenen Bemühungen aktiv zu unterstützen, bzw. auf eine positive Gestaltung der weltwirtschaftlichen Rahmenbedingungen hinzuwirken. Es gilt vor allem zum einen den entwicklungspolitisch unbefriedigenden Trend einer zunehmenden Marginalisierung bei einer wachsenden Anzahl von Entwickungsländern umzukehren und zum anderen damit die Stellung der Entwicklungsländer im Welthandel insgesamt aufzuwerten.

1.1 Ziel und Gegenstand der Arbeit

Vor dem Hintergrund der tiefgreifenden Veränderungen in der Weltwitschaft ist es das Ziel der nachfolgenden Ausführungen, die Handelspolitik der Bundesrepublik Deutschland gegenüber den Entwicklungsländern auf ihren entwicklungspolitischen Stellenwert hin zu untersuchen und die Möglichkeiten und Grenzen zur Verbesserung des handelspolitischen Instrumentariums in Hinblick auf eine Ausdehnung des Handelsvolumens unter gleichberechtigten Partnern aufzuzeigen.

Entsprechend dieser Zielsetzung bildet die Systematisierung und Darstellung der deutschen Handelspolitik, wie sie durch den Einsatz des zur Verfügung stehenden handelspolitischen Instrumentariums auf nationaler, europäischer und internationaler Ebene zum Ausdruck kommt, einen wesentlichen Schwerpunkt. Neben einer ausführlichen Darstellung der auf der jeweiligen Ebene zum Einsatz kommenden handelspolitischen Instrumente werden jeweils Anhaltspunkte in Bezug auf die Relevanz der eingesetzten Instrumente für die Gestaltung der Handelsbeziehungen zu den Entwicklungsländern herausgestellt und bestehende Problembereiche identifiziert. Auf eine ausführliche Beurteilung der Effizienz und Effektivität der einzelnen Instrumente mußte allerdings verzichtet werden, da hierzu jedes Instrument Gegenstand umfangreicher empirischer Untersuchungen geworden wäre und damit den Rahmen der Arbeit gesprengt hätte.

Die Analyse der wesentlichen Problemfelder auf den unterschiedlichen handelspolitischen Ebenen und deren Auswirkungen auf die Entwicklung und Struktur der Handelsbeziehungen der Entwicklungsländer, insbesondere zur Bundesrepublik Deutschland, wird als Ausgangsbasis für die Ableitung erster handelspolitischer Empfehlungen genutzt.

1.2 Vorgehensweise

Um der zuvor dargestellten Zielsetzung gerecht zu werden, werden zunächst anhand der Auswertung von Außenhandelsstatistiken die wesentlichen Entwicklungstendenzen im Welthandel herausgestellt. Hierbei wird insbesondere die Stellung der Entwicklungsländer im Welthandel näher untersucht, um die zunehmende Differenzierung der Entwicklungsländer in Bezug auf ihre Fähigkeit zur Integration in das Welthandelssystem zu erfassen (vgl.Kap.2).

Anschließend werden in einem dritten Kapitel die allgemeinen Aussagen in Bezug auf die spezielle Situation der Außenhandelsentwicklung der Bundesrepublik Deutschland näher betrachtet (vgl.Kap. 3).

Auf Basis der Analyse der bestehenden Handelsbeziehungen und der sich in diesem Zusammenhang abzeichnenden Entwicklungen wird in den nachfolgenden Kapiteln die von der Bundesrepublik Deutschland verfolgte Handelspolitik behandelt. Bei der Umsetzung der handels- und entwicklungspolitischen Zielsetzungen durch den Einsatz der zur Verfügung stehenden Instrumente wird zwischen drei unterschiedlichen handelspolitischen Agitationsebenen differenziert. Hierbei handelt es sich um die entwicklungsländerbezogene Handelspolitik auf nationaler Ebene (vgl.Kap.4), im Rahmen der EG (vgl.Kap.5) und auf internationaler Ebene (vgl.Kap.6).

Auf der EG- und internationalen Ebene wird in erster Linie die Wirkung des handelspolitischen Instrumentariums auf die Zugangsmöglichkeiten der Entwicklungsländerexporte auf die Märkte der Industrieländer, speziell der Bundesrepublik Deutschland, untersucht. Im Gegensatz dazu werden auf nationaler Ebene sowohl die zur Verfügung stehenden handelspolitischen Möglichkeiten zur Förderung der deutschen Exporte in die Entwicklungsländer als auch die Förderungsmöglichkeiten der Entwicklungsländerexporte in die Bundesrepublik Deutschland betrachtet. Aufgrund der wachsenden Bedeutung von Direktinvestitionen für den Welthandel werden die Entwicklung, das bereitstehende Förderinstrumentarium und die Auswirkungen derartiger Investitionen in die Überlegungen miteinbezogen.

Neben der Auswertung der von den auf den einzelnen Ebenen tätigen Institutionen bereitgestellten Materialien basieren die Ausführungen auf einer Vielzahl von Gesprächen, die mit Vertretern der verschiedensten Institutionen auf nationaler- und EG-Ebene sowie mit betroffenen Unternehmen geführt wurden.

Im abschließenden Kapitel (vgl.Kap.7) werden die wesentlichen Problemfelder auf den unterschiedlichen handelspolitischen Ebenen und deren Auswirkungen auf die Entwicklung und Struktur der Handelsbeziehungen der Entwicklungsländer, insbesondere zur Bundesrepublik Deutschland, zusammengefaßt, sowie daraus abgeleitete erste handelspolitische Empfehlungen vorgestellt.

1.3 Begriffliche Grundlagen

Die Gesamtheit aller wirtschaftlichen Beziehungen eines Landes zu Wirtschaftssubjekten außerhalb des eigenen Wirtschaftsgebietes wird als *Außenwirtschaft* eines Landes bezeichnet. Ihre wesentlichen Bestandteile sind der Außenhandel, der Dienstleistungsverkehr und der Austausch von kurz- und langfristigen Kapitalpositionen. Entsprechend umfaßt der Begriff *Außenwirtschaftspolitik* die Gesamtheit der staatlichen Maßnahmen, die zur Gestaltung und Beeinflussung der zwischenstaatlichen Wirtschaftstransaktionen eingesetzt werden. Die Gestaltung der Außenwirtschaftspolitik ist abhängig von der herrschenden Wirtschaftsauffassung und wird als integraler Bestandteil der Wirtschaftspolitik durch die allgemeinen wirtschaftspolitischen und ordnungspolitischen Leitlinien und Ziele geprägt.

Als wesentlicher Teil der Außenwirtschaft werden unter dem Begriff *Außenhandel* die gesamte Ein- und Ausfuhr von Waren zwischen einem Land und dem Ausland, sowie alle Vorgänge, die zu dessen Abwicklung einschließlich Versand und Finanzierung dienen, zusammengefaßt.[1] Folglich ist *Außenhandels-* bzw. der synonym zu verwendende Begriff *Handelspolitik* als die Gesamtheit der staatlichen Maßnahmen zur Beeinflussung des Außenhandels, ohne Unterschied des Rechtsgebietes aus dem sie stammen, der Zwecke, die sie anstreben und der Motive, die sie leiten, zu definieren. Die handelspolitischen Maßnahmen können sich dabei im einzelnen so auswirken, daß sie den Außenhandel beschränken, stören, diskriminieren oder erleichtern.[2]

---

[1]Butt, D.: Außenwirtschaftslexikon, hrsg. vom Deutschen Wirtschaftsdienst, 2. Aufl., Köln 1989, S. 54
[2]Handbuch des Europäischen Rechtes: Kommentar 113, 209. Lieferung, Baden-Baden 1984, S. 44
Sellien, R., Sellien H.: Gablers's Wirtschaftslexikon, 10 Aufl., Wiesbaden 1979, S. 402

Diese recht weitgefaßte Definition des Begriffs Handelspolitik wird in den nachfolgenden Ausführungen zugrunde gelegt, um zu gewährleisten, daß auch Maßnahmen, die primär nicht handelspolitischer Natur sind und beispielsweise aus dem Bereich der Entwicklungs- oder allgemeinen Wirtschaftspolitik stammen, aber durchaus zur Beeinflußung des Außenhandels eingesetzt werden, z.B. die Förderung von Direktinvestitionen in Entwicklungsländern, in die Überlegungen miteinbezogen werden können.

Der fundamentale Wandel der Weltwirtschaftsbeziehungen hat auch die Methoden und Instrumente der Handelspolitik tiefgreifend verändert. Das klassische Instrumentarium in Form von bilateralen Handels- und Zahlungsabkommen, Zöllen und Kontingentierungen der Ein- und Ausfuhr etc. hat erheblich an Bedeutung und Wirksamkeit verloren und wird von neuen Techniken zur Steuerung des Welthandels, z.B. Selbstbeschränkungsabkommen, Abkommen über die Erleichterung von joint ventures, Investitionsgarantien, Niederlassungsfreiheit, Beschäftigung ausländischer Arbeitnehmer, staatliche Ausfuhrkredite, nichttarifäre Handelshemmnisse etc. ergänzt und überlagert. Dies hat zur Folge, daß die Grenzen zwischen Außenhandels- und Außenwirtschaftspolitik zunehmend verschwimmen. Die Hauptgründe für diese Entwicklung dürften im wesentlichen in folgenden Punkten zu sehen sein:

- die vollständige oder teilweise Beseitigung von Zöllen und mengenmäßigen Beschränkungen führte in wachsendem Maße dazu, daß eine auf den verschiedensten Gründen und Motiven beruhende, als notwendig erachtete Steuerung des Handels über den Einsatz anderer Instrumente erfolgen muß,

- durch die Steigerung der Mobilität von Waren, Mensch, Kapital und Know-how wurde zumindest im Bereich des Handels zwischen den Industrieländern die intra-industrielle Arbeitsteilung immer wichtiger und ließ den Warenverkehr in einen weltweiten Wettbewerb mit der Produktionsverlagerung treten,

- der Einsatz wirtschaftlicher Macht durch die Verhängung von handelspolitischen Sanktionen und Embargos oder der Abschluß von bilateralen Kooperationsabkommen, hauptsächlich mit ehemaligen Staatshandelsländern, aus meta-ökonomischen und politischen Zwecken führten zu einer wachsenden Verzahnung der Handelspolitik mit der Außenpolitik.

Mit der Übertragung der handelspolitischen Kompetenz auf die EG kann von einer eigenständigen deutschen Handelspolitik nur insofern gesprochen werden, wie sie sich auf die Mitarbeit der deutschen Regierung im Ministerrat der EG bezieht. Untersuchungen zeigen, daß nationale Regierungen bzw. Administrationen zwar unverändert über eine starke Position im Entscheidungsprozeß des Rates verfügen, diese aber im allgemeinen nur über die Formulierung tragfähiger Kompromisse mit den anderen Mitgliedern im Ministerrat nutzen können.

Nationale Interessen kommen damit lediglich bedingt zum Tragen.[3] Insbesondere im Hinblick auf die Einfuhren verfügt die EG inzwischen über ein ausgereiftes und vielfältiges Instrumentarium, das bis auf einige wenige Ausnahmen, z.b. im Kohle- und Stahlbereich, nationale Alleingänge ausschließt.

Allerdings ist hierbei relativierend zu berücksichtigen, daß Handelsströme nicht ausschließlich über den Einsatz handelspolitischer Instrumente zu beeinflussen sind, sondern in erheblichem Maße von Maßnahmen nicht handelspolitischer Natur, wie z.b. Maßnahmen aus dem Bereich der Währungs-, Industrie- und Subventionspolitik, sowie nichttarifäre Handelshemmnisse etc., deren Anwendung ganz überwiegend in nationaler Kompetenz verblieben ist.

Nationale Freiräume bestehen auch bei der Ausgestaltung des Instrumentariums zur Exportförderung, da auf diesem Gebiet die Harmonisierung der nationalen Bestimmungen noch vergleichsweise wenig weit vorangeschritten ist.

Über den Umfang der ausschließlichen Kompetenz der Gemeinschaft werden durchaus unterschiedliche Ansichten vertreten. Im Einzelfall ergeben sich hieraus immer wieder Auseinandersetzungen zwischen den einzelnen Mitgliedsstaaten und der Kommission. Ausgehend von der Definition der Handelspolitik als die Summe aller Maßnahmen, die den Außenhandel beeinflussen können, ergeben sich Abgrenzungsprobleme zwischen den gemeinschaftlichen und nationalen Zuständigkeiten. Die gemeinsame Handelspolitik auf die traditionellen Instrumente zu beschränken, deren Wirkungen ausschließlich auf die herkömmlichen Aspekte des Außenhandels gerichtet sind, und die neuen Techniken zur Steuerung des Handels auszuschließen, würde im Laufe der Zeit die gemeinsame Handelspolitik bedeutungslos werden lassen. Um den Erfordernissen der sich verändernden weltwirtschaftlichen Rahmenbedingungen gerecht zu werden, wird sich der bereits in den letzten Jahren abzeichnende Trend zur Einbeziehung handelspolitischer Randgebiete in die gemeinsame Handelspolitik verstärkt fortsetzen. Die gemeinsame Handelspolitik wird sich damit in Richtung einer einheitlichen Außenwirtschaftspolitik weiterentwickeln. [4]

---

[3]Siebert, Ch., Svindland, E.: Nationalstaat und Interdependenz- kooperative Interaktionsmuster in der EG-Handelspolitik, hrsg. von DIW, Sonderheft 147, Berlin 1992, S. 228
[4]Siebert, Ch., Svindland, E.: Nationalstaat und Interdependenz- kooperative Interaktionsmuster in der EG-Handelspolitik, hrsg. von DIW, Sonderheft 147, Berlin 1992, S. 230

2 Entwicklungstendenzen im Welthandel

2.1 Entwicklung des Welthandelsvolumens

Nachdem der Welthandel in den 50er und 60er Jahren stetig expandierte, kam es 1975 im Gefolge der ersten Ölkrise von 1973/74 und dem dadurch ausgelösten weltweiten Konjunktureinbruch zu einer Abnahme des realen Welthandelsvolumens von 6%. Diese negative Entwicklung konnte allerdings bereits 1976 aufgefangen werden, und der Welthandel wies in der zweiten Hälfte der 70er Jahre erneut deutliche Zuwachsraten von durchschnittlich 6% auf. Anfang der 80er Jahre zeichneten sich erneut Stagnationstendenzen ab, die 1982 zu einem Rückgang des realen Welthandelsvolumens von 3% führten. Ursache für diese negative Entwicklung waren vor allem die wirtschaftlichen Krisenerscheinungen in den westlichen Industrieländern. Bereits Mitte der 80er Jahre zeichnete sich erneut eine stärkere Expansionsphase ab, die auch 1987 und 1988 mit einem realen Zuwachs von 9% anhielt. Ende der 80er Jahre zeigte sich eine leichte Abschwächung in den Zuwachsraten. Dieser Trend setzte sich mit der Konjunkturabschwächung in den meisten Industriestaaten zu Beginn der 90er Jahre fort. Der reale Zuwachs des Welthandelsvolumens betrug 1991 nur noch 2% und belief sich auf 3500 Mrd. US$. (s.Abb. 1)

Auffallend ist das zeitweise deutliche Auseinanderklaffen zwischen der nominalen und realen Zuwachsrate des Welthandelsvolumens in den 80er Jahren. Dies läßt sich vor allem durch stärkere Preisveränderungen bei einigen weltweit gehandelten Rohstoffen, z.B. bei Erdöl, Erzen und landwirtschaftlichen Erzeugnissen, aber auch bei Industriegütern sowie Wechselkursänderungen vieler Währungen gegenüber dem US$ erklären.[5]

Trotz des zeitweilig ungünstigen Verlaufs nahm auch in den 80er Jahren die relative Bedeutung des Welthandels im Vergleich zur weltweiten Industrieproduktion weiter zu. Diese Entwicklung setzte sich auch in den 90er Jahren fort. Wies das Welthandelsvolumen 1991 einen realen Zuwachs von 2% auf, so sank im Gegensatz dazu die Weltindustrieproduktion im gleichen Zeitraum um 1,5%.[6] Diese Entwicklung ist nicht zuletzt Ausdruck der fortschreitenden Internationalisierung der Volkswirtschaften.

---

[5] M.v. Baratta (Hrsg.): Fischer Weltalmanach 1993, Frankfurt 1992, S. 968
[6] M.v. Baratta (Hrsg.): Fischer Weltalmanach 1993, a.a.O., S. 930

Abb.1 : Entwicklung des Welthandelsvolumens

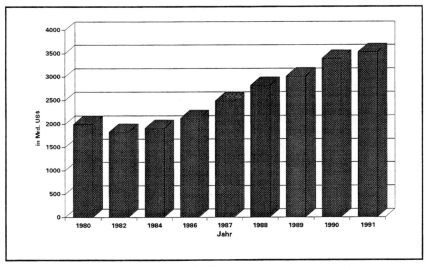

Quelle: M.v. Baratta (Hrsg.): Fischer Weltalmanach 1987,1993, Frankfurt 1987, 1992, S. 968

Abb.2 : Zuwachsraten des Welthandelsvolumens

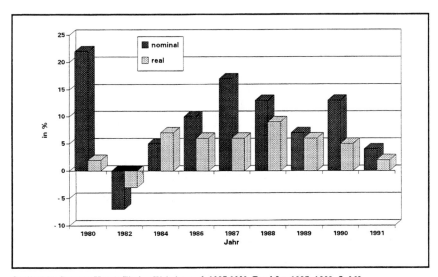

Quelle: M.v. Baratta (Hrsg.): Fischer Weltalmanach 1987,1993, Frankfurt 1987, 1992, S. 968

Ein Ausblick auf die Entwicklung des Welthandelsvolumens erscheint vor dem Hintergrund der wirtschaftlichen Umstrukturierung in Osteuropa und dem ungewissen Konjunkturverlauf in den westlichen Industrieländern nur schwer möglich. Für das Jahr 1992 wird trotz der schwachen Wirtschaftstätigkeit in den Industrieländern von einer Zunahme der Wachstumsrate auf beachtliche 4,5% ausgegangen und für das Jahr 1993 eine vergleichbare Größenordnung erwartet. Diese positive Entwicklung ist im wesentlichen durch die kräftige Expansion der nichterdölexportierenden Entwicklungsländer, vor allem einiger süd- und ostasiatischer Volkswirtschaften zurückzuführen.[7] Es ist jedoch davon auszugehen, daß sich der bereits in den letzten Jahren abzeichnende Trend verringerter Zuwachsraten zumindest in der näheren Zukunft fortsetzen wird.

2.2 Entwicklung der Welthandelsströme

Die Richtung der wichtigsten Welthandelsströme hat sich in den 80er Jahren und zu Beginn der 90er Jahre nicht geändert. Bezüglich ihrer Stärke setzten sich Tendenzen fort, die sich bereits Anfang der 80er Jahre abzeichneten und innerhalb einzelner Regionen und Ländergruppen zu teilweise erheblichen Veränderungen führten. Da die Stellung der Entwicklungsländer im Welthandel Gegenstand des Kapitels 2.5 ist, werden diese im Folgenden nicht behandelt und auf die Ausführungen im entsprechenden Kapitel verwiesen.

Die westlichen Industrieländer konnten seit 1980 ihre dominierende Stellung im Welthandel weiter ausbauen. Rund 72% aller Exporte entfielen 1990 auf diese Ländergruppe gegenüber 62% 1980. Wie sich aus den Veränderungen in der Liste der führenden Welthandelsländer ersehen läßt, hat es innerhalb dieser Ländergruppe nur geringfügige Verschiebungen gegeben. (s.Tab.1) Die USA lagen 1991 mit 421 Mrd. US$ an der Spitze, gefolgt von der Bundesrepublik Deutschland mit 403 Mrd. US$, Japan und Frankreich mit 314 bzw. 213 Mrd. US$. Aus diesen vier führenden Exportnationen stammten damit 1991 38% aller weltweit getätigten Exporte. Die Vergleichszahl im Jahre 1980 betrug 33% .

---

[7]DIW (Hrsg.): "Intensivierung der weltwirtschaftlichen Leistungsströme trotz schwacher Expansion in den Industrieländern"; in: DIW-Wochenbericht 8-9/93, Berlin 1993, S. 87

Abb.3 : Anteile am Welthandel * (in %)

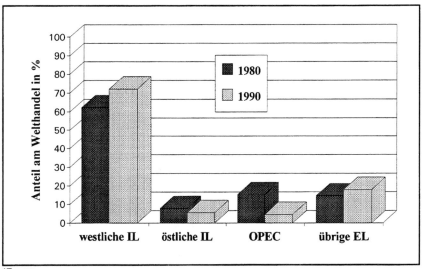

*Exporte
Quelle: UN (Hrsg.): International Trade Statistics 1990, Vol.1, New York 1992, S.2,Annex

Tab.1: Liste der führenden Welthandelsländer *

	1990	1980		1990	1980
	Mrd.US$	Mrd.US$		Mrd. US$	Mrd.US$
USA	421,8	216,5	UDSSR	90,4	76,4
Deutschland	403,0	192,9	Taiwan	76,2	-
Japan	314,6	129,0	Rep. Korea	71,8	17,5
Frankreich	213,3	111,1	Vr. China	71,8	18,1
Großbritannien	185,2	110,2	Schweiz	61,5	29,6
Italien	169,4	77,7	Singapur	59,7	19,3
Niederlande	133,6	64,0	Spanien	57,3	29,6
Kanada	126,8	64,9	Schweden	55,4	30,9
Belgien/Luxemburg	118,5	73,9	Australien	41,9	26,7
Hongkong	98,6	19,7	Österreich	41,1	17,5

*Exporte
Quelle : M. von Baratta (Hrsg.): Fischer Weltalmanach, 1993, a.a.O., S. 92,
  UN (Hrsg.); International Trade Statistics 1990, a.a.O., S. 4

Die wichtigsten 20 Exportnationen insgesamt konnten ihren Anteil am Welthandel von 68% 1980 auf über 80% 1991 erhöhen. (s.Tab.1) Diese Entwicklung ist kennzeichnend für die anhaltenden Konzentrationstendenzen im Welthandel.

Abb.4 : Regionale Verteilung der Exporte der westlichen Industrieländer 1989 *

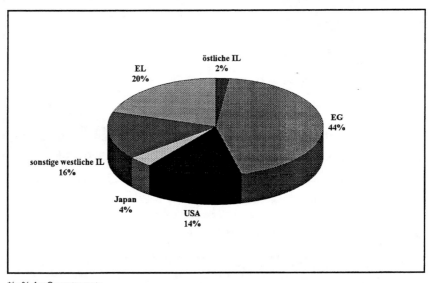

*in % der Gesamtexporte
Quelle : UN (Hrsg.): International Trade Statistics 1990, New York 1992, S. 10 Annex

Die Staaten der Europäischen Gemeinschaft, die USA und Japan exportierten nicht nur die meisten Güter, sie wickelten zugleich auch untereinander den Großteil ihres Handels ab. Der sogenannte Intra-Warenhandel betrug 1989 78%. Allein die europäische Gemeinschaft nimmt 44% der Gesamtexporte der westlichen Industrieländer auf. (s. Abb.4) Die Konzentration der Welthandelsströme auf die westlichen Industrieländer, insbesondere auf die EG, die USA und Japan, hat zur Folge, daß die Abhängigkeit dieser Länder von Handelspartnern in anderen Regionen relativ gering ist.

Der Anteil der osteuropäischen Industrieländer am Welthandelsvolumen war bereits in den 80er Jahren leicht rückläufig. 1990 ist ein deutlicher Einbruch zu verzeichnen. So lag der Anteil bei nur noch 5% gegenüber 6,5% im Vorjahr. (s.Abb.3) Auch diese Ländergruppe wickelte in den 80er Jahren einen Großteil ihres Außenhandels untereinander ab. Der Anteil des Intrawarenhandels lag 1989 bei 48%.[8] Nach Angaben des GATT ist allerdings im Zuge der Umbruchs- bzw. Auflösungsprozesse und dem damit verbundenen weitgehenden Zusammenbruch der Ostmärkte zu Beginn der 90er Jahre ein markanter Rückgang des Intrawarenhandels in Osteuropa zu verzeichnen.[9] Wie bereits Entwicklungen in Polen und Ungarn zeigen, ist davon auszugehen, daß die östlichen Industrieländer in Zukunft noch verstärkt auf die westlichen Märkte drängen werden, um Ausfälle im Intrawarenhandel zu kompensieren.

2.3 Strukturmerkmale des Welthandels

Für die internationalen Handelsverflechtungen sind eine Reihe von Charakteristika prägend, innerhalb derer die einzelnen Akteure des Welthandels aktiv sind. Diese Strukturmerkmale lassen sich im wesentlichen unter den folgenden Gesichtspunkten zusammenfassen:

a) historisch bedingte Handelsverflechtungen
b) politisch bedingte Handelsverflechtungen
c) die wachsende Bedeutung des Tauschhandels
d) die wachsende Bedeutung von regionalen Handelsblöcken

zu a) Historisch bedingte Handelsverflechtungen resultieren zum einem naturgemäß aus der geographischen Lage der einzelnen Staaten. In diesem Zusammenhang sei beispielsweise auf die regionale Konzentration des Außenhandels der karibischen Staaten auf die USA verwiesen. Zum anderen sind eine Vielzahl heute bestehender Handelsbeziehungen auf ehemalige Kolonialbeziehungen zurückzuführen. Die Ausrichtung der regionalen Exportstruktur auf die früheren Kolonialmächte ist ein charakteristisches Merkmal für den Außenhandel einer Vielzahl, insbesondere der weniger entwickelten afrikanischen und pazifischen Staaten.

Eng, wenn auch nicht unbedingt vollkommen identisch mit den ehemaligen Kolonialstrukturen, hängen Gemeinsamkeiten in der Sprache, im Bildungs-, Finanz- und Rechtssystem zusammen.

---

[8] UN (Hrsg.): International Trade Statistics , a.a.O. S. 2 „Annex
[9] GATT (Hrsg.):GATT activities 1990, Genf 1991,. S. 5

Dies sind sicherlich weitere Faktoren, die sich positiv auf den Aufbau intensiver Handelsbeziehungen auswirken. Beispielsweise sei an dieser Stelle auf die Währungsunion

Tab.2 : Beispiele historisch bedingter regionaler Konzentrationen im Außenhandel (in % der Gesamtexporte 1989)

	Marokko	29,3	**Niederlande**	Surinam	25,0
	Algerien	19,6			
	Niger	65,6	**Italien**	Libyen	40,5
	Tunesien	24,6			
Frankreich	Gabun	30,4	**Belgien**	Zaire	20,8
	Madagaskar	33,3			
	Franz.Poly.	37,4	**Spanien**	Macao	37,5
	Franz.Guay.	47,7		Guinea Bissau	25,8
	Simbabwe	10,3		Philippinen	35,7
	Ghana	18,9		Liberia	20,2
Großbritannien	Kenya	16,9	**USA**	Nigeria	35,0
	Tansania	10,1		Sierra Leone	15,1
	Sierra Leone	9,7			
	Fidji	38,8	**Portugal**	Kap Verde	41,5

Quelle: UN (Hrsg.): International Trade Statistics 1989, New York 1991

Frankreichs mit einer Reihe seiner heute unabhängigen ehemaligen Kolonialstaaten in West- und Zentralafrika verwiesen. Neben den Vorteilen, die mit einer solchen Währungsunion verbunden sind, hat dies die Konsequenz, daß den Staaten das wichtige außenwirtschaftliche Instrument der Wechselkurspolitik nicht zur Verfügung steht.

zu b) Bei den politisch bedingten Handelsverflechtungen ist in erster Linie an die Zugehörigkeit zu den einzelnen politischen Lagern und Militärblöcken zu denken. Die Ausrichtung des Außenhandels der östlichen Industrieländer auf Staaten des Ostblocks ist im wesentlichen hierdurch bedingt. Auf seiten der EL ist in diesem Zusammenhang vor allem die Konzentration des Außenhandels der sozialistischen Entwicklungsländer Kuba, Nordkorea und Albanien auf die ehemalige UdSSR anzuführen. Auch die unterschiedlichen Länderschwerpunkte im Rahmen der Entwicklungszusammenarbeit stellen insbesondere bei den Staaten mit

Lieferbindung eine Determinante in der regionalen Ausrichtung des Außenhandels mit den Entwicklungsländern dar.

zu c) Der Begriff Tauschhandel, bzw. der im englischen Sprachgebrauch übliche Begriff Countertrade, bezieht sich auf internationale Handelstransaktionen, die mit einem Element der Reziprozität durchsetzt sind, d.h. die Handelspartner verpflichten sich, wechselseitig Waren und Dienstleistungen auszutauschen oder für ihre Abnahme zu sorgen.[10] Tauschhandel tritt heute in einer Vielzahl von Erscheinungsformen auf, von denen das *Barter* als der reine Tausch nur noch eine der weniger wichtigen ist. Die wichtigsten Formen sind:

- das *Counterpurchase* (Gegengeschäft), hierbei verpflichtet sich der Exporteur, einen Teil der Erlöse zum Kauf von Waren aus dem Abnehmerstaat zu verwenden,

- das *Buy - Back* (Produktabnahmeverträge), in dessen Rahmen Anlagelieferanten mit Produkten aus der Anlage bezahlt werden,

- das *Switch Trading* (Dreieckskompensation), wo der Anlagenlieferant durch ein drittes Land entweder mit Devisen oder Waren bezahlt wird,

- das *Swaps* (Tausch), das den Austausch bestehender Forderungen zwischen den Geschäftspartnern beinhaltet,

- die Form des *Trade-Offsets*, die allerdings in Zusammenhang mit EL-Geschäften nur wenig verbreitet ist und einen i.d.R. umfangreichen industriellen Kooperationsvertrag vorsieht, in dessen Rahmen sich der Exporteur verpflichtet, für die Abnahme von Waren aus dem Importland zu sorgen.

Mit Ausnahme des *Barter* werden in allen Fällen zwei getrennte Import- und Exportverträge geschlossen, die unabhängig voneinander abgewickelt werden und zu getrennten Zahlungsverpflichtungen führen. Die verschiedenen Tauschhandelsarten werden in der Praxis häufig miteinander kombiniert und auf die spezifischen Erfordernisse des Einzelfalls hin modifiziert. Dem individuellen Gestaltungsspielraum sind dabei kaum Grenzen gesetzt.

---

[10] Axel Halbach, Rigmar Oserkamp: Die Rolle des Tauschhandels für die Entwicklungsländer, BMZ (Hrsg), Bd.91, Köln 1988, S. 13 ff
Axel Halbach, Rigmar Osterkamp: Countertrade with Developing Countries , New Opportunities for North - South Trade, in: Intereconomics Vol.24, Hamburg 1989, S. 17 ff
Chaldeans Mensah: Countertrade in third World Mutual Trade, in: ffda dossier 70, o.O. 1989, S. 69 ff
S. Balimo Jalloh: Countertrade Praxis, Theorie und Perspektiven, Institut der deutschen Wirtschaft, Beiträge 161, Köln 1988, S.5 ff

Nachdem die EL und die Ostblockstaaten anfangs vor allem Rohstoffe als Gegenware in das Tauschgeschäft einbrachten, ist zwischenzeitlich die Lieferpalette wesentlich erweitert worden. Sie umfaßt bei deutlichen regionalen Unterschieden auch zahlreiche Industrieprodukte. Dies gilt insbesondere für den Süd-Süd-Handel, während im Nord-Süd-Handel unverändert Rohstoffe als Gegenware der EL dominieren.

Countertrade ist kein neues Phänomen, Handelspraktiken "Ware gegen Ware" hat es immer gegeben. Im internationalen Handel tauchen derartige Praktiken immer dann verstärkt auf, wenn es zu ernsthaften Störungen des konventionellen Welthandels aus politischen, strukturellen und konjunkturellen Gründen kommt.[11] Countertradegeschäfte spielen heute im Welthandel eine beträchtliche Rolle und sind längst keine spezifische Form des Osthandels mehr.[12] Schätzungen über den Anteil am Welthandel weisen je nach zugrundeliegender Definition und Abgrenzung ein große Spannbreite auf. Derzeit erscheint eine Größenordnung von 25% eine realistische Angabe zu sein. Für die Zunahme des *Countertrade* in den achtziger Jahren gibt es eine ganze Reihe von äußerst vielschichtigen Erklärungen. Die wichtigsten Stichworte in diesem Zusammenhang sind die zunehmende Bedeutung des Osthandels, die Liquiditätsprobleme der EL und der wachsende Protektionismus auf Teilmärkten der IL. Vor allem bei den EL scheinen die zum Tauschhandel führenden Motive nur selten monokausaler Art zu sein, wenn auch der Mangel an Devisen im Mittelpunkt zu stehen scheint. Das internationale Echo auf die wachsende Bedeutung der Countertradegeschäfte ist äußerst gemischt. Besonders stark wird diese Form des Handels durch internationale Wirtschaftsorganisationen wie IWF, GATT, Weltbank und OECD kritisiert.

zu d) Die Realisierung des gemeinsamen europäischen Binnenmarktes ab 1993 und das Freihandelsabkommen zwischen den USA und Kanada von 1989 sowie die zwischenzeitlich erfolgte Einbeziehung Mexikos in dieses Abkommen sind die markantesten Beispiele für die sich abzeichnende neue Ära regionaler Handelsblöcke.[13] Bereits seit Jahrzehnten gibt es in Lateinamerika, Afrika und Asien zahlreiche Versuche, durch den Zusammenschluß in

---

[11]St.Cohen: J. Zysman: Renaissance des internationalen Tauschhandels, in: Der Kampf um den Wohlstand von Morgen, in: A. Pfaller (Hrsg.), Bonn 1986, S. 177
[12]H.J. Hochstrate, R. Zeppernik: Störungen im Welthandel neuere Entwicklungen, in: Wirtschaftsdienst Nr.10 Jg. 68, Hamburg 1988, S. 505
[13]Diana Brand: Free Trade in Latin: America, a successful way out of Crisis, in: In:terecomomics Vol. 26 Nov./Dez. 1991, Hamburg 1991, S. 286 ff
Rolf Langhammer, Ulrich Hiemenz: Regional Integration among Developing Countries, Kieler Studien 232, Tübingen 1990
Detlef Lorenz: Trends towards regionalism in the world economy, in: Intereconomics Vol. 24. März/April 1989, Hamburg 1989, S. 64 ff

regionalen Handelsblöcken die wirtschaftliche Integration zwischen den Mitgliedern zu fördern. Die erhofften Vorteile der Blockbildung werden im wesentlichen in der Erweiterung des Binnenmarktes, insbesondere für kapitalintensivere Produktionszweige, in der Reduktion von Importkosten sowie in der verbesserten Nutzung vorhandener Ressourcen gesehen. Darüber hinaus wird mittels Lernprozessen, die die jungen Industrien in einem relativ geschützten Wirtschaftsraum ungestört durchlaufen können, eine schnellere Qualifizierung für den Weltmarkt angestrebt.

Die einzelnen Zusammenschlüsse beziehen sich je nach spezifischer Ausgestaltung auf die Einführung von einfachen Präferenzabkommen bis hin zur Realisierung eines gemeinsamen Marktes. Ergänzend sehen eine Reihe von Zusammenschlüssen sowohl eine verstärkte Kooperation und Abstimmung der Mitglieder in Fragen der Wirtschafts- und Infrastrukturplanung als auch die Durchführung gemeinsamer Industrieprojekte vor.

Sieht man von der EG einmal ab, konnten die hochgesteckten Ziele in der Regel nicht oder nicht in dem angestrebten Ausmaß verwirklicht werden. Die Gründe für das weitgehende Scheitern sind in ungünstigen geographischen Gegebenheiten und/oder historischen Entwicklungen sowohl politischer als auch ökonomischer Natur zu sehen. Bei den politischen Gründen sind in erster Linie intraregionale Konflikte, nationaler Egoismus und politische sowie administrative Widerstände innerhalb der einzelnen Mitgliedsstaaten anzuführen. Die ungünstigen weltwirtschaftlichen Rahmenbedingungen, die bestehenden Unterschiede im realisierten Industrialisierungsgrad sowie die oftmals substitutiven Produktionsstrukturen sind die wohl wichtigsten ökonomischen Gründe für das Scheitern. Darüber hinaus wirkten sich die im internationalen Maßstab unverändert begrenzte Größe der regionalen Märkte und direkt oder indirekt wettbewerbsverzerrende Maßnahmen, z.b. in Form zu hoher Außenzölle, negativ auf die Integrationsbemühungen aus.

Insgesamt bleibt abzuwarten, ob sich in den nächsten Jahren der Trend zur Regionalisierung innerhalb der Weltwirtschaft weiter fortsetzen wird. Dies hängt letztlich vom Erfolg derartiger Zusammenschlüsse ab. Auch wird sich zeigen, inwieweit derartige Handelsblöcke in ein offenes liberales Welthandelssystem integriert werden können. Sicherlich ist davon auszugehen, daß bei einem Scheitern der laufenden GATT-Verhandlungen die regionalen Handelsblöcke an Bedeutung gewinnen werden.

2.4 Rahmenbedingungen für den Welthandel

Die Rahmenbedingungen für den Welthandel haben sich sowohl für die IL als auch für die EL im Laufe der 80er und zu Beginn der 90er Jahre zunehmend verschlechtert. In erster Linie ist in diesem Zusammenhang an die für eine Vielzahl von EL ungünstige Entwicklung der Rohstoffpreise, die wirtschaftlichen Rezessionserscheinungen, die Verschuldungsproblematik sowie den weltweiten Trend zum Protektionismus zu denken. Die aufgeführten Gesichtspunkte weisen dabei zahlreiche Interdependenzen auf. Sie haben in der Konsequenz die Exportaussichten, und damit die wirtschaftliche Entwicklung in der überwiegenden Mehrzahl der Entwicklungsländer, negativ beeinflußt. Dies trifft vor allem für die ärmeren EL aufgrund ihrer besonders ausgeprägten Außenabhängigkeit zu.

Aufgrund der Bedeutung des staatlichen Protektionismus für den freien Welthandel sei im Folgenden auf die in diesem Zusammenhang zu verzeichnenden Entwicklungen näher eingegangen. Protektionistische Maßnahmen umfassen die Maßnahmen, die vom Staat ergriffen werden, um die eigene Wirtschaft vor billigeren und/oder qualitativ besseren Importen zu schützen.

Als Ergebnis der GATT - Verhandlungen sind in den Industrieländern die Durchschnittszölle für Fertigwarenimporte auf weniger als 6% reduziert worden.[14] Im Gegensatz dazu weisen zahlreiche EL deutlich höhere Zollsätze auf. Im Jahre 1987 lag der durchschnittliche Zollsatz auf Fertigwaren bei 30%. Allerdings sind infolge der zahlreichen Ausnahmeregelungen die tatsächlichen Zolleinnahmen deutlich niedriger.[15] Der positiven Entwicklung, zumindest in den IL, steht eine alarmierende Zunahme der nichttarifären Handelshemmnisse in den 70er und vor allem 80er Jahren entgegen. Es kann davon ausgegangen werden, daß gegenwärtig rund 50% des Welthandelsvolumens mit verarbeiteten Produkten derartigen nichttarifären Handelshemmnissen zusätzlich zu den regulären Zöllen unterliegt. Die Behinderung einzelner Branchen ist dabei sehr unterschiedlich. Waren zunächst in besonderem Maße Produkte der Textil- und Bekleidungsindustrie und des Agrarsektors betroffen, so wurden die

---

[14]H.J. Hochstrate, R. Zeppernik: Störungen des Welthandels - neuere Entwicklungen, in: Wirtschaftsdienst 1988 Jg. 68, Hamburg 1988, S. 500
Sam Laird, Alxander Yeats: Nichttarifäre Handelshemmnisse der Industrieländer 1966 - 1986, in: Finanzierung und Entwicklung Jg. 26, Hamburg 1989, S. 12
Weltbank (Hrsg.): Weltentwicklungsbericht 1991, Washington 1991, S. 125
[15]Weltbank (Hrsg.), Weltentwicklungsbericht 1991 a.a.O., S. 117
Rolf Langhammer: Kriterien für die Wahl einer erfolgreichen Außenwirtschaftsstrategie in EL, in: Die Bedeutung der Ordnungspolitik für den wirtschaftlichen Anpassungsprozeß in Entwicklungsländern, Baden-Baden 1991, S. 125

Beschränkungen im Laufe der Zeit auch auf Konsumgüter wie Elektronik, Schuhwaren, Automobile, Metalle und einige chemische Erzeugnisse ausgeweitet.[16]

Das Spektrum der nichttarifären Handelshemmnisse ist dabei äußerst vielfältig. Zu den wichtigsten nichttarifären Maßnahmen zählen Mengenkontingente, freiwillige Selbstbeschränkungsabkommen[17] bzw. "orderly Marketing Arrangements"[18], Exportsubventionen und Anti - Dumping Maßnahmen[19]. Darüber hinaus können restriktiv wirkende Maßnahmen in Form von technischen DIN-Normen und gesundheits- und sicherheitspolitischen Regulierungen vielfach als nichttarifäre Handelshemmnisse gewertet werden.[20]

Wie Untersuchungen der Weltbank zeigen, werden nichttarifäre Handelshemmnisse schwerpunktmäßig vor allem zur Abwehr von Importen aus den Entwicklungsländern eingesetzt. Aber auch der Handel der Industrieländer untereinander weist in den letzten Jahren in wachsendem Maße protektionistische Tendenzen auf.[21] Innerhalb der EL sind in erster Linie die NIC´s als Zielgruppe nichttarifärer Handelshemmnisse seitens der IL anzusehen. So waren beispielsweise allein 48 von insgesamt 73 Verfahren im Stahlbereich, die seitens der USA in dem Zeitraum von 1981 - 1985 ergriffen wurden, gegen Importe aus dieser Staatengruppe

---

[16] Sam Laird, Alexander Yeats: Nichttarifäre Handelshemmnisse der Industrieländer 1966-1986, a.a.O., S. 12
[17] Von den insgesamt 99, 1986 bekannten "freiwilligen Selbstbeschränkungsabkommen",
(o.Multifaserabkommen) betrafen 24 Japan, 14 Süd - Korea, 4 Brasilien, 21 sonstige EL, 16 osteuropäische Staaten. Mit 55 Abkommen wurde der überwiegende Anteil von der EG abgeschlossen, 32 durch die USA,12 durch Kanada, Japan und Norwegen.
H. J. Hochstrate, R. Zeppernik: Störungen des Welthandels neuere Entwicklungen in: Wirtschaftsdienst 1988,a.a.O., S. 503,
Nach Angaben des GATT bestanden im Dez. 1990 in sgesamt 284 Selbstbeschränkungsabkommen von denen 59 auf Agrarprodukte, 51 auf Textil-und Bekleidungsprodukte und 39 auf Stahl und Stahlprodukte und der Rest auf sonstige Produkte entfielen.
GATT: GATT Activities 1990, a.a.O., Genf 1991, S. 11
Heinz Gert Preusse: Voluntary Export Restraints - An Effective Means Against a Spread of Neo - Protectionism, in: Journal of World Trade, Vol 25. No. 4, New York 1991, S. 5
[18] Orderly Marketing Arrangements: hierbei handelt es sich um "freiwillige Selbstbeschränkungsabkommen" zwischen den USA und v.a. aufstrebenden ostasiatischen Schwellenländern, wobei der Unterschied zu den sonstigen Selbstbeschränkungsabkommen darin besteht, daß diese Marketing Arrangements im US - Bundesanzeiger veröffentlicht werden.
S. Schulz: Die laufende Uruguay - Runde des GATT und ihre Bedeutung für die Entwicklungsländer, in: Aus Politik und Zeitgeschichte, B 30 - 31, 20 Juli 1990, S. 5
[19] Phedon Nicolaides: Anti Dumping Measures as Safeguards, The Case of EEC, in: Interteconomics, Vol.25, Nov./ Dez., Hamburg 1990, S. 273 ff
Michael Davenport: Antidumping Measures under Review in: Intereconomics, Vol 25, Nov. / Dez., Hamburg 1990, S. 267
[20] Phedon Nicolaides: Safeguards and the Problem of Vers, in: Intereconomics, a.a.O., S. 18
Julio J. Nogues, Andrzej Olechowski, L. Alan Winters: The Extent of Non - Tarif Barries to Industrial Countries Imports, Weltbank (Hrsg.), Report No. DRD 115, Washington 1985, S. 10
[21] Weltbank (Hrsg.): Weltentwicklungsbericht 1991, a.a.O., S. 126

gerichtet. Das gleiche gilt für die EG, die im Bereich Stahl im gleichen Zeitraum insgesamt 18 Verfahren durchführte, von denen 12 gegen NIC's gerichtet waren.[22]

In den 70er und 80er Jahren wuchs in den Industrieländern durch den zunehmenden Konkurrenzdruck seitens der NIC's, insbesondere bei arbeitsintensiven Massenkonsumgütern und wirtschaftlichen Krisenerscheinungen im Verbund mit steigenden Arbeitslosenzahlen, der innenpolitische Druck zum Einsatz protektionistischer Maßnahmen zum Schutz der eigenen Volkswirtschaften.[23] Eine Vielzahl von Untersuchungen haben jedoch gezeigt, daß nichttarifäre Handelshemmnisse hohe Kosten hinsichtlich Handel, Beschäftigung und Wohlfahrt sowohl für die IL als auch für die EL mit sich bringen. Die angestrebten Vorteile werden offensichtlich nur vordergründig realisiert. Die Kosten, die den EL durch protektionistische Maßnahmen der IL in Form von entgangenen Exporteinnahmen entstanden sind, werden für das Jahr 1980 (gemessen in Dollar von 1990) auf 55 Mrd US$ geschätzt. Dieser Wert entspricht nahezu dem Wert der gesamten Entwicklungshilfe, die in diesem Jahr durch die westlichen IL geleistet wurde.[24] Ungeachtet der wachsenden Abschottung der Industrieländermärkte konnten die aufstrebenden Schwellenländer ihre Industriegüterexporte in den letzten beiden Jahrzehnten deutlich ausbauen. Untersuchungen über die Entwicklung der Textilindustrie in Hongkong weisen zum Beispiel darauf hin, daß diese durch den wachsenden Protektionismus und dem daraus resultierenden Zwang zur Qualitätssteigerung, Spezialisierung und Rationalisierung durchaus profitiert hat.[25]

Besonderes Kennzeichen der angewendeten nichttarifären Handelshemmnisse ist, daß sie wenig transparent sind und selektiv gegen besonders starke Konkurrenten eingesetzt werden. Die ursprünglich temporär befristeten Maßnahmen haben sich zu einem Dauerinstrumentarium entwickelt, indem sie bewußt außerhalb des multilateralen Überwachungsmechanismus der GATT-Vereinbarungen gestellt werden.[26] Seit Mitte der achtziger Jahre haben die IL nahezu nichts unternommen, um die aufgelaufenen Schutzmaßnahmen abzubauen.

---

[22]F.P. Lang: Does the new Protectionism really harm all trading countries, in: Intereconomics Vol. 24, No.1, Hamburg 1989, S 12
[23]F.P. Lang: Does the new Protectionism really harm all trading countries, a.a.O., S.12
Ralf Langhammer: Kriterien für die Wahl einer erfolgreichen Außenwirtschaftsstrategie in EL, a.a.O., S. 126
R. Addlung: Non - Tarif Barrires and the Uruguay Round, a.a.O., S. 25
Dean A. De Rosa: Protection and Export, Performance in Sub - Saharan Africa, in: Weltwirtschaftliches Archiv, Bd.128 Heft 1, Tübingen 1992, S. 92
[24]S. Lairs, A. Yeats: nichttarifäre Handelshemmnisse der Industrieländer 1966 - 1986, a.a.O., S. 12
Weltbank (Hrsg.): Weltentwicklungsbericht 1991, a.a.O., S. 126
[25]Kui Wai Li: Positive Adjustment against Protectionism, The positive Case of Textile and Clothing Industry in Hongkong, in: the Developing Economics No. 9, Tokio 1991, S. 199 ff
[26]R. Adlung: Non - Tarif Barries and the Uruguay Round, in: Intereconomics Vol. 25 No.1, Hamburg 1990, S. 24

Aufgrund seiner Bedeutung für den Außenhandel einer Vielzahl von Entwicklungsländern und als das bekannteste Beispiel für den derzeitigen Trend zum Protektionismus wird im Folgenden kurz das derzeit geltende vierte Welttextilabkommen (Multifibre Arrangement) vorgestellt. Das Welttextilabkommen trat mit der Verabschiedung des Verlängerungsprotokolls zum "Arrangement Regarding International Trade in Textiles" in Genf am 1. August 1986 mit einer Laufzeit von fünf Jahren in Kraft. Es basiert in seinen Kernelementen auf den Vereinbarungen des ersten Welttextilabkommens aus dem Jahre 1974. Ursprünglich sollte das Abkommen Mitte 1991 auslaufen, ist aber aufgrund der noch nicht abgeschlossenen GATT - Verhandlungen wiederholt bis vorläufig 1994 verlängert worden.[27]

Das Welttextilabkommen, dem derzeit 40 Staaten[28] angehören, ist ein Sonderabkommen innerhalb des GATT. Der Vorsitz in der obersten Entscheidungs- und Kontrollinstanz, dem sog. "Textiles Committee", wird vom Generaldirektor des GATT wahrgenommen. Über das vom Kommittee eingesetzte "Textiles Surveillance Body" werden alle Maßnahmen, die von einzelnen Mitgliedern ergriffen werden, auf ihre Vereinbarkeit mit den Bestimmungen des Abkommens hin überprüft. Darüberhinaus dient es als Streitschlichtungsstelle. Das Welttextilabkommen stellt ein multilateral vereinbartes Rahmenabkommen dar, das mittels zweiseitiger Verträge mit konkreten Vereinbarungen ausgefüllt wird. Kern dieser Verträge bilden die Vereinbarungen über höchstmögliche Liefermengen von bestimmten Textil- und Bekleidungsgütern. Die EG hat im Rahmen des vierten Welttextilabkommens bis zum Juli 1991 insgesamt 25 zweiseitige Verträge abgeschlossen[29].

Nach Angaben des GATT werden von den Regelungen des Abkommens 80%[30] der Welttextilexporte erfaßt. In erster Linie betreffen die Restriktionen des Abkommens die Textilexporte der EL und der ehemaligen Staatshandelsländer, da die IL ihre Lieferungen wechselseitig von mengenmäßigen Beschränkungen freistellen. Es darf allerdings nicht übersehen werden, daß auch durch die EL wettbewerbsverzerrende Maßnahmen im Textilbereich ergriffen worden sind. Neben einer Abschottung der inländischen Märkte sind hier vor allem Praktiken in den Bereichen Subventionen, Dumping und unzulänglicher Schutzs

---

[27]Konrad Neundörfer: Das Vierte Welttextilabkommen, in: Schriften für Textilpolitik Heft 4 Frankfurt 1987, S.13ff
[28]Die EG tritt in diesem Abkommen als Vertreter der Mitgliedsstaaten auf; in: GATT (Hrsg.) Activities 1990, a.a.O., S. 111
[29]Commission of the European Communities (Hrsg.): Agreements and other Bilateral Commitments Linking the Communities with Non - Member Countries, Brüssel 1991
[30]Diese Angabe schließt den Intrawarenhandel der EG -Staaten nicht mit ein; in: GATT (Hrsg.) Activities 1990, a.a.O. S. 111

geistigen Eigentums anzuführen.[31] Aus Sicht der Textilindustrie hat das Welttextilabkommen den teilweisen Rückzug der Textil- und Bekleidungsindustrie in Westeuropa nicht verhindert. Indem es jedoch den notwendigen Anpassungsprozeß an die veränderten Weltmarktbedingungen zeitlich streckte, hat das Abkommen diesen Prozeß für die inländischen Produzenten sicherlich erleichtert. Vor diesem Hintergrund erscheinen die skeptischen Verlautbarungen der deutschen und europäischen Textilindustrie verständlicher, die im Zusammenhang mit der Einbindung des Welttextilabkommens in das GATT-Regelwerk geäußert wurden.

Insgesamt bleibt abzuwarten, in welche Richtung sich die aufgezeigten Tendenzen in der Zukunft weiterentwickeln werden. Einen entscheidenden Einfluß werden ohne Zweifel die Ergebnisse der laufenden GATT - Verhandlungen haben. Es ist zu befürchten, daß sich bei weiteren Verzögerungen oder gar einem Scheitern der Verhandlungen die protektionistischen Tendenzen zukünftig noch verstärken werden.

2.5 Die Stellung der Entwicklungsländer im Welthandel

2.5.1 Die Entwicklung des EL-Anteils am Welthandelsvolumen

Der Anteil der Entwicklungsländer am Welthandelsvolumen weist zu Beginn der neunziger Jahre mit etwas über 22% einen um 7% geringeren Wert auf als 1980. Diese rückläufige Entwicklung spiegelt allerdings keinen einheitlichen Trend für alle Entwicklungsländer wider. Es ist daher eine weitergehende Differenzierung zwischen einzelnen Ländergruppen von Entwicklungsländern notwendig.

Eine wesentliche Ursache für den globalen Rückgang am Welthandelsvolumen sind die gesunkenen Exporteinnahmen der wichtigsten Ölexportstaaten. Lag der Anteil der OPEC am Welthandelsvolumen 1980 noch bei über 15%, so erreichte er für 1991 nur noch 4,5%.[32]

---

[31] Konrad Neundörfer: Die europäische Integration in einem neuen weltpolitischen Umfeld, in: Jahrbuch der Textilindustrie 1991, hrsg von Gesamttextil Frankfurt 1991, S. 19
Jörg von Netzer: Internationaler Abbau der Textilsubventionen Eine Voraussetzung für die Abschaffung des WTA, in: Jahrbuch der Textilindustrie 1991, hrsg. von Gesamttextil Frankfurt 1991, S. 29
[32] M.v. Baratta (Hrsg.): Fischer Weltalmanach 1993, a.a.O., S. 967

Abb.5 : Anteil der EL am Welthandelsvolumen nach Regionen (in %)

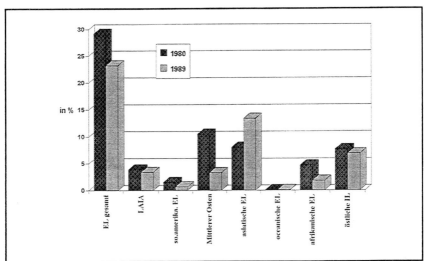

*LAIA:Latin American Integration Association (Argentinien, Bolivien, Brasilien, Chile, Equador, Kolumbien, Mexiko, Paraguay, Peru, Uruguay, Venezuela)
Quelle: UN (Hrsg.): International Trade Statistics 1990, a.a.O., S. 10

Dies hat zur Folge, daß in der Liste der führenden Exportnationen 1991 kein OPEC-Staat mehr unter den zwanzig ersten Positionen zu finden ist, während 1980 noch fünf OPEC-Staaten in dieser Liste geführt wurden. Ohne Berücksichtigung der Entwicklung in den OPEC-Staaten hat sich der Anteil der Entwicklungsländer am Welthandelsvolumen sogar vergrößert, und zwar um fast 4% auf knapp 19,6% 1991. (s.Abb.2) Allerdings ist auch hier eine weitergehende Differenzierung notwendig, da innerhalb dieser Länder zwei gegenläufige Trends zu erkennen sind.

Eine besonders dynamische Entwicklung verzeichnen die asiatischen Schwellenländer. In der Liste der zwanzig führenden Exportnationen wurden 1991 insgesamt fünf Entwicklungsländer, alle aus dem asiatischen Raum, geführt. (s.Tab.1) Diese Staaten weisen mit einer durchschnittlichen Zuwachsrate der Exporte von knapp 11% in den 80er Jahren die mit Abstand höchsten Zuwachsraten im Welthandel auf. (s.Abb.6). Entsprechend konnten sie ihren Anteil am Welthandelsvolumen erheblich, auf über 13%, in den letzten Jahren ausbauen. (s.Abb.5)

Abb.6 : Durchschnittliche Wachstumsrate der Exporte von 1980-1989 (in%)

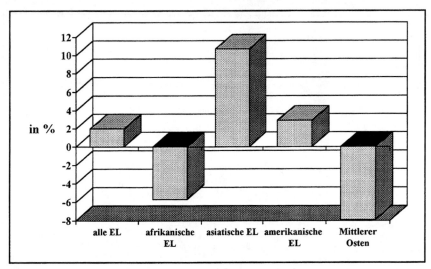

Quelle: UN (Hrsg.): International Trade Statistics 1990, a.a.O., S. 10

Gegenläufig verlief die Entwicklung in den 42 LDC - Staaten (least - developed - countries). Diese wurden in den achtziger Jahren noch weiter aus der Weltwirtschaft ausgekoppelt und wiesen 1991 nur noch einen Anteil von 0,2% am Welthandelsvolumen auf. Dies entspricht einem Wert, der ein Viertel unter dem Vergleichswert von 1980 liegt.[33] Die Differenzierung der EL nach Regionen läßt die bestehenden Unterschiede in der Außenhandelsentwicklung deutlich erkennen. (s.Abb.5) Der Rückgang der wichtigsten Öl-exportstaaten am Welthandelsvolumen schlägt sich in dem um mehr als 7% gegenüber 1980 gesunkenen Anteil der EL des Mittleren Ostens nieder. Der ungünstige Verlauf des Außenhandels in den afrikanischen EL hatte eine Halbierung des Handels dieser Staaten am Welthandelsvolumen zur Folge. Die süd- und mittelamerikanischen EL mußten dagegen nur leichte Einbußen hinnehmen.

Die teilweise markanten Verschiebungen zwischen den verschiedenen Entwicklungsländern sind das Ergebnis der unterschiedlichen Wachstumsraten der Exporte in den 80er Jahren. Diese weisen eine Spanne von +11% für die asiatischen Entwicklungsländer bis zu -6% für die Entwicklungsländer des Mittleren Ostens auf. (s.Abb.6)

---

[33] Stiftung Entwicklung und Frieden (Hrsg.): Globale Trends 1991, Bonn, Düsseldorf, 1991, S. 115

2.5.2 Die Handelsströme der EL

Die Handelsströme der EL sind eindeutig auf die westlichen IL ausgerichtet. Auf den Intrawarenhandel der EL entfielen zu Beginn der 90er Jahre unverändert lediglich 25% der Gesamtexporte. Es lassen sich jedoch eine Reihe markanter Unterschiede in der Struktur der Handelsströme zwischen den einzelnen EL erkennen. (s.Tab.4)

Tab.3 : Die Entwicklung der regionalen Exportstruktur der EL *

	Jahr	afrik. EL	LAIA*	amerik. EL	Mittl.Ost. EL	asiat. EL	ozean. EL
EG	1980	46,2	24,3	17,7	36,9	15,5	35,2
	1989	56,2	22,8	14,8	22,6	14,3	30,8
Kanada/USA	1980	31,6	32,6	43,9	11,3	20,2	14,8
	1989	17,2	38,7	39,5	12,0	26,1	11,8
Japan	1980	2,2	5,2	1,5	20,6	20,2	26,4
	1989	2,8	6,1	2,0	18,6	15,2	26,0
Austral./Neuseel.	1980	0,1	0,1	0,1	1,3	2,4	12,7
	1989	0,2	0,6	0,0	0,9	2,3	10,1
west. IL gesamt	1980	82,9	65,2	63,2	71,5	59,8	89,3
	1989	79,2	71,1	59,2	55,8	59,5	81,2
Osteuropa	1980	2,6	4,5	12,5	1,6	3,9	0,0
	1989	4,0	2,6	24,2	3,7	2,5	0,3
amerikanische EL	1980	6,2	23,3	16,8	5,7	2,5	0,3
	1989	1,4	10,3	13,5	6,4	1,4	0,0
afrikanische EL	1980	3,1	2,2	2,4	1,7	3,3	0,0
	1989	6,9	1,3	0,9	3,2	1,6	0,0
EL Mitt. Osten	1980	1,9	1,6	1,2	5,3	5,3	0,0
	1989	3,1	1,8	0,4	13,7	2,6	0,0
Ferner Osten	1980	1,5	2,3	1,2	12,5	24,2	6,6
	1989	3,6	5,8	1,3	17,0	31,1	12,5
EL gesamt	1980	17,1	29,8	22,3	25,8	35,8	10,
	1989	15,5	24,0	15,8	39,6	37,2	17,2
sonst.	1980	0,0	0,5	2,0	1,1	0,5	4,1
	1989	1,9	2,6	0,8	2,1	1,2	5,8

* in % der Gesamtexporte
LAIA: Latin American Integration Association
Quelle: UNCTAD (Hrsg.): International Trade Statistic Yearbook 1990, a.a.O., S. 12 f

Die höchste Abhängigkeit von den Märkten der westlichen IL weisen die afrikanischen und ozeanischen EL auf. Mehr als 79% bzw. 81% ihrer Gesamtexporte waren 1989 für die westlichen IL bestimmt. Innerhalb der westlichen IL ist die EG bei weitem der wichtigste Handelspartner, dies gilt insbesondere für die afrikanischen EL, deren Exporte zu mehr als 56% für den EG - Markt bestimmt sind. Für die ozeanischen EL ist dagegen Japan noch ein bedeutender Handelspartner. Im Bereich des Süd - Süd - Handels dominieren für die afrikanischen Staaten die Handelsbeziehungen mit Ländern in derselben Region, allerdings hat die Bedeutung des asiatischen Raumes als Exportmarkt deutlich zugenommen. Für die ozeanischen EL sind die asiatischen Staaten ohnehin mit Abstand wichtigster Handelspartner.

Die Mitglieder der LAIA (Latin American Integration Association) wiesen 1989 mit knapp 71% eine weit weniger hohe Konzentration ihrer Handelsströme auf Abnehmermärkte in den westlichen IL auf. Die USA und Kanada stellen für diese Staaten eindeutig die wichtigsten Handelspartner dar. Beim Intrawarenhandel dominiert der Austausch mit den Mitgliedern der LAIA. Allerdings ist deren Bedeutung seit 1980 rückläufig, während im gleichen Zeitraum die Handelsbeziehungen zu EL des Fernen Ostens ausgebaut wurden.

Die Handelsströme der mittelamerikanischen Staaten weisen durch den hohen Anteil von 24% der Exporte in östliche IL eine Besonderheit in ihrer regionalen Außenhandelsstruktur auf. Die Exporte in diese Staaten sind zudem im Laufe der 80er Jahre erheblich ausgebaut worden. Durch den hohen Stellenwert der Ostexporte sind durch die Umbruchs- und Auflösungserscheinungen in Osteuropa und die damit einhergehende tiefe Wirtschaftskrise in diesen Ländern der Außenhandel bzw. die gesamte Volkswirtschaft dieser EL in hohem Maße negativ beeinträchtigt.

Eine vergleichsweise geringere Abhängigkeit von den Exportmärkten der westlichen IL weisen die EL des Mittleren Ostens auf. Nur knapp 56% der Gesamtexporte, gegenüber knapp 72% 1980, waren 1989 für diese bestimmt. Die wichtigsten Handelspartner waren innerhalb der westlichen IL die EG, gefolgt von Japan. Der Intrawarenhandel mit EL beträgt nahezu 40% der Gesamtexporte. Unter ihnen waren die erdölimportierenden EL des Mittleren Ostens und die asiatischen EL die wichtigsten Handelspartner. Diese relativ ausgewogene Struktur der regionalen Handelsströme erklärt sich unmittelbar aus der Dominanz des Erdöls und dessen Weiterverarbeitungsprodukten als Hauptexportprodukte. Die Entwicklungen auf den Erdölmärkten in den 80er Jahren und die Erfolge der IL in ihren Bemühungen zur regionalen Differenzierung ihrer Erdölimporte sind im wesentlichen für Verlagerungen in den regionalen Handelsstrukturen verantwortlich.

Für die asiatischen EL entfallen 60% der Gesamtexporte auf die westlichen IL. Hierbei haben die Handelsbeziehungen zu den USA und Kanada in den letzten Jahren noch an Bedeutung gewonnen. Innerhalb des Süd - Süd - Handels, in dessen Rahmen 1989 über 37% der Gesamtexporte abgewickelt wurden, dominiert der asiatische Raum als Absatzmarkt.

Die Konzentration auf einige wenige Handelspartner läßt sich auch in der regionalen Struktur der Importe feststellen. Die regionale Importstruktur ist für die afrikanischen und lateinamerikanischen EL durch die Dominanz jeweils eines Handelspartners geprägt. Für die afrikanischen EL handelt es sich dabei um die EG, aus der Ende der 80er Jahre fast 50% des Gesamtimports stammt. In den LAIA-Staaten ist die USA mit einem Anteil von 45% an den Gesamtimporten der wichtigste Handelspartner.

Im Gegensatz dazu weisen die Importe der mittelamerikanischen und asiatischen EL eine vergleichsweise breite regionale Differenzierung auf. Bei den mittelamerikanischen Staaten ist dies auf den relativ hohen Anteil von fast 20% der Ostimporte zurückzuführen. Die Importstruktur der asiatischen EL ist durch den hohen Anteil von knapp 23% japanischer Importe und dem hohen Importanteil von 31% aus anderen asiatischen EL charakterisiert.

2.5.3 Merkmale der sektoralen Exportstruktur

Die Exportstruktur der überwiegenden Mehrzahl der Entwicklungsländer ist unverändert durch die Konzentration auf nur einige wenige Rohstoffe charakterisiert, obwohl es den EL in ihrer Gesamtheit gelungen ist, den Anteil der Rohstoffe an den Gesamtexporten zu reduzieren. In Subsahara - Afrika erreicht der Anteil der Rohstoffe an den Gesamtexporten auch zu Beginn der 90er Jahre durchschnittlich noch 83% gegenüber 92% 1965. Für die Staaten Lateinamerikas und der Karibik liegt der Anteil der Rohstoffe an den Gesamtexporten zwar deutlich niedriger, erreicht aber immerhin noch durchschnittlich 64%. Die geringste Bedeutung haben Rohstoffe in der Exportstruktur der asiatischen Staaten. Den ostasiatischen Staaten gelang es, diesen Anteil auf 26 % gegenüber 75 % 1965 zu reduzieren.

Die sektorale Aufgliederung des Welthandels nach einzelnen Warengruppen zeigt, daß die in der Exportstruktur der Entwicklungsländer so dominierenden Rohstoffe im Weltmaßstab eine

Tab.4 : Anteil von Rohstoffen an der Warenausfuhr 1989 (in %)

Beispielländer				verschiedene Regionen	
Japan	2	Thailand	46	Ostasien	26
Hongkong	6	Brasilien	48	Südasien	31
Südkorea	7	Australien	67	Lateinamerika /Karibik	64
BRD	10	Chile	90	Subsahara - Afrika	83
USA	22	Bolivien	95	west.IL	19
VR China	30	Kuwait	96	EL gesamt	41
Philippinen	38	Äthiopien	97		

Quelle: Weltbank (Hrsg.): Weltentwicklungsbericht 1991, Washington 1991, S. 235

wesentlich geringere Rolle spielen. Lediglich 22% des Welthandels entfielen 1989 auf Rohstoffe aller Art. Mit einem Anteil von 60% dominiert hier eindeutig der Handel mit Fertigwaren. (s.Tab.6) Der Fertigwarenhandel erzielt zudem mit einer durchschnittlichen Zuwachsrate von 4,9% für den Zeitraum von 1980 - 1989 die vergleichsweise höchsten Zuwachsraten.

Tab.5 : Die Bedeutung einzelner Warengruppen im Welthandel (in %)

	Anteil am Welthandel in % 1989	Ø Wachstumsrate 1980 - 1989
Warenhandel	82	4,3
Fertigwaren	60	4,9
Rohstoffe	22	1,7
Energierohstoffe	9	0,0
Nahrungs-/Genußmittel	8	4,7
andere Rohstoffe	5	2,1
Dienstleistungen	18	4,5
Gesamt	100	4,3

Quelle: Weltbank (Hrsg.): Global Economic Prospects and the Developing Countries, Washington 1991, S.18

Der Rohstoffhandel weist dagegen nur unterdurchschnittliche Zuwachsraten auf. Die Substituierung von traditionellen Rohstoffen durch Recyclingmaßnahmen und der zunehmende Einsatz rohstoffsparender Technologien sind als die wesentlichen Gründe für diese Entwicklung anzusehen. Insbesondere der Handel mit Energierohstoffen, der mit Abstand wichtigsten Warengruppe im Rohstoffhandel, stagnierte in den achtziger Jahren. Lediglich im Handel mit Nahrungs- und Genußmitteln wurden Wachstumsraten realisiert, die denen im Fertigwarenbereich entsprechen.

Das weit verbreitete Meinungsbild der IL als Fertigwarenexporteure und der EL als Rohstofflieferanten entspricht dabei nicht der realen Situation auf den Weltmärkten. Ohne Berücksichtigung der Energierohstoffe stammen derzeit knapp 64 % aller Rohstoffe aus den westlichen IL und nur knapp 29% aus den EL. Werden die Energierohstoffe mit einbezogen, so verschiebt sich das Verhältnis zugunsten der EL auf 54% und 27% für die westlichen IL.[34]

Trotz der unverändert hohen Bedeutung der Rohstoffe innerhalb der sektoralen Exportstruktur für eine Vielzahl von Entwicklungsländern konnten die EL in den 80er Jahren in ihrer Gesamtheit ihre Fertigwarenexporte deutlich steigern. Diese Steigerung manifestierte sich in dem von 10% 1980 auf über 18% 1989 gestiegenen Anteil am Welthandel mit Fertigwaren. (s.Tab. 6)

Tab.6 : Anteile am Welthandel mit Fertigwaren (in %)

	1980	1989		1980	1989
EG	44,9	42,2	Afrika	0,4	1,7
USA	12,8	10,5	Südostasien	6,6	13,1
Japan	11,3	12,6	sonst. EL	1,5	1,3
sonst. westl. IL	13,9	12,1	westl. IL gesamt	82,9	77,4
Lateinamerika	1,5	2,1	EL gesamt	10,0	18,2

Quelle: Weltbank (Hrsg.): Weltentwicklungsbericht 1991, Washington 1991, S. 235

Von der dynamischen Entwicklung bei den Fertigwarenexporten konnten allerdings nur einige wenige EL profitieren. Hierbei handelt es sich v.a. um die asiatischen und lateinamerikanischen Schwellenländer, die heute bereits eine weitgehend differenzierte Exportstruktur aufweisen.

---
[34] UNCTAD (Hrsg.) International Trade Statistics 1989, a.a.O., S. 110

2.5.4 Merkmale der sektoralen Importstruktur

Die sektorale Aufgliederung der Importstruktur spiegelt ebenfalls die bestehenden Unterschiede im wirtschaftlichen Entwicklungsstand zwischen den einzelnen EL wider. (s.Tab.7)

Die Nahrungsmittelimporte spielen v.a. in Afrika und in den EL des Mittleren Ostens mit einem Importanteil von 15% bzw. 14,5% eine bedeutende Rolle und sind ein Hinweis auf die zum Teil schlechte Ernährungslage und den sinkenden Selbstversorgungsgrad in diesen Ländern.

Bei den mineralischen Brennstoffen ist in allen Ländergruppen ein markanter Rückgang an den Gesamtimporten zu verzeichnen. Am deutlichsten fällt der Rückgang in den mittelamerikanischen EL aus, allerdings erreicht hier diese Warengruppe mit über 19% den mit Abstand höchsten Anteil an den Gesamtimporten.

Tab.7 : Merkmale der sektoralen Importstruktur (in % der Gesamtexporte)

	Nahrungsmittel		Brennstoffe		Maschinen u. Transportausrüstung		sonstige Rohstoffe	
	1980	1989	1980	1989	1980	1989	1980	1989
Afrika	14,3	15,0	9,3	7,4	37,4	35,8	4,3	5,7
LAIA	9,7	7,3	15,2	9,5	38,1	41,0	4,8	6,5
so. amerik.EL	8,7	10,3	46,3	19,2	19,4	31,7	1,9	2,8
Mittlerer Osten	11,9	14,5	10,1	8,0	36,5	32,6	2,9	4,2
so.asiat. EL	9,3	6,5	20,8	8,3	27,9	36,5	9,5	6,9

Quelle: UNCTAD (Hrsg.): International Trade Statistics 1990, a.a.O., S. 15 A

Bei dem Anteil der sonstigen Rohstoffe an den Gesamtimporten kommen die bestehenden Unterschiede im realisierten Industrialisierungsgrad zum Ausdruck. Die vergleichsweise weit industrialisierten Staaten in Asien und Lateinamerika weisen deutlich höhere Wert auf als die übrigen EL - Ländergruppen. Insbesondere die asiatischen EL sind in den achtziger Jahren einer der größten Rohstoffnachfrager auf dem Weltmarkt geworden. Im Gegensatz zu den westlichen Industrieländern, deren Rohstoffimporte in den achtziger Jahren mehr oder weniger stagnierten, weisen diese Staaten stetig zunehmende Rohstoffimporte auf. In allen EL-Ländergruppen stellen die Einfuhren von Maschinen und Transportausrüstungen die mit Abstand umfangreichste Warengruppe.

2.5.5 Entwicklung der Terms of Trade

Vor dem Hintergrund der unverändert hohen außenwirtschaftlichen Abhängigkeit der Mehrzahl der ärmeren EL von Rohstoffexporten werden deren Terms of Trade (Verhältnis Exportgüter-/Importgüterpreise) im wesentlichen von der Entwicklung der internationalen Rohstoffpreise beeinflußt. Die Entwicklung auf den internationalen Rohstoffmärkten verlief je nach Rohstoff in den 80er Jahren sehr unterschiedlich. Für alle Rohstoffe sind jedoch die großen Preisschwankungen, bei einem insgesamt sinkenden Preisniveau, charakteristisch.[35]

Abb.7 : Entwicklung der Terms of Trade (1980=100)

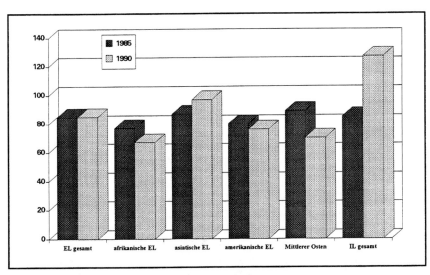

Quelle: UN (Hrsg.): International Trade Statistics 1990, a.a.O., S. 25 A

---

[35] Weltbank (Hrsg.): Global Economics Prospects and the Developing Countries 1991, Washington 1991, S. 2.2

Dies hat u.a. zur Folge, daß sich für zahlreiche EL die Erlöse aus Rohstoffexporten deutlich verringert haben und zudem in ihrer Höhe kaum kalkulierbar sind. Die sinkenden Erlöse aus den Rohstoffexporten sind ein wichtiger Grund für die Schwierigkeiten zahlreicher EL, ihren Schuldendienstverpflichtungen nachzukommen.

Die Entwicklung der Terms of Trade spiegelt den Verfall der Rohstoffpreise wider und verlief eindeutig zuungunsten der EL. Allerdings weisen die in ihrer Exportstruktur vergleichsweise weitgehend diversifizierten Schwellenländer einen deutlich positiveren Verlauf auf. (s. Abb.7)

3 Entwicklung und Struktur des deutschen Außenhandels

3.1 Entwicklung des Außenhandelsvolumens in den achtziger Jahren

Nachdem infolge der zweiten Ölpreisexplosion die Handelsbilanz der Bundesrepublik Deutschland 1980 nur einen geringfügigen Überschuß von 8,9 Mrd. DM aufwies, ist die Entwicklung in den 80er Jahren durch stetig wachsende Exportüberschüsse gekennzeichnet. Die Exporte wiesen durchweg deutlich höhere Zuwachsraten auf als die Importe. Der Höchststand wurde 1989 realisiert mit einem Ausführungsüberschuß von 135 Mrd. DM.

Zu Beginn der 90er Jahre ergibt sich gegenüber den Vorjahren ein verändertes Bild. Entgegen langjährigen Trends ist eine kräftige Zunahme nur noch bei den Importen (1991: 15%) zu verzeichnen, bei gleichzeitig stagnierenden Exporten (1991: 0,9%), mit der Folge, daß sich der Ausfuhrüberschuß 1991 drastisch auf 15,3 Mrd. DM verringerte.

Die Gründe für diese Entwicklung liegen zum einen in der lebhaften Binnenkonjunktur Anfang der neunziger Jahre und der zusätzlichen Importnachfrage aus den neuen Bundesländern. Zum anderen ist die schwache Konjunktur in wichtigen Abnehmerländern und die infolge des gestiegenen Außenwertes der DM zu verzeichnende Verteuerung deutscher Exporte für diese Entwicklung verantwortlich. Vor dem Hintergrund der anhaltenden konjunkturellen Nachfrageschwäche in den wichtigsten Abnehmerländern in Westeuropa, insbesondere im Investitionsgüterbereich, zeichnet sich gegenwärtig für die nähere Zukunft eine rückläufige Entwicklung bei den Exporten ab. Auch die Wareneinfuhr wird sich aufgrund der rezessionsbedingten Produktionsrückgänge und abnehmender Investitions- und Konsumtätigkeit in Zukunft deutlich verringern.[36]

Abb.8 : Die Entwicklung des Außenhandels der Bundesrepublik Deutschland von 1980-1991 (in Mrd. DM)

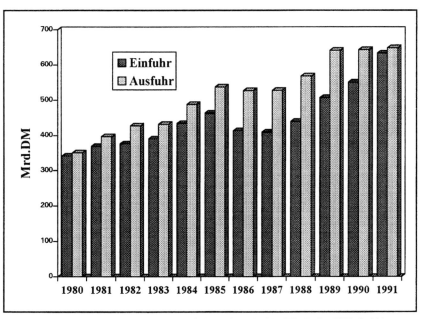

Quelle: Statistisches Bundesamt (Hrsg.): Statistisches Jahrbuch 1992, Wiesbaden 1992, S. 294

3.2 Die Handelsströme der Bundesrepublik Deutschland

Die regionale Aufgliederung der Handelsströme zeigt die unverändert große Bedeutung der westlichen Industrieländer, insbesondere der EG - Staaten als Außenhandelspartner für die Bundesrepublik Deutschland, sowohl auf der Einfuhr- als auch auf der Ausfuhrseite. Auf die westlichen Industrieländer entfielen 1991 knapp 83% der Gesamtexporte und mehr als 81%

---

[36]DIW (Hrsg.): Rekordrückgang der gesamtwirtschaftlichen Produktion, in: DIW-Wochenbericht 20/93, Berlin 1993

der gesamten Importe. Allein die Mitgliedsstaaten der EG waren mit 54% an den Exporten und mit 52% an den Importen beteiligt.[37]

Im einzelnen waren 1991 bezogen auf den Export die wichtigsten Außenhandelspartner Frankreich, Italien, die Niederlande und Großbritannien, gefolgt von Belgien und Luxemburg. (s.Tab.8) Wichtigster überseeischer Handelspartner ist unverändert die USA, die insgesamt den sechsten Platz in der Handelsstatistik einnimmt. Die Bedeutung der USA als Absatzmarkt ist allerdings deutlich rückläufig. Die USA hatten von 1984 bis 1987 noch auf Platz 2 in der Liste der wichtigsten Handelspartner gelegen. Aufgrund der anhaltend schlechten Konjunktur in den USA und der Aufwertung der DM im Verhältnis zum US$ werden die Absatzchancen, vor allem für die deutsche Investitionsgüterbranche, die PKW-Produzenten und die Pharmaindustrie, auch für die nähere Zukunft nicht allzu günstig eingeschätzt.[38]

Tab.8 : Die wichtigsten deutschen Exportkunden 1991

	in % Gesamtexporte		in % Gesamtexporte
Frankreich	13,1	Schweiz	5,7
Italien	9,2	Spanien	4,0
Niederlande	8,4	ehem. Sowjetunion	2,7
Grobritannien	7,6	Japan	2,5
Belgien/Luxemburg	7,3	Schweden	2,3
USA	6,3	EL	10,9
Österreich	5,9	so. Staatshandelsländer	3,7

Quelle: Statistisches Bundesamt (Hrsg.): Statistisches Jahrbuch 1991, a.a.O., S. 316

Im Gegensatz dazu nimmt der Umsatz mit Japan, das derzeit auf Platz 11 in der Liste der wichtigsten Ausfuhrländer und auf Platz 7 bei den Importen liegt, stetig zu. Japan ist nach den USA der wichtigste Handelspartner außerhalb der EG. Die höchsten Exportüberschüsse erzielte die Bundesrepublik Deutschland im Handel mit den EG-Staaten. Die Überschüsse erreichten 1991 jedoch nur noch eine Höhe von 25 Mrd. DM gegenüber 64 Mrd. DM im Vorjahr. Die höchsten Überschüsse wurden auch 1991 im Handel mit Frankreich und

---

[37]Statistisches Bundesamt (Hrsg.): Statistisches Jahrbuch 1991 Wiesbaden 1991, S. 296
[38]Commerzbank (Hrsg.), Bericht der Abteilung Volkswirtschaft 1,91 Frankfurt 1991

Großbritannien realisiert. Im Gegensatz dazu ergaben sich im Handel mit Japan, der VR China, Libyen, Norwegen und der Rep. Taiwan die größten Defizite.

3.3. Merkmale der sektoralen Export-/Importstruktur

Bei den gehandelten Waren und Gütern dominieren, sowohl auf der Export- als auch auf der Importseite, eindeutig die Halb- und Fertigwaren. (s.Tab.9) Die Bedeutung dieser Warengruppe ist zudem in den 80er Jahren noch deutlich gestiegen und beträgt derzeit bei den Importen 73% und bei den Exporten 88% des gesamten Handelsvolumens. Insbesondere der Anteil der Enderzeugnisse hat sich seit 1980 deutlich erhöht. Deren Anteil erreichte 1991 bei den Importen knapp 60% gegenüber 38% 1980 und bei den Exporten sogar knapp 73% gegenüber 66% 1980.

Im Bereich der Rohstoffimporte sind die markantesten Veränderungen in der sektoralen Struktur im Laufe der achtziger Jahre zu verzeichnen. Entfielen auf diese Warengruppe 1980 noch über 17% der Gesamtimporte, so reduzierte sich dieser Anteil auf 5,2% 1991. Diese rückläufige Entwicklung ist im wesentlichen auf die stark gesunkenen Rohölimporte zurückzuführen. Entfielen 1980 knapp 13% der Gesamtimporte auf Rohöl, so reduzierte sich dieser Anteil bis 1991 auf 6,2% und führte zu dem deutlichen Rückgang der mineralischen Brennstoffe an den Gesamtimporten von über 22% 1980 auf 8,3% 1991.

Erzeugnisse des Maschinen- und Fahrzeugbaus sind sowohl bei den Importen als auch bei den Exporten die mit Abstand bedeutendste Gütergruppe. Sie konnte ihre dominierende Stellung im Außenhandel seit 1980 sogar noch ausbauen. (s.Tab.10)

Tab.9 : **Entwicklung der sektoralen Import - und Exportstruktur nach Warengruppen (in %)**

	1980		1991	
	Importe	Exporte	Importe	Exporte
Ernährungswirtschaft	12,7	5,3	10,6	5,3
lebende Tiere	0,2	0,2	0,1	0,2
Nahrungsmittel tier.Ur.	3,0	2,2	2,9	1,9
Nahrungsmittel pfla.Ur.	7,5	2,2	6,3	2,4
Genußmittel	2,0	0,8	1,4	0,8
Gewerbliche Wirtschaft	86,0	94,0	88,3	94,4
Rohstoffe	17,3	1,9	5,2	1,1
Halbwaren	17,6	8,7	10,2	5,1
Vorerzeugnisse	13,2	17,5	13,1	15,6
Enderzeugnisse	38,0	65,5	59,9	72,5

Quelle: Statistisches Bundesamt (Hrsg.): Statistisches Jahrbuch 1991, a.a.O.,S.294

Tab.10 : **Bedeutung einzelner Gütergruppen in der Import - Exportstruktur (in % von Gesamt)**

	Import		Export			Import		Export	
	1980	1991	1980	1991		1980	1991	1980	1991
Nahrungsmittel lebende Tiere	9,7	8,2	4,7	4,4	chem. Erzeugnisse	7,1	8,4	12,6	12,7
Getränke/Tabak	1,0	1,0	0,6	0,6	bearb. Waren	17,8	16,5	20,3	16,9
Rohstoffe (o. Nah.m. u. min. Brennstoffe)	7,8	4,4	2,0	1,9	Masch.bauerzeugnisse u. Fahrzeuge	18,7	35,1	44,3	48,9
Min. Brennstoffe	22,3	8,3	3,8	1,2	verschiedene Fertigwaren	11,6	15,9	9,3	11,1
Tierische/pflanzl. Öle und Fette	0,4	0,2	0,4	0,2	sonstige	3,6	2,0	2,0	2,1

Quelle:Statistisches Bundesamt (Hrsg.): Statistisches Jahrbuch 1992, a.a.O., S.310

3.4 Die Entwicklung des Außenhandels mit den Entwicklungsländern

Die Bedeutung der Außenhandelsbeziehungen der Bundesrepublik Deutschland mit den EL zeigt für die 80er Jahre eine deutlich rückläufige Tendenz. Der Anteil der Entwicklungsländerimporte an den Gesamtimporten ist von 20,4% 1980 auf knapp 12% 1991 zurückgegangen. Diese Entwicklung ist das Ergebnis zweier gegenläufiger Trends in den achtziger Jahren. In der ersten Hälfte der 80er Jahre erhöhten sich zunächst die Entwicklungsländerimporte bei nicht unerheblichen jährlichen Schwankungen bis 1985. Für das Jahr 1986 ist ein drastischer Einbruch in Folge eines Konjunktureinbruchs in der Importentwicklung zu verzeichnen (Rückgang der Importe um fast 27%). Im Folgejahr erreichten sie mit nur noch 50,2 Mrd. DM ihren absoluten Tiefstand.

Tab.11 : Entwicklung der Importe und Exporte aus den Entwicklungsländern in den achtziger Jahren (in Mrd. DM)

	1980	1982	1984	1985	1986	1987	1988	1989	1990	1991
Importe EL gesamt	69,5	68,4	69,8	71,6	52,7	50,1	54,7	62,2	66,1	74,1
Exporte EL gesamt	51,73	72,6	67,4	66,3	55,9	52,0	53,9	61,7	65,0	71,3
Überschuß	-17,83	4,2	-2,3	-5,3	3,1	1,9	-0,8	-0,5	-1,1	-2,8
Importe sonstige EL	32,1	35,5	42,5	44,5	39,5	39,0	43,9	49,9	52,0	59,1
Exporte sonstige EL	28,9	34,4	39,5	41,1	38,0	37,8	38,4	45,3	46,8	50,1
Importe OPEC	37,4	32,8	27,2	27,1	13,2	11,1	10,8	12,3	14,1	15,0
Exporte OPEC	22,8	38,0	27,9	25,1	17,9	14,2	15,4	16,4	18,2	21,2

die Angaben beziehen sich auf die alten Bundesländer
Quelle: Statistisches Bundesamt (Hrsg.): Außenhandel 1991 Fachserie 7 Reihe 5,1 Wiesbaden 1992 S.7

Seit 1988 weisen die Importe erneut positive Zuwachsraten auf. Mit 74,1 Mrd. DM lagen sie 1991 erstmals deutlich über dem Niveau von 1980. Die Importe[39] aus EL erhöhten sich 1991 um beachtliche 12% (1990: 6,3%) und lagen damit allerdings immer noch unter dem entsprechenden Wert für die Gesamteinfuhr von 15%.

---

[39]nur alte Bundesländer

Eine Differenzierung nach OPEC-Staaten und sonstigen EL zeigt, daß die Entwicklung keineswegs einheitlich verlief. Die Importe aus den OPEC-Staaten sind im Zuge der regionalen Diversifizierung der Erdölimporte in den 80er Jahren um mehr als 60% gesunken. Infolgedessen verringerte sich der Anteil der OPEC-Staaten an den Gesamtimporten von 10,9% 1980 auf 2,4% 1991. Auch die OPEC-Importe weisen seit Ende der 80er und Anfang der 90er Jahre erneut positive Zuwachsraten auf. Vor allem 1990 erhöhten sich die Importe im Zuge der durch den Golfkrieg induzierten Ölpreiserhöhung um 14,1%. Im Folgejahr betrug die Zuwachsrate jedoch nur noch 6,5% und lag damit fast um die Hälfte unter dem entsprechenden Vergleichswert für die Gesamtimporte aus den EL.

Ohne die Berücksichtigung der Handelsentwicklung mit den OPEC-Staaten verlief die Entwicklung für die sonstigen EL wesentlich günstiger. Mit Ausnahme der Jahre 1986 und 1987 wurden durchweg positive Zuwachsraten realisiert, mit der Folge, daß sich die Importe von 32,1 Mrd. DM 1980 auf 59,1 Mrd. DM 1991 erhöhten. Allerdings spiegelt sich in dieser Entwicklung kein einheitliches Bild für alle EL wider. Die positive Entwicklung ist insbesondere auf die anhaltende Exportoffensive der asiatischen und bedingt auch lateinamerikanischen Schwellenländer zurückzuführen. Die übrigen EL waren an den wachsenden Importen, wenn überhaupt, nur unterdurchschnittlich beteiligt.

Ein vergleichbares Bild zeigt die Entwicklung der Exporte. Lag der Anteil der Entwicklungsländerexporte an den Gesamtexporten 1980 noch bei knapp 15%, so reduzierte sich dieser bis 1991 auf 11%. Die Entwicklung verlief jedoch insgesamt wesentlich stetiger, so konnten i.d.R. durchweg positive Zuwachsraten realisiert werden. 1991 erhöhten sich die Exporte um 9,7% (1990: 5,1%) und lagen damit erheblich über dem entsprechenden Wert für die Gesamtexporte. Obwohl das Exportvolumen mit 71 Mrd. DM gegenüber 1980 deutlich gesteigert werden konnte, liegt es damit unverändert unter dem bisherigen Höchstwert von 1982. Aus der Differenzierung zwischen OPEC - Staaten und sonstigen Entwicklungsländern wird ersichtlich, daß entgegen dem allgemeinen Trend die OPEC - Staaten als Exportmarkt im Laufe der achtziger Jahre ständig an Bedeutung verloren haben.

3.4.1 Regionale Entwicklung und Struktur des Außenhandels mit den Entwicklungsländern

Auch die regionale Differenzierung der Im- und Exporte aus den Entwicklungsländern verdeutlicht, daß die Entwicklung in den 80er Jahren keineswegs einheitlich verlief. Besonders auffällig ist der Rückgang der Handelsverflechtungen mit dem afrikanischen Kontinent. Hier haben sich von 1980 bis 1991 die Importe um mehr als 40% und die Exporte um fast 25% verringert. (s.Tab. 12)

Tab.12 : Entwicklung der Im- und Exporte nach Regionen (in Mrd. DM)

	1980			1985			1991		
	Importe	Exporte	Überschuß	Importe	Exporte	Überschuß	Importe	Exporte	Überschuß
Afrika	23,3	14,6	-8,7	25,5	15,1	-10,4	14,3	10,9	-3,3
Amerika	11,1	11,4	0,3	18,4	11,4	-6,9	15,6	13,2	,2,5
Asien	34,3	25,5	-8,7	26,6	39,6	12,9	43,8	47,1	3,3
Ozeanien	0,7	0,1	-0,6	1,1	0,1	-0,9	0,36	0,1	-0,3

Quelle: Statistisches Bundesamt (Hrsg.): Außenhandel 1991 Fachserie 7 Reihe 5,1, a.a.O. S.10

Die wichtigsten afrikanischen Handelspartner, sowohl auf der Import- als auch auf der Exportseite, sind Libyen, Nigeria, Algerien, Tunesien und Ägypten. (s.Tab.13/14)

Für die mittel- und südamerikanischen EL haben sich seit Mitte der 80er Jahre lediglich die Importe deutlich verringert, während die Exporte positive Zuwachsraten aufwiesen. Wichtigste Handelspartner waren auf der Importseite Brasilien und Argentinien, gefolgt von Chile und Venezuela. Ferner sind auf der Exportseite Mexiko und Brasilien mit Abstand die bedeutendsten Absatzmärkte.

Die asiatischen EL weisen sowohl auf der Import- als auch auf der Exportseite deutliche Zuwächse auf. Seit 1985 haben sich die Importe aus diesen Ländern um über 60% auf knapp 44 Mrd. DM und die Exporte um 4,4% auf über 47 Mrd. DM erhöht. Diese Entwicklung hat den Überschuß in der Warenverkehrsbilanz mit diesen Ländern auf 3,3 Mrd. DM schrumpfen lassen. Auf die asiatischen EL entfielen 1991 fast 60% der gesamten

Entwicklungsländerimporte und 66% der Entwicklungsländerexporte. Sie sind somit mit Abstand die bedeutendsten Handelspartner innerhalb der EL. Im einzelnen sind Hongkong, Indien, die Republik Korea und Taiwan die wichtigsten Handelspartner. (s.Tab.13/14)

Tab.13 : Anteil an den Gesamtimporten aus Entwicklungsländern nach Regionen 1991 (in%)

Afrika	19,4	Venezuela	2,1
Libyen	5,4	Asien	59,2
Nigeria	3,0	Hongkong	7,5
Algerien	2,4	Indien	3.6
Tunesien	1,4	Korea	7,5
Amerika	21,1	Taiwan	10,6
Argentinien	2,8	Ozeanien	0,6
Brasilien	7,3		
Chile	1,9		

Quelle: Statistisches Bundesamt (Hrsg.): Außenhandel 1991 Fachserie 7 Reihe 5,1, a.a.O. S.10

Tab.14 : Anteil an den Gesamtexporten in die Entwicklungsländer nach Regionen 1991 (in%)

Afrika	15,4	Mexiko	4,5
Libyen	1,9	Venezuela	1,6
Nigeria	1,8	Asien	66,4
Algerien	2,3	Hongkong	4,9
Ägypten	2,9	Iran	9,3
Amerika	18,5	Korea	7,1
Argentinien	1,5	Taiwan	6,2
Brasilien	4,4	Ozeanien	0,2

Quelle: Statistisches Bundesamt (Hrsg.): Außenhandel 1991 Fachserie 7 Reihe 5,1,a.a.O. S.10

Die Liste der bedeutendsten zehn Handelspartner aus den EL ist auf den ersten drei Positionen durch asiatische EL, nämlich Taiwan, die Republik Korea und Hongkong, belegt. (s.Tab.15)

Insgesamt konzentrieren sich allein auf diese zehn Staaten fast 52% der gesamten Entwicklungsländerimporte und 48% der gesamten Entwicklungsländerexporte.

Tab.15 : Die wichtigsten Handelspartner aus den Entwicklungsländern 1991 (in Mrd. DM)

	Importe	Exporte		Importe	Exporte
Taiwan	7,92	4,40	Iran	1,31	6,59
Republik Korea	5,56	5,10	Indien	2,72	2,27
Hongkong	5,57	3,50	Libyen	3,53	1,13
Brasilien	5,41	2,91	Saudi Arabien	2,03	3,98
Singapur	3,44	3,23	Thailand	2,90	2,86

Quelle :Statistisches Bundesamt (Hrsg.): Außenhandel 1991 Fachserie 7 Reihe 5,1, a.a.O., S.112

3.4.2 Die sektorale Entwicklung und Struktur des Außenhandels mit den Entwicklungsländern

Zwischen den Strukturen der Warenbezüge aus den Entwicklungsländern und denen der Gesamteinfuhr zeigen sich auch Anfang der 90er Jahre deutliche Unterschiede. Die Importe von Gütern der Ernährungswirtschaft stellten 1991 über 16% der Einfuhren aus den EL und haben seit Anfang der 80er Jahre sogar noch an Bedeutung gewonnen. Im Gegensatz dazu liegt der Vergleichswert bezogen auf die Gesamteinfuhr mit 11% deutlich niedriger. Der Anteil der Waren der Gewerblichen Wirtschaft an den Entwicklungsländerimporten hat sich seit 1980 auf knapp 83% verringert. Innerhalb dieser Gütergruppe waren die Importe von Fertigwaren und speziell von Enderzeugnissen mit Abstand am bedeutendsten. Bei den Enderzeugnissen konnte zudem in den 80er Jahren eine deutliche Steigerung realisiert werden, wenn auch der Vergleichswert bezogen auf die Gesamtimporte immer noch deutlich höher liegt. Die Hauptexportprodukte der EL in dieser Gütergruppe konzentrieren sich allerdings auf einige wenige Warengruppen, vor allem Bekleidung, Schuhe, Perlen, Edel - und Schmucksteine, Spielzeug, Kinderwagen und elektronische Erzeugnisse, insbesondere Elektronenröhren, sowie Maschinen aller Art. Zu den Ländern, deren wichtigste Exportprodukte aus der Warengruppe der Textilien und Bekleidung stammen, gehören die Mittelmeerländer, in Afrika Ägypten, Mauritius und Tansania sowie die überwiegend vom Export von Baumwollgeweben abhängigen Staaten Benin, Malawi und Madagaskar. In Lateinamerika zählen hierzu die

Tab.16 : **Warenstruktur der Einfuhren aus den Entwicklungsländern (in %)**

	Entwicklungsländer insgesamt		OPEC-Staaten		andere Entwicklungsländer		gesamte Importe
	1980	1991	1980	1991	1980	1991	1991
Ernährungswirtschaft	12,7	16,1	1,8	8,4	29,8	18,1	10,6
lebende Tiere	0,2	0,0	-	-	-	-	0,1
Nahrungsmittel t.U.	3,0	2,6	-	-	-	-	2,9
Nahrungsmittel p.U.	7,5	9,3	-	-	-	-	6,3
Genußmittel	2,0	4,2	-	-	-	-	1,4
GewerblicheWirtschaft	86,0	83,2	97,8	90,9	70,2	81,2	88,3
Rohstoffe	17,3	21,6	90,3	69,0	15,9	9,4	5,2
Halbwaren	17,6	7,3	5,2	7,4	14,3	7,2	10,1
Fertigwaren	51,2	54,3	2,1	14,3	40,0	64,6	73,0
Vorerzeugnisse	13,2	5,9	-	-	-	-	13,1
Enderzeugnisse	38,04	48,4	-	-	-	-	59,9

Quelle : Statistisches Bundesamt (Hrsg.): Außenhandel 1991/1985 Fachserie 7 Reihe 5,1, a.a.O., S. 25, S.26

Länder Guatemala, Uruguay, Honduras, Jamaika und El Salvador, in Asien Nepal, Bangladesh, Pakistan, Sri Lanka, Hongkong, Indien, China, die Philippinen und Indonesien. Waren aus dem Maschinenbau- und Fahrzeugbereich werden hauptsächlich von den Schwellenländern Singapur, Taiwan, Süd Korea und Brasilien sowie Mexiko in die Bundesrepublik Deutschland exportiert. [40]

Insbesondere in Hinblick auf die Bedeutung der Rohstoffe in der sektoralen Importstruktur zeigen sich die größten Unterschiede, sowohl zwischen den einzelnen Entwicklungsländergruppen als auch im Vergleich zu den Gesamtimporten. So entfielen fast 22% der Importe aus EL auf diesen Bereich und lagen damit deutlich über dem Vergleichswert der Gesamteinfuhr von lediglich 5,2%. Die bestehenden erheblichen Unterschiede zwischen einzelnen Entwicklungsländergruppen werden bei einer Differenzierung zwischen OPEC-Staaten und sonstigen Entwicklungsländern deutlich. Bei den Importen aus den OPEC-Staaten entfielen 1991 knapp 70% auf Rohstoffe, wobei der weitaus überwiegende Teil aus Erdöl und

---

[40]DIW (Hrsg.): Struktur und Entwicklung der Importe der Industrieländer aus ausgewählten EL in den achtziger Jahren, Wochenbericht 39/89, 56 Jg., Berlin 1989, S. 465

Erdölprodukten bestand. Gegenüber 1980 ist allerdings auch bei den Importen aus diesen Staaten der Rohstoffanteil deutlich rückläufig.

Ohne Berücksichtigung der OPEC-Staaten ist das Spektrum der importierten Waren wesentlich breiter. Rohstoffimporte aus dem Bereich der gewerblichen Wirtschaft besitzen hier nur einen Anteil von 9% an den gesamten Importen, die zu 64% aus Fertigwaren bestehen.

Obwohl die Importe aus den Entwicklungsländern nur einen vergleichsweise geringen Anteil an den Gesamtimporten besitzen, gibt es durchaus volkswirtschaftlich wichtige Warengruppen, die eine deutlich über dem Durchschnittswert liegende Abhängigkeit von Importen aus den EL aufweisen. Die insgesamt rückläufige Entwicklung bei den Entwicklungsländerimporten wird tendenziell aber auch in den Warengruppen ersichtlich, die eine überdurchschnittliche Abhängigkeit von Importen aus den EL aufweisen. (s. Tab.17)

Stammten 1980 noch 66% der Rohstoffimporte aus den EL, so waren es 1990 nur noch knapp 48%. Die Rohstoffabhängigkeit der deutschen Wirtschaft v.a. von den OPEC-Staaten hat sich somit deutlich verringert. Eine Reihe von Rohstoffen weist allerdings unverändert einen deutlich höheren Wert auf. Innerhalb der agrarischen Rohstoffe gilt dies v.a. für Baumwolle und Kautschuk, bei den mineralischen Rohstoffen sind in diesem Zusammenhang Erdöl/Erdgas, Eisen-, Kupfer-, Zinn-, Wolfram- und Silbererze sowie Bauxit anzuführen. Auch wenn die Entwicklungsländer ihre Position seit 1980 leicht verbessern konnten, liegt der Anteil der Importe im Fertigwarenbereich nur bei durchschnittlich 8%. Allerdings weisen die Bereiche Textil und Bekleidung mit 19% bzw. 29% deutlich höhere Werte auf. Für den Bereich Ernährungswirtschaft besteht bei Futtermitteln und den Genußmitteln Kaffee, Kakao und Tabak mit 47% bzw. 37% eine überdurchschnittlich hohe Abhängigkeit von Entwicklungsländerimporten.

Im Gegensatz zur Importseite unterscheidet sich die sektorale Exportstruktur in die Entwicklungsländer nicht von denen der gesamten Exporte und hat sich in den letzten Jahren nicht wesentlich verändert. Der weitaus überwiegende Teil besteht aus Fertigwaren, insbesondere Enderzeugnissen.[41]

---

[41] Statistisches Bundesamt (Hrsg.): Außenhandel mit den Entwicklungsländern 1990: a.a.O., S.8

Tab.17 : Anteil der EL an den Gesamtimporten der Bundesrepublik nach Warengruppen (in %)

	1980	1990		1980	1990
Ernährungswirtschaft	23,2	18,4	Eisenerz	45,6	58,1
lebende Tiere	1,7	1,5	Kupfererze, kuper. Kiesabbrände	67,2	60,9
Schweine	/	21,6	Zinkerze	/	20,3
Futtermittel (o. Getreide)	37,8	47,1	so. Rohstoffe der chem. Industrie	17,5	23,2
Nahrungsmittel tier. Ursprungs	9,3	10,3	Bauxit	55,6	53,3
Nahrungsmittel pfla. Ursprungs	20,7	18,3	Manganerze	6,2	12,6
Genußmittel	55,7	36,8	Zinnerze	100	100
Kaffee	98,5	92,9	Wolframerze	/	62,0
Rohkakao, Kakaoerzeugnisse	60,1	41,9	Silbererze	/	100
Rohtabak, Tabakerzeugnisse	33,7	28,5	Halbwaren	10,9	9,6
Gewerbliche Wirtschaft	20,1	11,3	Kupfer roh	30,9	30,4
Rohstoffe	66,0	47,7	Gold für gewerbliche Zwecke	12,0	23,6
Holz, Rundholz	45,1	29,1	Fertigwaren	7,8	8,4
Baumwolle	47,8	55,3	Enderzeugnisse	8,3	9,3
Kautschuk, Guttapercha, Balata	94,4	92,7	Textilien	/	18,9
Erdöl, Erdgas	78,3	61,5	Bekleidung	/	28,6

Quelle : Statistisches Bundesamt (Hrsg.): Außenhandel 1980/1990, Fachserie 7 Reihe 5,1, Wiesbaden 1990, S.9 /50, S.6/45

Auch wenn die Exporte in die Entwicklungsländer derzeit mit einem Anteil von 11% an den Gesamtexporten bei rein quantitativer Betrachtung auf den ersten Blick eher von untergeordneter Bedeutung erscheinen, gibt es durchaus volkswirtschaftlich wichtige Bereiche, die eine deutlich über diesem Durchschnittswert liegende Abhängigkeit von Exporten in die EL aufweisen. (s.Tab.18) Insbesondere im Bereich des Maschinenbaus gibt es einzelne Branchen, z.B. Textilmaschinen- und Kraftmaschinenproduzenten, die neben einer ohnehin hohen Exportquote zusätzlich durch einen hohen Entwicklungsländeranteil am Export charakterisiert sind. Für diese Branchen hängt der wirtschaftliche Erfolg und damit u.a. auch der Erhalt von Arbeitsplätzen in Deutschland bereits heute wesentlich von der Entwicklung des Entwicklungsländergeschäftes ab. Auch für andere Bereiche werden vor dem Hintergrund der für die nächsten Jahre zu erwartenden nur geringen oder sogar stagnierenden Exportzuwächse auf den traditionellen Exportmärkten in Europa und den USA, die Entwicklungsländer in den nächsten Jahren sicherlich an Bedeutung weiter zunehmen. Dies gilt in besonderem Maße für die asiatischen Schwellenländer mit ihren enormen

Wachstumsmärkten. Dieser Trend zeichnet sich bereits heute in den überdurchschnittlichen Zuwachsraten für die Exporte in die Entwicklungsländer ab.

Tab.18 : Anteil der EL an den Gesamtexporten der Bundesrepublik Deutschland nach Warengruppen (in %)

	1980	1990		1980	1990
Ernährungswirtschaft	12,9	8,4	Fahrzeuge oh. Kfz.	16,0	14,0
Gewerbliche Wirtschaft	14,9	10,2	Werkzeugmasch.,Walzwerkan.	19,5	14,2
Rohstoffe	4,9	6,1	pharma.Erzeugnisse	25,1	12,9
Halbwaren	6,9	8,1	Pumpen, Druckluftmaschinen	18,9	14,3
Eisenhalbwaren	13,5	11,5	Textil- und Ledermaschinen	27,9	27,9
Mineralische Baustoffe	20,1	13,9	Blech aus Eisen	14,1	16,8
Fettsäuren, Parafin, Vaseline	23,2	19,4	Fördermittel	18,9	13,8
Gold für gewerbliche Zwecke	9,1	23,2	Nahrungsmittelindustriemaschinen	30,3	17,1
aufb. Kalidünger	22,4	23,7	Teerfarbstoffe	26,2	23,8
Fertigwaren	16,0	10,4	Kraftmaschinen	34,1	22,1
sonstige Maschinen	21,6	16,3	Stahlröhren	11,7	14,8

Quelle : Statistisches Bundesamt (Hrsg): Außenhandel 1980/1990, Fachserie 7 Reihe 5,1, a.a.O. S.9 /50, S.6/45

4 Entwicklungsländerbezogene Handelspolitik der Bundesrepublik Deutschland auf nationaler Ebene

4.1 Handelspolitische Ziele und Grundsätze

Seit Bestehen der Bundesrepublik Deutschland wird die liberale Zielsetzung der deutschen Außenwirtschaftspolitik von allen verantwortlichen Politikern herausgestellt. Das Bekenntnis zu freiem Handel und einer liberalen Weltwirtschaftsordnung ist fester Bestandteil des jeweiligen Jahreswirtschaftsberichts der Bundesregierung.[42] In diesem Zusammenhang wird in letzter Zeit vor allem die Bedeutung eines erfolgreichen Abschlusses der Uruguay-Runde für den Erhalt der postulierten freien Weltwirtschaftsordnung von der Bundesregierung hervorgehoben. Aufgrund der Wichtigkeit der laufenden Verhandlungsrunde für die Sicherung des Wachstums, der Beschäftigung, der Preisstabilität und des außenwirtschaftlichen Gleichgewichtes, insbesondere für die Bundesrepublik mit ihren intensiven internationalen Handelsverflechtungen, wird der Verhandlungsabschluß als essentielles wirtschaftspolitisches Anliegen der Bundesregierung bezeichnet.[43]

Die Reintegration der Bundesrepublik Deutschland in die Weltwirtschaft seit Beginn der fünfziger Jahre fiel zusammen mit einer der wenigen Phasen, in denen die Freiheit des internationalen Handels nach und nach in vielen Bereichen seine volle Effizienz entfalten konnte. Der freie Warenhandel wurde zu einer der wesentlichen Quellen ungeahnter Wohlstandssteigerungen, nicht nur in der Bundesrepublik Deutschland, sondern in der gesamten westlichen Welt. In den letzten 40 Jahren hat die Handels- und Zollpolitik der Bundesrepublik sowohl vor als auch nach Übertragung der Zollhoheit an die EG die Liberalisierung des Warenverkehrs konsequent zum Inhalt gehabt.[44] Die deutsche Außenwirtschaftspolitik galt im internationalen Vergleich lange Zeit als beispielhaft liberal. In den letzten Jahren ist allerdings auch die Bundesrepublik Deutschland wiederholt dem Vorwurf des Protektionismus ausgesetzt gewesen. In der Bundesrepublik Deutschland wird derartigen Vorwürfen mit der Übertragung handelspolitischer Kompetenzen auf die EG entgegengetreten. Die mit der Übertragung verbundene Abstimmung der deutschen handelspolitischen Interessen und Ansichten mit den übrigen Mitgliedsländern wird durchaus als Rechtfertigung für protektionistische Flecken auf der liberalen Weste angeführt.[45] Kritische Stimmen sehen vor

---

[42] H.J.Heinemann, D. Knies, J. Wagner: Die Integration der Bundesrepublik Deutschland in die Weltwirtschaft zwischen freihändlerischem Anspruch und protektionistischer Realität; in: Währungsreform und Soziale Marktwirtschaft hrg. von W. Fischer, Berlin 1988, S. 269
[43] Antwort der Bundesregierung: in: Drucksache 12/1745, Bonn Dez. 1991, S. 3
[44] BMWI (Hrsg.): Die deutsche Zollpolitik nach 1949, unveröffentlichtes Manuskript, Bonn 1991, S. 6
[45] H. Werner: Wie liberal ist die deutsche Außenwirtschaftspolitik gegenüber Entwicklungsländern? in: Importe aus der Dritten Welt, Deutsche Übersee Institut (Hrsg.), Hamburg 1987, S. 150 ff

allem in einer zu starken Ausrichtung der deutschen Handelspolitik auf die zweifellos deutlich protektionistischer ausgelegte französische Handelspolitik eine Gefahr für den Fortbestand der liberalen deutschen Handelspolitik.

Unter dem wachsenden Druck ausländischer Importe und steigender Arbeitslosigkeit sind in einer Reihe von Wirtschaftsbereichen die Forderungen nach einem stärkeren Schutz der einheimischen Industrie lauter geworden. Die Argumente, die im Zusammenhang mit der Einführung entsprechender Schutzmaßnahmen angebracht werden, betonen in erster Linie die Notwendigkeit, den unvermeidlichen Strukturwandel zeitlich zu strecken, um damit die auftretenden Folgen wirtschaftlich und sozial verträglicher zu gestalten. Insbesondere die Erfahrungen in den Bereichen Landwirtschaft und Ernährung sowie Textil und Bekleidung, die seit Jahrzehnten durch protektionistische Maßnahmen geschützt werden, zeigen, daß die aufgeführten Argumente in der Regel einer ökonomischen Prüfung kaum standhalten, da diese Bereiche trotz umfangreichen Schutzes unverändert erhebliche Umstellungs- und Anpassungsprobleme aufweisen.[46]

Der internationale Freihandel ist auch heute noch als dasjenige internationale Ordnungssystem anzusehen, das den größtmöglichen Wohlstand aller am Handel beteiligten Länder garantiert.[47] Aufgrund der großen Bedeutung der Exporte für die gesamte Volkswirtschaft ist die Bundesrepublik Deutschland auch in Zukunft darauf angewiesen, eine möglichst liberale Handelspolitik zu betreiben. Kein Land kann erwarten, daß die Märkte für seine Produkte offengehalten werden, wenn gleichzeitig der eigene Markt gegen Importe abgeriegelt wird. Auch tragen die Importe in vielen Bereichen zu einer Förderung des Wettbewerbs im Inland bei. Dies wirkt sich einerseits positiv auf die Wettbewerbsfähigkeit deutscher Produzenten und die Versorgungslage der Verbraucher aus. Andererseits kann nicht übersehen werden, daß infolge des durch steigende Importe bedingten wachsenden Verdrängungswettbewerbs und dem daraus resultierenden Strukturwandel auch in der Bundesrepublik einzelne Branchen und Betriebe in erhebliche Schwierigkeiten geraten sind. Dieser Strukturwandel und die damit verbundene Anpassung an die sich verändernden Weltmarktverhältnisse stellen aber eine wichtige Voraussetzung für den Erhalt der langfristigen Wettbewerbsfähigkeit der deutschen Produzenten und damit für den wirtschaftlichen Wohlstand der gesamten Volkswirtschaft dar.[48]

---

[46]H. Werner: Wie liberal ist die deutsche Außenwirtschaftspolitik gegenüber Entwicklungsländern?, a.a.O., S.163
[47]H.D.Smeets: Freihandel im Widerstreit zu protektionistischen Bestrebungen; in: Währungsreform und Soziale Marktwirtschaft hrg. von W. Fischer, Berlin 1988, S. 249
[48]BMWI (Hrsg.): 40 Jahre soziale Marktwirtschaft, Bonn 1989, S. 72

Eine liberale handelspolitische Zielsetzung, wie sie in der Bundesrepublik Deutschland grundsätzlich besteht, bedeutet nicht, daß die Rolle des Staates allein auf die Schaffung geeigneter Rahmenbedingungen beschränkt sein muß. In bestimmten Grenzbereichen erscheint es durchaus gerechtfertigt, daß der Staat über ein entsprechendes staatliches Instrumentarium einen aktiven Beitrag zur Unterstützung der Exportwirtschaft leistet. Der Maßstab für den Umfang und die Intensität eines derartigen staatlichen Eingriffes in den freien Markt bestimmt sich aus der Anwendung des Subsidiaritätsgrundsatzes und dem wirtschaftspolitischen Anspruch des Subventionsverzichtes.[49] Entsprechend dem Grundsatz der Subsidiarität ist staatliches Handeln auf die Bereiche zu begrenzen, in denen weder der Exporteur allein, noch die Privatwirtschaft in ihrer Gesamtheit in der Lage sind, ein wirtschafts- und speziell auch entwicklungspolitisch wünschenswertes Instrumentarium anzubieten. Bei der Umsetzung des Subsidiaritätsgrundsatzes in die Praxis ist die Abgrenzung zwischen einer als notwendig einzustufenden staatlichen Hilfestellung und einer versteckten Subventionierung der Exportwirtschaft durchaus fließend. So ist die Erbringung von Leistungen durch staatliche Institutionen zu - gegenüber entsprechenden Angeboten der Privatwirtschaft - vergünstigten Konditionen nicht ganz unproblematisch.

4.2 Verwirklichungsebenen handelspolitischer Ziele und Grundsätze

4.2.1 Exkurs: Zuständigkeitsbereiche der EG gemäß Art. 113 EWG-Vertrag

Die Bestimmungen zur gemeinsamen Handelspolitik der EG finden sich in den Artikeln 110 bis 116. Während die Artikel 111 (Handelspolitik in der Übergangszeit, Handelsabkommen und Einfuhrliberalisierung) und 112 (Handelspolitik in der Übergangszeit, Ausfuhrbeihilfen und Rückerstattung) Bestimmungen beinhalten, die während der Übergangszeit bis zum 1.1.1970 von Bedeutung waren, bildet Art. 113 die Grundlage für die seit diesem Zeitpunkt betriebene gemeinsame Handelspolitik:

Artikel 113 (Gemeinsame Handelspolitik)

1. Nach Ablauf der Übergangszeit wird die gemeinsame Handelspolitik nach einheitlichen Grundsätzen gestaltet; dies gilt insbesondere für die Änderung von Zollsätzen, den Abschluß von Zoll- und Handelsabkommen, die Vereinheitlichung der Liberalisierungsmaßnahmen, die Ausfuhrpolitik und die handelspolitischen Schutzmaßnahmen, zum Beispiel im Falle von Dumping und Subventionen.

---

[49] Garantien und Bürgschaften der Bundesrepublik Deutschland zur Förderung der deutschen Ausfuhr, hrsg. vom Deutscher Wirtschaftsdienst, 132. Erg. Lfg. Köln 1987, S.15

2. Die Kommission unterbreitet dem Rat Vorschläge für die Durchführung der gemeinsamen Handelspolitik.

3. Sind Abkommen mit dritten Ländern auszuhandeln, so legt die Kommission dem Rat Empfehlungen vor; dieser ermächtigt die Kommission zur Einleitung der erforderlichen Verhandlungen. Die Kommission führt diese Verhandlungen im Benehmen mit einem zu ihrer Unterstützung vom Rat bestellten besonderen Ausschuß nach Maßgabe der Richtlinien, die ihr der Rat erteilen kann.

4. Bei der Ausübung der ihm in diesem Artikel übertragenen Befugnisse beschließt der Rat mit qualifizierter Mehrheit.

Im Vertragstext wird keine Definition des Begriffs Handelspolitik vorgenommen, und eine erschöpfende Aufzählung der handelspolitischen Aktivitäten fehlt ebenfalls. Art. 113 enthält lediglich einige Beispiele von handelspolitischen Materien, die zudem ohne eine erkennbare Systematik nebeneinander stehen. Aus dieser lockeren Redaktion kann nur der Schluß gezogen werden, daß die Gründerstaaten alles, was von ihnen selbst als Gegenstand der Handelspolitik eingestuft wurde, auf die Gemeinschaft übertragen wollten und ihren Organen ein möglichst großer Spielraum bei der Ausfüllung der übertragenden Kompetenzen gelassen werden sollte. Dafür spricht unter anderem auch, daß Art. 113, wie für die gemeinsame Agrarpolitik, bei Entscheidungen des Rates eine qualifizierte Mehrheit vorsieht.

Die Handelspolitiken der Mitgliedsstaaten, die vor der Errichtung der Gemeinschaft bestanden, waren während der Übergangszeit derart zu koordinieren, daß nach Beendigung der Übergangszeit die Voraussetzungen für die Durchführung einer gemeinsamen Politik auf dem Gebiet des Außenhandels gegeben sind und nicht etwa nur von der Bildung einheitlicher Grundsätze für eine nicht gemeinsame Handelspolitik, dies wird im Wortlaut des Art. 113 EWGV klar zum Ausdruck gebracht. Folglich gibt es seit Beendigung der Übergangszeit keine Handelspolitik der Mitgliedsstaaten mehr da diese in der ausschließlichen Zuständigkeit der Gemeinschaft liegt. Allerdings darf in diesem Zusammenhang nicht übersehen werden, daß den einzelnen Mitgliedsstaaten auch nach Vollendung der Übergangszeit in den Bereichen, in denen die Handelspolitik noch nicht vollkommen vergemeinschaftet ist, eine Reihe von Möglichkeiten verblieben sind, um durch den spezifischen Einsatz handelspolitischer und/oder wirtschaftspolitischer Instrumente steuernd in ihren Außenhandel oder die länderspezifischen Rahmenbedingungen für den Außenhandel einzugreifen. Der Einsatz derartiger Instrumente muß aber im Einklang mit dem Vertrag erfolgen und darf nur in einer Weise angewendet werden, die dem Funktionieren des gemeinsamen Marktes und den Interessen der

Gemeinschaft nicht zuwiderläuft. Nach der Vollendung des Binnenmarktes zu Beginn des Jahres 1993 sind allerdings die bis dato bestehenden Möglichkeiten durch die einzelnen Mitgliedsländer weiter begrenzt worden.[50] (s. Kap.4.2.2)

Aus der nach anerkannter Rechtsmeinung ausschließlichen Zuständigkeit der Gemeinschaft auf dem Gebiet der Handelspolitik ergibt sich, daß selbst bei Untätigkeit der Gemeinschaftsorgane die Mitgliedsstaaten nicht eigenes Recht setzen können, sondern nur über die Gemeinschaftsorgane ihren Einfluß auf den Erlaß der ihnen notwendig erscheinenden handelspolitischen Maßnahmen geltend machen können. Nach einem Gutachten des Europäischen Gerichtshofs (EUGH) aus dem Jahre 1975 besteht bereits seit diesem Zeitpunkt kein Zweifel, daß in einer Materie, die in den Bereich der Gemeinsamen Handelspolitik fällt, auf Gemeinschafts- wie auf internationaler Ebene neben der Zuständigkeit der Gemeinschaft kein Raum für eine parallele Zuständigkeit der Mitgliedsstaaten besteht. Diese Rechtsauffassung wird mit der ansonsten bestehenden Gefahr begründet, daß einzelne Mitgliedsstaaten in ihren Beziehungen zu Drittländern eine den Absichten der Gemeinschaft zuwiderlaufende Haltung einnehmen könnten; damit aber würde das institutionelle Zusammenspiel verfälscht, das Vertrauen innerhalb der Gemeinschaft erschüttert und die Gemeinschaft gehindert, ihre Aufgaben zum Schutz der gemeinsamen Interessen zu erfüllen.[51]

Über den Umfang dieser ausschließlichen Zuständigkeit der Gemeinschaft sind in der Vergangenheit die in der Gemeinschaft vertretenen Ansichten im Einzelfall allerdings durchaus unterschiedlich gewesen. Wie sich bereits im Rahmen der Diskussion über die Definition des Begriffs Handelspolitik (s.Kap.1.2) gezeigt hat, sind die Grenzen zur weiteren Außenwirtschaftspolitik und auch allgemeinen Wirtschaftspolitik fließend, zumal immer neue Methoden zur Steuerung des Außenhandels eingesetzt werden. Die Abgrenzung zwischen den verschiedenen Sphären und die damit verbundenen Fragen der Zuständigkeitsverteilung zwischen der Gemeinschaft und den einzelnen Mitgliedsstaaten gestalten sich in Folge dessen in der Praxis nicht immer ohne Probleme, zumal die Grenzen der Handelspolitik oder ihrer Teilgebiete im Vertrag nicht ausdrücklich festgelegt sind. In der Regel wird der Rat im Zweifelsfall eine entsprechende Entscheidung treffen müssen, wobei die Kommission das Recht hat, wenn sie mit der jeweiligen Entscheidung nicht einverstanden ist, den EUGH anzurufen.[52]

---

[50]Handbuch des Europäischen Rechtes: Kommentar Artikel 113, 209. Lieferung, Baden-Baden Juli 1984, S. 37
  Einfuhren der EG aus Entwicklungsländern und Osteuropa; in: DIW-Wochenbericht 23/91 Jg. 58 Berlin 1991, S. 315
[51]EuGH Gutachten 1/75 (lokale Kosten) Slg. 1975, S. 1364
[52]Handbuch des Europäischen Rechtes: Kommentar Artikel 113, a.a.O., S. 38

4.2.2 Freiräume für eine nationale Handelspolitik

Da nach Beendigung der Übergangszeit 1970 zahlreiche Bereiche der gemeinsamen Handelspolitik noch nicht vollkommen vergemeinschaftet waren, blieb auch nach diesem Zeitpunkt in den betroffenen Bereichen Raum für den Einsatz nationaler handelspolitischer Maßnahmen. Die rechtliche Grundlage für derartige Maßnahmen bot bis zur Realisierung des Binnenmarktes am 1.1.1993 Art. 115 EWGV. Die Durchführung einer nach den Bestimmungen des Art. 115 zulässigen einzelstaatlichen Maßnahme war allerdings an die Voraussetzung geknüpft, daß zum einen in dem jeweils betroffenen Bereich eine gemeinsame Handelspolitik i. S. von Art. 113 Abs. 1 noch nicht voll verwirklicht worden war und zum anderen die ergriffenen Maßnahmen sich im Einklang mit den Bestimmungen des EWGV befanden. Zu den handelspolitischen Maßnahmen, auf die im Art. 115 Bezug genommen wird, zählen dabei alle Elemente des außenwirtschaftlichen Instrumentariums, also neben den mengenmäßigen Beschränkungen insbesondere auch Preisvorschriften, technische Normen u.s.w.[53] Die auf nationalem Recht basierenden mengenmäßigen Einfuhrbeschränkungen sind in diesem Zusammenhang als die bedeutendsten von einzelnen Mitgliedsstaaten ergriffenen handelspolitischen Maßnahmen zu werten. Solange die Durchführung derartiger handelspolitischer Maßnahmen durch einzelne Mitgliedsstaaten möglich war, mußte, um der Gefahr eines Unterlaufens der Maßnahmen im Wege des Freiverkehrs über andere Mitgliedstaaten gegebenenfalls entgegentreten zu können, eine Absicherung derartiger Maßnahmen durch den EWGV gewährleistet sein. Diese Möglichkeit wurde durch die Anwendung des Art. 115 geschaffen. Danach konnte die Kommission der Europäischen Gemeinschaft die Mitgliedsstaaten ermächtigen, die notwendigen Schutzmaßnahmen in Form einer innergemeinschaftlichen Überwachung und des Ausschlußes von Drittlandwaren von der Gemeinschaftsbehandlung zu treffen, um zu verhindern, daß die Durchführung der von ihnen getroffenen handelspolitischen Maßnahmen durch Verkehrsverlagerungen verhindert wird oder daß Unterschiede zwischen ihren Maßnahmen zu wirtschaftlichen Schwierigkeiten führen.[54] Im Jahre 1991 bestanden in der EG neben den Beschränkungen der Textilimporte noch über 800[55] auf nationalem Recht basierende mengenmäßige Beschränkungen einzelner EG-Länder für Industrieprodukte, wobei Frankreich und Italien mit insgesamt knapp 700 Beschränkungen den weitaus größten Anteil stellen. Die Bundesrepublik Deutschland weist, wie auch Großbritannien, keine Mengenbeschränkungen bei Industriegütereinfuhren auf. Allerdings bestehen in der Bundesrepublik Deutschland, nachdem in den letzten beiden Jahren die im

---

[53]Handbuch des Europäischen Rechtes: Kommentar Artikel 113, a.a.O., S. 85
[54]Art. 115 nennt in diesem Zusammenhang vorrangig die Möglichkeit, daß die Kommission ihren Mitgliedsstaaten die Methoden der erforderlichen Zusammenarbeit empfiehl; diese Vorgehensweise zur Lösung der anstehenden Konflikte ist allerdings in der Praxis nicht angewendet worden.
Handbuch des Europäischen Rechtes: Kommentar Artikel 113, a.a.O., S. 85
[55]Ohne Spanien und Portugal, für die noch Übergangsbestimmungen gelten.
Einfuhren der EG aus Entwicklungsländern und Osteuropa; in: DIW-Wochenbericht 23/91, Jg. 58, Berlin 1991, S. 315

Stahlbereich gegenüber ehemaligen Staatshandelsländern auf nationalem Recht basierenden Einfuhrbeschränkungen weitgehend aufgehoben worden sind, im Kohlebereich zumindest bis 1995 für die alten Bundesländer nationale Einfuhrbeschränkungen.[56] Dieser hohen Zahl von nationalen Kontingenten stand allerdings gerade in den letzten Jahren eine sich stetig verringernde Anzahl von Anrufungen nach Art. 115 gegenüber, die einen tatsächlichen Eingriff in den freien Warenverkehr abdecken würden. Die meisten Beschränkungen richten sich bei allen EG-Ländern gegen Japan; unter den Entwicklungsländern sind besonders Südkorea, Taiwan, China, und Singapur betroffen.[57]

Nach Vollendung des Binnenmarktes mit Beginn des Jahres 1993 ist der Art. 115 nach dem Wegfall der Grenzen in der EG gegenstandslos geworden, da sich nationale Alleingänge nicht mehr durchsetzen lassen. Folglich sind die noch bestehenden nationalen Einfuhrbeschränkungen entweder, wie in der Mehrzahl der Fälle geschehen, ersatzlos gestrichen oder aber, wenn das betreffende Land seinen Protektionsanspruch durchsetzen konnte, vergemeinschaftet worden. Mit der Vergemeinschaftung sind sie zum Bestandteil der gemeinsamen Handelspolitik geworden und genügen somit den Vorschriften des Art.113.

Unabhängig von den Änderungen, die die Vollendungen des Binnenmarktes für die quasi offiziellen mengenmäßigen Einfuhrbeschränkungen mit sich brachte, gibt es unverändert viele Arten sog. "freiwilliger Selbstbeschränkungsabkommen" durch Absprachen zwischen den Herstellern. Derartige Absprachen entziehen sich aufgrund ihres informellen Charakters weitgehend einer Regelung durch die Gemeinschaft, da sie nicht Gegenstand der Handelspolitik, sondern der Wettbewerbspolitik sind.[58]

Auch nach der Vollendung des Binnenmarktes gibt es eine Reihe von Bereichen, in denen die Vergemeinschaftung der Handelspolitik noch nicht vollständig verwirklicht ist. Dies gilt vor allem für Bereiche, die sowohl handelspolitische als auch Elemente der allgemeinen Wirtschafts,- Außenwirtschafts-, Gesundheits- und/oder Entwicklungspolitik etc. beinhalten, die unverändert in den nationalen Zuständigkeitsbereich fallen. Zwischen den einzelnen Mitgliedsstaaten bestehen nach wie vor, beispielsweise in Hinblick auf die Gestaltung der

---

[56] Antwort der Bundesregierung auf eine große Anfrage: Drucksache 12/17345, Bonn Dez., 1991, S .4
H.J.Schürmann: Die deutschen Importeure klagen über energiepolitische Handicaps in: Handelsblatt 19. Jan 1993 S. 36
[57] R.J.Langhammer: Auswirkungen der EG-Binnenmarktintegration auf den Außenhandel der Entwicklungsländer, Kieler Arbeitspapiere Nr. 369. Kiel 1989, S. 12
[58] R.J.Langhammer: Auswirkungen der EG-Binnenmarktintegration auf den Außenhandel der Entwicklungsländer, a.a.O., S. 13
Einfuhren der EG aus Entwicklungsländern und Osteuropa, a.a.O., S. 315

nationalen Exportförderungsprogramme, deutliche Unterschiede in der Art der eingesetzten Instrumente und Systeme, deren Konditionen sowie dem Umfang der staatlichen Ausfuhrförderung generell. (s. Kap.4.3.4)

Allerdings muß auch bei der länderspezifischen Ausgestaltung gewährleistet sein, daß sie sich mit dem Bestimmungen des EWGV im Einklang befindet und bestehenden Richtlinien, z.B. der OECD, entspricht. In diesem Zusammenhang wird beispielsweise in der Bundesrepublik Deutschland derzeit verstärkt an einer Angleichung der vom Bund gewährten "Hermes Deckungen" an vergleichbare Systeme der staatlichen Exportkreditversicherung in anderen EG-Ländern gearbeitet.[59]

In Bezug auf die Ausgestaltung der Handelspolitik gegenüber den Entwicklungsländern liegt die Zuständigkeit zwar eindeutig ausschließlich bei der Gemeinschaft, die vor allem durch die Gestaltung der Einfuhrpolitik, z.B. im Rahmen des APS, die Möglichkeiten des Exportes in die EG für die Entwicklungsländer und damit die Handelspolitik insgesamt entscheidend bestimmt, doch kann auch durch entwicklungspolitische Maßnahmen, die im Kompetenzbereich der Mitgliedstaaten verblieben sind, durchaus aktiv auf die Gestaltung der Handelsbeziehungen mit den Entwicklungsländern Einfluß genommen werden. Dies gilt sowohl für die direkte Förderung deutscher Exporte in die Entwicklungsländer durch vergünstigte Exportkredite (s.Kap.4.3.2.2) oder für die indirekte Förderung durch den Rückfluß staatlicher Gelder der Entwicklungszusammenarbeit, aber auch für die Förderung der Entwicklungsländerexporte in die Bundesrepublik Deutschland. (s.Kap.4.3.5)

Deutlich mehr handelspolitischer Spielraum blieb den Mitgliedsstaaten, auch nach Vollendung des Binnenmarktes, im Handel mit Nuklear-, Kohle- und Stahlerzeugnissen erhalten. Auf diese Erzeugnisse sind die handelspolitischen Bestimmungen des EWG-Vertrages grundsätzlich nur subsidiär-ergänzend anwendbar. In der Praxis hat das Prinzip der Subsidiarität jedoch im Bereich der Euratom, deren Vertrag keine eigenen handelspolitischen Bestimmungen enthält, lediglich geringe Bedeutung erlangt. Im Kohle- und Stahlbereich ist dieses Prinzip zwar eindeutig anerkannt, ist aber praktisch bisher nicht genutzt worden.[60]

---

[59]G.Stolzenburg: Die Staatliche Exportkreditversicherung, 4.Aufl, Köln 1992, S.9
[60]Siebert,Ch., Svindland, E.: Nationalstaat und Interdependenz-kooperative Interaktionsmuster in der EG-Handelspolitik, a.a.O., S. 122

4.3 Umsetzung der Handelspolitik auf nationaler Ebene

4.3.1 Rechtliche Rahmenbedingungen

Das wohl wichtigste Gesetz für den deutschen Außenhandel ist das Außenwirtschaftsgesetz (AWG), auch wenn es keine abschließende Regelung der für den Wirtschaftsverkehr mit fremden Wirtschaftsgebieten maßgebenden Vorschriften enthält. Das EWG-Recht, z.B. das EWG- Marktordnungsrecht, würde bei Nichtübereinstimmung mit dem AWG die Rechtsnorm vorgeben. Neben dem AWG sind die zahlreichen Vorschriften zum Schutze der Gesundheit von Menschen, Tieren und Pflanzen, der öffentlichen Sicherheit und Ordnung im Außenwirtschaftsverkehr anzuwenden. Beispielsweise seien das Fleischbeschaugesetz, das Waffengesetz sowie das Atomgesetz angeführt. Die Erhebung von Zöllen, Einfuhrumsatzsteuer und anderen Eingangsabgaben auf importierte Waren erfolgt auf der Basis des Zollgesetzes und der in diesem Bereich erlassenen EWG-Verordnungen, dem Umsatzsteuergesetz und den Verbrauchssteuergesetzen. Der sachliche Geltungsbereich des Gesetzes wird durch § 1 AWG festgelegt, wonach das Gesetz auf den " Waren-, Dienstleistungs-, Zahlungs- und sonstigen Wirtschaftsverkehr mit fremden Wirtschaftsgebieten sowie dem Verkehr mit Auslandswerten und mit Gold zwischen Gebietsansässigen" anzuwenden ist. Um den ständig wachsenden Erfordernissen im Wirtschaftsverkehr mit dem Ausland Rechnung zu tragen, ist das AWG als Rahmengesetz konzipiert, d.h. die auf Grundlage des AWG erlassenen Rechtsverordnungen sind diesem anzupassen.[61]

Das Verhältnis des Außenwirtschaftsgesetzes zu den aus zwischenstaatlichen Vereinbarungen resultierenden Verpflichtungen der Bundesrepublik Deutschland, insbesondere gegenüber den multilateralen Organisationen (GATT, OECD, IWF) und der Europäischen Gemeinschaft, bleiben von den Bestimmungen des AWG unberührt. Am bedeutendsten sind dabei die Verpflichtungen, die die Bundesrepublik Deutschland aufgrund ihrer Zugehörigkeit zur EG übernommen hat. So wird nationales Recht, das unmittelbar geltendem EWG-Recht nicht entspricht, von diesem außer Funktion gesetzt. Es ist allerdings davon auszugehen, daß das deutsche Außenwirtschaftsrecht, soweit erforderlich, dem geltenden EWG- Recht angepaßt ist.

Das Außenwirtschaftsgesetz (AWG) geht in §1 vom Grundsatz der Freiheit des Außenwirtschaftsverkehrs mit dem Vorbehalt von Beschränkungen aus. Grundsätzlich ist somit jeder Ex- und Import erlaubt, der nicht ausdrücklich verboten oder unter Genehmigungspflicht gestellt wird. Dies entspricht der marktwirtschaftlichen Orientierung der

---

[61] Außenwirtschaftsrecht '92, hrsg. von Deutscher Wirtschaftsdienst, 22. Aufl., Köln 1992, S. 73 ff

Wirtschaftspolitik in der Bundesrepublik Deutschland, derzufolge Eingriffe in die Entscheidungsfreiheit des Einzelnen nur vorgenommen werden sollten, wenn dies aus zwingenden Gründen geboten erscheint. Die im Rahmen des AWG genannten Gründe für Beschränkungen sind nach allgemeinen und besonderen Beschränkungsmöglichkeiten untergliedert. Besondere Beschränkungsmöglichkeiten beziehen sich auf einzelne Bereiche des Außenwirtschaftsverkehrs, etwa im Bereich des Waren- und Dienstleistungsverkehr. Die allgemeinen Beschränkungsmöglichkeiten der §§ 5 bis 7 AWG enthalten die Ermächtigung zur Anordnung von Beschränkungen zur Erfüllung internationaler Verpflichtungen, zur Abwehr wettbewerbswidriger Maßnahmen des Auslandes, zum Schutz der Sicherheit, zur Verhütung von Störungen des friedlichen Zusammenlebens der Völker oder von erheblichen Störungen der auswärtigen Beziehungen. Als Beispiel für eine Störung des friedlichen Zusammenlebens der Völker, die den Erlaß von Ausfuhr- und Durchfuhrbeschränkungen rechtfertigten, sind in der Geiselnahme in der US- Botschaft 1980 im Iran und in der Besetzung Kuwaits 1990 zu sehen.[62]

Die wichtigste Durchführungsverordnung zum AWG ist die Außenwirtschaftsverordnung (AWV). In ihr sind die meisten Regelungen, von denen der Außenwirtschaftsverkehr in der Praxis betroffen ist, enthalten. Anlage der AWV ist die Ausfuhrliste, in der alle Waren und Technologien aufgeführt sind, deren Ausfuhr oder Weitergabe an Gebietsfremde Beschränkungen unterliegen. Die Einfuhrliste, aus der sich Freiheit und Beschränkungen der Wareneinfuhr ergeben, ist aufgrund ihrer besonderen Bedeutung Teil des AWG (§ 10 AWG) selbst. Die AWV wird, wie auch die Einfuhrliste, durch Änderungsverordnungen den Entwicklungen im EG- Recht und den jeweiligen politischen und wirtschaftlichen Verhältnissen angepaßt.[63]

Die Genehmigungsbedürftigkeit der Einfuhr richtet sich im wesentlichen nach den Maßgaben der Einfuhrliste. Diese gibt für jede der im Warenverzeichnis für die Außenhandelsstatistik aufgeführte Ware an, ob die Einfuhr durch Gebietsansässige mit oder ohne Genehmigung zulässig ist. Nach den Anwendungsvorschriften zur Einfuhrliste ist in all den Fällen eine Einfuhrgenehmigung erforderlich, in denen sich die betreffende Ware nicht im freien Verkehr der EG befindet und durch einen entsprechenden Vermerk in der Einfuhrliste gekennzeichnet ist. Die Einfuhr von Waren, die sich im freien Verkehr der EWG befinden, ist bis auf einige wenige in der Einfuhrliste gekennzeichnete Sonderfälle ohne Genehmigung erlaubt. Darüberhinaus ist eine allgemeine Genehmigungspflicht für Einfuhren durch Gebietsfremde vorgesehen, wobei Bürger anderer EG - Staaten den Gebietsansässigen gleichgestellt sind.

---

[62] Außenwirtschaftsrecht `92, a.a.O., S. 77
[63] Außenwirtschaftsrecht`92, a.a.O., S. 82

Ebenso ergeben sich aus den Vermerken in der Einfuhrliste die im Rahmen der Einfuhrabfertigung (§27, 31 AWV) erforderlichen Auflagen. Für die sich aus den Vorschriften des AWG und der Einfuhrliste ergebenden Genehmigungspflichten sind in einer Reihe von Sonderfällen Befreiungen möglich. Hierbei handelt es sich insbesondere um Waren, die unter den Bedingungen der erleichterten Einfuhr nach § 32 AWV eingeführt werden können.

Abgesehen von Sonderfällen können Einfuhrgenehmigungen für Waren, deren Einfuhr nach Maßgabe der Einfuhrliste beschränkt ist, nur im Rahmen eines bestehenden Einfuhrkontingents erteilt werden, dessen Festlegung, von wenigen Ausnahmen abgesehen, in die Kompetenz der EG- Kommission fällt. Der Höhe des jeweiligen Einfuhrkontingents liegt ein unter den Mitgliedsstaaten abgestimmter Vorschlag des betreffenden Mitgliedslandes zugrunde. In der Hauptsache dienen Einfuhrbeschränkungen dazu, für bestimmte sensible Waren die heimische Wirtschaft unter Vorraussetzung eines berechtigten Schutzbedürfnisses vor Marktstörungen durch Einfuhren aus sog. Billiglohnländern zu schützen. Ein berechtigtes Schutzbedürfnis ist dann gegeben, wenn ohne die Beschränkung, die Wareneinfuhr in einem derart überhöhten Umfang und unter solchen Bedingungen erfolgen würde, daß ein erheblicher Schaden für die Erzeugung gleichartiger Waren im Wirtschaftsgebiet eintritt bzw. einzutreten droht. Im gewerblichen Bereich bestehen in der Bundesrepublik Deutschland, bis auf den Stahl- und Kohlebereich, keine auf nationalem Recht basierenden Einfuhrbeschränkungen.[64] Einfuhrbeschränkungen können allerdings unabhängig von dem Vorhandensein eines berechtigten Schutzinteresses auch durch unmittelbar geltende Rechtsakte der Gemeinschaftsorgane ergehen.[65]

In der Ausfuhrliste sind alle Waren aufgeführt, deren Export bestimmten Beschränkungen unterworfen ist. Die Beschränkungen beziehen sich dabei nicht nur auf die Waren, sondern schließen auch die Fertigungsunterlagen sowie Unterlagen über Technologien und Know-how ein. Im Regelfall bestehen die Beschränkungen in Form von Genehmigungspflichten. Insbesondere im Rahmen der grundlegenden Reform des deutschen Außenwirtschaftsrechts sind länderspezifische Regelungen in die AWV eingeführt worden, die eine Genehmigungspflicht nur für bestimmte Länder bzw. ländergruppenspezifische Ausfuhrlistenpositionen vorsehen. Auch sind in die AWV projekt- und länder- bzw. ländergruppenspezifische Beschränkungen in Form von Ausfuhrgenehmigungspflichten bis hin zu konkreten Exportverboten für Lieferungen von nicht in der Ausfuhrliste (AL) stehenden Waren aufgenommen worden. Teil 1 der Ausfuhrliste ist in die Abschnitte A bis E untergliedert. Teil 2 und 3 der Ausfuhrliste betrifft Waren, die nicht Gegenstand von

---

[64] Antwort der Bundesregierung auf eine große Anfrage: Drucksache 12/17345, Bonn Dez. 1991, S. 4
[65] Außenwirtschaftslexikon: D. Butt (Hrsg.), 2. Aufl. Köln 1989, S. 152 ff

Embargovorschriften sind. Teil 1 Abschnitt A der Ausfuhrliste betrifft Waffen, Munition und Rüstungsmaterial, Abschnitt B Kernenergieprodukte, Abschnitt C sonstige Waren und Technologien von strategischer Bedeutung (z.B. Metallbearbeitungsmaschinen, chemische Produkte und Mineralölanlagen, elektrische Anlagen und Krafterzeugungsanlagen, allgemeine industrielle Ausrüstungen, Transportmittel etc.), Abschnitt D Chemieanlagen und Chemikalien und Abschnitt E Anlagen zur Erzeugung biologischer Stoffe. Die Abschnitte A bis C entsprechen, abgesehen von zusätzlichen Positionen, die aus nationalen Gründen aufgenommen wurden, grundsätzlich dem vom Coordinating Committee on Multilateral Strategic Export Controls (COCOM) herausgegebenen internationalen Listen und werden regelmäßig den Veränderungen in der internationalen Liste angepaßt. Die Abschnitte D und E beruhen dagegen auf nationalen Regelungen.[66] Die anhand der Ausfuhrliste festgestellte Ausfuhrgenehmigungspflicht für die unter Teil 1 Abschnitt A, B und C fallenden Waren gilt mit einigen wenigen Ausnahmen generell für alle Länder (erga-omnes-Prinzip). Ob und unter welchen Voraussetzungen oder Auflagen die Erteilung einer Genehmigung erfolgen kann, richtet sich danach, mit welchem Land das Exportgeschäft abgewickelt werden soll. Dabei kann ein und dasselbe Land in mehreren Länderlisten aufgenommen sein. In der Länderliste A/B sind alle westlichen Länder aufgeführt, wobei die OECD-Staaten, auf die verschiedentlich in Bestimmungen der AWV Bezug genommen wird, gesondert gekennzeichnet sind. In der Länderliste C sind die zum früheren Ostblock gehörenden Staatshandelsländer aufgeführt. Aufgrund der geänderten politischen Verhältnisse sind Änderungen in der Zugehörigkeit der Länderliste C zu erwarten. Die Länderliste D umfaßt alle Käufer- und Bestimmungsländer, die beim Import von Embargowaren Einfuhrbescheinigungen ausstellen, und in der Länderliste E sind die Stellen enthalten, die im Rahmen der COCOM-Vereinbarungen Durchfuhrberechtigungsscheine erteilen. In der Länderliste H sind als besonders "sensibel" anzusehende Länder aufgeführt, bei denen besondere Kontrollen vorgesehen sind. Die Länderliste I beinhaltet schließlich die Länder, die dem sog. Atomwaffen-Sperrvertrag nicht beigetreten sind.[67]

In der AWV sind eine Reihe von Möglichkeiten einer Befreiung von Genehmigungsvorbehalten vorgesehen. Hierbei handelt es sich im wesentlichen um die Befreiung innerhalb bestimmter Freigrenzen und die Befreiung von Waren des Abschnittes C der Ausfuhrliste, wenn das Bestimmungsland ein Land der Länderliste A/B ist und der Auftragswert der genehmigungspflichtigen Ware unter 5000 DM beträgt. Bei einem solchen Exportgeschäft genügt die Meldung an das Bundesamt für Wirtschaft. Ferner ist die Befreiung von Waren und Fertigungsunterlagen der Abschnitte D und E vorgesehen, wenn das Bestimmungsland ein OECD-Staat ist, oder der Auftragswert 10000 DM nicht überschreitet. Die

---

[66] Die Ausfuhren von Embargowaren, Handbuch der deutschen Exportkontrolle, hrsg. von Wilhelm-Köhler-Verlag Loseblattausgabe Stand 15.9.1992, Minden, Frankfurt, Hamburg, Bonn, Leipzig 1992, S. I.2. 1 ff
[67] Die Ausfuhren von Embargowaren, Handbuch der deutschen Exportkontrolle, a.a.O., S. I.4 1 ff

Ausfuhrgenehmigungen werden in verschiedenen Formen erteilt und sehen die Genehmigung einzelner Geschäfte bis hin zur Erteilung einer Sammelgenehmigung vor. Die Anträge sind an das Bundesamt für Wirtschaft in Eschborn zu stellen, das Antrags- und Genehmigungsvordrucke bereithält.[68]

Der Grundsatz der Freiheit des Außenwirtschaftsverkehrs, der bis heute Gültigkeit besitzt, ist eine der wesentlichen Voraussetzungen für den bemerkenswerten Anstieg des deutschen Außenhandels in den letzten Jahrzehnten gewesen. Durch die Beteiligung deutscher Firmen an dem Giftgaskomplex Rabat in Libyen und die Anhaltspunkte für eine deutsche Beteiligung an der Raketenrüstung im Irak sahen sich Bundesregierung und Parlament veranlaßt, eine Verschärfung der Straf- und Kontrollbestimmungen im Ausfuhrbereich einzuführen. Im März 1992 wurden diese Bemühungen mit Inkrafttreten der modifizierten bzw. neu eingeführten gesetzlichen Maßnahmen abgeschlossen. Die Verschärfungen sahen u.a. eine Erweiterung des Kreises der kontrollierten Waren und Bestimmungsländer, eine deutliche Verschärfung der rechtlichen Folgen einer Zuwiderhandlung, die Abschöpfung der Einnahmen aus derartigen Geschäften nach dem Bruttoprinzip sowie die Benennung eines Ausfuhrverantwortlichen aus der Führungsspitze der Kriegswaffen und rüstungsrelevante Güter exportierenden Unternehmen, vor.[69] Die Verschärfung hat zu einer Verunsicherung weiter Teile der deutschen Exportwirtschaft geführt, da die Einhaltung der Ausfuhrbestimmungen über das ohnehin bestehende Maß hinaus verkompliziert wurde. Auch dürften die einseitigen nationalen Beschränkungen im Einzelfall mit Wettbewerbsnachteilen für die deutsche Exportwirtschaft verbunden sein.[70]

Einen Gesamtüberblick über die wichtigsten Vorschriften des AWG und des AWV für den Export von Embargowaren vermittelt die nachfolgende Abbildung.

---

[68] o.V.: Praxis Neue Vorschriften im Außenwirtschaftsrecht; in: Außenwirtschaft Nr. 4 1991 Jg. 38, Stuttgart 1991, S.13 f
[69] Außenwirtshaftsrecht `92, a.a.O., S. 70
BMWI (Hrsg.): Die Reform von Außenwirtschaftsrecht und -kontrolle-Nr.311, Bonn 1991, S. 5 ff
BMWI (Hrsg.): Bericht der Bundesregierung über die Verschärfung der Kontrolle des Exports von zivil und militärisch verwendbaren Gütern, Nr.318, Bonn 1992, S. 3 ff
[70] Außenhandel; in: Handelsblatt vom 9.7.1992

Abb.9: Überblick über Ausfuhr-, Durchfuhr-, Transitbeschränkungen von Embargowaren nach dem Außenwirtschaftsrecht und Kriegswaffenkontrollgesetz (Stand 3/91)

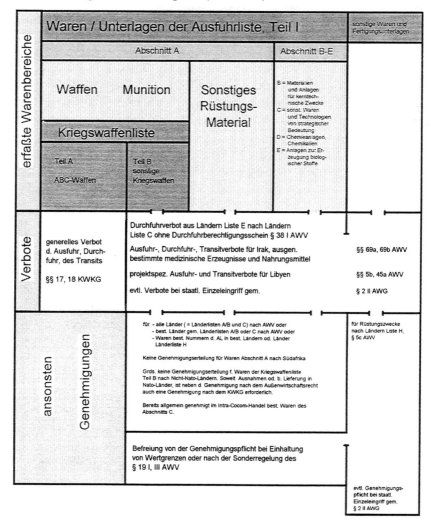

Quelle: DIHT (Hrsg.): Embargowaren, Prüf- und Entscheidungshilfe, Bonn 1991, S. 3

4.3.2 Förderung von deutschen Exporten in die Entwicklungsländer

Im folgenden werden die wichtigsten in der Bundesrepublik Deutschland eingesetzten Instrumente vorgestellt, mit deren Hilfe der Absatz von deutschen Waren und Dienstleistungen auf ausländischen Märkten gesteigert werden soll. Die Ausführungen konzentrieren sich dabei im wesentlichen auf die Förderung der Exporte in die Entwicklungsländer, die ergänzend zu den allgemeinen Fördermaßnahmen, insbesondere aufgrund der mit dem Entwicklungsländergeschäft verbundenen erhöhten Risiken, weitergehende Fördermaßnahmen beanspruchen können. Fragen der Effizienz werden in diesem Zusammenhang, wenn überhaupt, nur vereinzelt angesprochen, da die Effektivität des Förderinstrumentariums infolge der Einwirkung von zahlreichen anderen Faktoren, wie beispielsweise den Eigenanstrengungen der Exporteure, den konjunkturellen Entwicklungen sowie Wechselkursveränderungen etc., nur sehr schwer zu erfassen sind. Dieser Standpunkt wird auch im Rahmen einer Studie des DIW vertreten, die die Untersuchung des Außenwirtschaftsinstrumentariums in den wichtigsten Konkurrenzländern Deutschlands zum Gegenstand hat.[71] Grundsätzlich sei jedoch an dieser Stelle auf die seitens der deutschen Wirtschaft, vertreten durch ihre Spitzenverbände und die Vertreter einzelner großer Unternehmen, innerhalb eines Bundestags-Hearings zum Ausdruck gebrachte Meinung verwiesen, daß das deutsche Förderinstrumentarium in seiner jetzigen Form als gut und bestenfalls marginal verbesserungswürdig anzusehen ist.[72] Auch wenn in diesem Zusammenhang vereinzelt von Exportunternehmen auf die Schwierigkeiten verwiesen wird, die ihnen zumindest in bestimmten Teilmärkten durch die deutlich intensivere Exportförderung seitens der wichtigsten Konkurrenzländer erwachsen. Beispielsweise sei hier das besondere Engagement der französischen Regierung auf dem afrikanischen Kontinent angeführt, das es Anbietern aus anderen Ländern sehr schwer macht, auf diesen Märkten Fuß zu fassen.

4.3.2.1 Beratungs- und Kontaktstellen für den Außenhandel

Zuverlässige und aktuelle Informationen sind Voraussetzungen für eine erfolgreiche Unternehmenstätigkeit. Sie sind für alle Unternehmen unerläßlich, die sich im Ausland engagieren bzw. ihre Geschäftskontakte ausbauen wollen. Dies gilt im besonderen Maße für Auslandsgeschäfte mit Geschäftspartnern aus Entwicklungsländern. Die Gründe hierfür liegen in den oftmals höheren wirtschaftlichen und politischen Risiken, aber auch in den größeren Informationsdefiziten über Märkte, Konsumentenpräferenzen, staatliche Regulierungen,

---

[71] DIW (Hrsg.): Die Außenwirtschaftsförderung der wichtigsten Konkurrenzländer Deutschlands, Frankeich, Großbritannien, Japan und USA im Vergleich, in: Beiträg zur Strukturforschung Heft 124, Berlin 1991, S. 11
[72] DIW (Hrsg.): Die Außenwirtschaftsförderung der wichtigsten Konkurrenzländer Deutschlands- Frankeich, Großbritannien, Japan und USA im Vergleich, a.a.O., S. 10

Geschäftsgewohnheiten etc. Eine umfassende Informationsbasis über alle für das jeweilige Geschäft relevanten Gesichtspunkte kann entscheidend dazu beitragen, die vorhandenen Risiken zu mindern und die Erfolgschancen zu erhöhen. Eine gezielte Informationsbeschaffung ist in der Regel sehr zeit- und kostenintensiv und übersteigt oftmals die Möglichkeiten vieler, vor allem kleiner und mittelständischer Unternehmen. Infolgedessen besitzen die zur Verfügung stehenden Informations-, Kontakt- und Beratungsstellen für die Unternehmen eine wichtige Funktion bei der Anbahnung und Abwicklung von Auslandsgeschäften. Welche Informationen im Einzelfall benötigt werden, hängt unter anderem von der Geschäftsaktivität, dem Zielland der Transaktion, der Branche und der Auslandserfahrung des Unternehmens ab. Im folgenden werden die wichtigsten Institutionen und Organisationen vorgestellt, die die Unternehmen bei Aktivitäten in und mit Entwicklungsländern beraten und unterstützen können. Hierbei handelt es sich um:

1. die Bundesstelle für Außenhandelsinformationen (BfAI)

2. den Deutschen Industrie- und Handelstag (DIHT), die Industrie und Handelskammern (IHK), den Bundesverband der Deutschen Industrie (BDI) und die verschiedenen industriellen Branchenverbände

3. die Auslandshandelskammern und Delegierte der deutschen Wirtschaft

4. Banken und Ländervereine

5. amtliche Vertretungen der Bundesrepublik Deutschland im Ausland

6. Länder - Kontaktstellen.

zu 1. *Die Bundesstelle für Außenhandelsinformationen* ist eine Bundesbehörde im Geschäftsbereich des Bundesministeriums für Wirtschaft. Sie hat die Aufgabe, deutsche Unternehmen in Außenwirtschaftsfragen zu unterrichten sowie aktuelle Außenwirtschaftsinformationen zur Verfügung zu stellen, die der Anbahnung und Abwicklung von Auslandsgeschäften dienen sollen. Sie unterrichtet über das Export- und Importgeschäft ebenso wie über Kooperations- und Investitionsmöglichkeiten. Gemäß dieser Aufgabenstellung kann die BfAI als ein institutioneller und funktionaler Träger zur Außenwirtschaftsförderung angesehen werden.[73] Um dieser Aufgabenstellung gerecht werden zu können, bedient sich die BfAI mannigfaltiger weltweiter Informationsquellen. Besonderen Stellenwert nehmen hierbei die für die Bfai im Ausland tätigen Auslandskorrespondenten ein.

---

[73]BMZ (Hrsg.): Erfolgreich mit Entwicklungsländern zusammenarbeiten, 4. Aufl., Bonn, 1991, S. 8
BfAI (Hrsg.): Informationsangebot, Köln 1991, S. 1

Die BfAI leitet die ihr über das weitverzweigte Informationsnetz zufließenden Informationen in aufbereiteter Form an die Wirtschaft weiter. Dies geschieht vor allem durch Fachzeitungen, Publikationen, aber auch Datenbankdienste. Die von ihr herausgegebenen Veröffentlichungen sind nach Ländern und Branchen geordnet im BfAI - Publikationsverzeichnis "Erfolg im Ausland" aufgeführt.[74] Überdies besteht die Möglichkeit, eine aktuelle Liste über die erstellten Publikationen eines Landes zu erhalten. Um einen Eindruck über die bereitstehenden Informationen zu geben, sei auf die tabellarische Übersicht über die Publikationen für drei Staaten verwiesen. (vgl. Tab.19) Darüberhinaus hält sie insbesondere für kleinere und mittlere Unternehmen für spezielle Fragestellungen ein individuelles Auskunfts- und Dienstleistungsangebot bereit. Bei den angebotenen Fachzeitungen und Fachzeitschriften handelt es sich um:

a) die fünfmal wöchentlich erscheinende Zeitung "Nachrichten für den Außenhandel" (NfA), in der über die allgemeine Wirtschaftsentwicklung, Marketing, Investitions-, Kooperations-, Liefer- und Bezugsmöglichkeiten, Zoll-, Rechts- und Verfahrensfragen, Messen und Ausstellungen, Auslandsausschreibungen, Auslandsanfragen, deutsche Außenwirtschaftsfragen und den europäischen Binnenmarkt berichtet wird.

b) die Wochenzeitschrift "Märkte der Welt", die sich schwerpunktmäßig an Unternehmen und Organisationen in den östlichen Bundesländern richtet und neben allgemeinwirtschaftlichen Berichten über Länder und Regionen, Fachinformationen über interessante Branchen und Geschäftsmöglichkeiten, Zoll-, Rechts -, und Verfahrensfragen sowie über Marketing und wirtschaftspolitische Maßnahmen berichtet.

c) die alle zwei Wochen erscheinende Zeitschrift "Der Binnenmarkt", in der Themen der europäischen Wirtschaft und des Binnenmarktes im Mittelpunkt stehen.

d) die Monatszeitschrift "Recht, Zoll und Verfahren", die Informationen über neue Regelungen für das Auslandsgeschäft, wie beispielsweise Zölle und Verbrauchssteuer und Investitions- und Steuervorschriften im Ausland, bereithält.[75]

Die BfAI bietet Auslandsinformationen über insgesamt vier Wirtschaftsdatenbanken an.:

- "Märkte im Ausland", die Informationen über Wirtschaftsdaten und die wirtschaftliche Lage sowie Branchenreportes, Markttrends und Marktanalysen beinhaltet,

- "Auslandsausschreibungen" mit Hinweisen auf staatliche Ausschreibungen im Ausland,

- "Projekte" mit fortlaufend aktualisierten Informationen über Auslandsprojekte in verschiedenen Stadien der Projektabwicklung; in der Mehrzahl handelt es sich um Projekte der bi- und multilateralen Zusammenarbeit,

- "Auslandsanfragen", hier sind Hinweise über Wünsche ausländischer Unternehmen nach Geschäftsbeziehungen mit deutschen Unternehmen zu entnehmen

---

[74] BfAI (Hrsg.): Erfolg im Ausland, Publikationen Januar 1989 bis April 1991, S. 1
[75] BfAI (Hrsg.): Informationsangebot, a.a.O., S. 2 f

Tab.19 : Publikationsübersichten

Katar	Taiwan	Brasilien
Wirtschaftsstruktur /-entwicklung Wirtschaftsdaten, Stand Sept.92 Katar zur Jahresmitte	Wirtschaftsstruktur / -entwicklung Wirtschaftsdaten aktuell Taiwan zur Jahresmitte 1992 Taiwan zum Jahreswechsel 1991/92 Schwellenländer in Asien / Wirtschaftslage 1991/92	Wirtschaftsstruktur / -entwicklung Wirtschaftsdaten aktuell Brasilien zur Jahresmitte 1992 Brasilien zum Jahreswechsel 1991/92 Wirtschaftsentwicklung Regionale Ent. in Brasilien d.Südosten Regionale Ent. in Brasilien d. Süden Regionale Ent. in Brasilien d. Zentralwesten Regionale Ent. in Brasilien d. Norden Regionale Ent. in Brasilien d. Nordosten
Branchen der Markt für Kfz-Reifen, der Markt für Möbel, der Markt für weiße Waren, der Markt für Starterbatterien, der Markt für Puppen, der Markt für Sport-, Arbeitsboote, der Markt für Klimaanlagen/-geräte, der Markt für Leuchten u. Lampen, der Markt für Schmuck/Silberware, der Markt für Uhren.	Branchen der Markt in Kürze: Nahrungsmittel u. Verpackungsmaschinen, der Markt in Kürze: Leuchten, der Markt in Kürze: Umwelttechnik, Kleine Elektrohausgeräte, Kunststoffmaschinen, Papier u. Papiererzeugnisse, Synthetikgarne, Uhren, Schuhe, der Markt für Leder, der Markt für rostfreie Schneidewaren u. Bestecke, der Markt für Schuhmaschinen.	Branchen Schiffbau, Wein u. Sekt, Werkzeuge u. Heimwerkartikel, Kunststoffmaschinen, Musikinstrumente, Spielwaren, Armaturen für Industrietechnik, Optische u. labortechnische Erzeugnisse, Bekleidung, Nahrungsmittelmaschinen, Papier u. Pappe, Schuhe, der Markt für Fahrräder, Baumaschinen, der Markt für Fördertechnik, der Markt für Verpackungsmaschinen, der Markt für Meß- u. Regeltechnik, der Markt für Pumpen / Kompressoren, der Markt für Werkzeugmaschinen, der Markt für Landmaschinen, der Markt für medizinische Geräte, der Markt für Textilmaschinen.
Geschäftspraxis Kurzmerkblatt Katar, Hinweise für Geschäftsanbahnung,, Einreise u. Aufenthalt in Katar, Leben in Katar, Geschäftsfreunde in...Verkaufen in.. Liefern in...Reisen in die Golfregion, Auskunfts- u. Kontaktstellen, Golfstaaten Leitfaden.	Geschäftspraxis Kurzmerkblatt Taiwan, Zahlungsverkehr / Bankwesen, Geschäftsfreunde in...Verkaufen in.. Liefern in... Reisen nach... Leben in Taiwan, Taiwan Leitfaden.	Geschäftspraxis Kurzmerkblatt Brasilien, Geschäftspartner Brasilien, Bestimmungen über Einreise u. Arbeitsaufnahme in Brasilien, Geschäftsfreunde in...Verkaufen in... Liefern in... Reisen nach... Leben in Brasilien.
Außenhandelsvorschriften u. Zoll Allgemeine Einfuhrvorschriften	Außenhandelsvorschriften u. Zoll Allgemeine Einfuhrvorschriften Einfuhrzolltarif Bd. I u. II	Außenhandelsvorschriften u. Zoll Allgemeine Einfuhrvorschriften Zollvorschriften
Wirtschafts- u. Steuerrecht das Recht der Forderungabtretung, Übersicht über die wichtigsten Gesetzesbestimmungen, Handelsvertreterrecht in Katar.	Wirtschafts u. Steuerrecht Materialien zum Investitionsrecht	Wirtschafts- u. Steuerrecht Kooperationsführer Brasilien unter besonderer Berücksichtigung des Bundesstaates Minas Gerais

Quelle: BfAI (Hrsg.): Schriften der Bundesstelle für Außenhandelsinformationen; Köln 1992

zu 2. Die in allen großen Städten vertretenen *Industrie- und Handelskammern* und deren Dachorganisation der *"Deutsche Industrie-und Handelstag" (DIHT)* sowie die *industriellen Fachverbände* und deren Dachorganisation *"Bundesverband der Deutschen Industrie"(BDI)* haben im Bereich der deutschen Außenwirtschaft eine große Bedeutung. Sie erbringen für deutsche Unternehmen wichtige direkte und indirekte Dienstleistungen im Zusammenhang mit der Anbahnung und Abwicklung von Auslandsgeschäften. Daneben werden vor allem durch den BDI und den DIHT Informationsveranstaltungen durchgeführt, auf denen die Möglichkeit der ersten Kontaktaufnahme zwischen deutschen Unternehmen und ausländischen Wirtschaftdelegationen eröffnet wird. Die Dachverbände unterhalten laufend Kontakte zu internationalen Entwicklungsorganisationen und beschäftigen sich in speziellen Arbeitskreisen mit Fragestellungen aus dem Bereich der Entwicklungszusammenarbeit. Von besonderer Bedeutung ist in diesem Zusammenhang die vom BDI, dem DIHT, dem BGA, dem Bundesverband Deutscher Banken und von der Arbeitsgemeinschaft der Ländervereine getragene "Arbeitsgemeinschaft Entwicklungsländer". Diese Arbeitsgemeinschaft nimmt die Belange ihrer Trägerorganisationen gegenüber öffentlichen, privaten, nationalen und internationalen Institutionen in den Fragen der Beziehungen der privaten Wirtschaft zu den Entwicklungsländern wahr. Ferner informiert sie Unternehmen über die praktische Umsetzung des von der Bundesregierung und internationalen Organisationen angebotenen Instrumentariums zur Förderung der Privatwirtschaft in den Entwicklungsländern.[76] Für die Unternehmen sind die folgenden seitens der Industrie- und Handelskammern und der industriellen Fachverbände angebotenen Dienstleistungen von besonderen Interesse:

- Auskunftsdienste, orientieren über Gesetze, Verordnungen und sonstige Bestimmungen des In- und Auslandes, die bei Auslandsgeschäften zu berücksichtigen sind. Beispielsweise werden Auskünfte über das deutsche Außenwirtschaftsrecht, Rechtsfragen im Außenwirtschaftsverkehr, Warenbegleitpapiere, Zölle, steuerliche Vorteile, ausländische Gerichtsbarkeit und Anwälte im Ausland etc. erteilt.

- Informations- und Beratungsdienst, hier werden die Firmen durch die zuständige Kammer bzw. dem zuständigen Verband über Anbahnung und Durchführung von Außenhandelsgeschäften sowie neue Vorschriften und Entwicklungen im Außenwirtschaftsbereich durch Rundschreiben unterrichtet. Darüber hinaus wird interessierten Unternehmen umfangreiches Informationsmaterial zur Verfügung gestellt, und es werden die verschiedensten Arten von Informationsveranstaltungen durchgeführt. Besonderes Gewicht besitzen die angebotenen Dienstleistungen bei der Geschäftsanbahnung. Hier sind die Kammern und Verbände mit dem Nachweis von in- und

---

[76]BMZ (Hrsg.): Erfolgreich mit Entwicklungsländern zusammenarbeiten, a.a.O., S. 13 ff

ausländischen Bezugsquellen, Vermittlung von Vertreterfirmen, Informationen über ausländische Firmen etc. behilflich.

- Unterstützung im Verkehr mit Behörden, z.b. werden Firmen bei ihrem geschäftlichen Umgang mit den Zollverwaltungn oder Zentralbanken unterstützt.

- Bescheinigungsdienste, in diesem Zusammenhang stellen die IHK Bescheinigungen für den Wirtschaftsverkehr mit dem Ausland aus. Beispielsweise sei hier auf die Ausstellung von Ursprungsnachweisen und sonstigen Warenbegleitpapieren verwiesen.[77]

zu 3. Wertvolle Hilfestellungen im Auslandsgeschäft leisten ebenfalls die von der Bundesregierung finanziell unterstützten *deutschen Auslandshandelskammern und Delegierten der deutschen Wirtschaft*. Dies gilt in besonderem Maße für kleinere und mittlere Unternehmen, die nicht wie Großunternehmen eigene Zweigstellen im Ausland errichten können.

Zur Zeit gibt es auf allen fünf Kontinenten in ingesamt 48 Ländern Leistungen derartiger Einrichtungen. Die Auslandshandelskammern sind privatrechtliche Vereinigungen nach dem Recht des jeweiligen Gastlandes und beruhen auf dem freiwilligen Zusammenschluß von Privatpersonen, Unternehmen und Organisationen aus der Bundesrepublik Deutschland und dem jeweiligen Partnerland. Im Zuge des wachsenden Engagements kleiner und mittlerer Unternehmen im Auslandsgeschäft und dem damit einhergehenden steigenden Bedarf an Auskunfts- und Beratungstätigkeiten ist die Stellung der Auslandshandelskammern durch die Übertragung von Handelsauskunftsdiensten von den Botschaften und Konsulaten auf die Auslandshandelskammern deutlich aufgewertet worden. Das Dienstleistungsangebot umfaßt die gesamte Palette der Außenwirtschaft. Beispielhaft sei auf die Anbahnung von Geschäftskontakten zu ausländischen Im- und Exporteuren, die Erstellung von Marktstudien, Hilfestellungen bei Kooperationen und bei Gründungen von Gemeinschaftsunternehmen sowie die Informationen über Messeveranstaltungen bzw. die Hilfe bei Messebeteiligungen etc. verwiesen.[78]

Die Leistungen der Auslandshandelskammern sind grundsätzlich kostenpflichtig. Abgesehen von Grunddiensten, die auf der Basis von festgelegten Gebühren und Kostenbeiträgen berechnet werden, werden alle übrigen Leistungen zu marktüblichen Konditionen angeboten.[79]

---

[77]BMZ (Hrsg.): Erfolgreich mit Entwicklungsländern zusammenarbeiten, 4. Aufl. Bonn 1991, S. 11f
[78]BMZ (Hrsg.): Erfolgreich mit Entwicklungsländern zusammenarbeiten, a.a.O., S. 12 f
 BMWI (Hrsg.): Wirtschaftliche Förderung in den neuen Bundesländern, Bonn 1991, S. 79 f
[79]BMWI (Hrsg.): Wirtschaftliche Förderung in den neuen Bundesländern, a.a.O. S. 79.

zu 4. Auch *Banken und Ländervereine*[80] bieten eine Reihe von nützlichen Außenwirtschaftsinformationen und Dienstleistungen an. Banken, Sparkassen und andere Kreditinstitute stellen interessierten Unternehmen durch Publikationen, beispielsweise über die Wirtschaftsentwicklung in einzelnen Partnerländern oder die jeweiligen Einfuhr- und Ausfuhrbestimmungen, und durch individuelle Beratung geschäftspraktische Außenwirtschaftsinformationen zur Verfügung. Durch diese Dienstleistungsangebote ergänzen sie die Dienstleistungen, die sie ihren Kunden bei der Abwicklung und Finanzierung ihrer Auslandsgeschäfte anbieten. Darüber hinaus besteht die Möglichkeit, Informationen bei den in zahlreichen deutschen Städten eröffneten Niederlassungen ausländischer Banken einzuholen.

zu 5. Der deutschen Wirtschaft stehen im Ausland die *amtlichen Auslandsvertretungen, Botschaften, Generalkonsulate und Konsulate* als Anlaufstellen für Informationen, Beratung und Kontaktvermittlung zur Verfügung. Dies gilt im besonderen Maße für die Staaten, in denen keine deutsche Außenhandelskammer vorhanden ist. Für weitergehende Dienstleistungen, wie z.B. umfangreiche Marktanalysen etc., sind sie allerdings in der Regel personell nicht ausgestattet.

zu 6. Eine Reihe von Entwicklungsländern unterhält in der Bundesrepublik Deutschland *Länderkontaktstellen,* die als Ansprechpartner für interessierte Unternehmen in Betracht kommen. Aufgabe dieser Einrichtungen ist es u.a., die Handelsbeziehungen auf- bzw. auszubauen sowie die Investitionstätigkeit in dem jeweiligen Land zu fördern. Eine Reihe dieser Kontaktstellen hat sich auf bestimmte Branchengruppen oder Produkte spezialisiert.[81]

4.3.2.2 Möglichkeiten der Exportfinanzierung und Ausfuhrgewährleistungen

Vor allem der Export von Investitionsgütern setzt in vielen Fällen die Bereitstellung eines möglichst langfristigen Kredites an die Käuferseite zur Bezahlung der Lieferung und der damit verbundenen Leistungen voraus. Dies gilt in besonderem Maße für die Lieferung von Gütern in Entwicklungsländer. Nur in den wenigsten Fällen verfügen diese Länder über einen entsprechend entwickelten Kapitalmarkt, um die notwendig langfristige Finanzierung im Bestellerland zu gewährleisten. Auch sind der Verwendbarkeit der Landeswährungen aufgrund von Konvertibilitätsbeschränkungen sowie ihrer notorischen Schwäche oftmals enge Grenzen gesetzt. Exporteure bevorzugen zudem in der Regel die Bezahlung in eigener nationaler Währung, um das Währungsrisiko möglichst gering zu halten. Angesicht der herrschenden

---

[80]Ländervereine: Afrika Verein e.V., Australien - Neuseeland - Südpazifik - Verein, e.V., Ibero - Amerika - Verein, e.V., Nah - und Mittelost - Verein, e.V., Ostasiatischer Verein, e.V., Ost - und Mitteleuropa Verein, e.V.
[81]BMZ (Hrsg.): Erfolgreich mit Entwicklungsländern zusammenarbeiten, a.a.O., S. 17 f

Devisenknappheit in vielen EL sind die Besteller oftmals darauf angewiesen, sich die erwünschten Hartwährungen im Ausland zu beschaffen.[82]

Prinzipiell gilt auch für den Export von Investitionsgütern wie für die Entwicklungsländerexporte allgemein, daß die Durchführung und Finanzierung der Geschäfte durch den freien Markt erfolgen sollte. Exporteuren steht hierzu das gesamte Finanzierungsinstrumentarium der Banken zur Verfügung. Aus öffentlichen Mitteln wird die Finanzierung von Exporten nur in begrenztem Umfang über das KFW/ERP-Exportfinanzierungsprogramm und über Teile der AKA-Exportfinanzierung unterstützt und kommen vor allem für Exportgeschäfte mit EL und Staatshandelsländern in Betracht.

In das *KfW/ERP-Exportfinanzierungsprogramm* fließen Mittel aus dem ERP-Sondervermögen des Bundes, einem aus dem "European Recovery Program" (ERP) gebildeten Fond, ein, die darüberhinaus durch Kapitalmarktmittel der KfW aufgestockt werden. Kredite aus dem KfW/ERP-Exportfinanzierungsprogramm können nur an Kreditnehmer aus EL und in DM gewährt werden.[83] Darlehensnehmer ist im Regelfall der ausländische Importeur (Bestellerkredit) oder aber eine Bank im Bestellerland (Bank-zu Bank-Kredit). Die bis in die sechziger Jahre vorherrschende Form des Lieferantenkredites, der die Möglichkeit einer Refinanzierung des deutschen Exporteurs bietet, besteht heute nur noch in begründeten Ausnahmefällen. Gegenstand der Finanzierung ist der Export langlebiger Investitionsgüter und damit in Zusammenhang stehende Leistungen wie z.B. Montage, Montageüberwachung, und Transfer von Know-How. Ebenso können Engineering- und Consulting- Leistungen finanziert werden. Ursprungsland der Lieferungen und Leistungen muß grundsätzlich die Bundesrepublik Deutschland sein. Es können nur Ausfuhrgeschäfte gefördert werden deren Laufzeit mindestens vier Jahre beträgt und die einen Auftragswert vonmindestens DM 50.000 aufweisen.[84] Für die Kreditbemessung pro Ausfuhrgeschäft aus diesem Programm gelten die folgenden Höchstwerte:

- Bei Auftragswerten bis zu DM 50 Mio.: 85% des tatsächlichen Auftragswertes

- Bei Auftragswerten über DM 50 Mio. bis zu DM 100 Mio.: 85% von 50 Mio. = DM 42,5 Mio.

- Bei Auftragswerten über DM 100 Mio.: 85% von 50% des tatsächlichen Auftragswertes, maximal DM 170 Mio.

---
[82]KfW Hrsg.): Langfristige Exportfinanzierung der Kreditanstalt für Wiederaufbau, Frankfurt, 1991, S. 7 ff
D.Bohnhorst: Dokumente im Zahlungsverkehr sichern die Abwicklung von Exportgeschäften; in: Handelsblatt Nr.13 vom 18/19.1.1991
[83]Die Klassifizierung als Entwicklungsland erfolgt nach der jeweils gültigen Liste des DAC der OECD
[84]KfW (Hrsg.): KfW/ERP Exportfinanzierungsprogramm, Merkblatt 1/92 Frankfurt 1992, S. 1
KfW (Hrsg.): Langfristige Exportfinanzierung der Kreditanstalt für Wiederaufbau, a.a.O., S. 13
BMZ (Hrsg.): Erfolgreich mit Entwicklungsländern zusammenarbeiten, a.a.O., S. 20

Eine Aufstockung der Mittel des mit ERP-Mitteln geförderten Kreditbetrages durch KfW zu Marktkonditionen ist jedoch möglich.[85] Grundsätzlich ist davon auszugehen, daß für die Finanzierung von Exportgeschäften durch die KfW eine Absicherung der mit dem Finanzkredit verbundenen Risiken durch eine Bürgschaft oder Garantie des Bundes (vgl. Ausfuhrgewährleistung, Hermes- Deckung) erforderlich ist. Lediglich in Ausnahmefällen ist die KfW bereit, Kredite auch ohne Hermes- Deckung zu vergeben.[86]

Die Kredite im Rahmen des KfW/ERP-Exportfinanzierungsprogramms gelten als öffentlich gefördert, und die Ausgestaltung der Kreditkonditionen entspricht den Vorgaben des "Übereinkommens über Leitlinien für öffentlich unterstützte Exportkredite", dem sog. OECD-Konsensus. Dieser OECD-Konsensus, auf den sich die OECD-Staaten verständigt haben, soll verhindern, daß sich der Konkurrenzkampf um die Vergabe von Aufträgen auf die Nebenschauplätze der staatlichen Gewährleistungen und Finanzierungshilfen verlagert und hier zu einem Subventionswettlauf führt. In seinen Kernelementen enthält der Konsensus Regelungen über die Höhe der zu leistenden An- und Zwischenzahlungen, die Höchstkreditlaufzeit und die Mindestverzinsung. Entsprechend den Vorgaben des OECD-Konsensus werden die Mindestzinssätze halbjährlich an die Zinsentwicklung in den fünf wichtigsten Handelsnationen angepaßt und haben als Festzinssätze über die gesamte Kreditlaufzeit Gültigkeit.

Ende 1992 lagen die Zinssätze je nach Laufzeit und Abnehmerland zwischen 8.10% p.a. und 8.18% p.a.[87] Es ist möglich, den Festzinssatz für maximal sechs Monate gegen eine Provision verbindlich zu reservieren. Die zu entrichtende Zusageprovision beträgt derzeit 0,375%. Das Auszahlungsverfahren wird in Abstimmung mit dem Exporteur und dem Darlehensnehmer festgelegt und sieht üblicherweise eine Direktauszahlung an den Exporteur pro rata der erbrachten Lieferung und/oder Leistungen vor.[88]

Die *AKA Ausfuhrkredit-Gesellschaft mbH* ist ein von 57 namhaften deutschen Banken gegründetes Spezialinstitut für die mittel- und langfristige Exportfinanzierung. Die AKA gewährt zur Finanzierung von Exportgeschäften (Lieferungen und/oder Leistungen) Lieferantenkredite an deutsche Exporteure und Finanzkredite an ausländische Besteller oder

---

[85]KfW (Hrsg.): KfW/ERP Exportfinanzierungsprogramm, Merkblatt 1/92 , a.a.O., S. 1
  KfW (Hrsg.): Langfristige Exportfinanzierung der Kreditanstalt für Wiederaufbau, a.a.O., S. 16
[86]KfW (Hrsg.): KfW7ERP Exportfinanzierungsprogramm, Merkblatt 1/92 , a.a.O., S. 1
  KfW (Hrsg.): Langfristige Exportfinanzierung der Kreditanstalt für Wiederaufbau, a.a.O., S. 14
[87]KfW (Hrsg.): KfW/ERP Expotfinanzierungsprogramm Merkblatt Dez.92, Frankfurt, 1992
[88]KfW (Hrsg.): Langfristige Exportfinanzierung der Kreditanstalt für Wiederaufbau, a.a.O., S. 16 ff
  BMZ (Hrsg.): Erfolgreich mit Entwicklungsländern zusammenarbeiten, a.a.O., S. 20 f

deren Banken. Außerdem kauft sie durch den Bund gedeckte Exportforderungen deutscher Exporteure an. Zur Finanzierung ihrer Exportkredite verfügt die AKA über die Plafonds A und B, die für Lieferantenkredite verwendet werden, und den Plafond C, der für Finanzkredite bzw. Forderungsankäufe bestimmt ist. Während die erforderlichen Mittel für die Plafonds A und C durch die Gesellschafterbanken bereitgestellt werden, kann die AKA im Rahmen des Plafonds B auf eine Sonderrediskontlinie der Deutschen Bundesbank zurückgreifen.

Kredite aus dem Plafond A, dessen Höhe derzeit 2 Mrd. DM beträgt, können nur von einer dem AKA-Konsortium zugehörigen Bank beantragt werden. Kreditbemessungsgrundlage ist die Ausfuhrforderung abzüglich einer Eigenbeteiligung des Exporteurs von 15% bei privaten Abnehmern und 10% bei Geschäften mit ausländischen Staaten oder sonstigen Körperschaften des öffentlichen Rechts. Im Regelfall sind bei Krediten mit einer Laufzeit von über 24 Monaten die finanzierten Geschäfte durch eine Ausfuhrgewährleistung des Bundes abzusichern. Zur Bündelung von Exportgeschäften kleinerer und mittlerer Art, wie beispielsweise Konsumgüterexporte und Abrufaufträge, deren Finanzierung ansonsten unwirtschaftlich oder wegen Nichterreichens der erforderlichen Mindestlaufzeit von 12 Monaten unmöglich wäre, besteht die Möglichkeit einer Inanspruchnahme eines Globalkredites für 24 Monate bei einer Eigenbeteiligung in Höhe von 30%. Einen Überblick über die anfallenden Kreditkosten sind in der nachfolgenden Tabelle zusammengestellt.

Der Plafond B ist eine revolvierend einsetzbare Sonderrediskontlinie in Höhe von derzeit 2,25 Mrd. DM, die die deutsche Bundesbank der AKA einräumt. Antragsberechtigt sind alle im Bundesgebiet zugelassenen Banken und nicht nur die im AKA-Konsortium zusammengeschlossenen Banken. Die zinsgünstigen Mittel des Plafonds B können grundsätzlich zur Finanzierung aller Exporte in Anspruch genommen werden, wobei allerdings Abrufaufträge von der Finanzierung ausgeschlossen sind. Massengüter und Serienerzeugnisse sind nur ab Lieferung finanzierungsfähig. Die Kreditlaufzeit beträgt mindestens 12 Monate und darf 24 Monate nicht überschreiten. Die Laufzeit beginnt in der Regel mit Inkrafttreten des Exportvertrages und nur in begründeten Ausnahmefällen mit der ersten Inanspruchnahme. Die Inanspruchnahme des Krediets erfolgt durch Diskontierung von DM - Solawechseln des Kreditnehmers mit einer Laufzeit von drei Monaten. Die Selbstbeteiligung beträgt 30% des Auftragswertes. Bei Festzinskrediten reduziert sich diese auf 20%. Bei Krediten mit einer Laufzeit über 24 Monaten müssen die finanzierten Geschäfte durch eine Ausfuhrgewährleistung des Bundes abgesichert sein. Über die Höhe der anfallenden Zins- und Provisionskosten gibt die nachfolgende Tabelle Auskunft. Der Plafond B der AKA gilt als öffentlich unterstützte Finanzierungsquelle, d.h. er ist der Mindestzinsregelung des OECD-

Konsensus unterworfen. Davon sind aber Exportgeschäfte mit einer Laufzeit von unter 24 Monaten ausgenommen.

Tab.20 : Zins - und Provisionssätze der AKA Ausfuhrkredit - Gesellschaft mbH (Oktober 1992)

Zinssätze			Provision**		
Plafond A	variabler Satz	10.75%p.a.	bis Abschluß des Kreditvertrages	Plafond A Plafond C	frei
	Festsatz/Zinsbindung bis zu : 2 Jahren 4 Jahren 5 Jahren	9,375%p.a. 9.373%p.a. 9.25%p.a.	ab Kreditvertragsabschluß auf d. zugesagten Betrag bis zur Auszahlung	Plafond A Plafond C	0.25%p.a.
	Festsatz für Globalkredite	9.375%p.a.	ab Kreditgenehmigung auf den zugesagten Betrag bis zur Auszahlung	Plafond B	0.01%p.a.
Plafond B	variabler Satz*	9.000%p.a.	Provision***		
	Festsatz/Zinsbindung bis zu: 2 Jahren	9.750%p.a.	ab Kreditgenehmigung auf d. zugesagten Betrag bis zur Auszahlung	Plafond A Plafond B Plafond C	0.25%p.a. 0.01%p.a.° 0.25%p.a.
Plafond C	variabler Zinssatz	10.750%p.a.	Provision für vorzeitige Rückzahlung		
	Festsatz/Zinsbindung bis zu: 2,5 Jahren 4 Jahren 5 Jahren 7 Jahren 10 Jahren	9.375%p.a. 9.375%p.a. 9.250%p.a. 9.250%p.a. 9.250%p.a.	bei festem Zinssatz	Plafond A/B	Einzelfall mind. 0.25%
			Bearbeitungsgebühr	Plafond A/B	keine
				Plafond C	abhängig v. Arbeits-u. Kostenaufwand

* zusammengesetzt aus dem jeweiligen Diskontsatz der deutschen Bundesbank und einer Marge, die für den zugesagten Betrag bis zum Laufzeitende konstant ist und zur Zeit 0,75% beträgt.** für genehmigte Beträge mit allein variablem Zinssatz, *** für genehmigte Beträge mit festem Zinssatz; die Provisionen werden zum Ende eines jeden Kalendervierteljahres berechnet, für die Zeit des Rediskontverzichtes durch die Hausbank wird diese Provision der Hausbank weiterberechnet.

Quelle: AKA Ausfuhrkreditgesellschaft mbH: Zins und Provisionssätze Stand Oktober 1992, Frankfurt 1992

Aufgrund der Mindestzinsregelung muß der sich aus den gezahlten Zinsbeträgen der B - Finanzierung in Verbindung mit einer kalkulatorischen Ergänzungsfinanzierung für den nicht über den Plafond B kreditierten Teil des Auftragswertes ergebende Mischzinssatz mit dem geltenden Mindestzinsatz verglichen werden. Sollte sich bei dieser Vergleichsrechnung ergeben, daß die Gesamtaufwendungen des Exporteurs unter dem Mindestzinssatz liegen, so entsteht für ihn eine Nachzahlungspflicht an eine gemeinnützige Organisation.

Da sich die Plafonds A und B erheblich in ihren Kreditkonditionen unterscheiden, empfiehlt es sich in vielen Fällenn durch gemeinsame Finanzierung aus beiden Plafonds deren jeweilige Vorteile zu nutzen. Das Gesamtantragsvolumen im Rahmen des Plafonds B betrug 1991 3,8 Mrd. DM, die im Laufe des Jahres zum Abschluß von Lieferantenkreditverträgen in Höhe von 3,09 Mrd. DM führten. Angesichts der hohen Plafondauslastung, die aus diesen Zahlen deutlich wird, war es bereits zu Beginn des Jahres 1991 notwendig, die Inspruchnahme in die zweite Jahreshälfte zu strecken. Jedem Exporteur wurde, wenn ein beantragter Plafond B-Kredit nicht planmäßig genehmigt werden konnte, eine Zwischenfinanzierung aus Plafond A angeboten. Von der Gesamtkreditsumme der bestehenden Verträge sind 31% zur Finanzierung von Exportgeschäften eingesetzt worden, für die der Exporteur Ausfuhrbürgschaften oder Ausfuhrgewährleistungen des Bundes vorlegte. Auf die Gruppe der Entwicklungsländer entfielen 1991 insgesamt 46% der innerhalb dieses Fonds finanzierten Exportgeschäfte.[89]

Aus dem Plafond C, der zur Zeit 22 Mrd. DM beinhaltet, gewährt die AKA vornehmlich Finanzkredite an ausländische Besteller oder ihre Banken, die an deutsche Exportgeschäfte gebunden sind. Der Kredit sollte durch eine Finanzkreditgewährleistung des Bundes abgesichert sein, wodurch sich auch die Kreditlaufzeit bestimmt. Der Exporteur ist verpflichtet, die Entgelte für die Ausfuhr- und Finanzkreditgewährleistung zu entrichten. Ferner steht der Plafond C auch für den Ankauf bundesgedeckter Exportforderungen zur Verfügung.[90]

Neben der Finanzierungsfrage hängt die Durchführung von Ausfuhrgeschäften häufig maßgeblich von der Möglichkeit ab, staatlichen Deckungsschutz für die mit dem Exportgeschäft verbundenen Risiken zu erhalten. Mit den *Ausfuhrdeckungen des Bundes*, die durch die Hermes-Kreditversicherungs-AG abgewickelt werden, steht in der Bundesrepublik Deutschland ein umfangreiches Exportversicherungssystem zur Verfügung, das es Exporteuren und Banken ermöglicht, die vor allem bei Exportgeschäften mit Entwicklungsländern

---

[89] AKA (Hrsg.): AKA Geschäftsbericht 1991, Frankfurt 1992, S. 25
[90] AKA (Hrsg.): Ihr Partner für die mittel - und langfirstige Exportfinnzierung, Frankfurt 1992
P. Löffler: Wunsch nach längerfristigen Zahlungszielen schafft Probleme; in: Handelsblatt vom 18/19. 1. 1991

verbundenen Käuferrisiken (Delkredere) und Länderrisiken (politische Ursachen) abzusichern. Die Ausfuhrdeckungen des Bundes sind keine Exportfinanzierungen, sondern Sicherheiten, die allerdings von Finanzierungsinstitutionen häufig als Voraussetzung und Grundlage für den Abschluß eines Finanzierungsvertrages verlangt werden.[91] Sie sollen dort unterstützend eingreifen, wo der Gesamtumfang der versicherungsbedürftigen Risiken, die nicht zu vermeidende Risikoballung auf einzelne Märkte und vor allem die versicherungsmathematisch nicht berechenbare Entwicklung politischer Risiken eine Risikoübernahme durch privatwirtschaftliche Versicherungsträger nicht oder nur bedingt zulassen.[92]

Die Ausfuhrgewährleistungen werden von der Bundesrepublik Deutschland auf der Grundlage jährlich festgesetzter haushaltsrechtlicher Ermächtigungen übernommen. Im Haushaltsjahr 1991 betrug der Ermächtigungsrahmen 165 Mrd. DM. Durch eine gegenüber den Vorjahren verstärkte Inspruchnahme im Laufe des Jahres wurde bis zum Jahresende 1991 eine Ausnutzung von 92,0% realisiert. Für das Haushaltsjahr 1992 wurde der Ermächtigungsrahmen dem sich abzeichnenden erhöhten Bedarf angepaßt und auf 180 Mrd. DM erweitert. Für das Jahr 1991 ergab sich für den Bundeshaushalt ein Defizit aus der Gewährung von Ausfuhrgewährleistungen von 1,916 Mrd. DM.[93] Die Höchsthaftung des Bundes aus übernommenen Gewährleistungen betrug 1991 151,8 Mrd. DM. Davon entfielen 101,2 Mrd. DM bzw. 66% auf die Gruppe der Entwicklungsländer. Knapp die Hälfte dieser Gewährleistungen entfiel dabei auf Geschäfte mit den asiatischen Entwicklungsländern, die in den letzten Jahren einen stetig wachsenden Bedarf an Bundesdeckungen aufwiesen, während die Positionen der übrigen Entwicklungsländer sich kaum veränderten.[94]

Die bei den Antragsentscheidungen anzuwendenen Verfahren und Grundsätze und die vertragliche Abwicklung sind in den "Richtlinien für die Übernahme von Ausfuhrgewährleistungen" aus dem Jahre 1984 geregelt. Danach trifft im interministeriellen Ausschuß für Ausfuhrgarantien und Ausfuhrbürgschaften (IMA) der Bundesminister für Wirtschaft die Entscheidungen über die Anträge auf Gewährung von Bundesdeckungen, wobei diese sowohl mit Zustimmung des Bundesministers für Finanzen, als auch im Einvernehmen mit dem AA und dem BMZ zu treffen sind. Voraussetzungen für die Übernahme einer Ausfuhrgewährleistung

---

[91] G. Stolzenburg: Die staatliche Exportkreditversicherung, 4. Aufl. Köln 1992, S. 48
[92] G. Stolzenburg, Dr.E.Moltrecht: Sicherungsmöglichkeiten durch staatliche Exportversicherung, in: Export Nr.3 1991, S. 2 ff
Hermes Kreditversicherungs AG (Hrsg.) Ausfuhrgewährleistung des Bundes, Merkblatt, Hamburg 1992, S. 1 ff
BMZ (Hrsg.): Erfolgreich mit Entwicklungsländern zusammenarbeiten, a.a.O., S 23 ff
[93] Hermes Kreditversicherungs AG (Hrsg.): Ausfuhrgarantien und Ausfuhrbürgschaften der Bundesrepublik Deutschland, Bericht über das Jahr 1991, Hamburg 1992, S. 4
G. Stolzenburg: Praxis der Exportfinanzierung, Deutscher Wirtschaftsdienst (Hrsg.), Köln 1992 S. 78 ff
[94] Hermes Kreditversicherungs AG: Ausfuhrgarantien und Ausfuhrbürgschaften der Bundesrepublik Deutschland, Bericht über das Jahr 1991, a.a.O., S. 4 ff

durch den Bund sind insbesondere die Förderungswürdigkeit und der Risikograd des Ausfuhrgeschäftes. Im Rahmen der Beurteilung der Förderungswürdigkeit prüft der IMA die Art der exportierten Güter und den Abnehmer bzw. das Abnehmerland. Die Handhabung der Ausfuhrgewährleistung sollte zwar grundsätzlich dem Anspruch der Subventionsfreiheit genügen, jedoch ist unverkennbar, daß vereinzelt die Sicherung von Arbeitsplätzen oder die Erhaltung von Auslandsmärkten in Ländern mit vorübergehenden Liquiditätsproblemen wichtige Entscheidungskriterien sein können.[95]

Die Auftragssumme der neu in Deckung genommenen Geschäfte erreichte 1991 37,8 Mrd. DM und lag damit um knapp 42 % über dem Wert des Vorjahres. Der Anteil der durch Bundesdeckungen abgesicherten Ausfuhren am Gesamtexport erhöhte sich dadurch von 3,9% im Jahre 1991 auf 5,7% 1992. Der ungewöhnlich hohe Anstieg in der Nachfrage nach Bundesdeckungen ist vor allem durch die politischen Entwicklungen in Osteuropa, insbesondere in der früheren Sowjetunion, und die Tatsache begründet, daß gleichzeitig erstmals im vollen Umfang Deckungen für die Exporte aus den neuen Bundesländern anfielen.

Die Entwicklung der letzten zwei Jahre ist geprägt von einem sprunghaften Anstieg der Bundesdeckungen für die Staaten Mittel- und Osteuropas. Insgesamt wurden 1991 Auftragswerte in Höhe von 11,2 Mrd. DM durch Bundesdeckungen abgesichert. Dies entspricht einem Anteil von 26,9% an den gesamten Bundesdeckungen und stellt nahezu eine Verdoppelung gegenüber dem Vorjahr dar.

Vom Gesamtexport der Bundesrepublik in die Entwicklungsländer wurden 1991 24,3% durch Bundesdeckungen abgedeckt. Die Gesamtsumme der entsprechenden Auftragswerte belief sich auf 22,2 Mrd. DM. Zwischen den einzelnen Entwicklungsländern bestehen allerdings erhebliche Unterschiede hinsichtlich der Inanspruchnahme des Deckungsangebotes. Ohne Berücksichtigung der OPEC-Staaten entfielen auf Entwicklungsländer mit 13,3 Mrd. DM 35,1% aller vom Bund abgesicherten Ausfuhren. Dies entspricht einer Deckungsquote von 19% an der Gesamtausfuhr in diese Länder und liegt damit deutlich unter den entsprechenden Vergleichszahlen in den achtziger Jahren. Zwei Drittel der Gewährleistungen konzentrierten sich auf nur 11 Länder. Dabei handelt es sich um die Türkei, Indien, Mexiko, Brasilien, Thailand, Taiwan, Israel, Pakistan, Malaysia und Korea.

---

[95] G. Stolzenburg, Dr.E.Moltrecht: Sicherungsmöglichkeiten durch staatliche Exportversicherung, a.a.O., S. 2 ff

Wie in früheren Jahren wiesen die OPEC-Saaten mit 41,3% die höchste Deckungsquote auf. Der Auftragswert der abgesicherten Exporte belief sich 1991 auf 8,9 Mrd. DM gegenüber 6,6 Mrd. DM im Vorjahr. Trotz der sich seit Beginn der neunziger Jahre abzeichnenden Zunahme der Auftragswerte für die OPEC-Staaten liegen diese unverändert unter den entsprechenden Werten zu Beginn der achtziger Jahre.

Für die Industrieländer, auf die 83% des Gesamtexportes entfallen, werden von der Exportwirtschaft nur im geringen Umfang Bundesdeckungen benötigt, da bei Transaktionen mit diesen Ländern, bei einem deutlich geringeren Risiko, ausreichend private und auch kostengünstigere Absicherungsmöglichkeiten bestehen.[96] Die Bundesdeckungen für diese Länder betrug 1991 4,4 Mrd. DM und ließ den Anteil dieser Länder an den Ausfuhrgewährleistungen insgesamt von 18,7% 1990 auf nur noch 11,7% sinken.[97] Es ist davon auszugehen, daß sich dieser rückläufige Trend weiter fortsetzen wird. Insbesondere für Geschäfte innerhalb der EG ist unbestritten, daß bereits heute in ausreichendem Maße private Finanzierungs- und Versicherungsmöglichkeiten zur Verfügung stehen und folglich mit einem Rückzug staatlicher Kreditversicherer innerhalb der EG zu rechnen ist. Dies entspricht voll dem in der Bundesrepublik vertretenen Grundsatz der "Subsidiarität", demzufolge der Staat lediglich dort Hilfe anzubieten hat, wo der private Markt nicht zur Verfügung steht.[98]

Ausfuhrgewährleistungen können in der Form der Ausfuhrgarantie und der Ausfuhrbürgschaft bereitgestellt werden. Die Einteilung hat dabei lediglich terminologische Bedeutung und erklärt sich aus der historischen Entwicklung der deutschen Exportkreditversicherung. Eine Garantie wird bei privaten ausländischen Bestellern übernommen, während Bürgschaften bei Geschäften mit ausländischen Regierungen oder sonstigen Körperschaften des öffentlichen Rechtes gewährt werden. Die Unterscheidung ist allerdings bedeutsam für den Deckungsumfang, der bei öffentlichen Käufern höher veranschlagt wird, und für die Prämien, die bei öffentlichen Käufern tendenziell niedriger liegen.[99]

Ausfuhrgewährleistungen können einerseits einen deutschen Exporteuren für die Risiken vor Versand (Fabrikationsrisiken)und nach Versand (Ausfuhrrisiken) und andererseits deutschen Kreditinstituten als Finanzkreditgarantien/-bürgschaften zur Absicherung gebundener

---

[96]G. Stolzenburg: Die staatliche Exportkreditversicherung, Deutscher Wirtschaftsdienst (Hrsg.), a.a.O., S. 29 f
[97]Hermes Kreditversicherung (Hrsg): Ausfuhrgarantien und Ausfuhrbürgschaften der Bundesrepublik Deutschland, Bericht über das Jahr 1991, a.a.O., S. 8
[98]G. Stolzenburg: Die staatliche Exportkreditversicherung, a.a.O., S. 29
[99]G. Stolzenburg, Dr.E.Moltrecht: Sicherungsmöglichkeiten durch staatliche Exportversicherung, a.a.O., S.10

Finanzkredite gewährt werden. Die Unterscheidung in Fabrikationsrisiken und Ausfuhrrisiken richtet sich nach dem zeitlichen Ablauf eines Exportgeschäfts. Bei der Fabrikationsrisikodeckung bezieht sich die Absicherung auf die Selbstkosten, die dem Exporteur bis zum vorzeitigen Ende der Fertigung infolge des Eintreffens eines gedeckten Risikos politischer oder wirtschaftlicher Art entstehen und die Fertigstellung bzw. den Versand unmöglich machen oder aber unzumutbar erscheinen lassen. Bei der Ausfuhrrisikodeckung ist der Exporteur ab Versand der Ware oder Beginn der Leistung bis zur vollständigen Bezahlung gegen die Uneinbringbarkeit der Exportforderung aufgrund politischer oder wirtschaftlicher Risiken geschützt. Gegenstand der Deckung ist dabei die mit dem ausländischen Schuldner vereinbarte Geldforderung einschließlich der Kreditzinsen bis zur Fälligkeit.

Ausfuhrdeckungen werden in verschiedenen Formen angeboten. Hierbei handelt es sich um die Einzeldeckung für einen einzelnen Ausfuhrvertrag, die Sammeldeckung als revolvierende Ausfuhrgarantie/-bürgschaft bei wiederholter Lieferung an denselben ausländischen Besteller und die Ausfuhr-Pauschal-Gewährleistung (APG). Die APG kommt in Betracht, wenn laufend verschiedene Kunden in verschiedenen Ländern beliefert werden. Im Rahmen der APG können Forderungen gegenüber privaten und öffentlichen ausländischen Schuldnern abgesichert werden, sofern deren Kreditlaufzeit zwei Jahre nicht überschreitet. Die Antragstellung für jedes Einzelgeschäft entfällt, da der Deckungsschutz innerhalb eines Höchstbetrages pauschal zur Verfügung steht. Voraussetzung für den Abschluß einer APG ist die Bereitschaft des Exporteurs, alle absicherbaren Forderungen aus Geschäften mit privaten ausländischen Schuldnern in Ländern, die nicht der OECD angehören, einzubeziehen.[100] Ferner werden Sonderdeckungen angeboten, z.B. Deckungen gegen Wechselkursrisiken, Beschlagnahmerisiken für Verkaufslager im Ausland, Deckung von Bauleistungs- und Leasinggeschäften.[101]

Sowohl bei Fabrikationsrisikodeckungen als auch bei Ausfuhrrisikodeckungen wird ein definierter Katalog wirtschaftlicher und politischer Risiken gedeckt. Zu den im Zusammenhang mit Ausfuhrgarantien/-bürgschaften und der APG gedeckten politischen Risiken gehören neben dem sog. allgemeinen politischen Schadensfall, der sich beispielsweise aus kriegerischen Ereignissen, Revolutionen etc. im Ausland ergibt, insbesondere der aufgrund von Beeinträchtigungen des zwischenstaatlichen Zahlungsverkehrs mögliche Konvertierungs- und Transferfall (KT-Fall). Darüberhinaus werden auch der Verlust von Ansprüchen, die auf politische Ursachen zurückzuführen sind, und der Verlust der Ware vor Gefahrübergang infolge politischer Umstände gedeckt. Die gedeckten wirtschaftlichen Risiken umfassen bei

---
[100]Hermes Kreditversicherungs AG (Hrsg.): Ausfuhrgewährleistung des Bundes, Merkblatt Ausfuhr- Pauschal-Gewährleistungen, Hamburg 1992 , S. 1 ff
[101]BMZ (Hrsg.): Erfolgreich mit Entwicklungsländern zusammenarbeiten, a.a.O., S. 24

Ausfuhrgarantien und APG die Uneinbringbarkeit infolge Zahlungsunfähigkeit (Insolvenz) des ausländischen Bestellers und den Nichtzahlungsfall innerhalb einer Frist von 6 Monaten.[102] Bei Ausfuhrbürgschaften ist lediglich der Nichtzahlungsfall unter den wirtschaftlichen Risiken erfaßt. Bei Fabrikationsrisikogarantien/-bürgschaften kann der Gewährleistungsfall dann eintreten, wenn eine Weisung des Bundes zur endgültigen und mehr als 6-monatigen Unterbrechung von Fertigung oder Versand führt oder der Deckungsnehmer wegen Vorliegens gefahrenerhöhender Umstände selbst die Fertigung unterbricht und der Bund nicht innerhalb von 6 Monaten die Fertigstellung anordnet. Ferner kann das Eintreten eines in den allgemeinen Bedingungen festgehaltenen politischen und/oder wirtschaftlichen Risikos den Gewährleistungsfall nach sich ziehen.[103]

Für die Übernahme einer Ausfuhrgewährleistung hat der Deckungsnehmer ein Entgelt zu entrichten, dessen Höhe von der Art der Deckung und der Kreditlaufzeit abhängt. In Abhängigkeit von der Auftragshöhe wird ferner eine Bearbeitungsgebühr zwischen 30 DM und 500 DM erhoben. Bei Auftragswerten über 5 Mio. DM ist zusätzlich noch eine Ausfertigungsgebühr zu entrichten. Wie bei jeder Kreditversicherung gilt auch bei der staatlichen Exportkreditversicherung das Prinzip, die Deckungsnehmer am Schadensfall zu beteiligen. Die Selbstbeteiligung liegt im Regelfall zwischen 10 und 15%. Es empfiehlt sich, bereits vor Vertragsabschluß einen Antrag auf Ausfuhrgewährleistung zu stellen, um eventuelle Auflagen des IMA in die Vertragsverhandlungen einbinden zu können.[104]

Eine Sonderstellung nehmen die Bundesdeckungen für Exportgeschäfte ein, deren Finanzierung auf Basis der sog. Projektfinanzierung erfolgt. Die Projektfinanzierung wird als spezielle Form der Exportfinanzierung dann relevant, wenn der ausländische Besteller nicht bereit oder in der Lage ist, die Gesamtfinanzierung eines Großprojekts durch eigene Haftung und Sicherheiten aufzubringen und sicherzustellen. Die sonst übliche Prüfung der Kreditwürdigkeit des Bestellers wird durch eine Projektprüfung ersetzt. Mit Hilfe der Projektprüfung werden Aussagen über die zu erwartende Rentabilität und Prognosen über den cash - flow eines Projektes gewonnen. Diese Vorgehensweise dient zur Ermittlung der Höhe und des Zeitpunkts, an dem die Verzinsungen und Tilgungen der eingesetzten Finanzierungsmittel erfolgen können. Die Bezahlung der vom Exporteur erbrachten Lieferungen, meist handelt es sich dabei um langlebige Investitionsgüter und Leistungen,

---

[102]Bei Einzeldeckung ist der Nichtzahlungsfall jedoch nur im Zusammenhang mit der Lieferung von Investitionsgütern gedeckt. BMZ (Hrsg.): Erfolgreich mit Entwicklungsländern zusammenarbeiten, a.a.O., S. 24
[103]Hermes Kreditversicherungs AG (Hrsg.) Ausfuhrgewährleistung des Bundes, Merkblatt, a.a.O., S. 4 ff
[104]Hermes Kreditversicherungs AG (Hrsg.) Ausfuhrgewährleistung des Bundes, Merkblatt, a.a.O., S. 5
G. Stolzenburg, Dr.E.Moltrecht: Sicherungsmöglichkeiten durch staatliche Exportversicherung, a.a.O., S. 16

erfolgt demnach durch die Erträge des Projektes selbst. Da Exportfinanzierungen in Form von Projektfinanzierungen gerade in Entwicklungsländern allein schon aufgrund der langen Laufzeiten mit erheblichen wirtschaftlichen und politischen Risiken verbunden sind, ist die Verfügbarkeit staatlichen Deckungsschutzes eine wesentliche Voraussetzung für derartig finanzierte Exportgeschäfte. Im Rahmen der Ausfuhrgewährleistungen des Bundes ist der wachsenden Bedeutung der Projektfinanzierung durch die Schaffung einer entsprechenden Möglichkeit für die Deckungsübernahme für Projektfinanzierung seit 1988 Rechnung getragen worden.[105] Allerdings sind seit diesem Zeitpunkt nur 15 Projektfinanzierungen im Umfang von rund 2 Mrd. DM durch die Hermes Kreditversicherungs AG, die auch in diesem Fall für die Abwicklung verantwortlich ist, bewilligt worden. Von dieser Summe entfielen nach Aussagen der Hermes lediglich drei Deckungen mit einem Gesamtvolumen von 450 Mio. DM auf Projektfinanzierungen in Entwicklungsländern.[106] Es ist aber davon auszugehen, daß weltweit die Bedeutung der Projektfinanzierungen in den 90er Jahren zunehmen wird und folglich auch die Nachfrage nach Deckungsschutz für diese Finanzierungen. Die Gründe werden in der wachsenden Nachfrage nach Infrastrukturinvestitionen in Asien, dem aufgrund des Investitionsstaus in den 80er Jahrem entstandenen Nachholbedarf in Lateinamerika und den Anforderungen des wirtschaftlichen Aufbaus in Mittel- und Osteuropa gesehen.[107]

Die staatliche Exportkreditversicherung ist in den letzten Jahren wiederholt mit negativen Schlagzeilen bedacht worden. In Zusammenhang mit der Diskussion über eine Lösung der anhaltenden Verschuldungskrise zahlreicher Entwicklungsländer wurde vor allem kritisiert, daß Mittel aus dem BMZ-Haushalt für Schuldendiensterleichterungen in Form von Zinszuschüssen für Hermes Forderungen verwendet wurden. Zudem gestaltete sich der Abschluß bilateraler Umschuldungsabkommen teilweise recht schleppend. Von den infolge geleisteter Entschädigungen auf den Bund aus Forderungen übergegangenen Außenständen in Höhe von insgesamt 18,9 Mrd. DM waren bis Ende 1991 13,7 Mrd. DM durch derartige Abkommen abgedeckt.

Anfang der neunziger Jahre geriet die Hermes-Deckung erneut in die Schlagzeilen, als im Zuge des Golfkrieges enorme Entschädigungen aus dem Irak-Geschäft anfielen und auch die Art der gedeckten Geschäfte heftig kritisiert wurde. Ebenso wurde von Kritikern herausgestellt, daß die Bundesregierung oftmals auch dann das Exportrisiko übernimmt, wenn das Geschäft ökonomisch zwar zweifelhaft, aber politisch opportun erscheint.

---
[105] G. Stolzenburg: Praxis der Exportfinanzierung, a.a.O., S. 57 f
 Hermes Kreditversicherungs-AG (Hrsg.): Projektfinanzierung, AGA-Report Nr. 23, Hamburg 1990, S 1 ff
[106] In diesen Angaben sind Projektfinanzierungen für Ostblockstaaten und Projektfinanzierungen für Schiffsexporte nicht enthalten.
[107] BDI (Hrsg.): Vorschläge des IIF für künftige Änderungen der Exporfinanzierung und Exportkreditversicherung, Washington 1992, S. 1f

Im Zuge der EG-Harmonisierung der staatlichen Exportkreditversicherungen, aber auch um der wachsenden Belastung des Bundeshaushaltes entgegenzutreten, wird derzeit eine Änderung der Versicherungskonditionen diskutiert. Dies scheint geboten, da davon auszugehen ist, daß auch in den nächsten Jahren für den Bund Entschädigungen in beträchtlichem Umfang, vor allem aufgrund der Entwicklung in den GUS-Staaten und der unverändert kritischen Verschuldungssituation in vielen Entwicklungsländern, anfallen werden. Die Reformansätze sehen in erster Linie eine spezifische Staffelung der Versicherungsgebühren nach Länderrisiken vor, wie sie in anderen EG-Staaten bereits üblich ist. Danach werden die Abnehmerländer in voraussichtlich fünf Risikokategorien mit unterschiedlich hohen Entgeltsätzen eingeteilt. Damit wird das bisher in Deutschland geltende System des Einheitsentgeltes aufgegeben. In diesem Zusammenhang werden von der Exportwirtschaft erhebliche finanzielle Mehrbelastungen befürchtet, da sich die Deckungen vor allem auf Abnehmerländer in höheren Risikokategorien konzentrieren. Daher wird von seiten der Wirtschaft gefordert, die Entgeltreform mit einer Verbesserung der wichtigsten wettbewerbsrelevanten Elemente des Deckungssystems zu verbinden.[108]

Neben der Einführung von Länderkategorien ist außerdem eine weniger strikte Trennung zwischen Bürgschaften für öffentliche Schuldner und Garantien für private Gläubiger vorgesehen. Stattdessen wird eine stärkere Orientierung auf das jeweilige Kreditrisiko vorgeschlagen. Ziel der Reformansätze ist nach Aussage des BMWI, weniger eine Erhöhung der Einnahmen als eine Reduzierung des Durchschnittsrisikos und damit der Ausgaben für Ausfälle anzustreben.[109] Grundsätzlich gilt, daß bereits in den Richtlinien für die Übernahme von Ausfuhrgewährleistungen vom Dezember 1983 ein "Selbsttragungsprinzip" verankert ist, demzufolge die Entgelte so zu gestalten sind, daß sich die Versicherungsleistungen selbst tragen. Dies entspricht dem im Artikel XVI des GATT verankerten Antisubventionscode.[110] Das Selbsttragungsprinzip steht damit in gewisser Konkurrenz zum Grundsatz der Subsidiarität, der einen staatlichen Eingriff auf besonders risikoreiche Geschäfte beschränkt, womit wiederum die Selbsttragung zweifelhaft oder gar unmöglich wird.

Während innerhalb der EG die Forderung nach einem Rückzug staatlicher Kreditversicherer grundsätzlich unstrittig ist, wird diese Frage im Hinblick auf die bestehenden Möglichkeiten eines ausreichenden Versicherungsschutzes außerhalb der EG bzw. der OECD-Staaten

---

[108]BDI (Hrsg.): Stellungnahme zur geplanten Neugestaltung des Entgeltsystems für Ausfuhrgewährleistungen des Bundes, Bonn 1992, S. 2 ff
[109]W. Herz: Bürge im Zwielicht; in: der Zeit vom 15.2.1991, Frankfurt 1991, S. 26
H. Schmitz: Hermes- Instrument muß neu zugeschnitten werden; in: Handelsblatt vom 27.10.1991
H.Peipers: Politisch bedingte Schäden rücken immer mehr in den Vordergrund der Absicherung; in: Handelsblatt vom 27.10.1991, S. 11
[110]BDI (Hrsg.): Protokoll BDI-Tagung vom 21.1.1993, Bonn 1993, S. 3

unterschiedlich beurteilt. Für politische Risiken außerhalb der EG/OECD wird überwiegend die Ansicht vertreten, daß private Versicherer insoweit keinen ausreichenden Schutz bieten, weil den Rückversicherungskapazitäten enge Grenzen gesetzt sind. Eine umfassende Privatisierung des staatlichen Exportversicherungsgeschäftes kommt folglich insbesondere für Geschäftsaktivitäten mit den mittel- und osteuropäischen Staaten und den Entwicklungsländern realistischerweise nicht in Betracht. Hinsichtlich der kurzfristigen- bis ca. 3 Jahre Kreditlaufzeit - wirtschaftlichen Risiken wird allerdings vor allem von der EG-Kommission sehr wohl die Meinung vertreten, daß diese Versicherungsleistungen durch private Versicherungs- und Finanzierungsinstitute abgedeckt werden können. Für die zukünftige Entwicklung ist davon auszugehen, daß die im deutschen System verankerte zwingende Verbindung zwischen politischen und wirtschaftlichen Risiken, die in anderen europäischen Systemen weitgehend unbekannt ist, sicherlich Gegenstand von sehr kontroversen Diskussionen sein wird.[111]

4.3.2.3 Förderung von Auslandsmessebeteiligungen von Bund und Ländern

Bei der Anbahnung und Ausweitung des Exportgeschäftes fällt der Teilnahme an Messen und Ausstellungen eine gewichtige Rolle im Marketingmix zu. Der Nutzen einer Messebeteilgung sollte dabei nicht allein in der unmittelbaren Absatzsteigerung gesehen werden. Messen und Ausstellungen bieten nicht nur die Chance neue Erzeugnisse auf den Markt zu bringen, sondern auch die Gelegenheit, Absatzwege und Verbrauchergeschmack zu prüfen, Kontakte zu Importeuren und Vertretern zu knüpfen und das Konkurrenzangebot kennenzulernen.[112] Der Teilnahme an Messen und Austellungen kommt daher auch im Rahmen der strategischen Unternehmensplanung ein hoher Stellenwert zu. Entsprechend hoch ist die Bedeutung, die der Förderung von Messebeteiligungen deutscher Unternehmen innerhalb des Förderinstrumentariums zukommt. Die Bundesregierung und die einzelnen Bundesländer bieten eine Reihe von Unterstützungsmaßnahmen an, die es vor allem auch kleineren und mittleren Unternehmen ermöglichen sollen, an internationalen Messen und Ausstellungen teilzunehmen.

Die finanzielle Förderung des Bundes und der Bundesländer konzentriert sich auf die Förderung von Auslandsmessen. Die Förderung von Beteiligungen deutscher Unternehmen an

---

[111] W. Herz: Bürge im Zwielicht; in: der Zeit vom 15.2.1991, Frankfurt 1991, S. 26
H. Schmitz: Hermes- Instrument muß neu zugeschnitten werden; in: Handelsblatt vom 27.10.1991
H.Peipers: Politisch bedingte Schäden rücken immer mehr in den Vordergrund der Absicherung; in: Handelsblatt vom 27.10.1991, S. 11
BDI (Hrsg.): Erhaltung leistungsfähiger Exportkreditversicherungen, Pressemitteilung vom 18.12.1992
BDI (Hrsg.): Memorandum, Risikoabsicherung in der Europäischen Gemeinschaft für Exportgeschäfte mit kurzfristigen Zahlungszielen, Köln 1993, S. 3 ff
[112] BMWI (Hrsg.): Exportfibel, a.a.O., S. 23

Inlandsmessen, von denen erfahrungsgemäß eine ganze Reihe stark von ausländischen Interessenten besucht werden und somit ebenfalls dem Exportgeschäft entscheidende Impulse geben können, liegt ausschließlich in der Hand der Handwerkskammern und bei dem Fachverbänden der Industrie. Allerdings ist nicht zu übersehen, daß sowohl gemeinschaftliche Messebeteiligungen deutscher Unternehmen auf Inlandsmessen als auch die damit einhergehenden Förderaktivitäten in der Öffentlichkeit relativ wenig Beachtung finden. Die Konzentration staatlicher Förderungen auf Auslandsmessen erscheint wirtschaftspolitisch durchaus sinnvoll, da auch von kleineren und mittleren Unternehmen erwartet werden kann, daß sie gegebenenfalls Messebeteiligungen, zumindest im Inland, als absatzpolitisches Instrument in eigener unternehmerischer Verantwortung und Kostenbeteiligung durchführen.[113]

Die Förderung von Auslandsmessebeteiligungen deutscher Firmen aus Bundesmitteln erfolgt im Rahmen des *Auslandsmesseprogramms* und fällt zum größten Teil in das Ressort des Bundesministeriums für Wirtschaft.[114] Das Fördervolumen dieses Programmes wurde für 1992 gegenüber dem Vorjahr um 7 Mio. DM gekürzt und betrug 42 Mio. DM. Es lag damit allerdings immer noch deutlich über dem jährlichen Fördervolumen in den achtziger Jahren.[115] Eine mögliche Förderung von Beteiligungen ist auf die im offiziellen, jährlich neu festgelegten Auslandsmesseprogramm aufgeführten Veranstaltungen begrenzt. Die Teilnahme an staatlich geförderten Auslandsmessen steht jedem Unternehmen mit Sitz in der Bundesrepublik Deutschland, unabhängig von Größe, regionaler Herkunft und Branchenzugehörigkeit, offen. Nach den Ergebnissen einer durch die AUMA durchgeführten Befragung bei den Unternehmen, die 1991 an geförderten Firmengemeinschaftsausstellungen teilgenommen haben, wird das Förderungsprogramm vor allem von mittelständischen Firmen in Anspruch genommen. So entfielen 1991 77,4% der Förderungen auf Unternehmen mit bis zu 500 Beschäftigten.[116] Die Auswahl der für eine amtliche Beteiligung vorgesehenen Veranstaltungen erfolgt auf Vorschlag des Ausstellungs- und Messeausschusses der deutschen Wirtschaft (AUMA) durch das Bundesministerium für Wirtschaft unter Beteiligung der Wirtschaftsverbände und der Kammerorganisationen. Nachdem seit Mitte der achtziger Jahre die Anzahl der beteiligten Unternehmen rückläufig war bzw. auf niedrigem Niveau stagnierte, stieg diese Zahl 1989 um knapp 30% auf 2851 Firmen. Das Auslandsmesseprogramm des Jahres 1992 sah z.B. die Beteiligung an insgesamt 150 Auslandsmessen vor. Die regionale Differenzierung zeigt mit 40% aller Messebeteiligungen eine deutliche Konzentration auf

---

[113]G. Weitzel, U.Ch.Täger: Möglichkeiten einer verstärkten Messebeteiligung für kleine und mittlere Unternehmen, ifo-studien Nr. 42, München 1992, S. 99
[114]Auch das Bundesministerium für Ernährung, Landwirtschaft und Forsten sowie das Presse - und Informationsamt der Bundesregierung fördern Auslandsmessebeteiligungen
[115]G. Weitzel, U.Ch.Täger: Möglichkeiten einer verstärkten Messebeteiligung für kleine und mittlere Unternehmen, a.a.O., S. 112
[116]Informationsmaterial des DIHT, Abt. Auslandsmessen, Bonn 1993

West- und Osteuropa, gefolgt von Nordamerika mit knapp 12 % und Japan mit 9%. Die Förderung von Messebeteiligungen in den Mitgliedsländern der EG ist mit Auslaufen entsprechender Förderprogramme nach Vollendung des Europäischen Binnenmarktes deutlich rückläufig. Im Gegensatz dazu werden in verstärktem Maße Messebeteiligungen in Mittel- und Osteuropa gefördert und sind Ausdruck einer regionalen Umorientierung in der Messeförderung. Insgesamt entfielen knapp 34% der Messebeteiligungen auf Messen in Entwicklungsländern. Hierbei dominierten eindeutig Messen in den asiatischen Entwicklungsländern. Im Gegensatz dazu wurden lediglich sechs Messen auf dem afrikanischen Kontinent in das Messeprogramm aufgenommen. Diese geringe Anzahl afrikanischer Messen im Programm ist vor allem durch das geringe Interesse deutscher Unternehmen bedingt. Die deutsche Präsenz auf diesen Messen beschränkt sich entsprechend häufig auf reine Informationsstände. Im einzelnen wurden 35 Universal- und Mehrbranchenmessen und ansonsten Fachmessen aus über 15 Branchen, von der Augenoptik bis zur Chemie, ausgewählt.[117]

Mit der technischen und organisatorischen Abwicklung der amtlichen Auslandsmessebeteiligungen werden deutsche Durchführungsgesellschaften beauftragt, die als Ansprechpartner für alle mit der offiziellen Messebeteiligung zusammenhängenden Fragen für den deutschen Aussteller bereitstehen. Die amtlichen Auslandsmessebeteiligungen der Bundesregierung werden im wesentlichen in Form von Firmengemeinschaftsständen, Sonderschauen und Informationsständen/-zentren durchgeführt, wobei je nach Art der Beteiligungsform die Möglichkeiten der Mitwirkung der Firmen sowie Umfang und Art der Förderung variieren. Firmengemeinschaftsausstellungen, die stets in Verbindung mit Informationsständen und gelegentlich auch mit Sonderschauen vertreten sind, stellen die häufigste und gleichermaßen wirksamste Form der deutschen Beteiligung an ausländischen Veranstaltungen dar. Durch räumliche Zusammenlegung und/oder optische Kennzeichnung möglichst aller einzelnen Firmenstände soll eine anschauliche und werbewirksame Präsentation der teilnehmenden deutschen Anbieter realisiert werden. Für die deutschen Aussteller ergeben sich durch Messeteilnahme innerhalb einer Firmengemeinschaftsausstellung beachtliche Kostenersparnisse, aber auch zahlreiche Werbe- und Repräsenationsmöglichkeiten sowie organisatorische Vorteile. Mit öffentlichen Mitteln und aus den von den Firmen zu zahlenden Beteiligungsbeiträgen werden die verschiedenartigsten Leistungen erbracht, die von der Betreuung durch die Durchführungsgesellschaft im Inland und am Messestandort bis zur einheitlichen Standbeschriftung oder der Eintragung in das Ausstellerverzeichnis reichen.[118]

---

[117]AUMA (Hrsg.): Auslandsmesseprogramm 1992, Köln 1991, S. 5 ff
[118]BMWI (Hrsg.): Wirtschaftliche Förderung in den neuen Bundesländern, a.a.O., S 77 f
  AUMA (Hrsg.): Erfolg auf Auslandsmessen, 10 Aufl., Köln 1990, S. 11 f

Ergänzend zu den Fördermaßnahmen des Bundes bieten auch die einzelnen Bundesländer exportinteressierten Firmen Unterstützungen an, wobei Bayern, gefolgt von NRW, die größte Anzahl von Landesbeteiligungen aufweist. Die Landesbeteiligungen werden mit dem Bundesprogramm abgestimmt und stellen eine Ergänzung zum Ausstellungsmesseprogramm des Bundes dar.

Die Landesbeteiligungen schaffen häufig erst die Möglichkeit, daß deutsche Firmen auch auf Messeplätzen präsent sind, für die keine offizielle Bundesbeteiligung vorgesehen ist. Der Zugang zu diesen Programmen, die mit Ausnahme Bremens im Regelfall auf mittelständische Firmen mit Sitz im jeweiligen Bundesland beschränkt sind, wird durch die Mitwirkung der Industrie- und Handelskammern erleichtert. Der Stand der Auslandsmesseförderung in den einzelnen Bundesländern ist recht unterschiedlich, sowohl hinsichtlich der Höhe der zur Verfügung stehenden Haushaltsmittel als auch in Hinblick auf die Ausgestaltung der zugrundeliegenden Richtlinien.[119] Einen ersten Anhaltspunkt über die verschiedenen Ansätze bieten die in Tabelle 21 zusammengestellten Basisinformationen.

Bei der zumindest in Teilbereichen recht unterschiedlichen Konzeption der Förderprogramme, vor allem in Hinblick auf die Art der für eine Bezuschussung in Frage kommenden Kosten und die Höhe der Zuschüsse, wird ein grundsätzliches Problem deutlich. Die Höhe der finanziellen Vergünstigungen sollte einerseits so hoch sein, daß sie dazu beiträgt die Unternehmensentscheidungen zugunsten einer Messebeteiligung ausfallen zu lassen, wobei dann allerdings die Gefahr besteht, daß sie ein nicht mehr zu finanzierendes und wirtschaftlich zu vertretendes Fördervolumen erreicht. Andererseits sollte vermieden werden, daß diese Vergünstigungen für die Unternehmen lediglich ein willkommenes Mitnahmegeschäft darstellen. Aus Sicht des einzelnen Unternehmens gibt es sicherlich eine Obergrenze in Bezug auf die Höhe der mit einer Messebeteiligung verbundenen Kosten, bei deren Überschreitung eine Beteiligung betriebswirtschaftlich nicht mehr sinnvoll erscheint. Das Ausmaß der finanziellen Förderung sollte demzufolge gewährleisten, daß die für das Unternehmen anfallenden Kosten diese Obergrenze nicht überschreiten. In diesem Zusammenhang stellt sich aber das Problem, diese Obergrenze, die zu einem großen Teil durch unternehmensspezifische Faktoren bestimmt wird, zu ermitteln.

Von den Fragen der finanziellen Unterstützung sind die Maßnahmen, die zur Schaffung geeigneter Rahmenbedingungen dienen, z.B. Aufbau einer zentralen Anlaufstelle, organisatorische Hilfestellungen oder Aufstellung eines Messeprogrammes etc., strikt zu

---

[119] AUMA (Hrsg.): Erfolg auf Auslandsmessen, a.a.O., S. 19 f

Tab.21 : Förderung von Auslandsmessebeteiligungen für mittelständische Unternehmen durch die Bundesländer

			Gefördert werden Kosten für:								Höhe des Zuschusses		
	Durchführung offizieller Landesbeteiligungen	Förderung von Firmen-gruppenbeteiligungen	Förderung von Firmen-einzelbeteiligungen	Standmiete	Standbau	Transport	Versicherung	Fremdpersonal	Anschluß und Verbrauch von Strom, Wasser, Gas	messebezogene Werbung	bis 50 %	bis 80 % bzw. 90 %	beschränkt auf Höchstbetrag
Baden-Württemberg	*	*		*	*	*	*	*			*	*	
Bayern	*	*		*	*	*	*	*	*	*			
Berlin	*	*	*	*	*	*	*		*	*	*		
Brandenburg	*	*		*	*	*	*	*	*		*		*
Bremen	*	*	*	*	*			*	*	*	*		*
Hamburg		*	*	*	*	*	*	*	*	*	*	*	*
Hessen	*	*		*	*	*	*	*	*		*		*
Mecklenburg-Vorpommern	*	*		*	*	*	*	*		*	*		*
Niedersachsen	*	*	*	*	*	*	*	*	*	*	*		*
Nordrhein-Westfalen	*	*		*	*			*			*		*
Rheinland Pfalz	*	*	*	*	*	*	*	*			*	*	*
Saarland		*	*	*								*	
Sachsen	*	*		*	*	*			*	*	*		*
Sachsen-Anhalt		*		*	*	*			*			*	*
Schleswig-Holstein		*	*	*	*	*	*	*			*	*	*
Thüringen	*	*	*	*	*	*	*	*	*	*	*		*

d.an.Ko.:der anfallenden Kosten, wobei der Zuschußbetrag im allgemeinen einer bestimmten Höchstgrenze unterliegt, der z.B. von der Unternehmensgröße, Form der Messeförderung und dem Veranstaltungsort abhängt.

Quelle: AUMA (Hrsg.): Erfolg auf Auslandsmessen; Köln 1992, S. 47; Außenhandelsstelle Niedersachsen (Hrsg.): Niedersächsisches Auslandsmesseprogramm 1992, Hannover 1992 Außenhandelsstelle für die mittelständische Wirtschaft NRW(Hrsg.): Auslandsmessebeteiligungen 1992, Düsseldorf 1992

trennen. Es ist sicherlich davon auszugehen, daß ohne derartige Hilfestellungen vor allem kleinen und mittleren Unternehmen die Teilnahme an Auslandsmessen aufgrund des damit verbundenen zeitlichen, organisatorischen und finanziellen Aufwandes nicht in dem außenwirtschaftlich wünschenswerten Umfang möglich wäre.

In einer Studie des ifo-Institutes aus dem Jahre 1992, die sich mit den Möglichkeiten einer verstärkten Messebeteiligung kleiner und mitteständischer Unternehmen beschäftigte, wurde durch einer Unternehmensbefragung die Bedeutung der Auslandsmesseförderung aus Sicht der Unternehmen hinterfragt.

Die Befragungsergebnisse weisen kaum Kritikpunkte an der Auslandsmesseförderung in der derzeitigen Form auf. Im allgemeinen wird die Förderung als durchaus ausreichend eingestuft. Allerdings wurden durch die Befragung bestehende Informations- und Urteilsdefizite deutlich. Nur ein Drittel der Befragten schätzte den eigenen Informationsstand zur Messeförderung als ausreichend ein. Ungefähr ein Drittel beurteilte den Informationsstand dagegen als lückenhaft. Beim letzten Drittel sind keine Informationen vorhanden bzw. wurde die entsprechende Frage nicht beantwortet. Entsprechend wünschten sich fast die Hälfte der befragten Unternehmen bessere Informationen zur Messeförderung. Die Beurteilung des gegenwärtigen Förderprogramms läßt die bereits angesprochenen Einschätzungsdefizite erkennen. So hatten über 60% der Befragten keine Meinung oder machten zumindest keine Angaben bei der Beurteilung. Dieser überraschend hohe Prozentsatz deutet auf eine verbreitete Unsicherheit über eine Einordnung der Föderaktivitäten hin. Lediglich 3% der befragten Unternehmen beurteilten das Förderprogramm hinsichtlich der Auswahl, der Zahl der Messeveranstaltungen sowie der Durchführung als gut, weitere 16% als zufriedenstellend. Die Einschätzung der Auslandsmesseförderung für den Absatzerfolg der Unternehmen wurde von immerhin 43% der Befragten als weniger wichtig eingestuft, und 14% machten diesbezüglich überhaupt keine Angaben. Im Gegensatz dazu bezeichneten 15% der Unternehmen die Messeförderung als sehr wichtig bzw. 28% als wichtig. Lediglich 19% der befragten Unternehmen erwarten bei einer unterstellten spürbaren Ausdehnung der Messeförderung eine Verbesserung ihrer Absatzerfolge. Für 36% würden sich die Absatzerfolge etwas verbessern, und 24% bzw. 21% erwarten keine Verbesserung bzw. machten keine Angaben.[120]

---

[120]G. Weitzel, U.Chr.Täger: Möglichkeiten einer verstärkten Messebeteiligung für kleine und mittlere Unternehmen,a.a.O., S. 140ff

4.3.2.4 Sonstige Fördermaßnahmen von Bund und Ländern

Um ihre Chancen auf den neuen und teilweise besonders schwierigen Märkten der Entwicklungsländer nutzen zu können, benötigen vor allem kleinere und mittlere Unternehmen zum Abbau von Eintrittsbarrieren staatlichen Flankenschutz. Auf diese Klientel konzentrieren sich von daher auch die im Folgenden vorgestellten ergänzenden Fördermaßnahmen, die vom Bund und den Bundesländern interessierten Unternehmen angeboten werden. Hierbei handelt es sich um die verschiedenen Programme der Bezuschussung von Exportberatungen und Rückbürgschaften für Bietungs-, Anzahlungs- und Leistungsgarantien von Exporteuren.

Die bestehenden Probleme, mit denen sich vor allem kleine und mittlere Unternehmen bei der Erschließung neuer Absatzmärkte in den Entwicklungsländern konfrontiert sehen, lassen sich häufig durch eine individuelle Beratung von fachkundigen Exportberatern oder Exportberatungsunternehmen beheben. Exportberatungen können sich insbesondere auf Problembereiche, wie beispielsweise die Prüfung der Exportfähigkeit einzelner Produkte, den Aufbau einer Absatzorganisation, die innerbetriebliche Organisation für den Export und die Auslandswerbung, erstrecken.[121] Sowohl Bundesregierung als auch die Mehrzahl der Bundesländer bieten *Programme zur Föderung der Exportberatung* an. Da diese sich in den jeweiligen Förderungsmodalitäten durchaus unterscheiden, empfiehlt es sich vorab zu klären, welches Programm im konkreten Einzelfall am günstigsten ist.

Tab.22 : Maßgebliche Umsatzgrenzen für die Förderung von Beratungen

allgemeine Beratung	Umsatzgrenze (in Mio. DM)		Umsatzgrenze (in Mio DM)
Industrie, Handwerk	10,0	so. Dienstleistungsgewerbe	2,0
Groß/Außenhandel	14,5	Handelsvertreter/- makler	1,0
Einzelhandel	5,0	**Umweltschutzberatung**	
Verkehrsgewerbe	4,0	gewerbliche Wirtschaft	30,0
Gastgewerbe	2,5	**Energieberatung**	
Reisebürogewerbe	2,0	gewerbliche Wirtschaft	30,0
		Agrarbereich	2,0

Quelle: BMZ(Hrsg); Erfolgreich mit Entwicklungsländern zusammenarbeiten, a.a.O., S. 28

---

[121]BMWI (Hrsg.): Exportfibel, Bonn 1992, S. 22

Die Bundesregierung unterstützt eine Exportberatung nach den "Richtlinien über die Förderung von Unternehmensberatungen für kleinere und mittlere Unternehmen" aus dem Jahre 1989. Danach dürfen jedoch bestimmte branchenmäßig gestaffelte Umsatzgrenzen im letzten Jahr vor der Antragsstellung nicht überschritten worden sein. Die derzeit geltenden Umsatzgrenzen sind in Tabelle 22 zusammengefaßt. Die Förderung besteht in der Gewährung eines Zuschusses zu den vom Beratungsunternehmen in Rechnung gestellten Beratungskosten. Die Höchstgrenze für den Zuschuß beträgt bei einer allgemeinen Beratung innerhalb eines Zeitraumes von zwei Jahren nach der Existenzgründung maximal 60% der Beratungskosten. In den sonstigen Fällen der allgemeinen Beratung, einschließlich Umwelt- und Energieeinsparungsberatung, ist der Zuschuß auf 50% der Beratungskosten begrenzt, höchstens jedoch auf 3000 DM. Insgesamt können pro Antragsteller bis zu 6000 DM an Zuschüssen gewährt werden. Anträge sind bei den zuständigen Fachverbänden einzureichen, die als Leitstelle für das Bundesprogramm fungieren.

Die *Exportberatungsprogramme der Bundesländer* ähneln dem Bundesprogramm allenfalls in der Grundkonzeption, weisen aber ansonsten jeweils bundesländerspezifische Regelungen bezüglich der geltenden Konditionen und Voraussetzungen auf. Große Unterschiede bestehen in Hinblick auf die geltenden Umsatzgrenzen und die Förderungssätze. So sieht das Exportberatungsprogramm des Landes Rheinland-Pfalz beispielsweise einen pauschalen Zuschuß zu den Kosten einer maximal eintägigen Kurzberatung in Höhe von 450,- DM vor. Der Zuschuß zu den Kosten einer maximal fünftägigen Intensivberatung beträgt 75% des Tageswerksatzes von maximal 720 DM plus 85 DM Reisekostenpauschale bei einem Vorjahresumsatz von bis zu 10 Mio. DM. Bei einem Vorjahresumsatz von über 10 Mio. DM bis zu 50 Mio. DM reduziert sich der Kostenzuschuß auf 50%.[122] Zuständig für die Abwicklung der Länderprogramme sind die örtlichen Industrie- und Handelskammern.

Darüberhinaus stehen Mittel der öffentlichen Hand für die Exportberatung kleiner und mittlerer Unternehmen über das *Rationalisierungs- Kuratorium der Deutschen Wirtschaft e.V.* (RKW) zur Verfügung, wobei ebenfalls je nach Landesprogramm unterschiedliche Förderrichtlinien zur Anwendung kommen.[123]

Die Mehrzahl der Bundesländer bietet ihren exportinteressierten Unternehmen sog. *Rückgarantieprogramme* an. Die Gewährung von Rückgarantien ist für den Exporteur von Interesse, wenn er seinerseits dem ausländischen Kunden über eine Bank oder

---

[122]Ministerium für Wirtschaft und Verkehr Rheinland - Pfalz (Hrsg.): Wirtschaftsförderung `91, 9.Aufl,. Mainz 1991, S. 40
[123]BMZ (Hrsg.): Erfolgreich mit Entwicklungsländern zusammenarbeiten, a.a.O., S 40 f

Kreditversicherung Sicherheiten in Form von Garantien stellen muß. Dies ist häufig bei größeren Aufträgen der Fall. Es kann sich dabei um Bietungs-, Anzahlungs-, Leistungs- und Gewährleistungsgarantien handeln. Vor allem kleineren und mittleren Unternehmen fällt es häufig schwer, die geforderten Sicherheiten zu erbringen. Der Grund ist in der Anrechnung derartiger Garantien auf die bestehenden Kreditrichtlinien durch das Kreditgewerbe zu sehen, die in aller Regel begrenzt sind. Mit der Errichtung eines Rückgarantieprogramms wird die Möglichkeit zur Gewährung von Rückgarantien für derartige Gewährleistungen geschaffen, wodurch der Kreditrahmen des begünstigten Unternehmens entlastet wird. Die Rückgarantien können bis zu einem bestimmten Höchstbetrag des DM - Gegenwertes der vom Exporteur zu stellenden Garantie übernommen werden. So ist beispielsweise die maximale Höhe der Ausfallgarantie in NRW auf 90% der Gewährleistung beschränkt.[124] Die verschiedenen durch die einzelnen Bundesländer angebotenen Systeme weisen in den Konditionen, den Kosten und der praktischen Umsetzung erhebliche Unterschiede auf.[125]

4.3.3 Indirekte Exportförderung durch wirtschaftspolitische und /oder entwicklungspolitische Maßnahmen

Während das zuvor dargestellte Exportförderungsinstrumentarium eindeutig die Erhöhung der deutschen Exporte auf dem Weltmarkt zum Ziel hat, gibt es eine Vielzahl weiterer wirtschaftspolitischer und auch entwicklungspolitischer Maßnahmen, die sich stimulierend auf die Exporttätigkeit auswirken können, ohne daß dabei die Exportförderung im primären Zielkatalog enthalten ist. Exportfördernde Effekte sind vielmehr als sicherlich wünschenswerte zusätzliche positive Begleiterscheinungen zu werten. Im folgenden werden die wirtschafts- und entwicklungspolitischen Maßnahmen behandelt, die in ihrer praktischen Umsetzung oftmals mit exportfördernden Effekten verbunden sind und im Zusammenhang mit entwicklungsländerspezifischen Fragestellungen von besonderem Interesse sind.

Die Förderung von Direktinvestitionen, die in der Konsequenz sowohl mit exportfördernden Effekten für deutsche Unternehmen als auch mit entsprechenden Effekten in den Entwicklungländern verbunden sein können, wird im Rahmen des Kapitels 4.3.6 gesondert behandelt.

---

[124]Landesregierung NRW(Hrsg.): Garantierichtlinien des Landes Nordrhein - Westfalen für die mittelständische Wirtschaft und die freien Berufe, Rd.Erl. vom 1.3.1980
[125]BMZ (Hrsg.): Erfolgreich mit Entwicklungsländern zusammenarbeiten, a.a.O., S 32 f

4.3.3.1 Exportmöglichkeiten im Rahmen der entwicklungspolitischen Zusammenarbeit mit Entwicklungsländern

Im Jahre 1991 sind im Rahmen der öffentlichen bi- und multilateralen Entwicklungszusammenarbeit (ODA/Official Development Assistance)[126] der Bundesrepublik Deutschland finanzielle Mittel im Umfang von 11,4 Mrd. DM in die Entwicklungsländer geflossen. Gegenüber dem Vorjahr, in dem 10,2 Mrd. DM an öffentlichen Leistungen bereitgestellt wurden, bedeutet dies eine Steigerung um 11,7 % und entspricht einem Anteil am Bruttosozialprodukt von 0,41%.[127] Mit diesem Wert liegt die Bundesrepublik deutlich über dem Durchschnittswert aller Industrieländer von 0,36%, aber auch unter dem von den Entwicklungsländern geforderten Anteil von 0,7%. Von bilateraler Entwicklungszusammenarbeit spricht man, wenn direkt zwischen der Bundesrepublik Deutschland und einem Entwicklungsland Leistungen vereinbart werden. Auf diesen Bereich entfielen 1991 mit 7,6 Mrd. DM knapp 66,6% der gesamten ODA-Mittel. Leistungen der multilateralen Entwicklungszusammenarbeit werden über internationale Organisationen mit deutscher Beteiligung, wie z.B. die Weltbank oder regionale Entwicklungsbanken gewährt und erreichten 1991 ein Volumen von 3,8 Mrd. DM oder 33,3%.[128]

Die bilaterale Zusammenarbeit fällt in der Bundesrepublik in die Zuständigkeit des Bundesministeriums für wirtschaftliche Zusammenarbeit (BMZ). Im Bereich der bilateralen Zusammenarbeit wird unterschieden zwischen der finanziellen Zusammenarbeit und der technischen Zusammenarbeit. Die finanzielle Zusammenarbeit (FZ) oder Kapitalhilfe hat die Aufgabe, durch die Bereitstellung von Kapital das Produktionspotential einschließlich der wirtschaftlichen und sozialen Infrastruktur in den Entwicklungsländern besser nutzbar zu machen und zu erhöhen. Vergabe und Abwicklung der Mittel der FZ erfolgen im Auftrag und in Abstimmung mit der Bundesregierung durch die "Kreditanstalt für Wiederaufbau" (KfW) in Frankfurt. Die KfW vergibt die Mittel überwiegend in Form von günstigen Darlehen, deren Vergabekonditionen sich nach der wirtschaftlichen Leistungskraft des jeweiligen Entwicklungslandes richten. Insgesamt werden drei verschiedene Konditionen unterschieden, wobei die "least developed countries " seit 1978 nur noch nicht-rückzahlbare Zuschüsse (Finanzierungsbeiträge) erhalten. Durch die technische Zusammenarbeit (TZ), die durch die "Gesellschaft für technische Zusammenarbeit" (GTZ) sowie in geeigneten Fällen durch die Bundesanstalt für Geowissenschaften und Rohstoffe (BGR) und die Physikalisch - Technische

---

[126] Als ODA-Leistungen werden vom DAC (Development Assistance Commitee), dem Entwicklungshilfe - Ausschuß der OECD nur die bi- und multilateralen Zuschüsse und Kredite erfaßt, die mindestens ein Zuschußelement von 25% beinhalten.
[127] BMZ (Hrsg.): Journalisten-Handbuch 1993, Bonn 1993, S. 72/73
[128] Statistisches Bundesamt (Hrsg.): Statistisches Jahrbuch 1992, Wiesbaden 1992, S. 694

Bundesanstalt (PTR) abgewickelt wird, soll das Leistungsvermögen von Menschen und Organisationen in Entwicklungsländern erhöht werden. Zu diesem Zweck vermittelt die TZ technische, organisatorische und wirtschaftliche Kenntnisse und Fertigkeiten und versucht die Voraussetzungen für eine erfolgreiche Anwendung derselben zu verbessern. Leistungen im Rahmen der TZ erfolgen unentgeltlich. [129]

Die Vergabe von Mitteln im Rahmen der Entwicklungszusammenarbeit ist grundsätzlich nicht an Lieferungen und Leistungen aus der Bundesrepublik Deutschland gebunden. Lediglich bei der sog. Mischfinanzierung, bei der FZ-Mittel mit kommerziellen Exportkrediten kombiniert werden, findet eine Bindung an deutsche Lieferungen und Leistungen statt. Bereits seit Anfang der achtziger Jahre verstärkte sich allerdings angesichts der anhaltend hohen Arbeitslosigkeit der Druck auf die Entwicklungspolitik, Aufträge verstärkt deutschen Unternehmen zugute kommen zu lassen. Zunehmend wird im Rahmen der Regierungsvereinbarungen darauf gedrängt zumindest bei Lieferungen aus unter beschäftigungspolitisch kritischen Bereichen eine Art Selbstverpflichtung zum Bezug von Waren und Dienstleistungen aus der Bundesrepublik zu verankern. In einem solchen Fall ist es heute üblich, auf eine Ausschreibung zu verzichten und die Aufträge auf Basis eines einfachen Preisvergleiches direkt zu vergeben. Die derzeit gültigen Richtlinien für die bilaterale finanzielle und technischeZusammenarbeit schreiben in diesem Zusammenhang bei der Vergabe von Lieferungen und Leistungen die Berücksichtigung der Beschäftigungswirksamkeit in der Bundesrepublik Deutschland vor, sofern eine entwicklungspolitisch sinnvolle Verwendung der Mittel gewährleistet ist. Auch sind Bestrebungen im Gange, den Lieferanteil von Firmen aus den neuen Bundesländern im Vergabeverfahren auf 20-30% festzuschreiben. Trotz dieser Einschränkungen bleibt die Bundesregierung allerdings vom proklamierten Anspruch her den Prinzipien des internationalen Wettbewerbes verpflichtet.[130]

Insbesondere seit 1982 sieht sich die staatliche Entwicklungspolitik aufgrund des hohen Rückflusses von Geldern der Entwicklungszusammenarbeit in Form von Aufträgen an deutsche Unternehmen immer wieder mit dem Vorwurf konfrontiert, zumindest in Teilbereichen als eine Art versteckte Exportfinanzierung zu dienen. Diesem Vorwurf wird mit dem Argument einer fehlenden Lieferbindung und der Gestaltung des Vergabeverfahrens nach Wettbewerbsgrundsätzen entgegengetreten. Ansonsten wird betont, daß es sich lediglich um mittelbar exportfördernde Wirkungen handele, die nicht im entwicklungspolitischen Zielkatalog enthalten seien.

---

[129]BMZ (Hrsg.): Journalisten-Handbuch Entwicklungspolitik '90/91, Bonn 1990, S. 153 ff
[130]BMZ (Hrsg.): BMZ - aktuell, Nr.: 6, Bonn 1984, S. 12

Die Vergabeverfahren weisen je nachdem, ob es sich um Aufträge im Rahmen der FZ oder aber TZ handelt, deutliche Unterschiede auf. Lieferungen und Leistungen für Projekte, die aus Mitteln der FZ finanziert werden, sind grundsätzlich international öffentlich auszuschreiben. Von diesem Grundsatz kann abgewichen werden, wenn für die Lieferungen und Leistungen:

- nur eine begrenzte Zahl von Anbietern in Frage kommt. Diesem beschränkten Auschreibungsverfahren geht ein öffentlicher Vergabewettbewerb, eine sog. Präqualifikation, voraus, der sicherstellen soll, daß sich nur finanziell und technisch leistungsfähige Firmen am eigentlichen Vergabeverfahren beteiligen,

- ein ausreichender Wettbewerb, eine regionale Beschränkung der öffentlichen Ausschreibung auf Firmen, die in der Bundesrepublik Deutschland ihren Sitz haben und hier einen bedeutenden Teil ihrer wirtschaftlichen Tätigkeit ausüben sowie nicht im wesentlichen auf Lieferungen und Leistungen aus anderen Ländern zurückgreifen, zuläßt,

- technische und/oder wirtschaftliche Gründe eine Direktvergabe des Auftrages rechtfertigen. Dieser in der FZ relativ seltene Fall betrifft i.d.R. Anschlußaufträge.

Bei der FZ wird die Auftragsvergabe, außer bei Direktleistungen, vom Träger im Entwicklungsland vorgenommen. Die KfW hat durch eine Überprüfung des Vergabeverfahrens sicherzustellen, daß es sich bei der Ausschreibung um einen fairen, die Chancengleichheit aller Anbieter wahrenden Wettbewerb handelt, der die Ermittlung des günstigsten Angebotes und damit die wirkungsvollste Verwendung knapper Mittel gewährleistet. Deutsche Interessenten, die Lieferungen oder Leistungen im Rahmen der FZ erbringen wollen, müssen sich deshalb an den Ausschreibungen des Entwicklungslandes beteiligen. In diesem Zusammenhang ist es für das jeweilige Unternehmen wichtig, möglichst frühzeitig, d.h. bereits vor der eigentlichen Ausschreibung, über potentielle Geschäftsmöglichkeiten in diesem Bereich informiert zu werden. Derartige Informationen, bis hin zu Informationen über laufende Ausschreibungen, sind den entsprechenden Veröffentlichungen der BfAI zu entnehmen.

Um bei Liefer- und Leistungsaufträgen im Rahmen der TZ berücksichtigt werden zu können, ist es erforderlich, mit der GTZ Verbindung aufzunehmen und sich in das dort geführte Register eintragen zu lassen. Das Vergabeverfahren richtet sich nach den deutschen Vorschriften über die Verwendung öffentlicher Mittel (VOL/VOB)[131]. Grundlage der Auftragsvergabe durch die GTZ oder einer sonstigen mit der Durchführung betrauten Institution ist demnach grundsätzlich ein Wettbewerb der Anbieter. Entsprechend wird der beschränkten Ausschreibung und der freihändigen Vergabe, soweit es zweckmäßig ist, ein

---

[131] VOL: Verdingungsordnung für öffentliche Aufträge, VOB: Verdingungsordnung für öffentliche Bauten

öffentlicher Teilnehmerwettbewerb vorgeschaltet. Auch hier informiert die BfAI in ihren Veröffentlichungen über laufende Ausschreibungen im Rahmen der TZ.[132]

Für ein Exportunternehmen bietet die Beteiligung an Lieferungen und Leistungen im Rahmen der Entwicklungszusammenarbeit ein sehr geringes Risiko, da das vorherrschende Direktauszahlungsverfahren die Auszahlung der Beträge bei Fälligkeit der Rechnung direkt durch die KfW bzw. die GTZ oder einer anderen involvierten Durchführungsorganisationen an den Lieferanten vorsieht. Störungen des Auszahlungsvorgangs sind daher kaum denkbar. Nur in einigen wenigen Ausnahmefällen ist bei der KfW bisher eine zügige Mittelauszahlung durch den verzögerten Abrufungseingang seitens des ausländischen Partners behindert worden. Auch für das Akkreditivdeckungsverfahren, das ergänzend innerhalb der FZ zur Anwendung kommt und die Beauftragung der KfW durch den Darlehensnehmer zur Remboursierung der aus dem Akkreditiv zu leistenden Zahlungen beinhaltet, birgt für den Exporteur kaum Risiken. Lediglich bei einer Auszahlung im Wege des Erstattungsverfahrens, wonach dem Darlehensnehmer verauslagte Beträge gegen Vorlage der Rechnung erstattet werden, erfolgt die Bezahlung des Lieferanten unmittelbar durch den Darlehensnehmer im Entwicklungsland.[133] Entsprechend ist diese Auszahlungsform bei den Lieferanten vergleichsweise unbeliebt. Da diese Auszahlungsform einen ausreichenden Devisenbestand beim ausländischen Projektträger voraussetzt, ist dieses Verfahren auch für den ausländischen Partner weniger interessant. Grundsätzlich hat der ausländische Projektträger jedoch die Wahl zwischen allen drei Auszahlungsformen.

Bei Lieferungen und Leistungen, die eine längere Fabrikationszeit erfordern, ist es in Ausnahmefällen nicht auszuschließen, daß die KfW oder die GTZ aufgrund von besonderen Umständen die Weiterführung eines Projektes vorzeitig abbricht. Für den Exporteur hat dies zur Folge, daß seine Lieferungen und Leistungen nicht bezahlt werden. Für derartige Exportrisiken im Rahmen der Entwicklungszusammenarbeit werden besondere Deckungsformen angeboten. So stehen im Bereich der FZ beispielsweise Fabrikationsrisiko-Deckungen mit Kapitalhilfeklauseln zur Verfügung, mit deren Hilfe sich der Exporteur gegen die Nichtzahlung der Mittel absichern kann. Gegenstand der Deckung sind die dem deutschen Exporteur durch die Ausführung des Auftrags entstandenen Selbstkosten. Lieferungen im

---

[132]BMWI (Hrsg.): Exportfibel, Bonn 1992, S. .47 ff
    o.V.: Leitlinien für die bilaterale Finanzielle und Technische Zusammenarbeit; in: Handbuch für internationale Zusammenarbeit, 211. Lieferung, Baden - Baden 1984, S. 29
    o. V.: Richtlinien der Kreditanstalt für Wiederaufbau für die Vergabe von Aufträgen im Bereich der Finanziellen Zusammenarbeit der Bundesrepublik Deutschland mit Entwicklungsländern, a.a.O., S. 3ff
[133]G. Stolzenburg: Praxis der Exportfinanzierung, Köln 1991, S. 60

Rahmen der Allgemeinen Warenhilfe sind aufgrund ihres eher kurzfristigen Charakters von einer derartigen Sicherungsmöglichkeit ausgeschlossen.[134]

In welchem Ausmaß Mittel der Entwicklungszusammenarbeit in Form von Aufträgen an deutsche Unternehmen zurückfließen und damit indirekt exportfördernd wirken, wird durch die entsprechenden Angaben der KfW für die FZ offensichtlich. Auszahlungen aus den Krediten der FZ werden sowohl zur Finanzierung von Lieferungen und Leistungen aus dem Empfängerland selbst (Inlandskosten) als auch für solche aus anderen Ländern (Devisenkosten) verwendet. Von den insgesamt 3,1 Mrd. DM, die die KfW 1991 aus Mitteln des Bundeshaushaltes an Krediten und Zuschüssen innerhalb der FZ zugesagt hat, waren 2,5 Mrd. DM auf einzelne Bezugsländer aufteilbar. Von dieser Summe entfielen 1991 475 Mio. DM bzw. 19% (1989: 12%) auf Inlandskosten und 2,025 Mrd. DM bzw. 81% (1989: 88%) auf Devisenkosten. Deutsche Unternehmen hatten an den Devisenkosten einen Anteil von 81% (1989: 91%), einem Wert, der dem Durchschnitt der Jahre 1982 bis 1991 entspricht und ein Auftragsvolumen von 1,64 Mrd. DM beinhaltet. Damit flossen knapp 67% der auf einzelne Bezugsländer aufteilbaren, durch die KfW zugesagten FZ-Mittel in Höhe von 2,5 Mrd. DM des Jahres 1991 in Form von Aufträgen an deutsche Unternehmen zurück. Der deutsche Lieferanteil ist allerdings in den einzelnen Lieferbranchen, Förderbereichen und Empfängerländern sehr unterschiedlich. Im allgemeinen verzeichnen deutsche Firmen einen überdurchschnittlichen Anteil bei den Aufträgen an Investitionsgüterindustrien und an Consultingunternehmen, während sie vor allem an Bauleistungen nur sehr gering beteiligt waren. Viele Bauaufträge, die innerhalb der FZ-Projekte vergeben werden, gehen an Unternehmen aus Entwicklungsländern, insbesondere aus dem Empfängerland selbst.[135] Die branchenmäßigen Unterschiede im deutschen Lieferanteil wiesen auch für das Jahr 1991 eine deutliche Spannbreite auf und reichten von 57% im Fahrzeugbau bis zu 98% in der Elektrotechnik.[136] In einer vergleichbaren Größenordnung bewegen sich die Rückflüsse der im Rahmen der TZ vergebenen Mittel. So betrug der deutsche Lieferanteil an den Devisenkosten bei der TZ 1989 91% mit einem Lieferwert von insgesamt 1,89 Mrd. DM.[137]

Während bei der FZ und der TZ sicherlich trotz der hohen Rückflußquote eindeutig entwicklungspolitische Ziele und Überlegungen dominieren, weist die bereits angesprochene

---

[134] o.V.: Das Risiko vor Versendung; in: Garantien und Bürgschaften, Loseblattwerk, hrsg. von E.Schallen/G. Stolzenburg, 140. Erg.Lfg., Köln 1989, S. 21
o.V.: Rechtsnatur der Ausfuhrdeckungen; in: Garantien und Bürgschaften, hrsg. E. Schallen/G. Stolzenburg, 3.Erg.Lfg. Köln 1991, S. 17
[135] o.V. : Deutsche Entwicklungshilfe, Mehr Lieferbindung durch Mischfinanzierung; in: DIW (Hrsg:), Wochenbericht 10/87, 54 Jg,. Berlin 1987, S. 121 ff
o.V. : Deutsche Entwicklungshilfe, Mehr Lieferbindung durch Mischfinanzierung, Frankfurt 1992, S. 72
[137] BMZ (Hrsg.): Journalisten-Handbuch 1990/91, a.a.O., S. 70

Mischfinanzierung durchaus Merkmale einer Exportförderungsmaßnahme auf, da hier Mittel der FZ mit kommerziellen Exportkrediten kombiniert werden und damit sicherlich eine stärkere Berücksichtigung eindeutig kommerzieller Gesichtspunkte verbunden ist. Im Einzelfall wird es ohne Zweifel oftmals schwierig sein abzugrenzen, wo Maßnahmen der Entwicklungszusammenarbeit aufhören und eine aktive Exportförderung und -finanzierung anfängt. Grundsätzlich besteht die Gefahr, daß durch die Verwendung von EZ-Geldern in der Exportfinanzierung internationale Bemühungen um Konditionendisziplin und Wettbewerbsregeln unterlaufen werden können. Aus diesem Grund ist das Thema Mischfinanzierung vor allem innerhalb des OECD-Konsensus seit Jahren in der Diskussion. Seit Anfang 1992 gilt nach den Regeln des Konsensus, daß Mischkredite nur mit einem "grant element" von mindestens 80% für "commercially viable" Projekte eingesetzt werden dürfen. Das Kriterium der wirtschaftlichen Tragfähigkeit soll dabei durch Konsultationsverfahren kontrolliert werden. Ferner ist ein "grant element" von weniger als 35% bzw. 50% für LDC-Staaten, für nicht "commercially-viable" Projekte unzulässig.[138] Die Befürworter des forcierten Ausbaus der Mischfinanzierung in der Bundesrepublik Deutschland weisen vor allem auf die Möglichkeit hin, durch die Mischfinanzierung die knappen Mittel der finanziellen Zusammenarbeit zu ergänzen und damit möglicherweise auftretende Finanzierungslücken zu schließen. Auch wird in diesem Zusammenhang betont, daß die Mischfinanzierung wie sie in der Bundesrepublik Deutschland gehandhabt wird, kein eigentliches Exportförderungsinstrument ist, da sie im internationalen Wettbewerb nicht für eine Anpassung an ausländische Finanzierungsangebote, dem sog. Matching[139], eingesetzt werden kann.[140] Zudem werden die Kredite nach den für die FZ üblichen entwicklungspolitischen Kriterien geprüft. Exportfördernde Effekte im Rahmen mischfinanzierter Vorhaben sind auch hier nur als positive Begleiteffekte in dem primär entwicklungspolitisch motivierten Zielkatalog enthalten.

Es besteht die Möglichkeit, daß für den kommerziell finanzierten Teil Ausfuhrdeckungen zu normalen Konditionen übernommen werden. Hierbei entsteht innerhalb des Entscheidungsverfahrens ein Abstimmungsbedürfnis mit den Instanzen der Entwicklungszusammenarbeit. Die Beurteilung der Förderungswürdigkeit wird naturgemäß durch die vom Bund eingesetzten FZ-Mittel beeinflußt. Dies führt in der Konsequenz häufig dazu, daß die Grenzen des risikomäßig Vertretbaren ausgeschöpft werden.[141]

---

[138]G. Stolzenburg: Die Staatliche Exportkreditversicherung, 4.Aufl., Köln 1992, S. 62
[139]Unter "Matching" versteht man dabei das Recht jedes Staates im Rahmen seiner Exporthilfe die Konditionen anzubieten die bei einem konkreten Geschäft von einem anderen Staat dem Exporteur bereitgestellt werden.
G. Stolzenburg: Die Staatliche Exportkreditversicherung, a.a.O., S. 58
[140]KfW (Hrsg.): Langfristige Exportfinanzierung der Kreditanstalt für Wiederaufbau, a.a.O., S. 10
[141]o.V.: Mischkredite/Mischfinanzierungen; in: Garantien und Bürgschaften, hrsg. E. Schallen/G. Stolzenburg, 1. Erg.Lfg. März 1992, Köln 1992 S. 4

Da die Mischfinanzierung nur für bestimmte Projekte, im wesentlichen für größere Vorhaben der wirtschaftlichen Infrastruktur sowie Investitionen im verarbeitenden Gewerbe, und i.d.R. nur für weiter fortgeschrittene Länder in Frage kommt, hat ein verstärkter Ausbau der Mischfinanzierung Einfluß auf die Sektor- und Länderstruktur der Entwicklungszusammenarbeit insgesamt. Unter entwicklungspolitischen Gesichtspunkten erscheint die Mischfinanzierung aus diesem Grund nicht unbedenklich, vor allem, wenn in einem großen Umfang FZ-Mittel hierfür verwendet werden.[142] Im Rahmen der deutschen FZ können grundsätzlich nur wirtschaftlich lebensfähige Projekte gefördert werden, für die nach den Bestimmungen des OECD-Konsensus künftig ein "grant-Element" von mindestens 80% vorgeschrieben ist. Aus diesem Grund ist abzusehen, daß es in Zukunft, d.h. nach Auslaufen der bereits beantragten Finanzierungen, in Deutschland keine Mischfinanzierungen mehr geben wird, da jede Beimischung kommerziell finanzierter Mittel ein Überschreiten der Grantklausel zur Folge hätte. Die KfW, in deren Aufgabengebiet die Mischfinanzierung fällt, hat 1991 derartige Kredite in Höhe von 1,5 Mrd. DM vergeben. Davon entfielen 0,9 Mrd. DM auf Mittel der FZ und 0,6 Mrd. DM auf eigene Mittel. Damit betrug der Anteil der FZ-Mittel, die mit kommerziellen Krediten kombiniert wurden, knapp 23% der insgesamt durch die KfW vergebenen Kredite und Zuschüsse im Rahmen der FZ. Mit diesen Krediten wurden 13 größere Investitionsvorhaben in Ägypten, Indien, Indonesien, Pakistan, Tunesien und der Türkei gefördert. Der Schwerpunkt der Projekte lag im Bereich der Elektrizitätswirtschaft, auf die 54% der Zusagen entfielen, gefolgt vom Transportwesen mit 30% und der Trinkwasserversorgung und Abwasserentsorgung mit 16%.[143]

Ergänzend sei darauf hingewiesen, daß sich deutschen Unternehmen Exportmöglichkeiten auch durch die Beteiligung an Projekten des Europäischen Entwicklungsfonds ergeben können. Voraussetzung hierfür ist die erfolgreiche Teilnahme an den entsprechenden Ausschreibungen der EG. Ferner bieten sich potentielle Exportmöglichkeiten durch die Beteiligung an internationalen Ausschreibungen multilateraler und regionaler Finanzierungsinstitutionen an.[144]

4.3.3.2 Sonstige indirekte Fördermaßnahmen

Der Bund kann auf Antrag eines inländischen Kreditgebers *Garantien und Bürgschaften für ungebundene Finanzkredite* an das Ausland übernehmen. Ungebundene Finanzkredite sind Darlehen, die nicht im Zusammenhang mit deutschen Lieferungen oder Leistungen stehen und

---

[142] o.V. : Deutsche Entwicklungshilfe, Mehr Lieferbindung durch Mischfinanzierung, a.a.O., S. 127
[143] KfW (Hrsg.): Bericht über das Geschäftsjahr 1991, a.a.O., S. 70
[144] BMWI (Hrsg.): Exportfibel, a.a.O., S. 49
K.H. Börgers, L. Quambusch: Export und Auslandsinvestitionen, Köln 1985, S. 125

nicht der Ablösung von Verpflichtungen aus in- oder ausländischen Liefer- und Leistungsgeschäften dienen. Sie müssen jedoch projektgebunden sein, d.h. es kommt nur die Finanzierung einzelner technisch und betriebswirtschaftlich geprüfter und ausgereifter Vorhaben in Betracht. Die Realisierung exportfördernder Wirkungen ist nicht unbedingt im primären Zielkatalog enthalten und tritt lediglich mittelbar auf. Die Abgrenzung zwischen Garantien und Bürgschaften erfolgt nach den gleichen Kriterien wie bei der Ausfuhrdeckung, wonach Garantien für Kredite an private Schuldner übernommen werden und Bürgschaften für Kredite an Regierungen und sonstige Träger des öffentlichen Rechtes. Wie bei anderen Garantien und Bürgschaften, ist die Bearbeitung den beiden Mandatsträgern Treuarbeit und Hermes übertragen worden. Federführend ist in diesem Fall die Treuarbeit AG.[145]

Die Übernahme einer Gewährleistung setzt voraus, daß das Darlehen der Finanzierung eines förderungswürdigen Vorhabens im Ausland, insbesondere in einem Entwicklungsland, dient oder im besonderen staatlichen Interesse der Bundesrepublik Deutschland liegt. In den meisten Fällen handelt es sich um Deckungen für Finanzkredite, die zur Finanzierung von Investitionen im Rohstoffbereich eingesetzt werden, bei denen ein durch einen entsprechenden Liefervertrag nachgewiesenes rohstoffpolitisches Interesse Deutschlands vorliegt.[146] Vereinzelt erfolgte in der bisherigen Praxis die Vergabe auch zur bilateralen Unterstützung eines Landes mit akuten Zahlungsbilanzproblemen. Das Vorhaben sollte zur wirtschaftlichen Entwicklung der Anlage beitragen und sich reibungslos in die sektoralen Entwicklungspläne des betreffenden Landes einfügen lassen. Ferner muß die Gesamtfinanzierung des Projektes gesichert sein, und der deutsche Finanzierungsbeitrag sollte sich nur auf einen Teil der Gesamtkosten beschränken.

Exportfördernde Effekte sind durch die im Zusammenhang mit dem Vorhaben anfallenden Aufträge zu erwarten. Diese Aufträge sollten allerdings nach Möglichkeit durch öffentliche Ausschreibungen, die allen Lieferländern gleiche Wettbewerbsbedingungen einräumen, vergeben werden. In der Praxis zeigt sich, daß trotz des Verzichts auf eine Lieferbindungsklausel Vorhaben mit einem hohen deutschen Finanzierungsanteil auch mit hohen Rückflüssen in Form von Aufträgen an deutsche Unternehmen verbunden sind.

Für 1992 hat der Bund den Höchstbetrag der Gewährleistungen für ungebundene Finanzkredite auf insgesamt 35 Mrd. DM festgesetzt. Es wurden aber nur 10 Gewährleistungen mit einem Deckungshöchstbetrag von 4,1 Mrd. DM in Deckung genommen. Die Garantien und Bürgschaften entfielen auf folgende Regionen und Sektoren: Botswana

---

[145] o.V.: Ungebundene Finanzkredite; in: Loseblattwerk Garantien und Bürgschaften, 140.Erg. L., hrsg. von DIW, Köln 1989, S. 113
[146] G. Stolzenburg: Die staatliche Exportkreditversicherung, a.a.O., S. 11

(Nickel- und Kupfererzbergbau), Brasilien (Eisenerz), Liberia (Eisenerz), Polen (Kupfer, Vanadium, Eisenerz, Kohle), Papua-Neuguinea (Kupfer, Gold) und Chile (Kupfer).

Gegenstand der Deckung ist die im Darlehensvertrag vereinbarte Forderung gegen den ausländischen Schuldner auf Rückzahlung des Darlehens. Zinsen können nur in Ausnahmefällen und bis zu einer begrenzten Höhe in die Deckung mit einbezogen werden. Der Umfang der Deckung bezieht sich auf ein breites Spektrum wirtschaftlicher wie auch politischer Risiken. Für die Übernahme der Garantie oder Bürgschaft ist ein Entgelt in Höhe von 0,75% zu zahlen, das für den gedeckten Darlehensbetrag jährlich und für die gedeckten Zinsen einmalig anfällt. Ferner ist eine Bearbeitungsgebühr in Höhe von 1% bei einem Garantiebetrag bis zu 10 Mio. DM und 0,5% von dem übersteigenden Betrag, höchstens jedoch von 20 000 DM zu entrichten. Im Schadensfall hat der Garantie- oder Bürgschaftsnehmer eine Selbstbeteiligung von 10% - 20% zu tragen.[147]

Auch die Subventionierung bestimmter Wirtschaftsbranchen kann in erheblichem Maße exportfördernde Effekte auslösen, deren Umfang in einzelnen Fällen die der direkten staatlichen Exporthilfen sogar deutlich übersteigt. Jede Produzentensubvention ist überall dort de facto auch eine verschleierte Exportsubvention, wo bestehende oder künftige Sachkapazitäten eine Exportkapazität darstellen. Durch die Subventionierung wird die Wettbewerbsfähigkeit der geförderten Wirtschaftsbranchen auf den internationalen Märkten unterstützt und deren Absatzchancen verbessert. Derartige Maßnahmen sind sicherlich vielfach als indirektes Mittel der Exportförderung anzusehen, auch wenn die Gewährung der Hilfen an die meisten Branchen regionalpolitisch begründet wird, d.h. in der primären Zielsetzung zur Förderung strukturschwacher Regionen im Bundesgebiet erfolgt.

Im Jahre 1991 entfielen 9,5% bzw. 4,7% der durch den Bund insgesamt gewährten allgemeinen Subventionen in Form von Steuervergünstigungen und Finanzhilfen auf den Bergbau bzw. den Schiffs- sowie den Luft- und Raumfahrzeugbau.[148] Darüberhinaus erfreuen sich, gemessen an der jeweiligen Wertschöpfung, die Eisen- und Stahlindustrie, die chemische Industrie sowie die elektrotechnische Industrie einer beachtlichen Begünstigung. Die aufgeführten Branchen sind mehr oder weniger durch ihre starke Exportorientierung charakterisiert, wodurch sich die gezahlten Subventionen nahezu zwangsläufig auch förderlich

---

[147]Treuarbeit (Hrsg.): Merkblatt über die Gewährung von Garantien und Bürgschaften für ungebundene Finanzkredite an das Ausland, Fassung Juli 1978, S. 2 f
o.V.: Ungebundene Finanzkredite, a.a.O., S. 3 ff
[148]Der Bundesminister der Finanzen (Hrsg.): 13. Subventionsbericht, Zusammenfasung, Bonn 1991, S. 7

auf deren internationale Wettbewerbsfähigkeit auswirken.[149] Beispielsweise sei an dieser Stelle auf die Schiffsexportfinanzierungen der KfW verwiesen. Im Geschäftsjahr 1991 wurden durch die KfW Schiffsexporte durch Kreditzusagen in Höhe von 1,067 Mrd. DM finanziert. Diese Kredite wurden für den Kreditnehmer durch die Vergabe von Zinszuschüssen in Höhe von 361 Mio. DM aus Bundesmitteln des VIII Werfthilfeprogramms verbilligt. Die KfW weist in diesem Zusammenhang in ihrem Geschäftsbericht ausdrücklich darauf hin, daß die so geförderten Finanzierungen den Bestimmungen des OECD-Exportkreditabkommens für Schiffe entsprechen.[150]

Exportsubventionen, die zu Verzerrungen im internationalen Wettbewerb führen, sind nach dem Antisubventionskodex des GATT verboten. Die Auslegung, ob eine wirtschaftspolitische Maßnahme als nicht erlaubte Subvention einzustufen ist, führt zwischen den einzelnen GATT-Parteien oftmals zu sehr kontroversen Diskussionen. Jüngstes Beispiel einer solchen Auseinandersetzung sind die Meinungsverschiedenheiten zwischen der Bundesrepublik Deutschland und den USA über die nach Meinung der USA unerlaubten deutschen Subventionspraktiken im Stahlbereich.

In bezug auf die Handelsbeziehungen zu den EL sind vor allem die Agrarsubventionen, deren Anteil an den allgemeinen Subventionen 1991 knapp 19% betrug, von besonderem Interesse. Die Problematik der Agrarsubventionen wird im einzelnen in den Kapiteln über die EG-Handelspolitik und die GATT-Diskussion behandelt, auf die an dieser Stelle verwiesen sei.

Abschließend sei darauf hingewiesen, daß auch durch währungspolitische Maßnahmen im Rahmen der allgemeinen Wirtschaftspolitik die Exportchancen bewußt oder unbewußt in erheblichem Maße verbessert oder verschlechtert werden können.[151]

4.3.4 Exkurs: Die Instrumente der deutschen Exportförderung im internationalen Vergleich

Im folgenden werden ergänzend zu den Ausführungen über die deutsche Exportförderung überblicksartig die wesentlichen Charakteristika der Außenwirtschaftsförderung in den wichtigsten Konkurrenzländern der Bundesrepublik Deutschland vorgestellt. Im wesentlichen wird hierzu auf die Ergebnisse einer im Auftrag des Bundesministers für Wirtschaft vom DIW

---

[149] J. B. Donges: Die Exportorientierung der deutschen Wirtschaft in: Exporte als Herausforderung für die deutsche Wirtschaft, hrsg. von E. Dichl, O. Issing, Köln 1984, S. 33 ff
[150] KfW (Hrsg.): Bericht über das Geschäftsjahr 1991, Frankfurt 1992, S. 52
[151] J. B. Donges: Die Exportorientierung der deutschen Wirtschaft, a.a.O., S. 35

durchgeführten Untersuchung zurückgegriffen. Innerhalb dieser Studie wurde jeweils das gesamte Spektrum der Außenwirtschaftsförderung mit Schwerpunkt nicht landwirtschaftliche Erzeugnisse behandelt. Eine besondere Analyse bezüglich Förderung von Exporten in die Entwicklungsländer wurde nicht vorgenommen. Auch wurden in dieser Studie direkte Preissubventionen nicht berücksichtigt.[152]

Mit Ausnahme Japans, dessen Außenwirtschaftspolitik sich gegenwärtig auf die Erhöhung der Importe konzentriert, wird Außenwirtschaftsförderung in allen untersuchten Ländern als Exportförderung verstanden. Sie umfaßt alle Maßnahmen, die geeignet erscheinen, den Absatz von Waren und Dienstleistungen auf ausländischen Märkten zu steigern und den Grad der außenwirtschaftlichen Verflechtungen zu erhöhen. Hierzu zählt auch die Förderung von Direktinvestitionen, sofern damit direkte und indirekte Steigerungen der Exporte induziert werden. Die unterschiedlichen Ansätze in diesem Bereich werden im folgenden nicht behandelt, sondern im Zusammenhang mit den Erläuterungen über die bestehenden deutschen Fördermaßnahmen angesprochen. (s. Kap.4.3.6)

Bei allen bestehenden Unterschieden in der Konzeption wie auch in der Ausgestaltung des Förderinstrumentariums verfügen alle wichtigen Industrieländer über ein Instrumentarium zur Außenwirtschaftsförderung, das mit Hilfe von öffentlichen und halböffentlichen Institutionen umgesetzt wird. Bestimmte Maßnahmen werden dabei mehr oder weniger überall eingesetzt. Zu diesen Gemeinsamkeiten zählen die Unterstützung beim Markteintritt durch die Vermittlung von Kontakten in der Anbahnungsphase, Hilfestellungen bei der Informationsbeschaffung und Marktforschung und die weitverbreitete Konzentration der Programme auf Klein- und Mittelbetriebe.

Die Unterschiede zwischen den nationalen Programmen betreffen vor allem den konzeptionellen Ansatz, die Organisationsstruktur der involvierten Institutionen, sowie die Dauer der Förderung. Im einzelnen sind für die nationalen Fördersysteme die folgenden Merkmale charakteristisch.

Das Exportfördersystem in Frankreich ist geprägt durch einen starken (zentral-)staatlichen Einfluß. Dieses zeichnet sich durch eine aktuelle und systematische Informationsvermittlung an exportinteressierte Unternehmen aus. Ein breiter und einfacher Zugriff auf die bereitstehenden

---

[152]DIW (Hrsg.): Die Außenwirtschaftsförderung der wichtigsten Konkurrenzländer Deutschlands, Frankreich, Großbritannien, Japan und USA im Vergleich; in: Beiträge zur Strukturforschung Heft 124, Berlin 1991, S.11

Informationen ist über das öffentliche Telefonnetz sichergestellt. Allerdings ist kritisch anzumerken, daß Datenfülle allein kein Hinweis für einen sinnvollen Bestand darstellt. Es entsteht der Eindruck, daß die Bestände eher statistiklastig sind. Die finanzielle Unterstützung erstreckt sich auf eine breite Palette von Leistungen in Form von Exportkrediten und Exportversicherungen. Die Vergabe von öffentlich geförderten Exportkrediten ist nicht zwingend mit dem Abschluß einer Exportkreditversicherung verbunden. Dies führte in der Konsequenz dazu, daß Risiken bei der Kreditvergabe teilweise recht großzügig bewertet wurden. Im Bereich der öffentlichen Exportkreditversicherung bietet Frankreich seinen Exporteuren ein relativ hohes Maß an Absicherung der allgemeinen wirtschaftlichen und politischen Risiken an. Bemerkenswert sind in diesem Zusammenhang auch Sonderregelungen, wie z.B. die Versicherung für "unnormale Produktionskostensteigerungen". Insgesamt gewährt Frankreich im internationalen Vergleich die größte Unterstützung im Rahmen seines Exportkreditversicherungssystems und eröffnet dadurch seinen Exporteuren, vor allem in Ländern mit hohem Risiko und für bestimmte Branchen, durchaus beträchtliche Wettbewerbsvorteile.

Tab.23 : Intensität der Exportförderung in den einzelnen Bereichen

Art der Förderung	Frankreich	Großbritannien	Japan	USA
Laufende Information	4	4	4	3
Marktforschung	3	3	4	3
Beratung	3	4	2	4
Anbahnung, Marketing	2	4	1	3
Messebeteiligung	3	4	2	3
Kontaktreisen	2	3	2	2
Finanzierung u. Garantien	5	2	3	2
Investitionsförderung	3	1	4	1
Steueranreize	3	1	3	3
sonstiges	4a	4b	4c	4d

Legende: 1 = unbedeutend, 2 = gering, 3 = auf mittlerem Niveau, 4 = stark, 5 = überragend
(jeweils in bezug auf die Gesamtanstrengungen des betreffenden Landes) a = politische Werbung, b = Motivierung zum Export, Unterstützung bei Großprojekten, c = "Industrial targeting, d = Motivierung zum Export

Quelle: DIW (Hrsg.): Die Außenwirtschaftsförderung der wichtigsten Konkurrenzländer Deutschlands
Frankreich, Großbritannien, Japan und USA im Vergleich; Beiträge zur Strukturforschung
Heft 124, Berlin 1991, S. 56

Im Rahmen der bilateralen Entwicklungszusammenarbeit bestand nach Angaben des DAC 1991 bei knapp 60% der Projekte eine formelle Lieferbindung.[153] Neben der in Teilbereichen bestehenden Lieferbindung sind exportfördernde Effekte innerhalb der französischen Entwicklungszusammenarbeit insbesondere durch die relativ ausgeprägte regionale Konzentration der Entwicklungshilfeleistungen auf die ehemaligen Kolonialgebiete bedingt. In diesen Ländern besitzt Frankreich durch sein unverändert starkes politisches und wirtschaftliches Engagement ohnehin eine vergleichsweise starke Wettbewerbsstellung und hohe Marktanteile. Eine bemerkenswerte Tatsache ist in diesem Zusammenhang die enge institutionelle Bindung im Bereich der Kapitalhilfe mit dem Außenhandelsministerium in den französischen Auslandsvertretungen, vor allem vor dem Hintergrund einer recht weitverbreiteten Mischung von öffentlichen EZ-Mitteln mit privaten Krediten.

Großbritannien bemüht sich nach den eher kurzlebigen Einzelmaßnahmen in der Vergangenheit mit der "export-initative" um einen geschlossenen Förderansatz. Das Fördersystem weist dabei deutliche Tendenzen zur Kommerzialisierung und Privatisierung auf. Charakteristisch ist die Konzentration der Mittel auf besondere Schwerpunktbereiche, wie z.B. besonders wichtige Märkte. Bemerkenswert sind die Bemühungen Großbritanniens, die berufliche Qualifikation der im Bereich der Außenwirtschaftsförderung eingesetzten Personen durch die zeitweilige Abordnung aus den Ministerien in die Wirtschaft und auf die Außenposten schrittweise zu erhöhen. In Großbritannien besteht neben der Sammlung von Informationen und der Motivierung der Wirtschaft zum Export vor allem ein vielfältiges Angebot zur Unterstützung des Marketings und der Messebeteiligungen. Hierin äußert sich die hohe Bedeutung, die der Bekanntmachung bei potentiellen Kunden und der Abhebung von der Konkurrenz eingeräumt wird. Einen vergleichsweise geringen Stellenwert besitzt die finanzielle Förderung der Exporte durch staatliches Engagement auf dem Gebiet der Exportfinanzierung und der Exportkreditversicherung. Die Verwendung öffentlich geförderter Exportkredite ist nur in Verbindung mit einer öffentlichen Exportkreditversicherung möglich, die ein relativ breites Spektrum wirtschaftlicher und politischer Risiken abdeckt.

Die bilaterale öffentliche Entwicklungszusammenarbeit weist mit 86,1% 1991 ein hohes Maß an Lieferbindung im Bereich der bilateralen Entwicklungszusammenarbeit auf.[154] Bedingung für eine Projektfinanzierung im Rahmen der liefergebundenen EZ ist das handels- und industriepolitische Interesse Großbritanniens einerseits und der entwicklungspolitische Wert für das Empfängerland andererseits.[155]

---

[153]OECD (Hrsg.): Chairman's Report 1991, Paris 1991, S. 30
[154]OECD (Hrsg.): Chairman's Report 1991, a.a.O., S. 30
[155]DIW (Hrsg.): Die Außenwirtschaftsförderung der wichtigsten Konkurrenzländer Deutschlands, Frankreich, Großbritannien, Japan und USA im Vergleich, a.a.O., S. 122

Die japanische Außenwirtschaftspolitik ist gegenwärtig durch eine Importkampagne gekennzeichnet. Die Außenwirtschaftsförderung beschränkt sich auf die Informationsbeschaffung über ausländische Märkte durch einen systematisch ausgebauten Informationsdienst und die Durchführung von produktbezogenen Exportkampagnen in bestimmten Zielländern. Im Bereich der bilateralen Entwicklungszusammenarbeit wurden nach Angaben des DAC 40,4% der Projekte liefergebunden vergeben.

In den USA ist erst mit den wachsenden Leistungsbilanzdefiziten in den achtziger Jahren von der bis dato üblichen Praxis abgewichen worden, die Unternehmen ihren Weg auf den Weltmärkten selber finden zu lassen. Das Fördersystem ist geprägt durch das dezentrale, föderative Element bei der Durchführung der Maßnahmen und der hohen Professionalität der meisten Mitarbeiter im außenwirtschaftlichen Bereich. Die Zusammenarbeit zwischen den Behörden des Bundes und der Einzelstaaten läuft auf eine umfassende Darstellung der bestehenden Möglichkeiten zur Außenwirtschaftsförderung hinaus. Die Förderschwerpunkte liegen in der Beratung und in der Schaffung eines Exportbewußtseins. Bei den Bemühungen um ein allgemeines Exportbewußtsein wird deutlich, daß in den USA als spezielle Zielgruppe die Unternehmen angesprochen werden sollen, die ansonsten nur eine rudimentäre Außenhandelsorientierung aufweisen. Die schnelle und aktuelle Versorgung mit relevanten Informationen und die Beratung der Exportunternehmen ist vor allem dadurch gewährleistet, daß die Vermittlung von Informationen über Terminalabfrage in Regionalbüros des Handelsministeriums abläuft. Dabei wird zumindest ansatzweise versucht, ausländische Absatzmöglichkeiten, u.a. in Form von Hintergrundinformationen über potentielle Geschäftspartner, mit einheimischen Angebotsprofilen zusammenzuführen.

Die bestehenden Unterschiede hinsichtlich der Höhe der Exportförderungsausgaben in Bezug auf den realisierten Export werden in der nachfolgenden Abbildungen deutlich. Hierbei zeigt sich, daß eine hohe Förderintensität nicht zwangsläufig zu einer hohen Exportquote führt. So weisen Frankreich, Großbritannien und die Bundesrepublk Deutschland eine in der Größenordnung vergleichbare Exportquote bei deutlich unterschiedlichen Förderintensitäten auf. Auch in den USA und Großbritannien wird die Förderung mit vergleichbarer Intensität betrieben, jedoch mit sehr unterschiedlichen Exportquoten.

Abb.10 : Exportförderung im Ländervergleich

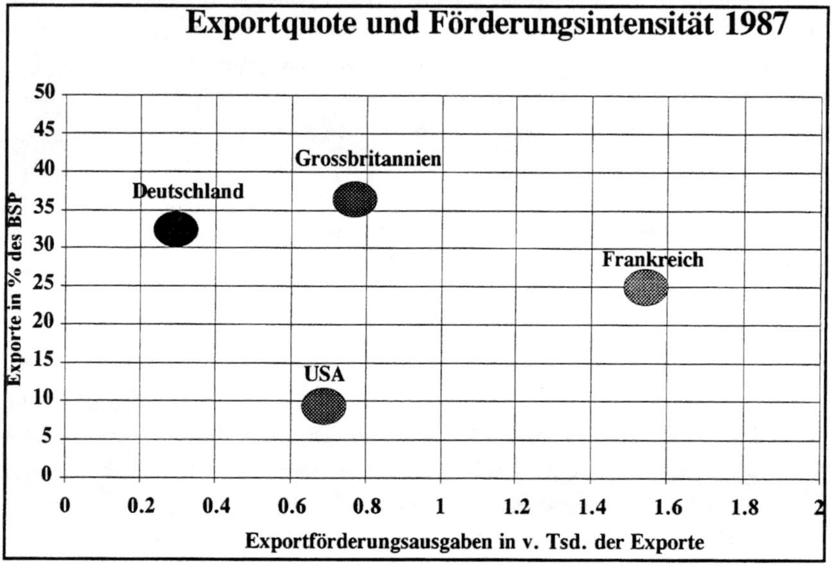

Exportquote und Förderungsintensität 1987

[Diagramm: Exporte in % des BSP (y-Achse, 0–50) vs. Exportförderungsausgaben in v. Tsd. der Exporte (x-Achse, 0–2); Datenpunkte: Deutschland (~0.3, 35), Grossbritannien (~0.7, 40), Frankreich (~1.5, 25), USA (~0.7, 10)]

Quelle: DIW (Hrsg.): Die Außenwirtschaftsförderung der wichtigsten Konkurrenzländer Deutschlands Frankreich, Großbritanien, Japan und USA im Vergleich; in Beiträge zur Strukturforschung Heft 124, Berlin 1991, S. 56

4.3.5 Förderung von Exporten aus den Entwicklungsländern

Bevor im folgenden die verschiedenen Möglichkeiten der Handelsförderung für Exporte aus den Entwicklungsländern in die Bundesrepublik Deutschland behandelt werden, seien einige einführende Überlegungen vorangestellt, um eine realistische Einschätzung über die bestehenden Möglichkeiten und Grenzen einer aktiven Handelsförderung zu gewährleisten. Grundsätzlich ist davon auszugehen, daß die Entscheidung, ein bestimmtes Exportprodukt aus einem Entwicklungsland auf dem deutschen oder europäischen Markt anzubieten, allein von der unternehmerischen Entscheidung des jeweiligen Anbieters abhängt. Folglich gilt es, mit Hilfe der zur Verfügung stehenden Instrumente, die Voraussetzungen zu schaffen, die geeignet sind, den Importeur davon zu überzeugen, daß das jeweilige Produkt zum einen reale Absatzchancen besitzt und zum anderen vom Exporteur in der gewünschten qualitativen und quantitativen Spezifikation zu einem konkurrenzfähigen Preis lieferbar ist. Dies gilt sowohl in Hinblick auf Produkte, die bereits auf dem Markt eingeführt sind, als auch für Produkte, die bisher auf den deutschen und europäischen Märkten weitgehend unbekannt sind.

4.3.5.1 Beratungs- und Kontaktstellen für Exporteure aus den Entwicklungsländern in der Bundesrepublik Deutschland

Für ein exportwilliges Unternehmen aus einem Entwicklungsland, dessen Zielsetzung darauf ausgerichtet ist, Geschäftsbeziehungen zu Importeuren aus der Bundesrepublik Deutschland aufzubauen, stehen eine Vielzahl staatlicher und privater Institutionen sowie Firmen und Organisationen im Entwicklungsland und in der Bundesrepublik als mögliche Ansprechpartner zur Verfügung. In der Regel wird es notwendig und ratsam sein, mehrere solcher Beratungs- und Kontaktstellen zu konsultieren, um ein umfassendes Bild über alle für das Exportgeschäft relevanten Informationen und Hinweise für das weitere Vorgehen zu gewinnen. Eine erste Kontaktaufnahme mit deutschen Stellen, Institutionen und Firmen sollte vor allem dann im Entwicklungsland selbst erfolgen, wenn zum ersten Mal Geschäftsbeziehungen nach Deutschland aufgenommen werden und sich der potentielle Exporteur zunächst einen Überblick über die Situation auf dem deutschen Markt verschaffen will. Als Ansprechpartner bieten sich in diesem Zusammenhang sowohl nationale Stellen des Entwicklungslandes, wie etwa staatliche oder private Exportförderungsstellen, Exporteursvereinigungen und die verschiedensten Ministerien, als auch die offiziellen und sonstigen Repräsentanten der Bundesrepublik Deutschland in dem jeweiligen Land an. Hier sind in erster Linie die Handelsabteilungen der Botschaften und konsularischen Vertretungen, die Auslandshandelskammern sowie Vertretungen der Lufthansa, deutscher Banken, deutscher Consulting- und Export/Importfirmen und die Partner von Institutionen der deutschen EZ zu nennen.

In der Bundesrepublik Deutschland stehen für eine erste Kontaktaufnahme vor allem die Wirtschafts- und Handelsabteilungen der nationalen diplomatischen Vertretungen und Konsulate sowie die von einigen Ländern errichteten Länder-Kontaktstellen zur Verfügung. Diesen Stellen bereitet es in der Regel aufgrund der vielfältigen Informations- und Kontaktstellen in der Bundesrepublik (s.Tab. 24) kaum Schwierigkeiten, die vom Unternehmen erwünschten weiterführenden Kontakte zu staatlichen deutschen Stellen und Institutionen oder privaten Firmen herzustellen. Insbesondere wenn beabsichtigt ist, einen möglichst breiten Kreis potentieller Importeure anzusprechen, kann sich eine Anfrage beim "Kommerziellen Dienst" des BfAI oder eine Veröffentlichung in der von der BfAI herausgegebenen Publikation "Auslands-Anfragen" als nützlich erweisen. Auch der deutsche Industrie- und Handelstag als auch dessen örtliche Handelskammern können aufgrund ihrer engen Kontakte zu den in ihrem Bezirk ansässigen Firmen wertvolle Dienste bei der Abschätzung der vorhandenen Marktchancen und der Kontaktaufnahme zu potentiellen deutschen Geschäftspartnern leisten.

Eine weitere, viel genutzte Möglichkeit, sich über bestehende Marktchancen zu informieren und Geschäftskontakte aufzubauen, stellt der Besuch einer der jährlich in der Bundesrepublik Deutschland stattfindenden zahlreichen internationalen Messen und Ausstellungen dar. Sofern nach Einschätzung des Exporteurs in der Bundesrepublik Deutschland bzw. in der EG reale Absatzchancen für die in Frage kommenden Produkte bestehen, kann die Teilnahme an einer dieser Veranstaltungen dazu genutzt werden, sich einem breitem Publikum zu präsentieren und weitergehende Geschäftsbeziehungen aufzubauen.[156] Wichtig ist hierfür allerdings eine fundierte Messevorbereitung, die im allgemeinen bereits erste Kontakte zu potentiellen Importeuren voraussetzt.

Tab.24 : Mögliche Ansprechpartner für einen ausländischen Exporteur in der Bundesrepublik Deutschland

nationale Vertretungen in der Bundesrepublik Deutschland	öffentliche und private deutsche Stellen	
Handelsabteilungen der Botschaften	Bundesstelle für Außenhandelsinformationen (BfAI)	CDH-Centralvereinigung Deutscher Handelsvertreter- und Handelsmarklerverbände
Handelsabteilungen der konsularischen Vertretungen	Ländervereine: -Afrika-Verein, - Ibero-Amerika-Verein, - Nah- und Mittelost-Verein, - Ostasiatischer-Verein, - Australien- Neuseeland- Südpazifik-Verein	Bundesverband des Deutschen Versandhandels
Länderkontaktstellen, Exportpromotionbüros	örtliche Industrie- und Handelskammern	AUMA- Ausstellungs- und Messe-Ausschuß der Deutschen Wirtschaft
nationale Tourismusbüros	DIHT- Deutscher Industrie- und Handelstag	Wirtschaftsministerien der Bundesländer
Repräsentanten nationaler Airlines und sonstiger Firmen	GTZ	HWWA-Institut für Wirtschaftsforschung- Hamburg
	BDI - Bundesverband der deutschen Industrie	Banken und Consultingfirmen

Quelle: Ch. Wilhelms: The Federal Republic of Germany, Market and Marketing; hrsg. vom BMZ; 2. Aufl. München 1987, S. 68 ff

---

[156]Ch. Wilhelms: The Federal Republic of Germany, Market and Marketing, hrsg. vom BMZ, 2. Aufl. München 1987, S. 68 ff

4.3.5.2 Handelsförderung im Rahmen der bilateralen Entwicklungszusammenarbeit

Oberstes Ziel der EZ ist es, zur Verbesserung der Lebensbedingungen der Menschen in den Entwicklungsländern beizutragen. Dies bedeutet nicht zuletzt eine bessere Versorgung mit Gütern und Dienstleistungen. Neben der Leistungsfähigkeit der produzierenden Unternehmen in einem Land hängt die Versorgung der Bevölkerung auch von den Möglichkeiten der Finanzierung der mehr oder weniger umfangreichen Importe ab. Der Bezug ausländischer Waren setzt aber notwendigerweise eigene Exporte voraus. Exporte sind für ein sich entwickelndes Land aber nicht nur unter Devisengesichtspunkten unentbehrlich, sondern sie begünstigen darüber hinaus gleichzeitig Modernisierung, Wachstum, Beschäftigung, Einkommen etc. Den Entwicklungsländern die Integration in die arbeitsteilige Weltwirtschaft zu erleichtern, gehört folglich zu den Prioritäten der deutschen EZ. Handelsförderung ist in diesem Zusammenhang ein geeignetes Mittel, die Liberalisierungs- und Privatisierungstendenzen sowie sowie eine stärkere Marktorientierung in den Entwicklungsländern effektiv zu unterstützen.[157]

Der periodisch aufkommenden Kritik, wie sie beispielsweise von der deutschen Schmuck- und Schuhindustrie geäußert wird,[158] die Förderung bestimmter Exportbranchen in den EL ginge zu Lasten der deutschen Industrie, ist entgegenzuhalten, daß diese Branchen auch ohne die Handelsförderung im Rahmen der EZ einem wachsenden Konkurrenzdruck sowohl auf den deutschen als auch auf den Weltmärkten ausgesetzt sind. Sofern diese Unternehmen auch zukünftig erfolgreich auf dem Markt bestehen wollen, müssen sie sich den geänderten Bedingungen auf dem Weltmarkt anpassen. In diesem Zusammenhang sind die handelsfördernden Maßnahmen im Rahmen der EZ lediglich als erste Hilfestellungen für kleine und mittlere Unternehmen aus den Entwicklunsländern bei den für alle Produzenten erforderlichen Umstrukturierungsprozessen zu werten. Dies ist entwicklungspolitisch notwendig, um die bestehenden Wettbewerbsnachteile von Unternehmen aus den EL auszugleichen, die aus dem weitgehenden Fehlen von Informations- und Beratungsmöglichkeiten in diesen Ländern resultieren. Zumal i.d.R. Unternehmen aus EL finanziell nicht in der Lage sind, das erforderliche know-how über private Consulting-Firmen zu beziehen.

---

[157]BMZ (Hrsg.): Handelsförderung der Entwicklungsländer, Information und Orientierung, a.a.O., S. 2
 BMZ (Hrsg.): Erfolgreich mit Entwicklungsländern zusammenarbeiten, a.a.O., S. 54
[158]o.V. Mehr als 300 Mio. Paar aus dem Ausland; in: Außenwirtschaft, 33 Jg. Nr.3, Frankfurt 1992, S. 9
 o.V.: Schreiben an Stavenhagen und Roth, ISS gegen Förderung indischer Konkurrenz, Pressemitteilung ISS vom 14.11.1991

Die wesentlichen politischen Rahmenbedingungen für die Exportmöglichkeiten der Entwicklungsländer in die Bundesrepublik Deutschland werden durch die Importpolitik der EG im Rahmen des APS, der Lomé-Abkommen etc. determiniert. Dennoch eröffnen sich innerhalb der bilateralen Entwicklungszusammenarbeit durchaus eine Reihe von Möglichkeiten, die Exporte der Entwicklungsländer in die Bundesrepublik Deutschland durch den Einsatz des zur Verfügung stehenden entwicklungspolitischen Instrumentariums aktiv zu fördern. Unter Handelsförderung werden hierbei die Maßnahmen verstanden, die geeignet erscheinen, zu einer Steigerung der Warenexporte der Entwicklungsländer auf den Regional- und Weltmärkten beizutragen. Sie beziehen i.d.R. die dem Handel vorgelagerte Produktion mit ein, da nur so gewährleistet ist, daß die Produkte auf den jeweiligen Zielmärkten konkurrenzfähig sind. Handelsfördernde Effekte können darüberhinaus mittelbar von einer Vielzahl von Projekten der bi- und multilateralen TZ ausgehen, beispielsweise durch die Erhöhung des allgemeinen Bildungsniveaus oder durch "Institutionbuilding" etc. Auch Maßnahmen der finanziellen Zusammenarbeit, könnem direkt oder indirekt handelsfördernde Effekte auslösen, z. B. durch den Ausbau der materiellen Infrastruktur, und stellen somit oftmals eine notwendige Ergänzung der TZ-Maßnahmen dar. In den nachfolgenden Ausführungen werden derartige Projekte jedoch nicht mitberücksichtigt, sondern lediglich die Projekte behandelt, deren primäre Zielsetzung die direkte Handelsförderung beinhaltet.

Ansatzpunkt für handelsfördernde Maßnahmen im Rahmen der TZ sind in erster Linie die nationalen Bestimmungsfaktoren. Von deren Ausgestaltung hängt die Exportfähigkeit und -tätigkeit eines Entwicklungslandes im allgemeinen stärker ab als von der Entwicklung der weltwirtschaftlichen Rahmenbedingungen oder protektionistischer Tendenzen in den Industrieländern. Entsprechend sind als Zielgruppe der Handelsförderung in erster Linie die potentiellen Exportunternehmen im Entwicklungsland definiert. Darüberhinaus stellen aber auch die außenhandelsrelevanten Institutionen sowie die für die nationalen Rahmenbedingungen verantwortliche politisch-administrative Ebene wichtige Zielgruppen der Handelsförderung dar.[159]

Die Möglichkeiten, durch handelsfördernde Maßnahmen die Entwicklungsländerexporte in ihrer Gesamtheit fördern zu können, sind allerdings realistischerweise als sehr begrenzt anzusehen, da die für den Exporterfolg eines Landes wesentlichen nationalen und internationalen Bestimmungsfaktoren letztlich viel zu komplex und bestenfalls marginal beeinflußbar sind. Darüber hinaus sind die im Rahmen der EZ für die Handelsförderung zur Verfügung stehenden finanziellen Mittel begrenzt. Ein Eindruck über die zugrundeliegenden Größenordnungen ergibt sich aus der Gegenüberstellung der Gesamtexporte der

---

[159]BMZ (Hrsg.): Handelsförderung der Entwicklungsländer, Information und Orientierung, Bonn 1991, S. 10

Entwicklungsländer und den aus dem BMZ-Haushalt im Rahmen der Privatwirtschaftsförderung mit Schwerpunkt Handelsförderung bereitgestellten Mitteln in Höhe von knapp 50 Mio. DM. Offensichtlich kann nur ein Bruchteil der Entwicklungsländerexporte von handelsfördernden Maßnahmen erfaßt werden. Folglich kann es sich bei der Handelsförderung nur um einzelne begrenzte Maßnahmen handeln, die bestenfalls über Lern- und Demonstrationseffekte sowie die dadurch ausgelösten Multiplikatoreffekte die Exportentwicklung des Partnerlandes positiv beeinflußen können.

In der praktischen Umsetzung sind die TZ-Maßnahmen im Bereich der Handelsförderung durch ihre Konzentration auf den deutschen Markt und auf einige sektorale Schwerpunktbereiche charakterisiert. Vor dem Hintergrund der begrenzten finanziellen Mittel und der noch gestiegenen Komplexität des deutschen Marktes nach der Wiedervereinigung ist eine Konzentration der Handelsförderung auf den deutschen Markt auch durchaus sinnvoll. Zumal der EG-Binnenmarkt zwar die Handelsgrenzen zwischen den EG-Mitgliedsstaaten weiter schwinden lassen wird, nicht jedoch deren nationale Verbrauchermuster. Kaufhausketten, Versandhäuser etc. betreiben entsprechend in der EG eine nach Ländern differenzierte Sortiments- und Absatzpolitik, deren Kenntnis und Beachtung für jeden EL-Exporteur eine zwingende Notwendigkeit darstellt. Allerdings dürfen die sich abzeichnenden Entwicklungen hin zu einer fortschreitenden Europäisierung in der Entwicklungs- und Handelspolitik bei der konzeptionellen Weiterentwicklung der nationalen Handelsförderung nicht unberücksichtigt bleiben. In sektoraler Hinsicht ist eine Konzentration der Förderung auf Produktgruppen aus dem Konsumgüterbereich festzustellen, da in diesem Bereich im allgemeinen die Exportaussichten für Entwicklungsländerprodukte auch in Zukunft als besonders günstig eingeschätzt werden. Hierbei sind vor allem die Produktgruppen Lebensmittel, Textil und Bekleidung, Lederwaren, Geschenkartikel, Modeschmuck und Spielwaren anzuführen. Es stellt sich in diesem Zusammenhang jedoch die Frage, ob nicht eingedenk der sich abzeichnenden Sättigungserscheinungen auf dem deutschen und europäischen Markt und dem damit verbundenen harten Verdrängungswettbewerb der Anbieter diese sektorale Konzentration zukünftig gemindert werden sollte. Aus entwicklungspolitischer Sicht erscheint es geboten, verstärkt Ansätze in nicht traditionellen Warenbereichen, insbesondere technische Produkte, zu unterstützen. In diesem Warenbereich sind vor allem die Schwellenländer, aber auch Staaten wie Indien und Pakistan, durchaus in der Lage, auf eine einheimische Produktion zu verweisen, die zumindest in Teilbereichen und mit entsprechender Förderung kokurrenzfähig ist bzw. sein könnte. Hierbei wäre es sicherlich nicht sinnvoll, als Zielmärkte für diese Produkte primär die Märkte der Industrieländer vorzusehen, sondern vor allem die in ihrer Bedeutung stetig wachsenden Regionalmärkte, z.B. in Asien. Durch diese sektorale und regionale Umorientierung könnte ein Beitrag zur Diversifizierung der Exportstrukturen und nachhaltigen Industrialisierung der Entwicklungsländer geleistet werden.

Die Erfahrungen im Bereich der Handelsförderung haben gezeigt, daß Maßnahmen, die sich nur auf das Exportland oder den Absatzmarkt konzentrieren, wenig erfolgversprechend sind. Vielmehr ist ein zielorientiertes Zusammenspiel von Maßnahmen in beiden Ländern notwendig. Im Exportland ist zu berücksichtigen, daß die Exporterfolge nicht nur von der Leistungsfähigkeit des einzelnen Unternehmens abhängen, sondern funktionsfähige Institutionen sowie exportfreundliche wirtschaftspolitische Rahmenbedingungen ebenfalls wichtige Voraussetzungen darstellen. Aus diesen Überlegungen folgt, daß punktuelle Exportförderungsmaßnahmen in der Regel keineswegs ausreichen, Unternehmen so weit zu qualifizieren, daß sie nach Beendigung der Förderung in der Lage sind, nachhaltig erfolgreich auf dem Weltmarkt bestehen zu können. Die Exporte aus den Entwicklungsländern sind nur im Rahmen eines integrierten Ansatzes, der die Ebenen der Politik, der Institutionen und Unternehmen gleichermaßen einbezieht, effektiv zu fördern.

Einen solchen konzeptionellen Ansatz sieht der "*Integrierte Beratungsdienst für die Privatwirtschaft in den Entwicklungsländern*" (IBD) des BMZ vor. Im Rahmen diese Ansatzes wird zudem der Versuch unternommen, die zahlreichen Organisationen und Institutionen, die im Bereich der Privatwirtschaftsförderung aktiv sind, in ihren jeweiligen Tätigkeitsbereichen sinnvoll zu koordinieren und möglichst komplementär einzusetzen. Der Ansatz der punktuellen Exportförderung gehört zumindest vom konzeptionellen Anspruch der Vergangenheit an. Aktivitäten im Bereich der Handelsförderung sind vielmehr in ein Gesamtkonzept aufeinander abgestimmter Maßnahmen zur Förderung der Privatwirtschaft eingebunden und werden nicht mehr isoliert durchgeführt.

Die Handelsförderung des BMZ ist derzeit allerdings nicht allein auf Projekte des integrierten Beratungsdienstes beschränkt. Daneben gibt es einige aus dem allgemeinen TZ-Titel finanzierte Handelsförderungsprojekte, z.B. in Indien und den Philippinen, die bereits vor der Konzeption des IBD ihre Tätigkeiten aufnahmen.[160] Zwischenzeitlich wurden diese Projekte weitgehend im Sinne des IBD-Konzeptes weiterentwickelt, so daß diese jetzt innerhalb der GTZ als IBD-ähnliche Projekte bezeichnet werden. Zur Zeit gehen die Bemühungen dahin, die verschiedenen Aktivitäten innerhalb der IBD-ähnlichen und reinen IBD-Projekte, auch in der praktischen Umsetzung noch stärker in Hinblick auf einen einheitlichen Förderansatz in den betroffenen Ländern zu koordinieren, nachdem in der Vergangenheit die verschiedenen Projekte teilweise

---

[160] D. Kebschull: Indische Unternehmer auf Exportkurs; in: GTZ info Nr.6/92, Eschborn 1992, S. 20 ff

doch recht unkoordiniert nebeneinander bestanden. Neben den sicherlich nicht unerheblichen Anforderungen, die im Rahmen einer solchen Koordination und Integration an alle Beteiligten gestellt werden, bieten diese IBD-ähnlichen-Projekte den großen Vorteil, die begrenzten Mittel des eigentlichen IBD-Titels von 47 Mio. DM 1993 erheblich aufzustocken.[161]

4.3.5.3 Der Integrierte Beratungsdienst für die Privatwirtschaft (IBD) in den Entwicklungsländern

Beim Integrierten Beratungsdienst für die Privatwirtschaft der Entwicklungsländer handelt es sich um ein seit 1989 bestehendes Programm, das eine konzeptionelle Weiterentwicklung des früheren "Programms zur Förderung der betrieblichen Koordination zwischen deutschen Unternehmen und Unternehmen in Entwicklungsländern" (BK-Programm) beinhaltet.[162] Die Erfahrungen aus diesem Programm haben klar gezeigt, daß die Beschränkung des Ansatzes auf den Aspekt der betrieblichen Kooperation konzeptionell zu eng gefaßt ist, um einen nachhaltigen Beitrag zur Förderung der Privatwirtschaft in den Entwicklungsländern leisten zu können. Der Grund ist in den realistischerweise ungünstigen Voraussetzungen für betriebliche Kooperationen zwischen Unternehmen aus EL und Unternehmen aus dem EG-Raum und speziell der Bundesrepublik Deutschland, mit Ausnahme einiger Schwellenländer, vor allem im asiatischen Raum, zu sehen. Dies ist im Fall der Bundesrepublik Deutschland vor allem auf die mangelnde Bereitschaft des deutschen Mittelstandes zurückzuführen, derartige Investitionen zu tätigen, zumal das Investitionspotential in der Mehrzahl der EL durchaus begrenzt ist. Entsprechend stellt die Förderung der betrieblichen Kooperation innerhalb des erweiterten Ansatzes des IBD-Konzepts nur noch einen, wenn auch wichtigen Bestandteil des Gesamtkonzeptes dar.

Das IBD zielt darauf ab, durch Beratungsmaßnahmen die Leistungs- und Wettbewerbskraft der Wirtschaft in den Entwicklungsländern zu erhöhen und damit zur Stärkung der privatwirtschaftlichen Strukturen beizutragen. Im Mittelpunkt des Beratungsangebotes steht die Förderung von mittelständischen Unternehmen im jeweiligen Partnerland. Die Unternehmensförderung ist dabei zunächst unabhängig von spezifischen Absatzmärkten auszurichten und setzt in den Bereichen an, in denen entscheidende Hemmnisse für die Leistungsfähigkeit der Unternehmen bestehen.[163] Ziel ist es, die Wettbewerbsfähigkeit der Unternehmen herzustellen, zu verbessern und zu erhalten. Die Erfahrungen haben gezeigt, daß zunächst die Wettbewerbsfähigkeit auf den lokalen und regionalen Märkten realisiert

---
[161] BMZ (Hrsg.): Handelsförderung der Entwicklungsländer, Information und Orientierung, a.a.O., S. 7
[162] BMZ(Hrsg.): Das BK-Programm, 3.Aufl., Bonn 1986
[163] Ch. Pollak: Unternehmer im Umbruch; in: GTZ Info. Nr. 6/92, Eschborn 1992, S. 4 ff

werden muß, da deren Beherschung oft die Voraussetzung für eine erfolgreiche Exportätigkeit auf den Weltmärkten ist. Erst in zweiter Linie zielt die Beratung auf die Qualifikation der Unternehmen für eine Exportätigkeit auf den Weltmärkten. Darüberhinaus werden aber auch die verfaßte Wirtschaft, die privatwirtschaftlichen Organisationen und die Regierungsebene in die Beratungsleistungen miteinbezogen. Bei der Beratung staatlicher Institutionen sollten dabei die anzustrebenden Veränderungen gemeinsam mit den Unternehmen über deren Selbstverwaltungseinrichtungen "von unten" erfolgen. Die in diesem Zusammenhang bestehenden Möglichkeiten einer Einflußnahme sind allerdings begrenzt, wenn auch im Rahmen eines IBD-Projektes sicherlich ein gewisser Beitrag, etwa bei der Formulierung bestimmter Zoll- und Steuerregelungen sowie bei der Ausarbeitung von Genehmigungspratiken und wettbewerbsrechtlichen Bestimmungen, geleistet werden kann.[164]

Die Grundkonzeption des IBD-Programms basiert auf der Zusammenstellung eines in Abstimmung mit den Partnern im Entwicklungsland entwickelten maßgeschneiderten länderspezifischen Beratungspakets, das die Probleme und Besonderheiten des jeweiligen Landes berücksichtigt. Entsprechend fällt der Inhalt eines solchen Beratungspaketes je nach Partnerland sehr unterschiedlich aus und kann Maßnahmen im Bereich der Unternehmensberatung, der Exportförderung, der betrieblichen Kooperation sowie die Beratung von staatlichen Institutionen und Institutionen der verfaßten Wirtschaft beinhalten. In welchem Ausmaß innerhalb des Beratungspakets auf den verschiedenen Ebenen Aktivitäten vorgesehen sind, richtet sich nach den spezifischen Bedürfnissen des betreffenden Landes. So wird ein Beratungspakets für ein afrikanisches Land, wie beispielsweise ein in Nigeria geplantes Projekt, das vor allem einen Beitrag zum Aufbau eines unternehmerischen Mittelstandes leisten soll, völlig anders aussehen als ein Beratungspaket für einen vergleichsweise weit industrialisierten Staat Südostasiens oder ein Land im Übergang zur Marktwirtschaft, wie z.B. Polen. Dieses individuelle Beratungspaket soll ein vielfältiges und kohärentes Vorgehen auf allen relevanten Ebenen ermöglichen. In dieser Vorgehensweise zeigt sich die große Flexibilität und Differenziertheit des IBD-Konzeptes. Ein länderspezifisches IBD-Projekt wird oftmals aufgrund der Vielzahl von einzelnen Beratungsaktivitäten einen gewissen Programmcharakter zur Förderung der Privatwirtschaft besitzen.

Als Beispiel für ein IBD-Projekt sei hier ein von der GTZ in Mexiko durchgeführtes IBD-Projekt kurz vorgestellt. (s.Abb. 25) Das IBD - Programm wird im Auftrag des BMZ durch die *Deutsche Gesellschaft für Technische Zusammenarbeit* (GTZ) und, sofern der Schwerpunkt des Projektes in der Investitions- und Kooperationsberatung liegt, durch die *Deutsche Investitions- und Entwicklungsgesellschaft* (DEG) durchgeführt. Auf Basis des jeweiligen

---

[164] W.Zehender: Förderpakete nach Maß; in: GTZ Info. Nr. 6/92, Eschborn 1992, S. 11 ff

länderspezifischen Beratungspaktes werden bei Bedarf durch die Durchführungsorganisationen weitere Institutionen und private Consultings in die Beratung einbezogen.

Außer den Beratungsmaßnahmen, die integraler Bestandteil des IBD-Programms sind und als **IBD im engeren Sinne** bezeichnet werden, haben die in IBD-Projekten eingesetzten Berater die Aufgabe, ihre Partner über weitere Instrumente der Entwicklungszusammenarbeit zur Förderung der Privatwirtschaft zu informieren und bezüglich ihrer Inanspruchnahme zu beraten. Dies wird dann der Fall sein, wenn sie bei der Wahrnehmung ihrer Aufgaben vor Ort mit Problemen konfrontiert werden, deren Lösung den Einsatz von Instrumenten erfordert, die nicht in ihrem unmittelbaren Wirkungsbereich liegen. Dieses Vorgehen beinhaltet die Funktion des **IBD im weiteren Sinne**, d.h. seiner koordinierenden, integrierenden und wegweisenden Funktion im Zusammenspiel der sinnvollerweise zu involvierenden Institutionen. Zu den wichtigsten nationalen und internationalen Institutionen im Bereich des IBD gehören:

a) Unternehmensberatung (kurz- und langfristig):
- Zur Lösung von klar abgegrenzten Unternehmensproblemen stehen die berufserfahrenen Senioren des *"Senior Experten Service"* (SES) zur Verfügung. Der SES ist eine gemeinnützige Gesellschaft, die pensionierte Fachkräfte zu ehrenamtlicher Tätigkeit im Rahmen der internationalen Zusammenarbeit vornehmlich in die Entwicklungsländer entsendet. Träger des SES ist die deutsche Wirtschaft. Die Einsatzdauer eines solchen Experten sollte dabei in der Regel nicht über sechs Monate betragen.

- Im Rahmen des Programms für Integrierte Fachkräfte (IF) des *"Centrums für internationale Migration"*(CIM) sind vereinzelt Experten zur Wahrnehmung längerfristiger Aufgaben in EL-Unternehmen im Bereich der Handelsförderung tätig.

- Beratungsleistungen der *DEG*

- Der *"Industrial Promotion Service"* (IPS) des UNIDO-Büros in Köln unterstützt Unternehmen aus den Entwicklungsländern und der Bundesrepublik Deutschland bei der Suche nach geeigneten Investitionspartnern. Das unternehmensorientiert arbeitende Service-Büro fördert über seine den interessierten Unternehmen kostenlos angebotenen Dienstleistungen Investitionsvorhaben, die ausländisches Kapital, Know-how, Technologie und Management erfordern. Es kann sich dabei um Investitionsvorhaben handeln, die der Erweiterung und/oder Modernisierung bestehender Unternehmen dienen oder den Aufbau neuer Unternehmen zum Gegenstand haben.

Tab.25 : Beispiel eines IBD-Projektes

Projektbezeichnung	Beratungsdienst für die Privatwirtschaft in Entwicklungsländern, Projekt Mexiko
Projektträger	CANACINTRA Nationale Kammer der verarbeitenden Industrie
Projektlaufzeit	1.1.1990 - 31.12.1992 (Fortführung eines ehemaligen BK-Projektes, das bereits 1978 seine Tätigkeit in Mexiko aufnahm)
Projektziel	Ziel des Vorhabens ist die Steigerung der Wirtschaftskraft des Privatsektors in Mexiko. Dieses Ziel soll erreicht werden durch die Verbesserung der Leistungskraft kleiner und mittlerer Betriebe, die Verbesserung des Dienstleistungsangebotes von Verbänden und nationalen Kammern sowie ggf. durch Einflußnahme auf die einschlägigen staatlichen Rahmenbedingungen über den Projektträger.
Beratungsschwerpunkte	Technologieberatung, Exportförderung und betriebliche Kooperation, wobei letztere zusammen mit der DEG bearbeitet werden
Projektarbeit des Jahres 1991	Unternehmensebene IBD i.e.S.: Insgesamt konnten 1991 vier Kurzzeiteinsätze in den Bereichen Blumenanbau, Holzwaren- und Möbel- sowie Schuhindustrie durchgeführt werden. Die Einsätze waren auf die direkte Beratung einzelner Unternehmen abgestellt, zum Teil im Zusammenhang mit der Vorbereitung von Messebeteiligungen. Die Vorbereitung von zwei weiteren Einsätzen für das Folgejahr wurde begonnen; Themenbereiche sind Energieeinsparung und Verbesserung der Keramiktechnologie. Unternehmensebene IBD i.w.S: Durch SES Einsätze sind drei Betriebe -eine Druckerei, eine Büromöbelfabrik und ein Heimtextilhersteller- erfolgreich beraten worden. Im Bereich betriebliche Kooperation wurden in Zusammenarbeit mit der DEG fünf Fälle mit einem Gesamtinvestitionsvolumen von 8,3 Mio. DM positiv abgeschlossen; es handelt sich dabei um zwei Investitionsfälle, zwei Technologietransferfälle und einen Exportfall. Hierdurch wurden 16o Arbeitsplätze erhalten bzw. geschaffen und Exporte im Wert von 6,5 Mio. DM erzielt. Ebene der Selbsthilfeeinrichtungen: Bei der Deutsch-Mexikanischen Industrie- und Handelskammer wurden drei Studien in den Bereichen Verpackungsmaschinen, Schmiedeindustrie und Lagerung von Frischprodukten in Auftrag gegeben. Ziel ist die Identifizierung weiterer Kooperationsmöglichkeiten und der Einsatz weiterer IBD-relevanter Fördermaßnahmen. Vergleichbare Zielsetzungen wurden mit einer Studie zum Thema " Entsorgung und Vermeidung von gefährlichen Industriegüterabfällen " verfolgt.

Quelle: GTZ: unveröffentlichte Arbeitsmaterialien; Eschborn 1993

- Beratungsleistungen des *International Trade Centre* (ITC) in Genf. (s. Kap.6.2.3)

b) Aus- und Fortbildung:
- Die *Carl-Duisberg Gesellschaft* (CDG) führt sowohl länger- wie kurzfristige Aus- und Fortbildungsprogramme im Bereich der Handelsförderung für den asiatischen und lateinamerikanischen Raum durch. Einzelne Fortbildungsseminare werden ferner durch die *Deutsche Stiftung für Entwicklungsländer* (DSE) veranstaltet.

c) Finanzierung:
- Bei der Lösung von Finanzierungsproblemen in Unternehmen kann der Berater auf das Finanzierungsinstrumentarium der *DEG* (s. Kap. 4.3.6.5) und der *Kreditanstalt für Wiederaufbau* (s. Kap.4.3.6.5) verweisen.

- Internationale Finanzierungsinstitute: z.b. *International Finance-Corporation* (IFC) (s.Kap.6.2.4) oder *European Community-International Investment Partners* (ECIIP) (s.Kap.4.3.6.5).

d) Institutionelle Beratung:
- Die verschiedenen politischen Stiftungen betreiben vereinzelt Projekte, die Handelsförderungskomponenten vor allem im Bereich der Schaffung geeigneter Rahmenbedingungen beinhalten.

- Zur Gründung, Unterstützung und Beratung von Sparkassen, Kammern und Verbänden bieten sich innerhalb des *Partnerschaftsprogrammes der Sparkassen, Kammern und Verbände*, eine Reihe i.d.R. langfristiger Kooperationsmöglichkeiten zwischen gleichartigen oder ähnlichen Einrichtungen in der Bundesrepublik Deutschland und in den Entwicklungsländern.

Ferner gibt es innerhalb der GTZ diverse Programme und Maßnahmen zur Förderung der Privatwirtschaft in den Entwicklungsländern. Diese erstrecken sich von der Hilfe zur Existenzgründung von Klein- und Kleinstunternehmen bis hin zur betrieblichen Ausbildung, Berufsbildung, Sanierung und Rehabilitierung von Unternehmen sowie Regierungsberatung und Verwaltungshilfe. Als neuer Schwerpunkt kommt die Reform staatlicher und halbstaatlicher Unternehmen hinzu. Diese unterschiedlichen Maßnahmen gilt es, bei Bedarf in das IBD - Beratungspaket zu integrieren. Der von den Partnern immer wieder geforderte ganzheitliche Ansatz zur Förderung der Privatwirtschaft hat in letzter Zeit zu einer zunehmenden Verknüpfung von IBD-Projekten mit anderen TZ-Projekten der

Privatwirtschaftsförderung geführt. In Chile, Vietnam und Bangladesch sind bereits IBD-Projekte mit integrierter Kleinstgewerbeförderung geplant.[165]

Neben der Koordination der Fördermaßnahmen auf nationaler Ebene bietet sich unter Effektivitätsgesichtspunkten eine verstärkte Zusammenarbeit im Bereich der Handels- und Messeförderung mit der EG in Brüssel oder dem ITC in Genf an, um die begrenzten Mittel aufzustocken und Überschneidungen in den Beratungs- und Fördertätigkeiten zu vermeiden. Zu denken wäre in diesem Zusammenhang an eine verstärkte Konzentration einer jeden Institution auf bestimmte Förderansätze, die dann auch konsequenterweise in deren ausschließliche Verantwortungs- und Durchführungskompetenz fallen würden. Damit könnte das bei den jeweiligen Institutionen komprimierte, spezielle Know-how optimal für die Partnerländer genutzt werden.

Entsprechend der Grundkonzeption des IBD-Konzeptes können die Beratungsleistungen des **IBD im engeren Sinne** unterschiedlichen Inhalts sein und für verschiedene Zielgruppen auf verschiedenen Sachebenen erbracht werden. Die angebotenen Beratungen, auch außerhalb des unternehmerischen Bereichs, sind jedoch an den Bedürfnissen und Problemen von Unternehmen ausgerichtet. Sie bestimmen primär die Gestaltung des Beratungsangebotes. Beispiele wichtiger Beratungsfelder und deren Zuordnung zu bestimmten Zielgruppen und Ebenen sind der Tabelle 26 zu entnehmen.

Zu den instrumentellen Elementen des IBD-Konzepts zählen Langzeitprojekte und Kurzzeitmaßnahmen, die von der GTZ, der DEG bzw. von den von ihnen beauftragten Consulting-Firmen durchgeführt werden. Langzeitprojekte bestehen i.d.R. aus:

a) dem Einsatz eines Beraters bzw. Koordinators im Gastland, der vorzugsweise bei einer wirtschaftsnahen Stelle angesiedelt ist. Der IBD-Koordinator erfüllt neben der beratenden Tätigkeit in seinem Fachgebiet zwei wesentliche Aufgaben: In enger Abstimmung mit seinen Partnern wird er nach Ermittlung des bestehenden Bedarfes die Kurzzeiteinsätze planen, die notwendigen Spezialisten beim Inlandservice anfordern sowie deren Einsatz betreuen und überwachen. Ferner wird er im Rahmen seiner integrierenden Funktion seine Partner über weitergehende Möglichkeiten der Privatwirtschaftsförderung informieren und die entsprechenden Maßnahmen gegebenenfalls koordinieren.

b) einer größeren Anzahl flankierender Kurzzeiteinsätze

c) einem Inlandservice in Deutschland

d) einer angemessenen Sachausstattung

---

[165] Th. Michel: Das Potential der Partner; in: GTZ info Nr. 6/92, Eschborn 1992, S. 12

Kurzzeitmaßnahmen beinhalten die Durchführung von fachlich begrenzten und definierten Beratungsdienstleistungen durch Einsatz von spezialisierten Kurzzeitexperten. Hierzu zählen vor allem Beratungen im Rahmen des im IBD integrierten Handels- und Messeförderungsprogamms, z.b. Produkt- und Marketingberatung, Qualitätssicherung etc., und investitions- und kooperationsfördernde Maßnahmen, wie beispielsweise Standortmarketing, Partneridentifizierung u.s.w. Neben dem Handels- und Messeförderungsprogamm, dessen Abwicklung in den Händen der GTZ liegt, stehen der GTZ und der DEG für die Finanzierung der anfallenden Maßnahmen ein KZE-Pool zu Verfügung, in dessen Rahmen auch die Durchführung von vorbereitenden Studien etc. möglich ist. Kurzzeitberatungsdienstleistungen können auch von Ländern in Anspruch genommen werden, in denen kein IBD-Koordinator eingesetzt ist. Dadurch ergibt sich das Problem, inwieweit derartige Maßnahmen in ein länderspezifisches IBD-Konzept eingebunden sind und damit den konzeptionellen Ansprüchen des IBD-Programms genügen können.

Ein wesentliches Problem stellt die Frage der Erfolgsmessung derartiger Beratungsprojekte dar. Eine Erfolgsmessung ist aber notwendig, um einerseits eine Kontrollfunktion über die Verwendung öffentlicher Gelder zu gewährleisten und andererseits das eingesetzte Instrumentarium sinnvoll weiter zu entwickeln. Grundlage eines jeden Konzepts für das Monitoring und die Beurteilung des Erfolges in Beratungsdienstprojekten ist dabei die Erkenntnis, daß sich der Nutzen von Unternehmensberatungen nur unter spezifischen Gegebenheiten, nicht aber generell messen läßt. Gegenwärtig befindet sich ein Erfolgsmesssystem bei der GTZ in der Erprobungsphase.[166]

Da aufgrund des starken Interesses in den Entwicklungsländern eine große Anzahl von Anträgen auf Durchführung eines IBD-Projektes im BMZ eingereicht werden, können diese nicht alle berücksichtigt werden. Bei der Auswahl von einzelnen Ländern für ein solches Projekt gelten bestimmte Kriterien. Hierzu zählen :

- die ökonomischen Rahmenbedingungen, die privatwirtschaftliche Entfaltungsmöglichkeiten zulassen,

- die volkswirtschaftliche Bedeutung einzelner Branchen für die Entwicklung des Landes,

- ein ausreichendes Potential an mittleren und kleineren Unternehmen, die exportfähige Produkte herstellen können,

- kooperationsbereite Counterpart-Organisationen vor Ort,

- eine langfristig gesicherte Rohstoffversorgung für die zu fördernden Branchen, deren

---

[166] W.Zehender: Förderpakete nach Maß, a.a.O., S. 12

Tab. 26 : Beispiele für wichtige Beratungsfelder und deren Zuordnung zu bestimmten Zielgruppen und Ebenen

Ebenen	Zielgruppen	Beratungsfelder
Ebene der Rahmenbedingungen	- Regierung	- Wirtschaftsordnung
	- diverse Ministerien	- gesamte Wirtschaftsgesetzgebung (z.B.Eigentums-,Wettbewerbs-, Steuerrecht),
	- sonstige Behörden	-Wirtschafts-, insb. Handelspolitik, Währungs-, Finanzpolitik
	- staatliche und halbstaatliche wirtschaftsfördernde Stellen	- Förderinstrumente
		- Verwaltungsvorschriften und -verfahren
Ebene der Selbsthilfeeinrichtungen der Wirtschaft	- Kammern und Verbände	- Auf-, Um- und Ausbau sowie Organisation solcher Institutionen
		- Verbesserung des Dienstleistungsangebotes
		- Öffentlichkeitsarbeit
Ebene der Unternehmen	- Kleine und mittlere Unternehmen aus den Bereichen Industrie, Handel, Dienstleistungen	- Unternehmensberatung in allen betrieblichen Funktionsbereichen
		- Förderung von Investitionen und Kooperationen zwischen Unternehmen aus EL und IL
		- Aus- und Fortbildung

Quelle: BMZ (Hrsg.): Der Beratungsdienst für die Privatwirtschaft in den Entwicklungsländern, Bonn 1991, S.3

Nutzung ökologisch vertretbar ist,

- gute Marktchancen für die Produkte auf regionalen, deutschen oder europäischen Märkten.

Im Rahmen des IBD wurde ein Konsultativgremium eingerichtet, dem neben der Bundesregierung und den wichtigsten Durchführungsorganisationen auch Vertreter der deutschen Wirtschaft angehören. Das Gremium soll dazu beitragen, das IBD-Programm konzeptionell weiterzzentwickeln und die Verklammerung zwischen öffentlicher EZ und den Aktivitäten der Privatwirtschaft zu erleichtern. Auch sollen möglicherweise bestehende Vorurteile in Hinblick auf die Professionalität von Institutionen aus dem Bereich der EZ, die eine aktive Privatwirtschaftsförderung als Ziel haben, abgebaut werden.

Von der GTZ werden derzeit 18 IBD- und IBD-ähnliche Projekte durchgeführt, und 14 weitere befinden sich in Vorbereitung. Projekte vom Typ des Integrierten Beratungsdienstes gibt es bislang in afrikanischen Ländern noch relativ selten. Nur in den bereits vergleichsweise weiter entwickelten Staaten Marokko und Simbabwe läuft derzeit ein IBD-Projekt. Der Grund hierfür ist das weitgehende Fehlen mittelständischer Unternehmen mit einem ausreichenden Potential, die in der Lage wären, bei entsprechender Förderung wettbewerbsfähige Produkte herzustellen und diese gegenüber Importwaren am heimischen Markt durchzusetzen. An Exportaktivitäten ist unter den gegebenen Umständen auf dem afrikanischen Kontinent, wenn überhaupt, nur in einigen wenigen Ausnahmefällen zu denken. Förderungsaktivitäten sind in erster Linie auf die angrenzenden regionalen Märkte zu konzentrieren. Asiatische oder europäische Märkte kommen unter den derzeitigen Voraussetzungen kaum in Betracht. Um aber nicht einen ganzen Kontinent vollkommen aus einem wichtigen entwicklungspolitischen Förderansatz auszuschließen, gilt es, eine auf die afrikanischen Verhältnisse zugeschnittene Variante des Förderkonzeptes zu entwickeln. Erste vielversprechende Ansätze in diese Richtung sind in einem für das südliche Afrika geplanten Regionalprojekt enthalten. Es berücksichtigt den branchenpezifischen Beratungsbedarf der geographisch weit verstreut liegenden Unternehmen in der South African Development Community Region (SADC).[167]

Innerhalb der GTZ fällt die Durchführung des IBD-Programms in den Verantwortungsbereich und unter die Federführung der Abteilung Wirtschafts- und Unternehmensberatung/ Trägerförderung für die Privatwirtschaft. Um Überschneidungen der Beratungstätigkeiten innerhalb der GTZ zu vermeiden und klare Verantwortungs- und Kompetenzbereiche zu schaffen, bemüht sich die GTZ gegenwärtig die verschiedenen, auf den unterschiedlichen Ebenen anfallenden Beratungstätigkeiten organisatorisch zu trennen, indem sie einzelnen

---

[167] Th. Michel: Das Potential der Partner, a.a.O., S. 12

Abteilungen in der GTZ zugeordnet werden. Die Durchführung der Beratungsmaßnahmen auf der Ebene der Unternehmen fällt dabei in den Zuständigkeitsbereich von Protrade.

Das Protrade-Programm war ursprünglich ein reines Handels- und Messeprogramm. Im Laufe der Zeit ist das Tätigkeitsspektrum von Protrade stetig erweitert worden und beinhaltet heute ein umfassendes Unternehmensberatungsprogramm, in das mehr als 50% der bereitgestellten Mittel des IBD-Titels fließen. Schwerpunkte des Protrade-Programms liegen bei der individuellen Unternehmensberatung mit dem Schwerpunkt Exportmarketing, der Förderung von Messeauftritten und einem Informationsservice.

Darüberhinaus werden Messegesellschaften in den Entwicklungsländern beraten, um die sich entwickelnden Süd-Süd-Handelsbeziehungen weiter zu fördern. Regionale Messen in einem Entwicklungsland bieten gerade für mittelständische Unternehmen eine gute Gelegenheit, erste Messeerfahrungen zu sammeln und in das Exportgeschäft einzusteigen. Als Beispiel sei an dieser Stelle auf die innerhalb eines IBD-Projektes erfolgte Beratung der Staatlichen Messegesellschaft in Simbabwe verwiesen.Die Protrade-Beratungsleistungen konzentrieren sich auf eine Reihe von Branchen, in denen die Entwicklungsländer derzeit die wohl größten Exportchancen besitzen. Hierbei handelt es sich um:

- Textilien und Bekleidung, Agrarprodukte, Nahrungsmittel, Schuhe und Lederwaren, Metall, Keramik, Kunststoffe, Möbel, Schmuck, Wohnaccessoires, Geschenkartikel, Messeberatung und -vermittlung.

Für jede dieser Schwerpunktbranchen sind von der GTZ zwischenzeitlich fundierte Branchenkonzepte entwickelt worden, auf deren Basis zukünftig jede Beratung erfolgen soll.[168] In dieser sektoralen Konzentration zeigt sich, daß der Schwerpunkt der Protrade-Maßnahmen auf dem Bereich des Exportmarketings mit der primären Ausrichtung auf die Zielmärkte in der Bundesrepublik Deutschland bzw. in der EG liegt. Dies wird damit begründet, daß der Eintritt in die europäischen Märkte für viele Unternehmen aus den Entwicklungsländern ein großes und allein nicht zu überwindendes Problem darstellt. So treffen beispielsweise Produkte aus meist kleinbetrieblicher Erzeugung auf ein hochentwickeltes, spezialisiertes System der Konsumgüterdistribution, und vielen Anbietern fehlt die Erfahrung, um Messen richtig zu nutzen. Da in der Mehrzahl der Enwicklungsländer auf derartige Probleme spezialisierte Unternehmsberatungen, wie sie europäischen Firmen

---

[168]Protrade (Hrsg.): Branchenkonzepte, Eschborn 1993

Tab.27 : Übersicht über die derzeitigen IBD- bzw. IBD ähnlichen Projekte

	Land	Counterpart	Bemerkungen
1. Asien	China	CNLPIEC	ohne Langzeitberater
	Indien	Handelsministerium	
	Indonesien	Handelsministerium	
	Korea	SMIPC (Small&Medium Industry Promotion Corp.)	
	Mongolei	Handelsministerium	in Vorbereitung
	Pakistan	FPCCI	
	Philippinen	MTI	
	Vietnam	Zentralstelle der nicht staatlichen Betriebe	in Vorbereitung
	Bangladesch		in Vorbereitung
	Sri Lanka		in Vorbereitung
	Kirgistan		in Vorbereitung
2. Lateinamerika Süd	Argentinien	UIBRA	in Vorbereitung
	Bolivien	Dachverband	in Vorbereitung
	Brasilien	CITPAR (Centro de Integracao de Technologia do Parana)	
	Ecuador	CENDES	
	Kolumbien	PROEXPO	
	Uruguay	CIU (Camara de Industrias del Uruguay)	
	Peru		in Vorbereitung
3. Lateinamerika Nord	Costa Rica	Handelskammer	
	Dom. Rep.	Handelskammer	
	Guatemala	CAEM	in Vorbereitung
	Jamaika	JMA (Jamaica Manufactures Assoc.)	
	Mexiko	CNACINTRA: (Nationale Kammer der verarbeitenden Industrie)	in Vorbereitung
	El Salvador		
4. Afrika	Marokko	CMPE (Centre Marocain de Promotion des Exportations)	
	Simbabwe	CZI (Confederation of Zimbabwean Industries)	
	Nigeria		in Vorbereitung
5. Europa	Polen	Dachverband der Industrie- u. Handelskammer	
	Türkei	Exp. Vereinigung	
	Lettland		in Vorbereitung
	Bulgarien		in Vorbereitung
	Rumänien		in Vorbereitung

Quelle: GTZ: unveröffentlichte Arbeitsmaterialien; Eschborn 1993
DEG (Hrsg.): Beratungsdienst für die Wirtschaft, Köln 1992

reichlich zu Verfügung stehen, weitgehend fehlen oder aber derartige Beratungen für die mittelständischen Unternehmen nicht zu finanzieren sind, richtet sich das Leistungsangebot innerhalb des Protrade-Programms in erster Linie auf dieses Marktsegment. Die Förderung von Unternehmen außerhalb dieser Schwerpunktbereiche, z.B. im Bereich der technischen Produkte mit einer Ausrichtung auf Zielmärkte in den Entwicklungsländern, erscheint so nicht ohne weiteres möglich.

Im Rahmen einer sog. Beratungskette werden beim zeitlichen Ablauf der Protrade-Beratung vier verschiedene Phasen unterschieden. Diese zeichnen sich durch unterschiedliche Maßnahmenschwerpunkte aus und erstrecken sich auf die gesamte Förderungsdauer, die i.d.R. vier Jahre beträgt.

In der Startphase wird auf Basis einer Situationsaufnahme bei etwa 50-60 Unternehmen der zu fördernden Branche eine länder- und firmenbezogene Beratungsstrategie entwickelt. Ziel der Beratungsstrategie ist dabei eine möglichst große Breitenwirkung. Entsprechend sind je nach Größe und Entwicklungsstand der identifizierten Sektoren die Schwerpunkte der Beratung

Abb.11 : Ablauf eines Maßnahmenpakets

1.Jahr Startphase	2.Jahr Aufwärmphase	3.Jahr Intensivierungsphase	4.Jahr Kontroll-/Schlußphase
Analyse Exportstrategie Produktentwicklung Marketing Messe-Beteiligung Follow-up	Produktanpassung Marketing Produktionstechnologie Qualitätssicherung Logistikaufbau Verkaufsförderung/PR Messe-Beteiligung Follow-up		Produkt-Standards Marketingmaßnahmen Produktionstechnologien Qualitätskontrolle Logistik Verkaufsförderung/PR Messe-Aktivitäten
Begleitendes Informationsmaterial Marketinghandbücher Produktionsrichtlinien Guidelines Datenbanken etc.	Begleitendes Informationsmaterial Marketinghandbücher Produktionsrichtlinien Guidelines Datenbanken etc.		Auswertung aller Aktivitäten und Ergebnisse

Quelle: Protrade (Hrsg.): Protrade Der Weg zum erfolgreichen Handel, Eschborn 1992, S. 9

unterschiedlich festzulegen. Bei der Auswahl der für eine Beratung geeigneten Unternehmen gibt es aufgrund der unterschiedlichen Voraussetzungen in den einzelnen Branchen und Regionen keine fest definierten Kriterien. Wichtige Gesichtspunkte bei der Auswahl sind u.a. die Zugehörigkeit zur Klein- und Mittelindustrie im Partnerland, eine gesicherte Marktposition im eigenem Land, Bedeutung für den lokalen Arbeitsmarkt, die Exportorientierung und das Vorhandensein exportfähiger Produkte sowie ein Beratungsbedarf aus dem Protrade-Programm. Prinzipiell ausgeschlossen sind lediglich Unternehmen mit multinationalen Kapitalverflechtungen oder Großunternehmen, die bereits erfolgreich eigene Exportverbindungen nach Deutschland unterhalten.[169]

In der Regel wird eine Gruppe von 6-7 Firmen für die einzelbetriebliche Beratung ausgesucht. Die nachfolgende Übersicht des Leistungsangebotes vermittelt einen Überblick über das breite Spektrum des angebotenen Instrumentariums. Dieses wird auf Basis von individuellen Problemanalysen den zu beratenden Unternehmen in Teilen oder in Paketen angeboten.

Abb.12 : Das Protrade-Leistungsangebot

Produktberatung	Vermarktungs-beratung	Messeberatung	Info-Service
Markt-/Branchenanalyse	Verkaufsförderung	Standdesign	Seminare
Produktentwicklung	Verpackung/Logistik	Dekoration	Workshops
Design	Distribution	Produktpräsentation	Marketinghandbücher
Beschaffung	Preisgestaltung	Follow-up	Exportmanuals
Produktionstechnik	Werbung/ PR-Maßnahmen	Pressekonferenzen	Produktionshandbücher
Qualitätssicherung		Einkäuferkontakte/ - termine	Trendinformationen
Umweltschutz			Produktbroschüren

Quelle: Protrade (Hrsg.): Protrade Der Weg zum erfolgreichen Handel, Eschborn 1992, S. 5

Die Beratung der einzelnen Firmen vor Ort erfolgt durch KZE. Verantwortlich für die Steuerung der Unternehmensberatung ist der Branchenleiter bei Protrade. Neben den Aufgaben, die im Zusammenhang mit dem Einsatz der KZE vor Ort anfallen, ist er auch für die Inlandspromotion verantwortlich und steht den Unternehmen bei Anfragen zu Verfügung. Um sicherzustellen, daß die Unternehmen die einzelnen Maßnahmen als kontinuierliche Beratung

---

[169]Protrade (Hrsg.): Branchenkonzepte, a.a.O., S. 5 f

empfinden, ist dieser regelmäßige Kontakt zu den Firmen sehr wichtig. Neben den Fachkräften aus den Industrieländern wird versucht, auch lokale Consultants verstärkt in die Beratung mit einzubinden, um einerseits deren Know-how in Hinblick auf technische, soziokulturelle und politische Aspekte zu nutzen und andererseits den Aufbau von einheimischen Unternehmensberatungen zu fördern. Treten bei den durch Protrade zu beratenden Unternehmen Fragen auf, die außerhalb der Beratungskompetenz von Protrade liegen oder aber den Einsatz eines Langzeitexperten erfordern, so sind durch Protrade andere Institutionen, Abteilungen der GTZ oder private Consultants mit einzubeziehen.

Neben den Messeberatungen, die innerhalb eines umfassenden, oft mehrjährigen individuellen Maßnahmenpaketes erbracht werden, ist Protrade weiterhin mit der Abwicklung der von der Bundesregierung bereitgestellten **Messezuschüsse** betraut. Mit Hilfe dieser Zuschüsse soll die Teilnahme von Unternehmen aus Entwicklungsländern an deutschen Messen und Ausstellungen gefördert werden. Im Jahre 1991 kamen rund 1800 Unternehmen aus ca. 75 Entwicklungsländern in den Genuß einer solchen Förderung, die sich auf insgesamt 35 deutsche Fachmessen erstreckte. Insgesamt standen hierfür 7,8 Mio. DM zur Verfügung.[170] Die Zuschüsse werden für Gemeinschaftsbeteiligungen von mindestens drei Unternehmen aus Entwicklungsländern gewährt, deren Produkte auf dem europäischen und insbesondere dem deutschen Markt noch nicht im wünschenswerten Maße eingeführt sind, jedoch hinsichtlich Qualität, Preis, Verpackung und Lieferfähigkeit hinreichende Absatzchancen besitzen.

Insgesamt kann die Teilnahme eines Unternehmens an den Gruppenständen bis zu viermal gefördert werden. Die Höhe der Zuschüsse richtet sich nach dem Bedürfnisgrad des Entwicklungslandes und der teilnehmenden Firmen, der Zahl der auf dem Gemeinschaftsstand vertretenen Firmen, der Art der Exponate und der sich daraus ergebenden Standfläche. Der Zuschuß liegt pro Gemeinschaftsstand, Messe/Ausstellung und Entwicklungsland in der Größenordnung von 35 000 DM. Grundsätzlich handelt es sich immer nur um eine Teilfinanzierung. So sind beispielsweise die oftmals beträchtlichen Reisekosten nicht erstattungsfähig. Entsprechend liegen die Gesamtkosten für eine derartige Beteiligung für die geförderten Firmen deutlich höher.[171] Dies erscheint durchaus sinnvoll, um dem Aussteller ein gewisses Maß an Eigenbestimmung zu lassen. Mit Hilfe der finanziellen und personellen Förderung, die ein solcher Messezuschuß beinhaltet, sollen die eigenen Aktivitäten der ausländischen Unternehmen keineswegs einschlafen, sondern lediglich ein Fundament für eigenbestimmte Absatzaktivitäten bereitgestellt und den Produzenten der Markteintritt etwas erleichtert werden.

---

[170]BMZ (Hrsg.): Beratungsmaßnahmen für die Wirtschaft der EL sowie Maßnahmen zur Förderung ihres Handels, Kurzinformationen, Bonn 1991, S. 2
[171]AUMA (Hrsg.): Erfolgreiche Messebeteiligung Made in Germany, Köln o.J., S. 39 f

Für Exporteure aus Entwicklungsländern, die an einem Messezuschuß interessiert sind, empfiehlt es sich, sich möglichst frühzeitig an die jeweils zuständige Regierungsstelle in ihrem Land zu wenden. Diese richtet die Anträge über ihre Auslandsvertretungen in der Bundesrepublik Deutschland an das Auswärtige Amt und die GTZ weiter. Sie müssen spätestens bis Anfang Oktober für Messen, die in der ersten Hälfte des kommenden Jahres stattfinden, und spätestens bis Ende März für Messen des zweiten Halbjahrs dort vorliegen.[172]

Das Interesse von Unternehmen aus Entwicklungsländern an einer Messeförderung ist ausgesprochen hoch, so daß bereits durch entsprechende Institutionen im Partnerland eine Vorauswahl stattfindet. In der Praxis zeigt sich, daß diese Institutionen allerdings nicht immer in ausreichendem Maße über die Bedeutung und die Anforderungen der verschiedenen Konsumgüter- und Fachmessen in der Bundesrepublik Deutschland unterrichtet sind. Auch sind wiederholt Firmen für eine Förderung ausgewählt worden, die nicht unbedingt auf eine derartige Förderung angewiesen sind.[173] Eine ausreichende Messevorbereitung war vereinzelt aus Zeitgründen nicht möglich, da sich das Auswahlverfahren insgesamt recht langwierig gestaltete. Nach den Erfahrungen der Vergangenheit besitzen nur einige wenige Aussteller eine gewisse Professionalität, obwohl sie teilweise schon eine relativ lange Lieferanbindung an deutsche Importhändler aufweisen. Allerdings geht nur in wenigen Fällen die Beziehung über eine reine Lieferbindung hinaus. Es verbleiben kaum Freiräume für eine aktive Marktbearbeitung, etwa durch die Mitgestaltung der Produktpräsentation oder sonstige Marketingaktivitäten. Vor dem Hintergrund der oftmals hohen Erwartungshaltung ist eine gute und professionelle Messevorbereitung und auch Nachbetreuung von ausschlaggebender Bedeutung für eine erfolgreiche Messeteilnahme.[174] Aus diesem Grund wurde zwischen Protrade und dem BMZ eine Einigung dahingehend erzielt, daß zukünftig die Gewährung eines Messezuschusses nur in Verbindung mit einer Messeberatung möglich sein wird. Diese Entscheidung trifft nicht in allen Fällen auf das Verständnis der Botschaften, der Exportförderungsgesellschaften und anderer involvierter Stellen. Erste Erfolge sind aber bereits zu verzeichnen. So wurden nach Angaben von Protrade 1992 50% der Unternehmen,

---

[172]BMZ (Hrsg.): Richtlinien für die Gewährung von Zuschüssen an Enwicklungsländer zur Förderung ihrer Teilnahme an deutschen Messen und Ausstellungen-Neufassung 1991 , Bonn 1991 S. 2 ff
[173]Vortragsmitschrift im Rahmen der Vortragsveranstaltung der Protrade über "Neue Wege der Wirtschaftsförderung", Protrade im Test-Messeförderung auf der ANUGA 1991: von U. Träger, ifo Institut A. von Hardenberg: Mehr Chancen für den Handel; in: GTZ Info. Nr. 6/92, Eschborn 1992, S.18
[174]Vortragsmitschrift im Rahmen der Vortragsveranstaltung der Protrade über "Neue Wege der Wirtschaftsförderung", Protrade im Test-Messeförderung auf der ANUGA 1991

die einen Messezuschuß erhalten haben, zuvor beraten. [175]Die DEG wird durch das BMZ mit der Planung und Durchführung des beantragten Projektes betraut, wenn der Antrag eines Entwicklungslandes zur Durchführung eines IBD-Projektes erkennen läßt, daß der Schwerpunkt der Beratungen in den Bereich der betrieblichen Kooperation fällt. Das Beratungsgeschäft wird in den letzten Jahren von der DEG konsequent als zweiter Geschäftszweig neben den Finanzierungen ausgebaut. Entsprechend werden Beratungsleistungen auch unabhängig von einer DEG-Mitfinanzierung erbracht. Neben der länderbezogenen Beratung im Rahmen von IBD-Projekten umfaßt das Beratungsangebot der DEG sowohl eine DEG-eigene, länderbezogene Beratung zur Förderung der Privatwirtschaft als auch die Beratung von Unternehmen in den Bereichen Internationalisierung und Standortwahl, projektbezogene Konzeptberatung und betriebswirtschaftliche Beratung. Innerhalb der Beratung regierungsnaher Stellen liegen die Beratungsschwerpunkte vor allem in der Erstellung von Potentialanalysen, in der Formulierung von Entwicklungsstrategien und der Durchführung von Promotionmaßnahmen.

Derzeit werden von der DEG in Indien, Indonesien, Malaysia, Marokko, Philippinen, Thailand und der Türkei IBD-Projekte durchgeführt. In diesen Ländern sind Kooperationsberater der DEG ständig tätig. Ihre Arbeit vor Ort wird durch länderbezogene Beratungsdienste der DEG in der Bundesrepublik Deutschland ergänzt.[176] Entsprechend der Grundidee des IBD-Konzeptes basieren auch die IBD-Projekte der DEG auf einem die länderspezifischen Besonderheiten berücksichtigenden Beratungskonzept, in dem die verschiedensten Beratungsleistungen zu einem Maßnahmenbündel zusammengefaßt sind. Gerade in den Ländern in denen parallel auch ein IBD-Projekt der GTZ durchgeführt wird, ist eine enge Kooperation zwischen beiden Institutionen dringend erforderlich, um Überschneidungen der

---

[175]Neben diesen Messezuschüssen, die einzelnen Unternehmen gewährt werden, stehen innerhalb des IBD-Titels Mittel zur finanziellen Unterstützung der in Berlin, seit 1962 stattfindenden Import-Messe **Partner des Fortschritts (PDF)** zur Verfügung. Vor dem Hintergrund eines gravierenden Wandels, in dem sich die Messelandschaft in Deutschland derzeit befindet, ist diese Förderung einer wachsenden Kritik ausgesetzt. Universalmessen, wie die PDF, mit einer oftmals unüberschaubaren Anzahl von Ausstellern sind weitgehend durch Fachveranstaltungen verdrängt worden. Es muß daher sehr genau geprüft werden, welche Messen für die Unternehmen die richtige und erfolgversprechendste Plattform darstellen. Die PDF Berlin, hat nach Meinung ihrer Kritiker diese Veränderungen nicht mitvollzogen und wird damit den Anforderungen an eine professionelle Messeveranstaltung nicht mehr gerecht. Dieser Kritik wurde insofern Rechnung getragen, daß 1992 erstmals eine Konzentration auf bestimme Branchen stattfand. Auch wird wohl mit Recht auf die besonderen Standortvorteile des Messestandortes Berlin: als Verbindung zwischen Produzenten aus den Entwicklungsländern und den Ländern Mittel-, Ost- und Südosteuropas hervorgehoben. Diese sich entwickelnde "Ost-Süd-Achse" wird der Berliner Messe sicherlich neue Impulse geben. Allerdings erschein:t gerade vor den sich abzeichnenden Veränderungen in Osteuropa und den damit verbundenen Chancen für Berlin eine besondere Förderung des Messeplatzes Berlin aus Geldern der EZ nicht gerechtfertigt. A. von Hardenberg: Mehr Chancen für den Handel, in: GTZ Info Nr. 6/92, a.a.O., S.19, AMK Berlin, (Hrsg.): Import-Messe Partner des Fortschritts, Kurzbeschreibung, Berlin 1992, AMK Berlin, (Hrsg.): Import- Messe Berlin 1991, Presseinformationen PdF/1/d,PdF/3/d
[176] DEG (Hrsg.): Marketing, Köln 1993, S.1 f
DEG (Hrsg.): Geschäftsbericht 1991, Köln 1992, S.8 f
DEG (Hrsg.): Partner DEG. Ein Porträt, Köln 1992, S.9 f

Beratungsleistungen zu vermeiden. Inwieweit beide Projekte Bestandteile eines einheitlichen länderbezogenen Förderansatzes zur Förderung der Privatwirtschaft sein können, wird sehr stark von der Koordinationswilligkeit der involvierten Personenkreise abhängen. In der Regel wird es in einem solchen Fall sinnvoll sein, die Verantwortungs- und Kompetenzbereiche der beiden Durchführungsorganisationen klar voneinander abzugrenzen.

Im Rahmen einer vertraglichen Vereinbarung zwischen dem BMZ und dem Zentrum für Industrielle Entwicklung (ZIE) in Brüssel, betreut ein Berater der DEG deutsche Unternehmen bei Kooperationsvorhaben mit Unternehmen in den AKP - Staaten. Diese Zusammenarbeit mit Brüssel ist nicht zuletzt Ausdruck des Bemühens, zu einer sinnvollen Arbeitsteilung zwischen Institutionen mit vergleichbaren Programmen zu gelangen, und entspricht damit der integrierenden Funktion des IBD-Programms.

4.3.6 Funktion, Bedeutung und Förderung von Direktinvestitionen für die Gestaltung der Außenwirtschaftsbeziehungen zu den Entwicklungsländern

Neben den traditionellen Handelsbeziehungen werden die Außenwirtschaftsbeziehungen der Bundesrepublik Deutschland zu Entwicklungs- und Schwellenländern in zunehmendem Maße durch die bestehenden Direktinvestitionsverflechtungen bestimmt. In diesem Zusammenhang ist allerdings deutlich herauszustellen, daß Direktinvestitionen, mit Ausnahme einiger weniger Investitionen von Unternehmen aus Schwellenländern in der Bundesrepublik, nahezu ausschließlich von deutschen Unternehmen in Entwicklungs- und Schwellenländer durchgeführt werden.

Die Durchführung von Direktinvestitionen löst sowohl im Herkunftsland als auch im Anlageland vielfältige und in ihrer Komplexität vielfach nur schwer analysierbare unmittelbare wie mittelbare binnen- und außenwirtschaftliche Effekte aus. In welchem Ausmaß diese Effekte im Herkunfts- sowie Bestimmungsland im Einzelfall eintreten, hängt im wesentlichen von dem Investitionsmotiv, der Höhe der Investition, der verlagerten Wertschöpfungsaktivität(en) und der Branchenzugehörigkeit des investierenden Unternehmens ab. In diesem Kapitel werden u.a. die wichtigsten mittelbaren und unmittelbaren Auswirkungen von Direktinvestitionen auf die Entwicklung der Außenhandelsstrukturen der Entwicklungsländer herausgestellt.

4.3.6.1 Entwicklung und Merkmale der Direktinvestitionen in Entwicklungsländer unter besonderer Berücksichtigung deutscher Direktinvestitionen

Zu einem der auffälligsten Merkmale der Umstrukturierungsprozesse in der Weltwirtschaft seit den 70er Jahren zählt die Intensivierung und zunehmende Verflechtung der internationalen Wirtschaftsbeziehungen durch Direktinvestitionen. Direktinvestitionen werden im allgemeinen definiert als "eine langfristige Kapitalanlage im Ausland, die nicht über den Kapitalmarkt, z.B. als Portfolioinvestition oder Anleihe, vermittelt wird, sondern vom Investor vorgenommen wird, um einen unmittelbaren Einfluß auf die Geschäftstätigkeit eines zu gründenden oder bereits bestehenden Unternehmens zu gewinnen."[177]

Charakteristisch für Direktinvestitionen ist, daß im Gegensatz zu Exporten, Kapital und Management in Abhängigkeit von den verschiedenen Formen von Direktinvestitionen in das Anlageland transferiert werden und nicht wie bei den Exporten im Ursprungsland verbleiben.[178] Direktinvestitionen sind daher auch Ausdruck einer langfristigen und rentabilitätsorientierten unternehmerischen Tätigkeit. Direktinvestitionen, insbesondere solche in Entwicklungs- und Schwellenländern, stellen daher die intensivste und zugleich risikoreichste Form privatwirtschaftlichen Engagements im Ausland dar.

Die Durchführung einer Direktinvestition kann von seiten der investierenden Unternehmen durch unterschiedliche Zielsetzungen und Motive begründet sein. Auf Basis des jeweiligen Investitionsmotivs wird in einem Klassifizierungsschema der DEG zwischen fünf verschiedenen Direktinvestitionstypen differenziert.[179]

1. Bei <u>absatzmarktorientierten Direktinvestitionen</u> steht die Erschließung, Sicherung oder Erweiterung von Absatzmärkten im Vordergrund.

2. <u>Beschaffungsmarktorientierte Direktinvestitionen</u> werden zur Sicherung der Rohstoffversorgung bzw. zur Versorgung mit sonstigen Beschaffungsinputs oder zur Weiterverarbeitung lokaler Rohstoffe im Investitionsland getätigt.

3. Ausschlaggebende Motive für die Vornahme von <u>kostenorientierten Direktinvestitionen</u> stellen niedrigere Lohn- und Lohnnebenkosten, fiskalische und sonstige gesetzliche Vergünstigungen oder geringe Transportkosten im Destinationsland dar.

4. Ein weiteres Motiv für eine Direktinvestition wird in der <u>Standortdiversifikation</u> gesehen.

---

[177]Dietmar Butt (Hrsg.): Außenwirtschaftslexikon, Frankfurt 1989, S. 108
[178]H.G. Meißner, S. Gerber: Die Auslandsinvestition als Entscheidungsproblem, in: BF u P, 32.Jg. Nr.3, o.O. 1980 S. .217 ff
[179]DEG (Hrsg.): Informationen, Marketingabteilung, Köln 1992

Dieser Typ dient zur Risikostreuung und als Reaktion auf entsprechende Strategien von Wettbewerbern.

5. Weitere Investitionsmotive können in der <u>Umgehung von tarifären und nicht tarifären Handelshemmnissen</u> liegen. Ebenso kann die Aufnahme einer Zulieferfunktion für ein anderes Unternehmen im Investitionsland ein Investitionsmotiv darstellen.

Neben diesen verschiedenen Direktinvestitionstypen ist es sinnvoll, eine Unterscheidung zwischen den für ein Auslandsengagement zur Verfügung stehenden Investitionsformen zu treffen. Hierbei kann unterschieden werden zwischen den traditionellen Formen, wie z.b. Joint-Ventures, Auslandsniederlassung, Tochtergesellschaft und den sogenannten neuen Investitionsformen, z.B. Management- und Franchisingverträge, vertraglichen Kooperationen, Phaseout-Abkommen etc. Im Gegensatz zu den tradionellen Formen sind die neuen Formen dadurch charakterisiert, daß sie ohne Kapitalbeteiligung vorgenommen werden. Direktinvestitionsverflechtungen haben in den 80er Jahren kontinuierlich an Bedeutung innerhalb der Außenwirtschaftsbeziehungen zwischen den Industrie- und zumindest einigen Entwicklungs- und Schwellenländern gewonnen. Diese Entwicklung ist in erster Linie auf die Tendenzen zur Globalisierung des Wettbewerbs in nahezu allen Branchen und auf die protektionistischen Tendenzen bzw. Erwartungen zurückzuführen und wird durch den enormen absoluten und relativen Anstieg der Direktinvestitionen zwischen den Industrieländern deutlich.[180] Kennzeichnend für die Entwicklung der Direktinvestitionsströme von den Industrie- in die Entwicklungsländer ist, daß das Investitionsvolumen zwar absolut angestiegen ist, aber der relative Zustrom von Investitionen in Entwicklungsländer, gemessen an der Gesamtverteilung, stark abgenommen hat. Wurden in den 70er Jahren noch ein Drittel aller Direktinvestitionen in Entwicklungsländern getätigt, so hat sich deren Anteil bis Ende der 80er Jahre auf 10% reduziert. Hauptursprungsländer dieser Direktinvestitionen sind Japan, die USA, Frankreich, Großbritannien und die Bundesrepublik Deutschland. Darüber hinaus ist die Entwicklung der Direktinvestitionsströme in die Entwicklungsländer durch folgende Merkmale charakterisiert:

1. eine starke Konzentration auf wenige Destinationsländer, zumeist Länder im asiatischen Raum,

2. eine vermehrte Investitionstätigkeit kleiner und mittlerer Unternehmen,

3. den Zuwachs von Investitionen in kapitalintensiven Branchen und im Dienstleistungssektor,

4. durch eine generelle Erhöhung der Standortanforderungen.

---

[180]M. Porter: Globaler Wettbwerb, Strategien der neuen Internationalisierung. Wiesbaden 1989, S. 15 ff
UNIDO (Hrsg.): Foreign direct investment flows, PPD.167, Wien 1990, S. 5
OECD (Hrsg.): International direckt investment and the new economic enviroment, Paris 1989, S. 7

Auffallend für die jüngeren Entwicklungen ist zudem, daß sogar die Außenwirtschaftsbeziehungen zwischen einzelnen Entwicklungs- und Schwellenländern in wachsendem Maße durch die Vornahme von Direktinvestitionen geprägt werden. Als Beispiel hierfür können Investitionen koreanischer, taiwanesischer Unternehmen oder von Unternehmen aus Singapur und Honkong in die angrenzenden asiatischen Entwicklungsländer angeführt werden.

Eine wichtige Determinante für das Direktinvestitionsverhalten von Unternehmen stellt die staatliche Politik gegenüber ausländischen Investoren dar. In den letzten Jahren sind die meisten Entwicklungsländer dazu übergegangen, ihre Investitionspolitik gegenüber ausländischen Investoren kontinuierlich zu liberalisieren. In vielen Ländern wird die Ansiedlung ausländischer Direktinvestoren im Rahmen der Wirtschafts- und Industrialisierungspolitik sogar durch entsprechende Fördermaßnahme, z.B. durch fiskalische Erleichertungen und Vergünstigungen, massiv gefördert. Zwischen den Entwicklungs- und Schwellenländern, hierzu zählen auch die Reformländer Osteuropas, wird gegenwärtig ein intensiver Wettbewerb um die Ansiedlung ausländischer Direktinvestitionen ausgetragen.[181] In dem zu beobachtenden Wandel der Investitionspolitik gegenüber ausländischen Direktinvestoren spiegeln sich die hohen und vielfältigen Erwartungen und Zielsetzungen hinsichtlich der induzierten entwicklungsfördernden Effekte von Direktinvestitionen wider. Hierzu zählt die Schaffung von Arbeitsplätzen, die Erhöhung des Know-how-Transfers, die Mobilisierung lokaler Ressourcen und die Realisierung von Linkage-Effekten etc. Weitere mit der Förderung ausländischer Investitionen verbundene wirtschaftspolitische Ziele werden vor allem in deren Beitrag zur Erhöhung und Diversifizierung der Exporte und damit zur Verbesserung der Zahlungsbilanz gesehen.

Die deutschen Direktinvestitionen im Ausland weisen in den achtziger Jahren deutliche Zuwächse auf. Mit einem Nettozugang[182] von 29,7 Mrd. DM wurde 1990 der bisher mit Abstand höchste Zuwachs realisiert. Das kumulierte Gesamtvolumen erreichte 1990 222,6 Mrd.DM und hat sich gegenüber 1980 mehr als verdreifacht. Diese Entwicklung ist dabei ganz überwiegend auf die gestiegenen Investitionen in die westlichen Industrieländer, insbesondere in Europa und die USA, zurückzuführen, auf die 1990 51% bzw. 41% der gesamten

---

[181]UNCTC (Hrsg.): Transnational cooperation in world development trends and prospects, New York 1988, S. 262 ff
UNIDO (Hrsg.): Foreign direct investment flows, a.a.O. S. 30 ff
[182]Der Nettozugang umfaßt den im jeweiligen Jahr stattgefundenen Nettokapitaltransfer, d. h. das tatsächlich angefallene Investitionsvolumen abzüglich der anfallenden Rückflüsse in Form von Liquidationserlösen, Darlehensrückzahlungen etc. Die Differenzen zwischen Brutto- und Nettotransfer erreichen teilweise erhebliche Größenordnungen und lagen z.B. für 1990 bei 11Mrd. DM
H. Seifert: Aktuelle Entwicklungen der deutschen Direktinvestitionen im Ausland, in: Handbuch für internationale Zusammenarbeit, 292. Lief. Baden- Baden 1992, S. 10 ff

Investitionen entfielen. Auch weist die Investitionstätigkeit in den Ländern Osteuropas seit 1989 deutliche Zuwächse auf.

Im Gegensatz dazu nahm die Investitionstätigkeit in die Entwicklungsländernin der ersten Hälfte der 80er Jahre rapide, von einem Investitionsvolumen von jährlich über 2 Mrd. DM zu Beginn der achtziger Jahre auf 0,29 Mrd. DM 1985 ab. Dieser rückläufige Trend konnte in der zweiten Hälfte der 80er Jahre zumindest teilweise aufgefangen werden. So lag das Investitionsvolumen 1990 erneut bei 1,18 Mrd. DM und erreicht damit das Niveau der siebziger Jahre. Während zu Beginn der achtziger Jahre der Anteil der Entwicklungsländer an den jährlich getätigten Direktinvestitionen bei deutlich über 20% lag, entfielen 1990 lediglich 4,0% der in diesem Jahr getätigten Investitionen auf Länder in der Dritten Welt. Von dieser negativen Entwicklung waren allerdings nicht alle Entwicklungsländer gleichermaßen betroffen. Die Entwicklung in den achtziger Jahren ist geprägt von einer wachsenden Differenzierung zwischen den einzelnen Ländern und die Konzentration der Investitionstätigkeit auf einige wenige Länder. Insbesondere die Investitionen in die Schwellenländer des ost- und südostasiatischen Raums weisen deutliche Zuwächse auf. Insgesamt entfielen 1990 rund 50% aller in den Entwicklungsländern getätigten Investitionen auf nur 26 Schwellenländer. Die Rangfolge der wichtigsten Anlageländer innerhalb der Gruppe der Entwicklungsländer weist Mexiko, Brasilien, die Kaimaninseln, gefolgt von der Rep. Korea sowie Argentinien als die bedeutendsten Staaten aus.[183]

4.3.6.2 Außenwirtschaftseffekte von Direktinvestitionen

Bei den die Außenhandelsstruktur und Handelspolitik beeinflussenden Auswirkungen von Direktinvestitionen muß unterschieden werden zwischen direkten und indirekten, handelsfördernden und handelseinschränkenden Effekten. Struktur und Umfang dieser Effekte werden maßgeblich durch den Direktinvestitionstyp, die Investitionshöhe, den Umfang der verlagerten Aktivitäten sowie die Investititonsform bestimmt.

Im folgenden werden zunächst die möglichen Auswirkungen von Direktinvestitionen auf den deutschen Außenhandel, insbesondere die durch die Investitionen induzierten Exporte, kurz umrissen, bevor anschließend die entsprechenden Auswirkungen für die Entwicklungsländer ausführlicher dargestellt werden. Für eine systematische Erfassung der handelsbeeinflussenden

---

[183]H. Seifert: Aktuelle Entwicklungen der deutschen Direktinvestitionen im Ausland, a.a.O., S. 9 ff

Effekte erscheint es sinnvoll, die Analyse derartiger Effekte auf Basis einer Differenzierung der zugrundeliegenden Investitionsmotive vorzunehmen :

- Markt- und absatzmarktorientierte Motive
Aufgrund der begrenzten finanziellen Mittel in zahlreichen Entwicklungsländern ist es vor allem bei Großprojekten, z.B. im Kraftwerksbau, durchaus üblich, daß dem Anlagelieferanten als Gegenwert für seine gelieferten Anlagen, meist handelt es sich dabei um langlebige Investitionsgüter, Beteiligungsrechte gewährt werden. Im Regelfall wird es sich dabei um ein beteiligungsähnliches Darlehen handeln. Für den Exporteur entsteht somit ein ausländischer Vermögenswert. Auf seiten des deutschen Investors ist bei einem derartigen Geschäft der Verkauf seiner Produkte und damit ein absatzmarktorientiertes Motiv als das primäre Motiv für die Investition anzusehen.[184] Die Entscheidung, für eine Durchführung einer markt- und absatzorientierten Investition kann aber auch auf die restriktiven Importsubstitutions- und Protektionsbestimmungen in zahlreichen Entwicklungsländern zurückzuführen sein. [185]

- Kosten- und ertragsorientierte Motive
Auswirkungen auf die deutschen Exporte können bei einer derartig motivierten Investition u.a. über die Lieferung der im Entwicklungsland weiterverarbeiteten Vorprodukte aus der Bundesrepublik und über die Verbesserung der Wettbewerbsposition der deutschen Produzenten auftreten, die z.B. lohnveredelte Produkte aus Betriebsstätten im Ausland zur Endfertigung in die Bundesrepublik reimportieren, um sie anschließend auf dem Weltmarkt zu verkaufen. In diesem Zusammenhang ist anzumerken, daß derartige Investitionen in hohem Maße zu einer Substituition deutscher Exporte geführt haben, dies aber aus unternehmensstrategischer Sicht sicherlich einen notwendigen Schritt zur Erhaltung der internationalen Wettbewerbsfähigkeit darstellt. Sie bilden daher für viele Branchen einen neuen Imperativ im globalen Wettbewerb.

- Beschaffungsmarktorientierte Motive
Exportfördernde Effekte sind auch hier durch die verbesserte Wettbewerbssituation der deutschen Produzenten auf dem Weltmarkt aufgrund einer kostengünstigen Versorgung mit Produktionsinputs aus ausländischen Niederlassungen zu erwarten.

Bei allen Investitionen deutscher Unternehmen im Ausland können darüber hinaus Investitionsgüterausfuhren durch die vom Investor getätigten Sacheinlagen induziert werden. Häufig werden anstelle von Bareinlagen Einbringungen in Form von Lieferungen und

---
[184]G. Stolzenburg: Praxis der Exportfinanzierung, Köln 1991, S.61
[185]H. Seifert: Aktuelle Entwicklungen der deutschen Direktinvestitionen im Ausland, a.a.O., S 117 ff

Leistungen meist langlebiger Investitionsgüter vorgenommen, für den Fall, daß ein deutscher Investor entweder eigene Auslandsniederlassungen errichtet oder sich an einem ausländischen Unternehmen beteiligt.[186]

Der größte Einfluß auf die Außenhandels- und insbesondere die Exportstruktur vieler Entwicklungs- und Schwellenländer geht zur Zeit von den kostenorientierten Direktinvestitionen aus. Vor dem Hintergund eines sich verschärfenden internationalen Wettbewerbs sind es vor allem Unternehmen aus den sogenannten globalen Branchen, wie etwa aus der Textil-, Bekleidungs-, Elektronik- und Automobilindustrie, die diese Produktionsverlagerungen vornehmen.

Dieser seit Anfang der 70er Jahre zu beobachtende Prozeß der Verlagerung arbeitsintensiver und in den letzten Jahren auch in zunehmendem Umfang kapitalintensiver Produktionsprozesse zählt zu einem der auffälligsten Merkmale der Umstrukturierungsprozeße in der Weltwirtschaft. Diese Produktionsverlagerungen können als die charakteristischen Merkmale einer sich herausbildenden neuen internationalen Arbeitsteilung zwischen Industrie- und Entwicklungsländern angesehen werden. Die neue internationale Arbeitsteilung wird verstanden als eine Tendenz zur weltweiten Reorganisation der Produktion unter Einbeziehung der Aufspaltung in Teilproduktionen und Zuweisung der Teilproduktionen an verschiedene Standorte in der Welt.[187]

Einen sichtbaren Ausdruck dieser Verlagerungen stellen die eigens für exportorientierte Produktion errichteten Industriezonen, sog. Exportproduktionszonen (EPZ), in Entwicklungs- und Schwellenländern dar. Hier werden ausländischen Investoren, im Vergleich zu den sonstigen inländischen Produktionsbedingungen extrem vorteilhafte, infrastrukturelle und administrative Rahmenbedingungen für eine kostengünstige und reibungslose Produktion geboten. Hinzu kommt, daß die Investoren in der Regel in den Genuß einer Reihe von fiskalischen und zollrechtlichen Vergünstigungen kommen. Weltweit waren 1991 bereits ca. 86 Exportproduktionszonen in über 26 Ländern in Betrieb.[188] In den nächsten Jahren wird sich die Zahl der Zonen und der Länder mit EPZ weiter erhöhen, da insbesondere in den Ländern Schwarzafrikas die Errichtung von EPZ geplant ist. Dabei zählen viele Länder die Förderung der Exporte und die Diversifikation der Exportstruktur, neben der Schaffung von Arbeitsplätzen, zu den wichtigsten Zielen für die Errichtung von EPZ. In einigen Ländern, wie Sri Lanka, Malaysia, Mauritius oder der Dominikanischen Republik, machen die Exporte aus

---

[186]G. Stolzenburg: Praxis der Exportfinanzierung, a.a.O., S.61
[187]Fröbl-Heinrichs-Kreye: Umbruch in der Weltwirtschaft, Reinbek 1986, S. 37 f
[188]Weltbank (Hrsg.): Export processing zones, Washington 1992, S. 27 ff

den EPZ bereits über 20% der Gesamtexporte aus.[189] In diesen, aber auch in einer Vielzahl anderer Länder, konnte überdies eine Diversifikation der Exportstruktur erreicht werden. Ein weiterer, direkt handelsfördernder Effekt muß darin gesehen werden, daß das Exportgeschäft der in den Zonen angesiedelten inländischen Unternehmen durch die günstigen infrastrukturellen und administrativen Rahmenbedingungen maßgeblich vereinfacht wird. EPZ stellen daher auch eine funktionale Insellösung zur Förderung der Exporte inländischer Unternehmen dar.[190]

Indirekt handelsfördernde Effekte können durch die Demonstrations- und Lerneffekte solcher EPZ für die inländischen Unternehmen und Regierungsinstitutionen entstehen. Erwähnt sei in diesem Zusammenhang beispielsweise, daß die einsetzende Einführung marktwirtschaftlicher Strukturen und die Liberalisierung der Handelspolitik in der Volksrepublik China durch den Erfolg der Sonderwirtschaftszonen im Süden des Landes maßgeblich beeinflußt wurde.

Kostenorientierte Direktinvestitionen, bzw. die Errichtung von EPZ, können aber auch einen restriktiven Einfluß auf den Handel ausüben. Im Bereich der EPZ tritt dieser Fall z.b. ein, wenn die Kosten/Nutzen-Relation für die Errichtung und Unterhaltung von EPZ über einen bestimmten Zeitraum ungünstiger ausfällt, als die Kosten/Nutzen-Relation für die Durchführung sonstiger handelsfördernder Maßnahmen im Inland (Opportunitätskostenproblematik). Ebenso kann die Handels- und Zahlungsbilanz durch die Einfuhr von Investitionsgütern und produktionsnotwendigen Vorprodukten negativ belastet werden. Negativ für inländische Exportindustrien kann sich ebenfalls die Absorbierung qualifizierter Arbeitskräfte durch ausländische Unternehmen auswirken. Ferner besteht die Gefahr, daß sich die Wirtschaftspolitik zu einseitig auf die Förderung von ausländischen Direktinvestitionen und Exporte via EPZ konzentriert und andere Maßnahmen zur Förderung des Außenhandels bzw. zur Stärkung der internationalen Wettbewerbsfähigkeit inländischer Unternehmen vernachlässigt.

Absatzorientierte Direktinvestitionen werden vorgenommen, um entweder eine bereits vorhandene Nachfrage nach Konsum- und Investitionsgütern im Inland zu befriedigen oder um frühzeitig durch eine Präsenz in einem antizipierten Wachstumsmarkt eine bessere Marktbearbeitung zu erreichen als potentielle Wettbewerber. Welche Wertschöpfungsaktivitäten, z.B. Vertrieb mit oder ohne Produktionsabteilung, im

---
[189] Weltbank (Hrsg.): Export processing zones, a.a.O., S.. 24 ff,
ILO (Hrsg.): Economic and social effects of multinational enterpises in export processing zones, Genf !990 S. 113 ff.
[190] H.J. Grabow: Aufgaben, Probleme und Bedeutung des Managment von EPZ im Zielkonflikt unternehmerischer und entwicklungspolitischer Strategien auf Grundlage einer Untersuchung der EPZ auf den Philippinen, Wien 1992, S. 124

Destinationsland aufgebaut werden, hängt von der Internationalisierungsstrategie des jeweiligen Unternehmens ab und wird durch eine Vielzahl unternehmensinterner, branchen-, markt- und länderspezifischer Bedingungen bestimmt.[191] Direkt handelsfördernde Effekte dieses Direktinvestitionstypus werden durch die Entlastung der Handels- und Zahlungsbilanz induziert, vorausgesetzt, daß Güter, die vorher durch Exporte in den inländischen Markt gelangt sind, infolge der Investition im Inland produziert werden. Bei Investitionen von Unternehmen aus der Investitionsgüterindustrie entstehen zudem handelsfördernde Effekte für exportorientierte inländische Unternehmen, da produktionsnotwendige Investitionsgüter dadurch auf dem inländischen Markt bezogen werden und dies i.d.R. mit einer Senkung der Transaktionskosten für die Beschaffung dieser Güter verbunden ist. Indirekt handelsfördernde Effekte können, ähnlich wie bei den kostenorientierten DI, durch die Demonstrations- und Lerneffekte sowie durch die produktive Verwendung der durch die Entlastung der Handels- und Zahlungsbilanz freigesetzten Ressourcen hervorgerufen werden. Zu den möglichen negativen volkswirtschaftlichen Auswirkungen absatzorientierter Direktinvestitionen muß insbesondere die potentielle Marktverdrängung inländischer Produzenten durch die ausländischen Mitbewerber gerechnet werden.

Bei den beschaffungsorientierten Direktinvestitionen steht die Sicherung der Rohstoffzufuhr oder aber die Weiterverarbeitung lokaler Rohstoffe im Vordergrund. Direkt handelsfördernde Effekte treten insbesondere in dem Fall ein, wenn durch die Investition des ausländischen Investors eine effizientere Gewinnung und Vermarktung (Export) der Rohstoffe bzw. ihrer Weiterverarbeitungsprodukte erfolgen kann. Dies wäre oftmals ohne das Kapital und das Know-how des ausländischen Investors nicht möglich. Indirekt handelsfördernde Effekte können auch hier von den Demonstrations- und Lerneffekten sowie von der Förderung weiterer inländischer Exportindustrien durch die zusätzlich gewonnenen Kapitalmittel ausgehen. Handelseinschränkende Effekte für ein Land sind u.U. dann zu befürchten, wenn die Kontrolle über die Gewinnung und Vermarktung der Rohstoffe ganz in den Händen der ausländischen Investoren liegt oder wenn der Anteil der lokalen Wertschöpfung (Weiterverabeitung, Veredelung und Vermarktung) von den Investoren gering gehalten wird. Auch sind langfristig handelseinschränkende Wirkungen aus einer einseitigen Konzentration der Exporte auf einige wenige Rohstoffe zu erwarten.

Zusammenfassend werden in der Abbildung 13 die wichtigsten direkten und indirekten handelsfördernden und handelseinschränkenden Auswirkungen der drei Direktinvestitionstypen nochmals systematisch erfasst und dargestellt.

---

[191]M. Porter : Globaler Wettbewerb, Strategien der neuen Internationalisierung. a.a.O., S. 37

4.3.6.3 Das Instrumentarium zur Förderung von Direktinvestitionen in Entwicklungsländern

Die Bundesregierung fördert seit Jahren gezielt die Kooperation deutscher Unternehmen mit Unternehmen in Entwicklungsländern und hat zu diesem Zweck ein umfangreiches Förderinstrumentarium geschaffen. Ziel der Förderung ist es, verstärkt Investitionen in die Entwicklungsländer zu lenken und dabei gleichzeitig ein möglichst entwicklungskonformes Unternehmerverhalten zu motivieren. Gemeinsame Aufgabe der einzelnen Fördermaßnahmen ist es, die wirtschaftlichen und politischen Risiken, die mit einer derartigen Investition verbunden sind, zu mindern und zu einer Erhöhung der Markttransparenz beizutragen. Neben dem deutschen Förderinstrumentarium gibt es entsprechende Programme bei einer Reihe von internationalen Institutionen, die deutschen Unternehmen ebenfalls als Ansprechpartner zur Verfügung stehen. Aufgrund der vielfältigen Fördermöglichkeiten kann es im konkreten Einzelfall für ein interessiertes Unternehmen durchaus mit einigem Aufwand verbunden sein, die für ein spezifisches Projekt optimale Kombination von Fördermöglichkeiten zu ermitteln.

Der derzeitige Förderungskatalog umfaßt im wesentlichen die folgenden Leistungen:

a) Verbesserung des Rechtsschutzes	- Investitionsförderungsverträge
b) Übernahme von Garantien	- Bundesgarantien für Kapitalanlagen im Ausland - Bundesgarantien bei "Service Contracts"
c) finanzielle Hilfestellungen	- Finanzierungshilfen durch die DEG - Niederlassungs- und Technologieprogramm des BMZ
d) steuerliche Erleichterungen	- Doppelbesteuerungsabkommen - Auslandsinvestitionsgesetz
e) Beratung und Information	- Beratungshilfen durch die DEG - IBD[192] - SES[193]
f) Fördermaßnahmen internationaler Institutionen	- International Finance-Corporation - UNIDO Industrial Promotion Service[194] - Zentrum für industrielle Entwicklung - European Community-International Investment Partners

---

[192] der IBD ist an dieser Stelle nur aus Gründen der Vollständigkeit aufgeführt (s. Kap.4.3.5)
[193] der SES ist an dieser Stelle nur aus Gründen der Vollständigkeit aufgeführt (s. Kap.4.3.5)
[194] der Industrial Promotion Service ist an dieser Stelle nur aus Gründen der Vollständigkeit aufgeführt (s. Kap. 4.3.5)

Abb.13 : Handelsbeeinflussende Auswirkungen von kosten-, absatz-, und beschaffungsorientierten Direktinvestitionen

	direkte handelsfördernde Effekte	indirekte handelsfördernde Effekte	potentiell restriktive Wirkungen für den Handel
kostenorientierte DI	-Erhöhung der Exporte -Diversifikation der Exportstruktur -Rahmenbedingungen in EPZ fördern die internationale Wettbewerbsfähigkeit inländischer Unternehmen	-Demonstrations- und Lerneffekte für inländische Unternehmen und Regierungen -Devisenzuflüsse und Steuereinnahmen können zur Förderung inländischer Exportindustrien verwendet werden	-Opportunitätskostenproblematik -Belastung der Handels- und Zahlungsbilanz -Absorbierung qualifizierter Arbeitskräfte -einseitige Konzentration der Exportförderung durch EPZ
absatzorientierte DI	-Entlastung der Handels- und Zahlungsbilanz -Förderung der internationalen Wettbewerbsfähigkeit inländischer Unternehmen aufgrund geringer Transaktionskosten bei Investitionen von Investitionsgüterherstellern	-Demonstrations- und Lerneffekte für inländische Unternehmen und Regierungen -Devisenzuflüsse und Steuereinnahmen können zur Förderung inländischer Exportindustrien verwendet werden	-Verdrängung inländischer Produzenten -Absorbierung qualifizierter Arbeitskräfte
beschaffungsorientierte DI	-Erschließung und Förderung der Exporte inländischer Rohstoffe -Förderung der Exportwerte bei lokaler Weiterverarbeitung	-Demonstrations- und Lerneffekte für inländische Unternehmen und Regierungen -Devisenzuflüsse und Steuereinnahmen können zur Förderung inländischer Exportindustrien verwendet werden	-Verdrängung inländischer Produzenten -Einschränkung der Kontrolle wichtiger Exportgüter -geringe Beteiligung an der Wertschöpfung -einseitige Konzentration auf Rohstoffexporte

Quelle : Eigene Darstellung

zu a) Voraussetzung für den Einsatz weitergehender Förderinstrumente ist in der Regel die Existenz eines sog. *Investitionsförderungsvertrages* (IFV) zwischen der Bundesrepublik Deutschland und dem Investitionsland. Investitionsförderungsverträge über die Förderung und den gegenseitigen Schutz von Kapitalanlagen sind bilaterale völkerrechtliche Vereinbarungen zwischen zwei Staaten zur Erhöhung des Rechtsschutzes bei Investitionen im Ausland. Durch den Abschluß eines IFV wird der Wille der beiden Vertragsparteien zur wirtschaftlichen Zusammenarbeit bekundet. Durch den gewährten Rechtsschutz wird eine weitgehende Unabhängigkeit von Änderungen im Rechtsbereich des Anlagelandes angestrebt und damit ein hohes Maß an Rechtssicherheit für das ausländische Eigentum geschaffen. Die Verträge enthalten neben dem generellen Schutz vor Willkür und Diskriminierung die Verpflichtung zur Inländerbehandlung und Meistbegünstigung des ausländischen Investors. Ferner sind in ihnen die Voraussetzungen und Folgen einer Enteignung oder Verstaatlichung und Fragen in bezug auf den freien Transfer von Kapital und Erträgen geregelt. Darüber hinaus verpflichten sich die Vertragsparteien, auftretende Streitigkeiten vor einem internationalen Schiedsgericht zu verhandeln.[195]

Investitionsförderungsverträge bestehen derzeit mit 66 Entwicklungsländern. Mit weiteren 12 Ländern ist ein entsprechendes Abkommen unterzeichnet, aber noch nicht in Kraft getreten.[196] Mit einer Reihe weiterer Länder wird unter der Federführung des BMWI der Abschluß eines entsprechenden Abkommens verhandelt. Die Laufzeit solch eines Abkommens beträgt i.d.R. zehn Jahre und verlängert sich automatisch, wenn der Vertrag nicht mit einjähriger Frist gekündigt wird.

Die bisherigen Erfahrungen mit Investitionsförderungsverträgen sind ausgesprochen positiv. Bis heute war es nicht erforderlich, ein internationales Schiedsgericht einzuschalten, da die Partnerstaaten ihre Verpflichtungen weitgehend eingehalten haben. Infolge des mit einem Vertragsbruch verbundenen Verlustes an internationaler Reputation erscheint dies allein schon aus Eigeninteresse des Partnerstaates unwahrscheinlich.[197]

zu b) Für förderungswürdige Kapitalanlagen in Entwicklungsländern, d.h. insbesondere solche, die positive Auswirkungen auf die Beziehungen zwischen dem Anlageland und der Bundesrepublik Deutschland haben, können durch den Bund Garantien zur Absicherung des politischen Risikos übernommen werden. Voraussetzung hierfür ist ein hinreichender Schutz der Kapitalanlage im Anlageland durch das Vorliegen eines IFV und/oder durch die

---

[195]H. Seifert: Aktuelle Entwicklungen der deutschen Direktinvestitionen im Ausland, a.a.O., S. 58 ff
[196]Treuarbeit AG: Bundesgarantien für Kapitalanlagen im Ausland (1960-1992), Hamburg 1993, S. 10
Handbuch für internationale Zusammenarbeit, Rechtsschutz für Kapitalanlagen im Ausland, 301. Lieferung, Baden- Baden 1992, S. 1
[197]H. Seifert: Aktuelle Entwicklungen der deutschen Direktinvestitionen im Ausland, a.a.O., S. 59

Rechtsordnung des Anlagelandes. Als garantiefähig gelten Beteiligungen an ausländischen Unternehmen, beteiligungsähnliche Darlehen, die ausländischen Unternehmen neben Beteiligungen gewährt werden, sowie Kapitalausstattungen von ausländischen Niederlassungen und Betriebsstätten. Bei Investitionen im Bereich der Erdöl- und Erdgasgewinnungsindustrie besteht die Möglichkeit, auch die Bezugsrechte auf einen Teil der Produktion von Erdöl, Erdgas oder sonstige Nebenprodukte aufgrund sogenannter "Service Contracts"[198] abzusichern. Abgesichert werden können ausschließlich politische Risiken, wirtschaftliche Risiken werden nicht gedeckt. Zu den gedeckten Risiken zählen Verstaatlichung, Enteignung, enteignungsgleiche Eingriffe, kriegerische und sonstige bewaffnete Auseinandersetzungen, Zahlungsverbote, Moratorien sowie die Unmöglichkeit der Konvertierung oder des Transfers. Die Kapitalanlagegarantie ist in ihrer Höhe betragsmäßig nicht begrenzt. Auf Antrag können bis zu einer bestimmten Höchstgrenze auch die jeweiligen zu erwartenden Erträge in die Deckung mit einbezogen werden. Die Laufzeit ist im Regelfall auf 15 Jahre begrenzt. Im Schadensfall hat der Investor eine Selbstbeteiligung zu tragen, deren Höhe im Einzelfall festzulegen ist und sich im allgemeinen auf 5% beläuft. Garantiefähig sind nur künftige Investitionen. Es ist daher erforderlich, den Garantieantrag auf die Kapitalanlage vor Leistungserstellung bei der Treuarbeit AG als dem federführenden Mandatar einzureichen. Die endgültige Entscheidung über einen Antrag fällt der interministerielle Ausschuß für Kapitalanlagengarantien. Auf seiten des Antragstellers besteht dabei kein Anspruch auf Gewährung einer solchen Garantie. Für die Bearbeitung wird eine einmalige Bearbeitungsgebühr und für die Kapital- und die Ertragsdeckung ein laufendes Entgelt von 0,5% p.a. erhoben.[199]

Bis Ende 1992 wurden Anträge mit einem Gesamtvolumen von 24,7 Mrd. DM gestellt. Von diesen wurden 56,8% genehmigt und nur 1,2% abgelehnt. Allerdings ist ein mit 25,6% relativ hoher Anteil der Anträge vorzeitig zurückgezogen worden. Dies erklärt sich im wesentlichen dadurch, daß die Anträge bereits sehr frühzeitig gestellt, die Projekte aber später nicht oder nicht im zunächst geplanten Umfang durchgeführt wurden. Das jährliche Antragsvolumen zeigt bereits seit 1980 einen deutlichen Anstieg, wobei dieser Anstieg vor allem auf ein höheres Projektvolumen zurückzuführen ist. Der Antragseingang betrug 1992 1,73 Mrd. DM und

---

[198] Service Contracts stehen als Oberbegriff für die vielfältigen Möglichkeiten der vertraglichen Ausgestaltung der Zusammenarbeit im Bereich der Erdöl- und Erdgasindustrie, die im wachsenden Maße die traditionellen Vertragsformen ablösen. Dazu gehören insbesondere reine Dienstleistungsverträge auf Honorarbasis ebenso wie z.B. Production-Sharing-Agreements, die dem Kontraktor einen Anteil an der Produktion als Vergütung sichern. Nicht versicherbar sind die wirtschaftlichen Risiken und vor allem das Risiko, keine ausbeutbaren Vorkommen zu finden.
vgl. Treuarbeit AG: Bundesgarantien für Investitionen der Erdölindustrie auf Grund von "Service Contracts" in der Fasssung Sept. 1986, Hamburg
[199] C&L Treuarbeit deutsche Revision (Hrsg.): Merkblatt für die Übernahme von Bundesgarantien für Kapitalanlagen im Ausland, Fassung Sept. 1986, Hamburg 1992, S. 5 ff
C&L Treuarbeit deutsche Revision (Hrsg.): Allgemeine Bedingungen für die Übernahme von Garantien für Kapitalanlgen im Ausland, Fassung Sept. 1986, S.3 ff

rangiert damit an dritter Position in der bisherigen Entwicklung. Allein 71,5% der Antragseingänge entfielen auf die Länder Mittel- und Osteuropas sowie auf die Republiken der GUS. Von den eingegangenen Anträgen wurden insgesamt Anträge mit einem Volumen von 824,3 Mio. DM genehmigt, wobei sich der Anteil der mittel- und osteuropäischen Länder auf 63,7% belief.

Die regionale Verteilungsstruktur der bis Ende 1992 genehmigten Anträge, mit einem Gesamtvolumen von 14,03 Mrd. DM, gestaltet sich wie folgt. Auf Afrika entfallen insgesamt rund 25,2% der Genehmigungen, die sich auf 33 Länder verteilen, wobei Ägypten gefolgt von Libyen das höchste Genehmigungsvolumen aufweist. Staaten aus Süd- und Mittelamerika besitzen einen Anteil von 21,8%, der sich auf 24 Länder verteilt. Ein Großteil der Genehmigungen entfällt dabei auf Brasilien, Argentinien und Mexiko. Mit 26,9% stellt Asien den größten Anteil, der sich auf insgesamt 25 asiatische Länder verteilt. Hier liegen Syrien, Israel, die VR China und Malaysia an der Spitze. Der entsprechende Anteil lag 1990 noch bei 31% und bringt die regionale Umverteilung zugunsten der Länder Mittel- und Osteuropas zum Ausdruck. Während auf Europa 1990 lediglich 12% der Genehmigungen entfielen, stieg dieser Anteil bis 1992 auf 26,1% an. Es ist zu erwarten, daß sich dieser Trend auch in der näheren Zukunft fortsetzen wird.[200]

zu c) Die DEG zählt zu den wenigen international tätigen Finanzierungsinstituten, die langfristig Kredite und Risikokapital für Investitionen in Entwicklungsländern anbieten. Partner der DEG sind vor allem deutsche Unternehmen, die neue Märkte erschließen, bestehende Absatzmärkte durch lokale Fertigung absichern und erweitern, Rohstoffe vor Ort verarbeiten oder Produktionskostenvorteile nutzen wollen. [201]

Das Finanzierungsangebot richtet sich grundsätzlich an die Projektgesellschaften im Investitionsland, lediglich bei den im Anschluß behandelten Refinanzierungsdarlehen aus dem Niederlassungs- und Technologieprogramm des BMZ ist das Unternehmen in der Bundesrepublik Deutschland Darlehensnehmer. Die durch die DEG mitfinanzierten Projektgesellschaften sind in der Mehrzahl Joint-Ventures, an denen ein deutsches Unternehmen als Finanz- und Technologiepartner und ein lokales Unternehmen aus dem Investitionsland beteiligt sind. Der Projekttyp des Joint-Ventures soll auch künftig im Vordergrund des DEG - Geschäftes stehen. Eine Neuerung wurde insofern eingeführt, als an die Stelle des deutschen Unternehmens auch ein Unternehmen aus der EG treten kann. Das

---

[200] Treuarbeit AG (Hrsg.) Bundesgarantien für Kapitalanlagen im Ausland 1960-1992, Hamburg 1993, S. 1 ff
[201] BMZ (Hrsg.): Erfolgreich mit Entwicklungsländern zusammenarbeiten, a.a.O., S. 42

Spektrum der durch die DEG finanziell geförderten Projekttypen ist allerdings in den letzten Jahren verstärkt um andere Formen der langfristigen Unternehmenskooperation erweitert worden. Hierbei handelt es sich um:

- Kooperationsprojekte: hier entfällt die finanzielle Beteiligung des deutschen Investors. Das deutsche Unternehmen wird stattdessen als technischer Fachberater in ein solches Projekt dauerhaft eingebunden, indem es diesem seine Technologie und sein Wissen über Lizenz- und Know-how-Verträge sowie über Management und Ausbildungsleistungen zur Verfügung stellt.

- Drittlandprojekte: bei diesen Projekten handelt es sich um gemeinsame Investitionsprojekte lokaler Unternehmen aus den EL und Unternehmen aus IL außerhalb der EG.

- Süd-Süd-Projekte sind Investitionsprojekte, in denen lokale und Unternehmen aus anderen EL zusammenarbeiten.

- Lokale Projekte sind entsprechend der DEG Terminologie Projekte ohne Partner aus einem IL.
- Direktinvestitionen ohne Beteiligung eines lokalen Partners.

Das Finanzierungsangebot der DEG umfaßt folgende Leistungen:

- Gewährung langfristiger Darlehen an die Projektgesellschaft im Anlageland. Sie sind vor allem zur Mitfinanzierung von Anlageinvestitionen bestimmt. Der Zinssatz orientiert sich am marktüblichen Zinsniveau und berücksichtigt projekt- und länderspezifische Risiken. Die Darlehen werden zu 100% ausgezahlt und haben eine Mindestlaufzeit von 4 Jahren. I.d.R. beträgt die Laufzeit 7 bis10 Jahre, wobei bis zu 3 tilgungsfreie Jahre möglich sein können. Auf diesen Geschäftsbereich entfielen 1991 1,227 Mrd. DM bzw. 68% des Netto-Zusagenbestandes, einschließlich der Darlehen aus dem Niederlassungs und Technologieprogramm des BMZ.

- Beteiligungen am Haftungskapital des Investitionsprojektes im Anlageland. Hierdurch wird die DEG Mitgesellschafter an der Projektgesellschaft, in der Regel in Form eines Minderheitspartners. Das Engagement der DEG erfolgt allerdings nur befristet. Vom Netto-Zusagenbestand des Jahres 1991 entfielen 584,1 Mio. DM bzw. 31% auf diesen Bereich.

- Übernahme von Garantien und Bürgschaften im Rahmen der Finanzierung der Projektgesellschaft, um deren lokale Kreditaufnahme zu erleichtern. Der Anteil dieses Bereiches am Netto-Zusagenbestand betrug 1991 15,5 Mio. DM bzw. 1%.

- Gewährung von Refinanzierungsdarlehen im Rahmen des Niederlassungs- und Technologieprogramms der Bundesregierung.

Ferner vermittelt die DEG im Einzelfall zusätzliche Finanzierungen durch nationale und internationale Finanzierungsinstitute und Entwicklungsbanken. Eine Kombination der von der DEG angebotenen Finanzierungsformen ist möglich. Die Finanzierungsleistungen können sowohl für Neugründungen als auch für Erweiterungsinvestitionen in Anspruch genommen werden.

Die DEG führt ihre Projekte nach privatwirtschaftlichen Grundsätzen durch. Bei der Planung und Durchführung der Projekte sind bestimmte Anforderungskriterien zu berücksichtigen. Hierbei handelt es sich vor allem um deren entwicklungspolitische Eignung, die Umweltverträglichkeit, die betriebswirtschaftliche Rentabilität und eine adäquate Größe der Projekte.[202]

Darüberhinaus ist die DEG im Bereich der Entwicklungsfinanzierung tätig. Neben der früher weitgehend üblichen Beschränkung auf die Mitfinanzierung von Entwicklungsbanken sind die Aktivitäten durch die Mitfinanzierung anderer spezialisierter Finanzierungsinstitutionen erweitert worden. Im Geschäftsjahr 1991 erhielten 11 Entwicklungsfinanzierungsinstitutionen Finanzierungszusagen in Höhe von insgesamt 71,2 Mio. DM (1990: 125,6 Mio.DM). Davon entfielen 11,9 Mio. DM (17%) auf Beteiligungen sowie 59,3 Mio. DM (83%) auf langfristige Darlehen und Garantien. Der Anteil der Zusagen für Entwicklungsfinanzierungsinstitutionen an den Gesamtzusagen des Jahres 1991 lag bei knapp 38%.[203]

Ende 1991 umfaßte das Portfolio der DEG einen Netto-Zusagenbestand von 1,87 Mrd. DM und enthielt Finanzierungszusagen für 318 Gesellschaften in 72 Entwicklungsländern. Die Gesamtinvestitionssumme dieser Projektgesellschaften belief sich auf 25,5 Mrd. DM. Damit betrug der Mobilisierungseffekt der DEG-Mittel 12:1. In der regionalen Verteilung des Portfolios zeigt sich, daß auf Asien und Ozeanien die meisten Zusagen entfallen. Der Anteil Afrikas hat sich in den letzten Jahren verringert und beläuft sich auf derzeit 34%. Im Gegensatz dazu hat sich die Position der Länder Mittel- und Südamerikas auf 25% 1991 deutlich verbessert.

---

[202]DEG (Hrsg.): Marketing, Köln 1993, S. 3
    DEG(Hrsg.): Geschäftsbericht 1991, Köln 1992, S. 31 f
[203]DEG (Hrsg.): Geschäftsbericht 1991, a.a.O., S. 32

Abb.14 : Zusagenbestand nach Kontinenten, Stand Ende 1991

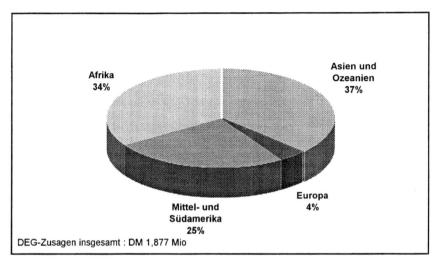

Quelle: DEG (Hrsg.) Geschäftsbericht 1991, Köln 1992, S. 12

Abb.15 : Zusagenbestand nach Wirtschaftsektoren, Stand Ende 1991

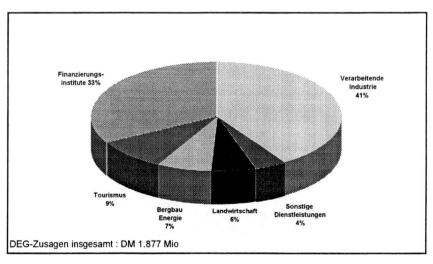

Quelle: DEG (Hrsg.): Geschäftsbericht 1991, Köln 1992, S. 12

Die DEG finanziert Projekte in allen Wirtschaftszweigen, in denen eine privatwirtschaftliche Unternehmensführung gewährleistet ist. Besondere sektorale Prioritäten bestehen nicht. Schwerpunkte liegen in den Branchen des verarbeitenden Gewerbes und im Dienstleistungssektor, hier vor allem im Bereich der Entwicklungsfinanzierungsinstitutionen, des Tourismus und des Verkehrs. Daneben engagiert sich die DEG aber auch in der Landwirtschaft, im Bergbau und imEnergiebereich. (s.Abb. 15)

Das seit 1979 bestehende Niederlassungsprogramm sowie das Technologieprogramm aus dem Jahre 1981 wurden 1988 im BMZ zusammengefaßt und gelten seit diesem Zeitpunkt als einheitliches Förderprogramm. Ziel des Programms ist es, die Zusammenarbeit deutscher mittelständischer Unternehmen mit Unternehmen in den Entwicklungsländern durch die Bereitstellungen von langfristigen Darlehen zu günstigen Konditionen zu fördern. Damit soll ein Beitrag zur Bildung eines Unternehmerpotentials in den Entwicklungsländern geleistet und die wirtschaftliche Entwicklung in diesen Ländern beschleunigt werden. Die Förderung zielt darauf ab, das Investitionsrisiko für die mittelständischen Investoren zu verringern und einen Anreiz zum Technologietransfer zu schaffen. In den geltenden Förderrichtlinien des Jahres 1991 wird ausdrücklich betont, daß außenwirtschaftliche Gesichtspunkte bei der Anwendung des Programms zu berücksichtigen sind.[204]

Antragsberechtigt sind kleine und mittlere Unternehmen mit Sitz und Geschäftsbetrieb in der Bundesrepublik Deutschland, deren Jahresumsatz 300 Mio. DM nicht überschreitet. Größere Unternehmen können nur in den Genuß der Förderung gelangen, wenn es sich um Vorhaben mit einer besonderen entwicklungspolitischen Bedeutung handelt. Anträge sind über ein Kreditinstitut an die Kreditanstalt für Wiederaufbau zu richten. In den Fällen, in denen die DEG an einer Investition beteiligt werden soll, kann der Antrag auch über die DEG eingereicht werden. Die Anträge müssen in jedem Fall vor Beginn der Durchführung des Vorhabens gestellt werden.

Die Kredite sind bestimmt für die Gewährung von Darlehen zur Förderung von Niederlassungen und des Technologietransfers sowie der Durchführung von vorbereitenden Studien. Niederlassungen im Sinne des Programms sind die Errichtung, die Erweiterung oder der Erwerb von Unternehmen oder Unternehmensbeteiligungen, mit Ausnahme von Portfolio-Investitionen und Umschuldungen. Nach Richtliniendefinition beinhaltet Technologietransfer die Einführung neuer Technologien bei Niederlassungen deutscher Unternehmen in EL. Als neue Technologien gelten Produktionsverfahren und Produkte, die in dem jeweiligen EL noch nicht eingeführt sind bzw. hergestellt wurden. In diesem Zusammenhang wird von Kritikern der Vorwurf erhoben, daß mit dieser weitgefaßten Definition die Berücksichtigung von

---

[204]Richtlinien über die Förderung von Niederlassungen sowie des Technologietransfers deutscher Unternehmen in Entwicklungsländern; in: Bundesanzeiger Nr. 142, Bonn 1991, S. 155 ff

außenwirtschaftlichen Gesichtspunkten überstrapaziert wird. Es wird auf die Gefahr hingewiesen, daß letztlich der Export von altbekannten Technologien durch deutsche Unternehmen subventioniert wird, um deren Wettbewerbschancen zu verbessern.[205] Die Mittel im Rahmen der Studienförderung dienen der Finanzierung von vorbereitenden Studien über Niederlassungen und Vorhaben des Technologietransfers. Gegenstand der Studie muß die Untersuchung über die Voraussetzungen eines konkreten Investitionsvorhabens sein. Bis zu 50% der angefallenen Studienkosten können durch ein bedingt rückzahlbares Darlehen finanziert werden, d.h. es kann auf eine Rückzahlung verzichtet werden, wenn die Studie zu einem negativen Ergebnis kommt.

Die im Rahmen der Investitonsförderung bereitgestellten Mittel dienen der anteiligen Finanzierung des vom deutschen Unternehmen in Aussicht genommenen Vorhabens. Der Darlehensnehmer hat sich entsprechend seiner Vermögenslage und seiner Ertragskraft in angemessenem Umfang mit Eigen- oder Fremdmitteln an der Finanzierung zu beteiligen. Der Anteil des Darlehensnehmers sollte in der Regel 50% nicht unterschreiten.

Die Darlehen im Rahmen des Niederlassungs- und Technologieprogramms werden bis zu einer Höhe von 2,5 Mio. DM vergeben. Überschreitungen sind in begründeten Ausnahmefällen möglich. Die Kredite werden zu folgenden Konditionen vergeben:

- die Zinssätze sind nach Ländergruppen gestaffelt und liegen zwischen 2,5% für LDC und ärmere Entwicklungsländer und 3,5% für die übrigen Entwicklungsländer bei Niederlassungsdarlehen bzw. zwischen 1,5% und 2,5% für Darlehen im Rahmen des Technologietransfers. Die vereinbarten Zinssätze gelten fest ab Zusage über die gesamte Laufzeit,

- die Auszahlung erfolgt zu 100%, wobei die Auszahlung entsprechend dem Projektfortschritt erfolgt,

- die Laufzeit beträgt maximal 15 Jahre, davon sind höchstens 5 Jahre tilgungsfrei.[206]

Das beantragte Kreditvolumen belief sich 1991 auf insgesamt 107,3 Mio. DM. Daraus entwickelten sich Kreditzusagen in Höhe von 33,3 Mio. DM. Diese entfielen zu 44% auf Europa, 31% auf Asien, 10% auf Afrika und zu 15% auf Amerika.[207]

---

[205]S. Pater: Stichwort Wende, 2. Aufl. Bad Honnef 1990, S. 142
[206]H. Seifert: Aktuelle Entwicklungen der deutschen Direktinvestitionen im Ausland, a.a.O., S 73 ff
Förderkreditprogramme der KfW; in: Handbuch für Internationale Zusammenarbeit, 291 Lief. Baden-Baden 1991, S.24 ff
[207]Angaben der KfW, Frankfurt 1993

zu d) Doppelbesteuerungsabkommen sind bilaterale völkerrechtliche Verträge zur Vermeidung von Doppelbesteuerungen. Diese wären ohne ein entsprechendes Abkommen unvermeidlich, da jede Investition im Ausland dazu führt, daß sowohl das Anlageland als auch das Herkunftsland steuerliche Ansprüche geltend machen. Eine doppelte Steuerbelastung hätte eine Benachteiligung und Ungleichbehandlung der Auslandsinvestition zur Folge. Die wichtigsten Methoden zur Vermeidung dieser Doppelbelastung sind die Steuerbefreiung für bereits im Ausland versteuerte Einkünfte, die Steueranrechnung, wonach im Anlageland geleistete Steuern auf die Steuerschuld im Herkunftsland angerechnet werden, sowie die fiktive Steueranrechnung. Die fiktive Steueranrechnung ist in zahlreichen Doppelbesteuerungsabkommen mit Entwicklungsländern vorgesehen. Dabei wird im Abkommen ein fikitiver Steuersatz festgelegt, der über dem bei der Berechnung der Steuerschuld im Anlageland zugrundegelegten realen Steuersatz liegt. Durch den Differenzbetrag zwischen dem fiktiv angerechneten und dem tatsächlichen im Anlageland gezahlten Steuerbetrag entsteht eine steuerliche Begünstigung der Auslandsinvestition.[208] Nach dem Stand von Januar 1992 bestanden mit 62 Ländern entsprechende Abkommen auf dem Gebiet der Steuern von Einkommen und Vermögen. Von diesen entfielen 32 auf Entwicklungsländer, 23 auf Industrieländer und 7 auf ost- und südosteuropäische Länder.[209]

Mit dem Auslandsinvestitionsgesetz -zuletzt geändert 1988- sollen allgemeine steuerliche Hemmnisse und Nachteile, die ansonsten bei Investitionen im Ausland auftreten könnten, abgebaut werden. Das Auslandsinvestitionsgesetz sieht aus diesem Grund eine Reihe von Steuererleichterungen vor, deren Inanspruchnahme allerdings an bestimmte Voraussetzungen gebunden ist. So ist beispielsweise die steuerfreie Bildung von Rücklagen bei Überführung bestimmter Wirtschaftsgüter in Gesellschaften, Betriebe oder Betriebsstätten im Ausland oder die Berücksichtigung ausländischer Betriebsstättenverluste vorgesehen.[210]

zu e) Die DEG hat in den letzten Jahren ihr Beratungsangebot erheblich ausgeweitet. Es erstreckt sich auf alle Phasen der Planung, Vorbereitung, Realisierung und Steuerung von Investitions- und Kooperationsprojekten in Schwellen- und sonstigen Entwicklungsländern. Für den Ausbau der Beratungsleistungen zum zweiten Geschäftszweig neben der Finanzierung war zum einen der stetig gestiegene Bedarf an solch einem Servicepaket und zum anderen das durch die DEG auf diesem Gebiet erworbene umfassende Know-How maßgeblich. Neben den bereits im Rahmen des Kapitels 4.3.5 behandelten Beratungsleistungen innerhalb des IBD und

---

[208]H. Seifert: Aktuelle Entwicklungen der deutschen Direktinvestitionen im Ausland, a.a.O., S 68
[209]o.V.: Stand der Doppelbesteuerungsabkommen und der Doppelbesteuerungsverhandlungen am 1. Januar 1992; in: Handbuch für internationale Zusammenarbeit, 293. Lief. Baden-Baden 1992, S. 2 ff
[210]H. Seifert: Aktuelle Entwicklungen der deutschen Direktinvestitionen im Ausland, a.a.O., S 68

der Beratung von regierungsnahen Institutionen in den Entwicklungsländern gliedert sich das Beratungsangebot in die folgenden Schwerpunktbereiche:

- die Internationalisierungsberatung mit Unterstützung der Unternehmen bei der Standortwahl und Partnersuche,

- die projektbezogene Konzeptberatung, einschließlich Behörden-Engineering und der Ausarbeitung von Finanzierungskonzepten,

- die betriebswirtschaftliche Beratung einschließlich der in diesem Zusammenhang anfallenden Investitionsrechnungen, Unternehmensbewertungen und der Erarbeitung von Konzepten zur Unternehmenssteuerung,

- Projektbegleitung in Verbindung mit einer Projektfinanzierung. Auf Wunsch bzw. wenn es in Hinblick auf die wirtschaftliche Lage der Projektgesellschaft erforderlich erscheint, steht die DEG ihren Joint-Venture-Partnern in kaufmännischen, organisatorischen und personellen Fragen zur Verfügung.

Auftraggeber für diese Beratungsleistungen, die weitgehend zu marktüblichen Konditionen erbracht werden, sind Unternehmen aus der Bundesrepublik Deutschland und anderen EG-Staaten sowie Unternehmen in Entwicklungsländern.[211]

zu f) Deutsche Unternehmen können sich bei Fragen der Finanzierung und der Beratung im Zusammenhang mit ausländischen Direktinvestitionen, insbesondere in Entwicklungsländern, an eine Reihe international tätiger Institutionen wenden. Hierzu zählen:

- die International Finance-Corporation (IFC): Die zur Weltbank gehörende IFC fördert private Investitionen in den EL im allgemeinen als Dreieckskonstruktion. Neben dem Investor aus einem IL und einem Partner aus dem Anlageland beteiligt sich die IFC direkt am Gesellschaftskapital des Joint-Venture-Unternehmens. Die Beteiligung der IFC erfolgt allerdings zeitlich befristet. Neben der direkten Beteiligung können Projekte auch durch die Vergabe langfristiger Darlehen gefördert werden. Eine Beteiligung der IFC kann in solchen Entwicklungsländern von besonderem Interesse sein, in denen ausländische Beteiligungen auf einen bestimmten Prozentsatz beschränkt sind, die IFC aber aufgrund ihres multilateralen Charakters nicht als ausländische Stelle angesehen wird.

---

[211] BMZ (Hrsg.): Erfolgreich mit Entwicklungsländern zusammenarbeiten, a.a.O., S 43
H. Seifert: Aktuelle Entwicklungen der deutschen Direktinvestitionen im Ausland, a.a.O., S 71 ff

- das Zentrum für industrielle Zusammenarbeit (ZIE): Das ZIE in Brüssel hat die Aufgabe, die industrielle Zusammenarbeit zwischen Unternehmen aus der EG und den AKP-Staaten zu fördern. Zu den Aktivitäten des ZIE gehören beispielsweise die Identifizierung lebensfähiger Industrieprojekte in den AKP-Staaten, die Vermittlung geeigneter Kooperationspartner, die Entsendung von Experten zur Implementierung von Projekten und zur Inbetriebnahme von industriellen Fertigungen sowie die Mitfinanzierung von Studien- und Reisekosten. Mit ihren Maßnahmen kann die ZIE sowohl die Errichtung neuer als auch die Rehabilitierung, Modernisierung und/oder Erweiterung bestehender Unternehmen unterstützen.

- European Community-International Investment Partners (ECIIP): Die ECIIP versucht, durch eine Reihe von projektinitiierenden und projektbegleitenden Maßnahmen, einschließlich der Möglichkeit eines Eigenkapitalbeitrages der EG, die Entstehung von Partnerschaftsunternehmen in Entwicklungsländern zu unterstützen. Das ECIIP kann von Unternehmen aus der EG und von Unternehmen aus den sog. Nicht-AKP-Staaten über die in den einzelnen EG-Ländern zwischengeschalteten Partnerinstitutionen in Anspruch genommen werden. Als Partner-Institutionen mit Mittler- und Ansprechfunktion für die Privatwirtschaft fungieren nationale und internationale Finanzierungsinstitute. In der Bundesrepublik Deutschland werden diese Funktionen von der DEG und der Deutschen Bank wahrgenommen. Zur Förderung der Kooperationen und des damit verbundenen Know-how-Transfers verfügt die ECIIP über vier der Projektentwicklung angepaßte Faszilitäten:

a) die Identifikation von Unternehmen und Projekten,

b) die Vorbereitung von Joint-Ventures, z.B. durch gezielte Partneridentifikation, die Durchführung von Markt- und Feasibility-Studien und die Betreibung von Pilotanlagen,

c) die Stärkung der Finanzmittel durch eine Kapitalbeteiligung der EG, die allerdings in ihrer Höhe auf 20% des Gesellschaftskapitals begrenzt und an eine Mitfinanzierung in mindestens gleicher Höhe seitens der Partnerinstitution oder eines sonstigen der EG genehmen Finanzierungsinstitutes gebunden ist,

d) die Durchführung projektbegleitender Maßnahmen, z.B. im Bereich Personalausbildung und Managmentunterstützung.

Neben der Mitfinanzierung durch die EG erreichen die Fördermaßnahmen die Unternehmen in Form von, in ihrer Höhe allerdings beschränkten, finanziellen Beihilfen zu den Kosten der durchgeführten Maßnahme. [212]

---

[212] BMZ (Hrsg.): Erfolgreich mit Entwicklungsländern zusammenarbeiten, a.a.O., S 45 ff

Vor dem Hintergrund des eingangs geschilderten deutlichen Rückgangs der Investitionstätigkeit deutscher Unternehmen in den Entwicklungsländern bestätigt sich auch für den Bereich der Direktinvestitionen, daß trotz des dargestellten umfangreichen Förderinstrumentariums die Unternehmensentscheidungen in der Gesamtheit durch derartige Maßnahmen nur marginal beeinflußt werden können. Lediglich für die wenigen Staaten innerhalb der Gruppe der Entwicklungsländer, die aufgrund besonderer länderspezifischer Gegebenheiten ohnehin für ausländische Investoren von besonderem Interesse sind, ist zumindest in Teilbereichen von einer stimulierenden Wirkung der verschiedenen Fördermöglichkeiten auszugehen. Auch sollte die Bedeutung von Investitionsfördermaßnahmen, die zu einer Erhöhung der Rechtssicherheit beitragen, z.B. durch den Abschluß von Investitionsförderungsverträgen und die Absicherung der politischen Risiken durch die Übernahme von Bundesgarantien, gerade bei Investitionen in EL nicht unterschätzt werden. Sie stellen einen nicht unerheblichen Beitrag zur Verbesserung des Investitionsklimas im Anlageland dar. Diese Entwicklung entspricht weitgehend der politischen Intention, die bei der Konzeption der Fördermaßnahmen zugrunde gelegt wurde. Danach sollen die Fördermaßnahmen insoweit in die Marktmechanismen eingebunden sein, daß von ihnen einerseits für investitionswillige Unternehmen eine Art Initialzündung ausgeht, andererseits sollten sie nicht ursächlich für das Tätigwerden eines Unternehmens sein. Letztlich liegt es in der Entscheidung des einzelnen Unternehmens, eine Investition im Ausland zu tätigen. Innerhalb des Entscheidungsprozesses wird es sich dabei durch einzelwirtschaftliche Erwerbsmotive leiten lassen.[213]

Abschließend sei darauf hingewiesen, daß nicht nur in der Bundesrepublik Deutschland, sondern in allen westlichen Industrieländern die Durchführung von Direktinvestitionen im Ausland durch ein umfangreiches Förderinstrumentarium unterstützt wird. Obwohl in allen Ländern mehr oder weniger die gleichen Instrumente eingesetzt werden, zeigen sich im Vergleich mit Frankreich, Großbritannien, den USA und Japan doch durchaus unterschiedliche Akzente bei der Förderung. So ist die Verbindung der Investitionsförderung zur Exportförderung unterschiedlich stark ausgeprägt. Insbesondere in Frankreich besteht eine deutliche Koppelung, indem Investitionen vor allem dann gefördert werden, wenn sie in hohen Maße Exporte induzieren. In Japan nimmt die Förderung von Investitionen im Ausland eine Sonderrolle ein und dient vor allem dazu, den politisch bedingten Einschränkungen der Exportmöglichkeiten entgegenzuwirken. Auch in Japan werden Investitionen insbesondere dann gefördert, wenn sie dem Export von Anlagen dienen. In Großbritannien und den USA sind dagegen keine derartig klaren Kriterien für Förderungsschwerpunkte zu erkennen, am ehesten orientiert man sich dort an regionalen Gesichtspunkten. In allen Ländern nehmen

---

[213] H.P.Repnik: Die Euphorie weicht dem Pragmatismus; in: Standort/ Zeitschrift für nationale und internationale Standortinformationen, Nr. 1/2 1990, S. 326

Investitionen, die der Versorgung der einheimischen Wirtschaft mit Rohstoffen dienen, eine Sonderstellung ein. Die einzelnen Instrumente, die im Rahmen der Investitionsförderung eingesetzt werden, besitzen in den verschiedenen Ländern einen durchaus unterschiedlichen Stellenwert. Eine französische Besonderheit sind in diesem Zusammenhang die beträchtlichen steuerlichen Vergünstigungen.[214]

---

[214]DIW (Hrsg.): Die Außenwirtschaftsförderung der wichtigsten Konkurrenzländer Deutschlands, a.a.O., S. 129 ff

5 Entwicklungsländerbezogene Handelspolitik der Bundesrepublik Deutschland im Rahmen der EG

5.1 Die Institution Europäische Gemeinschaft

Unter dem Begriff *Europäische Gemeinschaften* (EG) werden drei Teilorganisationen zusammengefaßt:

- *die Europäische Gemeinschaft für Kohle und Stahl* (EGKS oder Montanunion)
- *die Europäische Atomgemeinschaft* (Euratom)
- *die Europäische Wirtschaftsgemeinschaft* (EWG).

Bis heute ist eine formelle Vereinigung zwischen den drei Gemeinschaften nicht vollzogen worden, wenn auch die Organe mit dem in Kraft treten eines entsprechenden Fusionsvertrages am 1.7.1967 verschmolzen worden sind. Gleichwohl sprechen eine Reihe von Gründen für die Annahme, daß die Teilorganisationen trotz der Verschiedenartigkeit der Sachgebiete eine politisch rechtliche Einheit bilden. So sind sie zwischen denselben Mitgliedsstaaten gegründet worden und verfolgen die gleichen prinzipiellen Ziele, die in den Präambeln der einzelnen Teiorganisationen festgehalten sind. Diese umfassen die Verwirklichung eines "organisierten Europas", die Schaffung der Grundlage "für einen immer engeren Zusammenschluß der Europäischen Völker" und ein gemeinsames Vorgehen als Beitrag zum "Wohlstand ihrer Völker".

Am Anfang der europäischen Integration stand die Unterzeichnung des sog. "Pariser-Vertrages" über die Gründung der Montanunion, der am 23.7.1952 in Kraft getreten ist. Die Ausdehnung der Integrationsbemühungen auf alle Wirtschaftsbereiche wurde im Rahmen der "Römischen Verträge", die am 25. März 1957 unterzeichnet wurden, vollzogen. Sie umfassen die Verträge zur Gründung der EWG und der Euratom sowie die Schaffung gemeinsamer Organe der EG. Die erste grundlegende Reformierung dieser Verträge aus den 50er Jahren wurde mit der Unterzeichnung der "Einheitlichen Europäischen Akte" (EEA) in Luxemburg vorgenommen, die am 1.7.1987 in Kraft trat. Mit der Einheitlichen Europäischen Akte war zum einen eine Stärkung der europäischen Institutionen, z. B. des Europäischen Parlamentes, verbunden, und zum anderen wurden die Befugnisse und Kompetenzen der Gemeinschaft erweitert. Ferner wurde als Endziel der Integration die Europäische Union festgeschrieben und die europäische politische Zusammenarbeit, die seit 1970 allein auf Übereinkommen zwischen den Regierungen beruhte, auf eine vertragliche Grundlage gestellt. Gründungsmitglieder der EG sind die Bundesrepublik Deutschland, Belgien, Frankreich, Italien, Luxemburg und die

Niederlande. Großbritannien, Irland und Dänemark kamen 1973 als Mitglieder hinzu.[215] Nach der ersten Süderweiterung durch den Beitritt Griechenlands 1981 und der zweiten Erweiterung mit dem Beitritt Portugals und Spaniens weist die EG derzeit zwölf europäische Staaten als Mitglieder auf.[216]

Zur Beschreibung der Rechtsnatur der Europäischen Gemeinschaft hat sich im juristischen Sprachgebrauch der Begriff "Supranationalität" eingebürgert. Damit soll zum Ausdruck gebracht werden, daß die EG ein eigenständiger Herrschaftsverband mit eigenen Hoheitsrechten und einer von den Mitgliedsstaaten unabhängigen Rechtsordnung ist, die auf dem Gebiet der Gemeinschaft unmittelbar Anwendung findet. In dem Umfang, in dem die Mitglieder Hoheitsrechte auf die EG übertragen haben, kann diese durch ihre Organe Recht setzen, durch das nicht nur die EG selbst, sondern auch die einzelnen Mitgliedsstaaten und deren Bürger unmittelbar berechtigt und verpflichtet sind.[217]

Die Verfassungsorgane der EG sind das Europäische Parlament, der Rat, die Kommission und der Gerichtshof der Europäischen Gemeinschaften.[218]

Das *Europäische Parlament* wird aufgrund eines Beschlusses des Rates, der am 1. Juli 1978 in Kraft getreten ist, in allgemeinen und unmittelbaren Wahlen von den Bürgern der Mitgliedsstaaten gewählt. Die ersten Direktwahlen zum europäischen Parlament fanden 1979 statt. Das Europäische Parlament übt allerdings nur andeutungsweise die Funktion eines echten Parlamentes aus. So wählt es keine Regierung, da die regierungsähnlichen Funktionen arbeitsteilig von der Kommission und dem Rat wahrgenommen werden. Kontrollmöglichkeiten sind dem Parlament dabei lediglich gegenüber der Kommission, z. B. durch eine jährliche Berichterstattung, eingeräumt worden. Auch hat das Parlament nur in begrenztem Umfang Entscheidungsbefugnisse innerhalb des Rechtsetzungsverfahrens. Es wird aber vom Rat in allen bedeutenden Angelegenheiten, auch da wo dies nicht vertraglich festgeschrieben ist, konsultiert. Diese Anhörung besitzt allerdings häufig nur insoweit eine gewisse Bedeutung, wie die Kommission deren Ergebnisse dem Rat gegenüber vertritt und sich dabei durchsetzt. Die im

---

[215] Deutsche Bundesbank (Hrsg.): Internationale Organisationen und Gremien im Bereich von Währung und Wirtschaft, Sonderdrucke der Deutschen Bundesbank Nr. 3, 4. Aufl., Frankfurt 1992, S. 172 f
K.D. Borchardt: Das ABC des Gemeinschaftsrechts, 3. Aufl., in: Europäische Dokumentation Brüssel, Luxemburg 1990, S.6 ff
[216] Deutsche Bundesbank Hrsg.): Internationale Organisationen und Gremien im Bereich von Währung und Wirtschaft, a.a.O., S. 174
[217] K.D. Borchardt: Das ABC des Gemeinschaftsrechts, a.a.O., S. 10
[218] Während das Europäische Parlament und der europäische Gerichtshof bereits durch die Römischen Verträge als allgemeine Organe der drei Gemeinschaften eingesetzt wurden, gibt es einen gemeinsamen Rat und eine gemeinsame Kommission erst seit dem In:krafttreten des Fusionsvertrages am 1. Juli 1967. Vgl. Deutsche Bundesbank (Hrsg.): Internationale Organisationen und Gremien im Bereich von Währung und Wirtschaft, a.a.O., S. 174

Hinblick auf den demokratischen Charakter der EG unbefriedigende Stellung des Parlamentes im institutionellen Gefüge der EG ist auch durch die "Einheitliche Europäische Akte" nicht entscheidend verbessert worden. Echte Mitentscheidungsrechte besitzt das Parlament lediglich bei der Entscheidung über die Aufnahme neuer Mitglieder. Darüberhinaus sind ihm gewisse Mitwirkungsrechte am Entscheidungsverfahren durch die Einführung des "Verfahrens zur Zusammenarbeit" eingeräumt worden. Dieses Verfahren sieht im wesentlichen die Beratung der Kommissionsvorschläge durch zwei Lesungen im Parlament sowie die Abgabe einer Stellungnahme durch das Parlament vor. Eine gewisse Sonderstellung nimmt das Parlament zudem im Haushaltsrecht ein, da es zusammen mit dem Ministerrat den Haushaltsplan aufstellt.[219]

Der *Rat* ist das zentrale Entscheidungs- und Rechtsetzungsorgan der Gemeinschaft. In ihm sind die Regierungen der Mitgliedsstaaten vertreten, wobei jede Regierung nur ein Mitglied entsendet. Die Zusammensetzung des Rates kann je nach Sachgebiet variieren, wobei der Außenminister als Hauptvertreter seines Landes im Rat gilt. Der Vorsitz im Rat wechselt zwischen den Mitgliedern im halbjährlichen Turnus. Auf der Gipfelkonferenz im Dezember 1974 haben die Staats- und Regierungschefs beschlossen, gemeinsam mit dem Präsidenten der Kommission und den Außenministern zweimal jährlich als "Europäischer Rat" zusammenzutreffen. Auf den Tagungen des Europäischen Rates werden u.a. die anstehenden Gemeinschaftsprobleme erörtert, die Rechtsakte der Gemeinschaft beschlossen und die Leitlinien der politischen Zusammenarbeit festgelegt. Der Rat wird in seiner Arbeit von einem Ausschuß der ständigen Vertreter und von zahlreichen Arbeitsgruppen unterstützt.[220]

Die Kommission besteht aus siebzehn Mitgliedern, die von den Regierungen der Mitgliedsstaaten für vier Jahre ernannt werden.[221] Ihre Aufgabe ist es, die Anwendung und Einhaltung der Gemeinschaftsverträge sicherzustellen. Sie ist damit das eigentliche Exekutivorgan der Gemeinschaft und ausschließlich deren Interessen verpflichtet. Die Verträge weisen der Kommission unmittelbar weitreichende Exekutivbefugnisse zu. Darüberhinaus wurden ihr bedeutende zusätzliche Befugnisse durch den Rat übertragen, um die auf der Vertragsgrundlage erlassenen Rechtsakte anzuwenden. Seit dem Inkrafttreten der EEA sollte die Durchführung der Rechtsakte durch die Kommission der Regelfall sein.[222] Vertragliche Entscheidungsbefugnisse sind ihr unter anderem im Rahmen des Wettbewerbsrechtes, bei der

---
[219] E. Noel: Die Organe der Europäischen Gemeinschaft, Luxemburg 1988, S. 33 ff
[220] E. Noel: Die Organe der Europäischen Gemeinschaft, a.a.O., S. 33 ff
[221] Den Bestimmungen der EEA zufolge werden ab 1995 der Präsident und die übrigen Mitglieder der Kommission erst nach Zustimmung des Parlamentes von den Regierungen der Mitgliedsstaaten im gegenseitigen Einvernehmen ernannt.Vgl.Deutsche Bundesbank (Hrsg.): Internationale Organisationen und Gremien im Bereich von Währung und Wirtschaft, a.a.O., S. 187
[222] E. Noel: Die Organe der Europäischen Gemeinschaft, a.a.O., S. 14

Anwendung der Schutzklausel und auf dem Atomenergiesektor zugewiesen worden. Im Auftrag des Rates trifft die Kommission Entscheidungen zur gemeinsamen Agrarpolitik und führt Verhandlungen mit Drittländern.[223] Am Rechtsetzungsverfahren ist die Kommission dadurch beteiligt, daß der Erlaß von verbindlichen Rechtsakten der Gemeinschaftsorgane (Verordnungen und Richtlinien, vgl. Artikel 189 EWG-V) auf dem Weg des Vorschlagverfahrens erfolgt. In diesen Verfahren ist das sog. Initiativrecht der Kommission festgeschrieben. Hiernach beruhen alle Gemeinschaftsregelungen auf Vorschlägen und Entwürfen, die seitens der Kommission ausgearbeitet und dem Rat zur Beschlußfassung vorgelegt worden sind.[224]

Der *Gerichtshof* besteht aus dreizehn Richtern, die von den Regierungen im gegenseitigen Einvernehmen für sechs Jahre ernannt werden. Der Gerichtshof hat die Aufgabe, die Wahrung des europäischen Rechtes bei der Auslegung und Anwendung der Gemeinschaftsverträge sowie der von Rat und Kommission erlassenen Rechtsvorschriften zu sichern.[225]

Der *Rechnungshof*, bestehend aus zwölf Mitgliedern, hat seine Tätigkeit im Oktober 1977 aufgenommen. Er prüft und kontrolliert die Recht- und Ordnungsmäßigkeit der Einnahmen und Ausgaben der Gemeinschaft und aller von ihr eingesetzten Organe. Die Ergebnisse der Überprüfungen fließen in die durch den Rechnungshof zu erstellende Vorlage des Jahresberichtes über die Haushaltsrechnungen der EG ein.[226]

Zu den genannten Verfassungsorganen treten eine Reihe von Hilfsorganen. Das wichtigste von ihnen ist der Wirtschafts- und Sozialausschuß. Dieser ist ein wirtschaftliches Beratungsorgan von Rat und Kommission, in dem die verschiedensten Gruppen des wirtschaftlichen und sozialen Lebens vertreten sind. Innerhalb des Entscheidungsverfahrens muß er in den Fällen, in denen soziale Auswirkungen für die Bürger der Gemeinschaft zu erwarten sind, angehört werden. Darüber hinaus kann er auch aus eigener Initiative Stellungnahmen abgeben.[227]

Die EWG als die mit Abstand bedeutendste Teilorganisation der Europäischen Gemeinschaft hat die Integration der beteiligten Volkswirtschaften als Ganzes zum Ziel. Im einzelnen sollen nach Wortlaut des Artikels 2 EWG-V

---

[223] Deutsche Bundesbank (Hrsg.): Internationale Organisationen und Gremien im Bereich von Währung und Wirtschaft, a.a.O., S. 187
[224] K.D. Borchardt: Das ABC des Gemeinschaftsrechts, a.a.O., S. 129
[225] K.D. Borchardt: Das ABC des Gemeinschaftsrechts, a.a.O., S. 22
[226] E. Noel: Die Organe der Europäischen Gemeinschaft, a.a.O., S. 6
[227] K.D. Borchardt: Das ABC des Gemeinschaftsrechts, a.a.O., S. 24
   E. Noel: Die Organe der Europäischen Gemeinschaft, a.a.O., S. 6

- eine harmonische Entwicklung des Wirtschaftslebens innerhalb der Gemeinschaft,
- eine beständige und ausgewogene Wirtschaftsausweitung,
- eine größere Stabilität,
- eine beschleunigte Hebung des Lebensstandards und
- eine engere Beziehung zwischen Mitgliedsstaaten

gefördert werden. Um diese Ziele zu realisieren, sind in der Gemeinschaft binnenmarktähnliche Wettbewerbsverhältnisse durch die Bildung eines gemeinsamen Marktes und die schrittweise Angleichung der nationalen Wirtschaftspolitik der Mitgliedsstaaten zu schaffen. Die Verwirklichung eines gemeinsamen Marktes setzt dabei die Verwirklichung einer Zollunion mit einem gemeinsamen Zolltarif nach außen voraus. Darüber hinaus erfordert ein gemeinsamer Markt die Freizügigkeit der Arbeitskräfte sowie die Freiheit des Dienstleistungs- und grundsätzlich auch des Kapitalverkehrs sowie die Niederlassungsfreiheit. Ferner sind die Aufstellung gemeinsamer Wettbewerbsregeln und eine Angleichung der für den Wettbewerb bestimmten Rechtsvorschriften erforderlich.[228] Entsprechend wurden als "gemeinsame Politiken" diejenigen Bereiche festgelegt und in die ausschließliche Kompetenz der EG gelegt, die in einem engen Zusammenhang mit der Realisierung eines gemeinsamen Marktes stehen. Hierzu zählen die Bereiche Landwirtschaft, Verkehr und Handel mit Drittländern. Über diese speziellen Handlungsbefugnisse hinaus eröffnen die Gemeinschaftsverträge den Gemeinschaftsorganen auch dann die Möglichkeit zum Tätigwerden, wenn dies erforderlich erscheint, um die vertraglich fixierten Ziele zu verwirklichen (vgl. Artikel 235 EWG-V). In diesem Zusammenhang sind die Aktivitäten der Gemeinschaft in der Regional-, Umwelt-, Forschungs-, Industrie-, Technologie- und Entwicklungspolitik zu nennen. In diesen Bereichen wird die EG ergänzend zu den Maßnahmen ihrer Mitglieder tätig.

Hinsichtlich der allgemeinen Wirtschafts- und Währungspolitik gestand der EWG-Vertrag der EG in weiten Teilen lediglich eine koordinierende Funktion der diesbezüglichen einzelstaatlichen Aktivitäten ihrer Mitglieder zu. In den Verträgen von Maastricht vom Dezember 1991 ist allerdings die stufenweise Weiterentwicklung der EG zu einer Wirtschafts- und Währungsunion vorgesehen.[229] Zumindest im Bereich der Wirtschaftspolitik ist mit der zwischenzeitlich realisierten Vollendung des europäischen Binnenmarktes zum 1.1.1993 die Kompetenz der EG deutlich erweitert worden.[230]

---

[228]Deutsche Bundesbank (Hrsg.): Internationale Organisationen und Gremien im Bereich von Währung und Wirtschaft, a.a.O., S. 176
[229]Deutsche Bundesbank (Hrsg.): Internationale Organisationen und Gremien im Bereich von Währung und Wirtschaft, a.a.O., S. 317
[230]K.D. Borchardt, Das ABC des Gemeinschaftsrechts, a.a.O., S. 8

5.2 Handelspolitische Ziele und Grundsätze der EG

Die gemeinsame Handelspolitik, die in den Artikeln 110 ff EWG-V geregelt ist, gehörte zu einer der bereits im ursprünglichen Vertragswerk vorgesehen Gemeinschaftspolitiken, da eine Wirtschaftsgemeinschaft mit freiem Warenverkehr im Inneren und einem gemeinsamen Zolltarif nach außen konsequenterweise auch einer gemeinsamen Handelspolitik gegenüber Drittländern bedarf. Die gemeinsame Handelspolitik bildete von Anfang an das Kernstück der Außenbeziehungen der EG. Die durch die Gemeinschaft verfolgte Politik im Außenhandelsbereich ist nicht nur für den Außenhandel der EG-Mitgliedsländer von entscheidender Bedeutung, sondern aufgrund der Stellung der EG im Welthandel ein wichtiger Faktor für die Entwicklung des Welthandels insgesamt.

Die Gemeinschaft ist die führende Welthandelsmacht, noch vor den USA und Japan. Ihre Exporte[231] erreichten 1991 einen Gesamtwert von 423,5 Mrd. ECU[232], dies entspricht einem Anteil am Welthandel von 39,1%[233]. Mit einem Exportwert von 142,7 Mrd. ECU war 1991 mehr als ein Drittel der Gesamtexporte für Absatzmärkte in den Entwicklungsländern bestimmt. Die Entwicklungsländer importierten dabei nicht nur in erheblichem Maße hochwertige industrielle Fertigwaren, sondern waren auch die größten Abnehmer für die EG-Agrarüberschüsse. Die Exporte der EG in die Entwicklungsländer liegen um 35% höher als die Exporte in die USA und Japan zusammen.[234] Die EG importierte 1991 Waren im Wert von 150,3 Mrd. ECU aus den Entwicklungsländern. Dies entspricht einem Anteil an den EG-Gesamteinfuhren von 30,4%. Nachdem in den siebziger Jahren die Wachstumsrate des Handelsverkehrs mit den Entwicklungsländern bei 20% gelegen hatte, weist die Handelsentwicklung in der ersten Hälfte der 80er Jahre einen deutlichen Einbruch auf. So verringerten sich die EG-Einfuhren aus den EL zwischen 1980 und 1985 um 6% und gingen damit noch deutlicher zurück als die Gesamteinfuhren der EG, die sich um 4% verringerten. Eine vergleichbar rückläufige Entwicklung ist bei den Exporten aus der EG in die EL zu verzeichnen, die sich im gleichen Zeitraum um 4% verringerten. In der zweiten Hälfte der 80er Jahre konnten sowohl auf der Import- als auch auf der Exportseite wieder positive Zuwachsraten realisiert werden, die aber deutlich unter den entsprechenden Zuwachsraten für den Gesamthandel der EG lagen.[235]

---

[231] Ohne den innergemeinschaftlichen Handel
[232] Eurostat: Aussenhandel und Zahlungsbilanz, 10. 1992, hrsg. von Statistisches Amt der Europäischen Gemeinschaften, Luxemburg, Brüssel 1992, S. 21
[233] BMZ (Hrsg.): Journalisten-Handbuch 1993, Bonn 1993, S. 250 ff
[234] Eurostat (Hrsg.): Aussenhandel und Zahlungsbilanz, 10. 1992, a.a.O., S. 19 ff
[235] Handbuch für Internationale Zusammenarbeit: Der Handelsverkehr der Europäischen Gemeinschaften mit den Entwicklungsländern, a.a.O., S. 6

Die geographische Struktur der Handelsverflechtungen zwischen der EG und den Entwicklungsländern zeigt eine deutliche Konzentration der Handelsbeziehungen auf die dynamischen Volkswirtschaften Asiens - Hongkong, Südkorea, Malaysia, Singapur, Taiwan, und Thailand, mit einem Anteil an den EG-Exporten/-Importen in die EL von 23% bzw. 27%[236]. In der Reihenfolge der Bedeutung als Exportmärkte folgen die Mittelmeerländer, die arabischen Golf-Staaten und die AKP-Staaten. Auf der Einfuhrseite sind dagegen die südamerikanischen Staaten hinter den asiatischen Ländern die mit Abstand wichtigsten Handelspartner.

Die nach Produkten gegliederte Struktur des Handels zwischen der Gemeinschaft und den Entwicklungsländern entspricht der Struktur des Handels zwischen Industrieländern und der übrigen Welt. Im allgemeinen importiert die Gemeinschaft Grunderzeugnisse und führt Fertigwaren aus. Allerdings zeigen sich vor allem auf der Importseite erhebliche regional- und länderspezifische Unterschiede. So bestehen die EG-Einfuhren aus Asien und den Staaten des indischen Subkontinentes zu 90% bzw. 80% aus Fertigwaren, während der Fertigwarenanteil für die übrigen Regionen zwischen 10% für die arabischen Golf-Länder und rund 30% für die Mittelmeerländer und die Staaten Südamerikas beträgt.[237]

Die Ziele und Grundsätze, an denen sich die Gemeinschaft bei der Ausgestaltung der handelspolitischen Maßnahmen orientiert, sind im Rahmen des Artikels 110 EWG-V niedergeschrieben. Hiernach liegt es

"... im gemeinsamen Interesse, zur harmonischen Entwicklung des Welthandels, zur schrittweisen Beseitigung der Beschränkungen im internationalen Handelsverkehr und zum Abbau der Zollschranken beizutragen."

Die gesamten Außenbeziehungen der Gemeinschaft werden demnach vom Grundsatz des "wohlverstandenen Eigeninteresses" bestimmt. Bei der starken Außenorientierung der Volkswirtschaften in der EG muß diese an einer liberalen und multilateral angelegten Weltwirtschaftsordnung interessiert sein, da ansonsten der gleiche und freie Zugang zu den weltweiten Rohstoffreserven und Märkten nicht gewährleistet ist.[238] Die liberalen Tendenzen des Artikels 110 sind unübersehbar und entsprechen damit sowohl dem außenwirtschaftlichen

---

[236]Eurostat (Hrsg): Aussenhandel und Zahlungsbilanz, 10. 1992, a.a.O.,S. 38 ff
[237]Handbuch für Internationale Zusammenarbeit: Der Handelsverkehr der Europäischen Gemeinschaften mit den Entwicklungsländern, a.a.O., S. 6
[238]Kommission der Europäischen Gemeinschaften (Hrsg): Europa-Partner der Welt, in der Reihe Europa in: Bewegung Brüssel, Luxemburg 1991, S. 8
Handbuch des Europäischen Rechtes: Die EG und ihre Handelspartner, Kommentar Vorbemerkungen zu den Artikeln 110 - 116, 209. Liefg. XX 1984, S.18 ff

Eigeninteresse der EG als auch dem liberalen Grundverständnis, insbesondere in der Bundesrepublik Deutschland. Die harmonische Entwicklung des Welthandels hängt dabei sicherlich nicht allein von der EG ab. Sie ist jedoch vor dem Hintergrund ihres Wirtschaftspotentials und ihrer Befähigung, mit "einer Stimme" für alle Mitglieder zu sprechen, dazu prädestiniert, einen aktiven Beitrag zu dessen Entwicklung zu leisten.

Die Ausrichtung der gemeinsamen Handelspolitik wird in Absatz 2 des Art. 110 näher umschrieben. Danach sollen bei der Ausgestaltung der gemeinsamen Handelspolitik die günstigen Auswirkungen berücksichtigt werden, die die Schaffung einer Zollunion auf die Steigerung der Wettbewerbsfähigkeit der Unternehmen aus den Mitgliedsstaaten hat, und eine entsprechenden Öffnung des Gemeinsamen Marktes nach außen gefördert werden. Die Rolle der Gemeinschaft ist allerdings nicht auf die Abschaffung ihrer eigenen Handelsschranken beschränkt, sondern darüberhinaus soll sie weltweit zu einer schrittweisen Beseitigung der Beschränkungen im internationalen Handelsverkehr beitragen. Grundsätzlich erscheint eine harmonische Entwicklung des Welthandels nur möglich bei Reziprozität der Handelserleichterungen. Dennoch können einseitige Vorleistungen durchaus im Interesse der EG und einer geordneten Entwicklung des Welthandels liegen, indem sie z.B. die Rohstoffversorgung sichern oder, wie im Fall der Zollpräferenzen für Entwicklungsländer, als Beitrag zu einem besseren globalen Gleichgewichtes zu verstehen sind. Trotz des liberalen Ansatzes in den Formulierungen des Artikels 110 darf nicht übersehen werden, daß es sich hierbei um eine Absichtserklärung handelt, die grundsätzlich keine rechtliche Bindung, insbesondere gegenüber Außenstehenden beinhaltet. Die Ergreifung handelspolitischer Schutzmaßnahmen ist durch die Bestimmungen des Art. 110 keineswegs ausgeschlossen, sofern sie im Interesse der Gemeinschaft liegen und nach internationalem Recht zulässig sind.[239]

Nach Art. 113 hat die Ausgestaltung der gemeinsamen Handelspolitik nach einheitlichen Grundsätzen zu erfolgen. Derartige Grundsätze für die gemeinsame Handelspolitik sind nicht im einzelnen explizit festgelegt worden, doch sind im EWG-V an verschiedenen Stellen allgemeine Grundsätze festgehalten, die auf die gemeinsame Handelspolitik übertragbar sind. Hierzu zählen u.a. die Einheit des Gemeinsamen Marktes (Art. 2), die innere und äußere finanzielle Stabilität (Art.6 Ziff. 2) sowie die in Teil 2 des EWG-V verankerten "Grundlagen der Gemeinschaft". In Art. 29 sind zudem im Abschnitt über die Errichtung des "Gemeinsamen Zolltarifes" (GZT) eine Reihe von zollpolitischen Grundsätzen aufgestellt, die durchaus für die gesamte Handelspolitik Gültigkeit besitzen. Zum Beispiel wird hier von der Notwendigkeit

---

[239]Handbuch des Europäischen Rechtes: Die EG und ihre Handelspartner, Kommentar Vorbemerkungen zu den Artikeln 110 - 116, a.a.O., S. 19

gesprochen, den Handel zwischen den Mitgliedern zu fördern und die Wettbewerbsbedingungen innerhalb der Gemeinschaft so zu entwickeln, daß die Wettbewerbskraft der Unternehmen gesteigert wird. Zu den einheitlichen Grundsätzen der gemeinsamen Handelspolitik sind sicherlich auch die Grundsätze des internationalen Rechtes zu zählen, die die Gemeinschaft durch ihre Beteiligung an internationalen Abkommen anerkannt hat. In diesem Zusammenhang sind vor allem die zahlreichen Protokolle und Übereinkommen, die von der Gemeinschaft im Rahmen des GATT unterzeichnet wurden, anzuführen.[240]

Sofern durch die Handelspolitik direkt oder indirekt die Konditionen für den Handel mit den Entwicklungsländern betroffen sind, beinhalteten diese stets auch eine entwicklungspolitische Komponente. Die Entwicklungszusammenarbeit ist in den römischen Verträgen nicht als eigenständiger Politikbereich fixiert worden. Sie wurde allerdings bereits mit dem Inkrafttreten des EWG-V in Form der in den Artikeln 131-136 geregelten "konstitutionellen Entwicklungsassoziation" begründet. Diese bezog sich auf 30 bzw. 31 Länder und Hoheitsgebiete, mit denen die Gründungsmitglieder besondere Beziehungen unterhielten. In den Verhandlungen über die Gründung der EWG hatte vor allem Frankreich darauf bestanden, die von ihm abhängigen Gebiete in den zu schaffenden gemeinsamen Markt mit einzubeziehen. Neben dem Wunsch, die bestehenden Verpflichtungen Frankreichs gegenüber diesen Staaten auf die Gemeinschaft zu übertragen, sollte verhindert werden, daß diese Länder durch den gemeinsamen Außenzoll vom Mutterland abgetrennt würden und der EG damit als Einflußbereich, Rohstoffreservoir und Handelspartner verloren gehen könnten. Die zugunsten der betroffenen Länder ergriffenen Maßnahmen waren in erster Linie handelspolitischer Natur auf der Grundlage des Artikels 113. Sie sahen, mit Ausnahme der landwirtschaftlichen Marktordnungswaren, im wesentlichen den zollfreien Zugang zum Gemeinsamen Markt bei Nichtreziprozität der Zugeständnisse vor.[241]

Die Dominanz der handelspolitischen Maßnahmen entspricht der entwicklungspolitischen Grundkonzeption des "Aid by Trade", die die Entwicklungszusammenarbeit der Gemeinschaft lange Zeit prägte.[242] Hierbei wurde davon ausgegangen, daß mittels der angebotenen handelspolitischen Vergünstigungen eine erfolgreiche Marktintegration der assoziierten Länder

---

[240] Handbuch des Europäischen Rechtes: Die EG und ihre Handelspartner, Kommentar Vorbemerkungen zu den Artikeln 110 - 116, a.a.O., S. 29
Kommission der Europäischen Gemeinschaften (Hrsg.): Europa Partner der Welt; in: der Reihe Europa in Bewegung, a.a.O., S. 19 f

[241] D. Fritsch: Die entwicklungspolitische Konzeption der Gemeinschaft; in: F.Franzmeyer, H.J. Petersen, Neuorientierung in den Beziehungen zwischen der Europäischen Gemeinschaft und den Entwicklungsländern, Berlin 1984, S. 13 f
A. Pappas: Die außenpolitischen Ziele und Interessen der gemeinsamen Handelspolitik der EG, Berlin 1985, S. 59 f

[242] H. Lingau: Neue Elemente in der Entwicklungszusammenarbeit der Europäischen Gemeinschaft zu Beginn der 90er Jahre, Berlin 1991, S. 4

möglich sei und diese sich quasi zwangsläufig entwicklungsfördernd auswirken würde. Zwischenzeitlich ist nicht nur das entwicklungspolitische Instrumentarium der Gemeinschaft erheblich erweitert, sondern auch der Entwicklungszusammenarbeit zugrunde liegende Entwicklungskonzept ist zu einem "Aid and Trade"- Ansatz weiterentwickelt worden. Zumindest von der Ausgangsüberlegung geht der "Aid and Trade"- Ansatz von einem Gleichgewicht der einzelnen Komponenten aus. Handelspolitische Aspekte werden zwar unverändert als ein wesentlicher Bestandteil der Beziehungen zu den Entwicklungsländern gesehen und kommen beispielsweise in dem seitens der EG betonten hohen politischen Stellenwert des Allgemeinen Zollpräferenzsystems zum Ausdruck. Es ist aber auch erkannt worden, daß in vielen Fällen die angebotenen Präferenzen allein nicht ausreichen, um die bestehenden wirtschaftlichen und strukturellen Defizite zu beseitigen. Entsprechend wurde das handelspolitische Instrumentarium über die ursprüngliche reine Präferenzierung hinaus durch die Möglichkeit von Handelsförderungsmaßnahmen, wie z.B. Messeprogrammen erweitert. Ferner wurde erkannt, daß in den begünstigten Ländern durch den Einsatz eines differenzierten Förderinstrumentariums oftmals zunächst die wirtschaftlichen, institutionellen administrativen und sonstigen Voraussetzungen geschaffen werden müssen, um die angebotenen handelspolitischen Vergünstigungen überhaupt nutzen zu können.[243]

5.3 Möglichkeiten der Einflußnahme auf die EG - Handelspolitik seitens der Bundesrepublik Deutschland

Die Einbringung bundesdeutscher Interessen in die gemeinsame Handelspolitik erfolgt über die Vertretung der Bundesregierung im Rat als dem obersten Entscheidungs- und Rechtssetzungsorgan der Gemeinschaft. Auch wenn im Rat primär die Einzelinteressen der Mitgliedsstaaten eingebracht werden, so sind die Ratsmitglieder doch zugleich auch den Zielen und Grundsätzen der Gemeinschaft als Ganzes verpflichtet. Im Rat findet der Ausgleich zwischen den jeweiligen Einzelinteressen der Mitglieder und den durch die Kommission vertretenen Gemeinschaftsinteressen statt. Die Ratsentscheidungen sollten dabei nicht den kleinsten gemeinsamen Nenner der einzelstaatlichen Interessen widerspiegeln, sondern das Ergebnis der Suche nach dem größtmöglichen Konsens zwischen den Mitgliedern und der Gemeinschaft.[244]

---

[243]Handbuch des Europäischen Rechtes: Die EG und ihre Handelspartner, Kommentar Vorbemerkungen zu den Artikeln 110 - 116, a.a.O., S. 13 f.
 U. Nawrocki: Industrielle Zusammenarbeit und Handelsbeziehungen zwischen der EG und der Dritten Welt in: W. Gocht, H. Seifert (Hrsg.), Nord Süd Kooperation - Internationale Herausforderung an Technik und Wirtschaft, Baden-Baden 1982, S. 118 ff
[244]K.D. Borchardt: Das ABC des Gemeinschaftsrechts, a.a.O., S. 17

Da die gemeinsame Handelspolitik in der ausschließlichen Kompetenz der Gemeinschaft liegt, basiert jede handelspolitische Maßnahme auf einem durch die Kommission initiierten und ausgearbeiteten Vorschlag. Über den eingereichten Kommissionsvorschlag, der auch anderen Gemeinschaftinstitutionen, vor allem dem Europäischen Parlament zur Anhörung vorgelegt wird, hat der Rat in seiner Funktion als oberstes Entscheidungs- und Rechtssetzungsorgan zu beschließen.[245] Somit bleibt aber die letzlich verbindliche Entscheidung allein dem Rat und damit den Regierungen der einzelnen Mitgliedsstaaten vorbehalten. Dieses von den Gemeinschaftsorganen in Ausübung ihrer legislativen und administrativen Befugnisse geschaffene Recht wird als sekundäres Gemeinschaftsrecht bezeichnet. Das handelspolitische Sekundärrecht ergeht dabei meist in Form von Verordnungen. Nur gelegentlich kommen auch die anderen im Artikel 189 aufgeführten Formen der gemeinschaftlichen Rechtsetzung vor.[246] Verordnungen sind die Rechtsakte, mit denen die Gemeinschaft am tiefsten in die nationale Rechtsordnung eingreift. Sie setzen ohne Rücksicht auf Staatsgrenzen in der ganzen Gemeinschaft gleiches Recht und gelten in allen Mitgliedsstaaten einheitlich und vollständig. Ferner sind sie dadurch gekennzeichnet, daß sie unmittelbare Geltung besitzen, d.h. sie müssen nicht mehr erst in nationales Recht umgesetzt werden, sondern verleihen den Gemeinschaftsbürgern, den Organen und Behörden der Mitgliedsstaaten unmittelbare Rechte und Pflichten.[247]

Nach den Vertragsbestimmungen trifft der Rat seine Entscheidungen überwiegend nach dem Mehrheitsprinzip. Dabei ist die einfache Mehrheit allerdings die Ausnahme. Für die Handelspolitik ist eine qualifizierte Mehrheit vorgesehen, wobei die Stimmen der einzelnen Mitglieder gewogen werden. Hierdurch ist gewährleistet, daß die größeren Staaten, zu denen neben der Bundesrepublik Deutschland Frankreich, Italien und das Vereinigte Königreich zählen, einen größeren Einfluß auf die Ratsentscheidungen haben. Einstimmigkeit ist vertraglich nur in für die Mitgliedsstaaten sensiblen Politikbereichen, wie etwa bei Anwendung der Artikel 235 (Vertragsinterpretation), 237 (Aufnahme neuer Mitglieder) oder 238

---

[245]K.D. Borchardt: Das ABC des Gemeinschaftsrechts, a.a.O., S. 30
[246]Handbuch des Europäischen Rechtes: Die EG und ihre Handelspartner, Kommentar Art. 113, a.a.O., S. 32
In Artikel 198 des EWG-V sind neben Verordnungen, Richtlinien, Entscheidungen Empfehlungen und Stellungnahmen aufgeführt. Mt den Richtlinien soll kein neues einheitliches Gemeinschaftsrecht geschaffen werden, sondern diese beschränken sich darauf, den Adressaten, der aus einem oder mehreren Mitgliedsstaaten bestehen kann, anzuweisen, Maßnahmen zu ergreifen, die zur Verwirklichung eines von der Gemeinschaft gewünschten Ergebnisses notwendig sind.Entscheidungen stellen gemeinschaftliche Verwaltungsakte dar, mit denen die Gemeinschaft in den Fällen, in denen sie selbst für die Ausführung des Gemeinschaftrechtes verantwortlich ist, die Folgen, die sich aus der Anwendung des Gesetzes ergeben, für den Einzelfall verbindlich festlegt. Mit den Empfehlungen und Stellungnahmen ist den Gemeinschaftsorganen die Möglichkeit gegeben, sich gegenüber den Mitgliedsstaaten und in einigen Fällen auch gegenüber den Gemeinschaftsbürgern unverbindlich zu äußern.Während im Rahmen von Empfehlungen bestimmte Verhaltensweisen nahegelegt werden, beinhalten Stellungnahmen eine Beurteilung einer bestimmten Situation oder einer Entwicklung in der Gemeinschaft oder einer ihrer Mitgliedsstaaten.
K.D. Borchardt: Das ABC des Gemeinschaftsrechts, a.a.O., S. 34
[247]K.D. Borchardt: Das ABC des Gemeinschaftsrechts, a.a.O., S. 34

(Abschluß eines Associierungsabkommens) vorgesehen. Die Bedeutung der Mehrheitsregel ist in der Praxis dennoch gering geblieben, da der Rat über Jahre hinweg überwiegend nach dem Einstimmigkeitsprinzip verfuhr.[248] Diese Vorgehensweise ist auf den sog. "Luxemburger Kompromiß" aus dem Jahre 1966 zurückzuführen, der auf Drängen Frankreichs zustandegekommenen war. Dieser besagt, daß von Mehrheitsentscheidungen abzusehen ist, wenn die "vitalen Interessen" von einem oder mehreren Mitgliedsstaaten durch die anstehenden Entscheidungen betroffen sind. In einem solchen Falle müssen die Verhandlungen so lange fortgesetzt werden, bis ein Kompromiß gefunden ist, der eine einstimmige Entscheidung zuläßt. Die Vereinbarungen des "Luxemburger Kompromisses" stellen kein verbindliches Gemeinschaftsrecht dar. Auch haben sich nur in wenigen Fällen Staaten ausdrücklich auf diese Vereinbarung berufen und haben zur Wahrung wichtiger nationaler Interessen ein Veto eingelegt. Die innergemeinschaftlichen Entscheidungsprozesse wurden durch diese Vorgehensweise jedoch erheblich verlangsamt und erschwert. Durch die institutionellen Reformen im Rahmen der EEA ist vor allem im Zusammenhang mit dem Binnenmarktprogramm eine Beschleunigung in den Entscheidungsabläufen festzustellen, da Ratsbeschlüsse mit "qualifizierter Mehrheit" erleichtert wurden.[249] Von dieser Entwicklung profitierte u.a. die Handelspolitik in besonderem Maße, deren abschließende Vereinheitlichung erst verspätet mit dem Europäischen Binnenmarkt vollendet wurde.[250] Im Zusammenhang mit den Verhandlungen in der GATT - Runde zeigt sich aber erneut die Bedeutung des "Vetorechtes", in dem der Rat verschiedentlich von französischer Seite gewarnt wurde, daß Frankreich zum Schutze seiner vitalen nationalen Interessen von diesem Recht Gebrauch machen würde, sofern eine von Frankreich nicht mitgetragenen Zustimmung durch den Rat erfolgen sollte.

In Anwendung des handelspolitischen Sekundärrechtes ergehen im großen Umfang Einzelentscheidungen durch die Kommission. Hierdurch bleibt die Funktionsfähigkeit der Gemeinschaft zumindest für die laufenden Geschäfte der Handelspolitik i.d.R. erhalten, trotz der "unheilvollen" Praxis, handelspolitische Entscheidungen im Rat nach den Einstimmigkeitsprinzip zu treffen.[251]

---

[248] Handbuch des Europäischen Rechtes: Die EG und ihre Handelspartner, Kommentar Art. 113, a.a.O., S. 33
Deutsche Bundesbank (Hrsg.): Internationale Organisationen und Gremien im Bereich von Währung und Wirtschaft, a.a.O., S. 190
K.D. Borchardt: Das ABC des Gemeinschaftsrechts, a.a.O., S. 18
[249] Deutsche Bundesbank (Hrsg.): Internationale Organisationen und Gremien im Bereich von Währung und Wirtschaft, a.a.O., S. 190
[250] R. Langhammer: Auswirkungen der EG-Binnenmarkt - Integration auf den Außenhandel der Entwicklungsländer, Kieler Studien Nr. 369, Kiel 1989, S. 15
Kommission der EG (Hrsg.): Europa Partner der Welt; in: der Reihe Europa in Bewegung, a.a.O., S. 11
Handbuch des Europäischen Rechtes: Die EG und ihre Handelspartner, Kommentar Art. 113, a.a.O., S. 34
Deutsche Bundesbank (Hrsg.): Internationale Organisationen und Gremien im Bereich von Währung und Wirtschaft, a.a.O., S. 190
[251] Handbuch des Europäischen Rechtes: Die EG und ihre Handelspartner, Kommentar Art. 113, a.a.O., S. 34

Die Entscheidung über die Anwendung der in den Verträgen vorgesehenen Schutzklausel nach Artikel 115 (s. Kap.: 4.2.2) ist die einzige Ausnahme im Bereich der Handelspolitik, bei der allein die Kommission und nicht der Rat die höchste Entscheidungsinstanz darstellt. Die Kommission hat nach Art.115 das Recht, auf Antrag eines Mitgliedsstaates in Ausnahmefällen und in voller Unabhängigkeit und Unparteilichkeit sowie nach Berücksichtigung aller Gesichtspunkte Abweichungen von den Vertragsregeln zu erlauben. Die Anwendung der Schutzklausel wurde in die alleinige Entscheidungskompetenz der Kommission gelegt, um ein möglichst hohes Maß an Objektivität und Unabhängigkeit bei der Entscheidungsfindung zu gewährleisten. Eine gewisse Einschränkung der Entscheidungskompetenz ist darin zu sehen, daß der Rat die im Rahmen des Art.115 von der Kommssion getroffenen Entscheidungen innerhalb von drei Monaten bestätigen muß, ansonsten verlieren sie ihre Gültigkeit. Die Anwendung des Artikels 115 ist zwar auch nach Realisierung des gemeinsamen Binnenmarktes noch denkbar, da der entsprechende Artikel übernommen wurde, doch hat die Kommission bereits verlauten lassen, daß sie zukünftig nicht bereit ist, entsprechende Anträge und damit nationale Alleingänge, in der Handelspolitik zu gestatten.[252]

Bei der Aushandlung von internationalen Handelsabkommen hat die Kommission ein Verhandlungsmonopol, d.h. das Verhandlungsrecht ist nicht auf eine andere Institution oder einen Mitgliedsstaat übertragbar ist. Die Aufnahme der erforderlichen Gespräche erfolgt, nachdem die Kommission dem Rat entsprechende Empfehlungen vorgelegt und dieser die Kommission zur Eröffnung der Verhandlungen ermächtigt hat. Die Kommission führt die Verhandlungen nach Maßgabe der ihr vom Rat gegebenen Richtlinien. Sie steht dabei in ständigem Kontakt mit einem vom Rat zur ihrer Unterstützung bestellten Sonderausschuß, der sich aus Regierungsvertretern der Mitgliedsstaaten zusammensetzt. Aus Sicht der Mitgliedsstaaten garantiert die Anwesenheit der Regierungsvertreter als stille Beobachter bei den Verhandlungen einen direkten Eindruck über den Verhandlungsverlauf. Damit ist gewährleistet, daß durch eine entsprechende Ausgestaltung der Richtlinien gegebenenfalls die Möglichkeit besteht, nationale Interessen in die Verhandlungen einzubringen.

Rein rechtlich gesehen verhandelt die Kommission in eigener Verantwortung und nicht als Beauftragte des Rates, auch wenn dieser ihr die Verhandlungsrichtlinien vorgegeben hat. In der Praxis gehen die aufgestellten Richtlinien allerdings oft soweit ins Detail, daß sie der Kommission, aber auch den Verhandlungspartnern wenig Verhandlungsspielraum lassen. Die Kommission hat zwar die Möglichkeit, in besonders dringenden Fällen den

---

[252]E. Noel: Die Organe der Europäischen Gemeinschaft, a.a.O., S. 16
Handbuch des Europäischen Rechtes: Die EG und ihre Handelspartner, Kommentar Art. 113, a.a.O., S. 32
Gespräche bei der EG-Kommission
K.D. Borchardt: Das ABC des Gemeinschaftsrechts, a.a.O., S. 21

Verhandlungsrichtlinien abweichenden Verhandlungsergebnissen zuzustimmen, jedoch wird diese Zustimmung stets unter Vorbehalt einer späteren Bestätigung durch den Rat erteilt. Diese schwierige Position der Gemeinschaft trägt nicht unbedingt zu einer Verbesserung des Verhandlungsklimas bei. Auch trat wiederholt die Situation ein, daß nach außen die Verhandlungsbefugnisse zwischen der Gemeinschaft und ihrer Mitgliedsländern für die Verhandlungspartner nicht eindeutig geregelt erschienen.[253] Im Bereich der konventionellen Handelspolitik treten zudem in zunehmendem Maße Fälle einer sog. gemischten Kompetenz auf. Dies ist dann der Fall, wenn die zu verhandelnde Materie teils zur gemeinsamen Handelspolitik und teils in den alleinigen oder gemeinsamen Zuständigkeitsbereich der Mitgliedstaaten und der EG fäällt. Beispielsweise seien hier die Abkommen mit den Mittlemeerländern und die Lomé-Verträge angeführt, in denen sowohl handelspolitische Bestandteile als auch die verschiedensten Maßnahmen der Entwicklungszusammenarbeit enthalten sind, die aber weitgehend im Zuständigkeitsbereich der Mitgliedsländer liegen.[254]

5.4 Umsetzung der EG - Handelspolitik

Die Umsetzung der gemeinschaftlichen Handelspolitik erfolgt durch die einheitliche Festsetzung und gegebenenfalls Änderung von Zollsätzen, den Abschluß von bi- und multilateralen Zoll- und Handelsabkommen, die Vereinheitlichung von Liberalisierungsmaßnahmen, die Vereinheitlichung der Ausfuhrpolitik und die gegebenenfalls notwendige Einführung von handelspolitischen Schutzmaßnahmen. Die Rechtssätze der gemeinsamen Handelspolitik können somit einerseits autonomer und andererseits konventioneller Natur sein.

Rechtsgrundlage für die autonomen Maßnahmen und den Abschluß reiner Handelsabkommen ist Artikel 113 über die gemeinsame Handelspolitik. Sofern die Gemeinschaftsabkommen über den eigentlichen Handelsbereich hinausgehen, indem sie Aspekte einer wirtschaftlichen Zusammenarbeit und den Einsatz weiterführender entwicklungspolitischer Instrumente beinhalten, reicht Artikel 113 EWG-V als Rechtsgrundlage nicht mehr aus. Solche Kooperationsmaßnahmen, wie sie beispielsweise mit den Mittelmeerländern und den Entwicklungsländern Lateinamerikas und Asiens abgeschlossen worden sind, stützen sich zusätzlich auf Artikel 235 EWG-V. Dieser beinhaltet den Erlaß von Vorschriften für unvorhergesehene Fälle. Dieser Artikel gilt darüber hinaus als Rechtsgrundlage für die gesamte

---

[253]Handbuch des Europäischen Rechtes: Die EG und ihre Handelspartner, Kommentar Art. 113, a.a.O., S. 32
Kommission der EG (Hrsg.): Europa Partner der Welt; in: der Reihe Europa in Bewegung, a.a.O., S. 11
[254]Handbuch des Europäischen Rechtes: Die EG und ihre Handelspartner, Kommentar Art. 113, a.a.O., S. 36
H. Lingau: Neue Elemente in der Entwicklungszusammenarbeit der Europäischen Gemeinschaft zu Beginn der 90er Jahre, a.a.O., S. 1

Entwicklungszusammenarbeit der Gemeinschaft außerhalb der Lomé-Abkommen. Für die Lomé-Abkommen, die als Assoziierungsabkommen eine besondere und privilegierte Beziehung zu der EG begründen, ist mit Artikel 238 EWG-V eine besondere Rechtsgrundlage vorgesehen.[255]

5.4.1 Das Allgemeine Zollpräferenzabkommen

Die Entwicklungsländer forderten bereits im Rahmen der UNCTAD-Konferenz in Genf 1964 die Einführung nicht reziproker Handelspräferenzen. Sie stießen damit zunächst auf den Wiederstand der IL, die ein solches System u.a. aufgrund seiner Unvereinbarkeit mit dem Meistbegünstigungsprinzip des GATT ablehnten. Im Jahre 1970 wurde allerdings seitens der EL ein Durchbruch erzielt, indem sich im Rahmen der Resolution 21 der UNCTAD II die 24 IL der OECD prinzipiell dazu verpflichteten, ein derartiges System allgemeiner Präferenzen für EL im Halb- und Fertigwarenbereich einzurichten. Die konkrete Ausgestaltung der Präferenzregelungen, insbesondere die Festlegung der begünstigten Produkte und Länder stand dabei jedem IL frei. Mit Beschluß der GATT-Vertragsparteien vom 25. Juni 1971 wurden die beteiligten IL durch eine Ausnahmegenehmigung ("waiver") vom Meistbegünstigungsgebot zunächst für einen Zeitraum von zehn Jahren befreit. Mit dem Abschluß der Tokio-Runde hat sich die Rechtslage dahingehend geändert, daß nunmehr durch eine ständige Ausnahmeregelung ("enabling clause") die tarifäre und nichttarifäre Sonderbehandlung der EL als permanentes Merkmal des Welthandelssystems anerkannt wurde. Durch diese Ausnahmeregelungen innerhalb des GATT-Regelwerkes ist die GATT-Konformität des Allgemeinen Präferenzsstems (APS) gewährleistet. Die EG machte mit ihrem Präferenzangebot im Juli 1971 den Anfang. In den folgenden Jahren sind von allen Industrieländern entsprechende Präferenzsysteme eingeführt worden.[256]

Der Begriff Allgemeines Präferenzsystem bedeutet nicht, daß die gewährten Zollerleichterungen alle Exportprodukte umfassen, sondern bezieht sich auf die Erfassung aller Entwicklungsländer in diesem System. Die Zahl der theoretisch begünstigten Länder stieg von 91 im Jahre 1971 auf nunmehr 165 zu Beginn des Jahres 1992.[257] Im Vergleich zu 1991 hat sich die Anzahl durch die Einbeziehung Albaniens und der drei baltischen Staaten sowie die Aufhebung der Aussetzung gegenüber Korea um fünf Staaten erhöht. Korea war aus dem Präferenzsystem aufgrund einer nach Meinung der EG diskriminierenden Behandlung derselben

---

[255] B.Beutler, R. Bieber, J. Pipkorn, J. Streil: Die Europäische Gemeinschaft, Rechtsordnung und Politik 3. Aufl. Baden-Baden 1992, S. 542 ff
[256] A. Borrmann: Das Allgemeine Zollpräferenzsystem der EG, hrsg. von HWWA, Hamburg 1979, S. 22
[257] Kommission der EG (Hrsg.): Amtsblatt der EG, L370 vom 31.12.1990, Brüssel 1990, S. 36

im Bereich des Schutzes geistigen Eigentums ausgeschlossen worden.[258] Die hohe Anzahl der begünstigten Länder ist auf den ersten Blick durchaus beeindruckend. Tatsächlich ist es aber so, daß dieses System nur für die Entwicklungsländer Europas, Asiens und Lateinamerikas von Interesse ist, da den übrigen Entwicklungsländern im Rahmen der Lomé-Verträge und dem Mittelmeerabkommen weitreichendere Vergünstigungen eingeräumt worden sind.[259]

Das APS der EG soll dazu dienen die Exporte, vor allem von Industriegütern, aus den EL in die EG durch Zollerlaß zu erleichtern. Dahinter steht die Vorstellung, daß präferentielle Absatzbedingungen die Konkurrenzfähigkeit von EL-Produkten auf dem Weltmarkt erhöhen und somit einen Beitrag zur Steigerung der Exporterlöse darstellen. Die Erhöhung der Exporterlöse wirkt sich wiederum positiv auf die Importkapazität aus und kann somit zu einer weitergehenden Industrialisierung in diesen Ländern beitragen. Auch bietet die Erweiterung der ausländischen Nachfrage die Chance, die Enge des einheimischen Marktes, die vor allem durch das niedrige Pro-Kopf-Einkommen und den geringen Industrialisierungsgrad bedingt ist, zu überwinden. Hierdurch wird die Ausnutzung von Massenproduktionsvorteilen, insbesondere die Realisierung von Kostensenkungspotentialen ermöglicht. Die verbesserten Exportaussichten wirken sich zudem positiv auf die Investitionstätigkeit im Exportsektor aus und sind ebenfalls als ein Beitrag zur weiteren Industrialisierung anzusehen.[260]

Die derzeit gültige Form des APS-Regelwerks ist das Ergebnis zahlreicher Modifikationen, die seit 1971 von der EG vorgenommen worden sind, um die Wirksamkeit des APS unter Berücksichtigung der sich ändernden weltwirtschaftlichen Rahmenbedingungen zu erhöhen. Im Vordergrund der Bemühungen standen dabei Maßnahmen, die eine bessere Verteilung der Vorteile aus dem APS für die einzelnen Entwicklungsländer entsprechend ihren Unterschieden im Entwicklungsstand bzw. ihrer Wettbewerbsfähigkeit sicherstellen sollten. Darüber hinaus waren die Erhöhung der Sicherheit für die potentiellen Anwender und eine größere Transparenz des in seiner Ausgestaltung immer komplizierter gewordenen Systems wesentliche Leitlinien bei den seitens der EG durchgeführten Modifikationen. [261] Auch in Hinblick auf den Gemeinsamen Binnenmarkt wurden Änderungen im APS vorgenommen.

---

[258]Handbuch für Internationale Zusammenarbeit: Gesamtbericht der Europäischen Gemeinschaften 1991, 297. Liefg. Baden-Baden 1992, S. 14
[259]H. Lingau: Neue Elemente in der Entwicklungszusammenarbeit der EG zu Beginn der 90er Jahre, hrsg. von DIE, Berlin 1991, S. 10
[260]UNCTAD (Hrsg.): Preferences: Review of Discussions, TD/B/AC1/1, Genf 1985, S. 8
o.V.: Industriegütereinfuhren der EG aus Süd und Ost Entwicklung und Zollpräferenzen, in: DIW Wochenbericht 24/92, 59.Jg., Berlin 1992, S. 309
[261]Kommission der EG (Hrsg.): Revision des Schemas der Allgemeinen Zollpräferenzen, Kom. 85, 203, Brüssel 1985, S.4ff
Kommission der EG (Hrsg.):System Allgemeiner Zollpräferenzen, Orientierung für die neunziger Jahre, (Kom.90,329), Brüssel 1990, S. 2 ff

Die EG-Kommission hat bei der jährlich neu festzulegenden konkreten Ausgestaltung des Systems freie Hand, da im Gegensatz zur Assoziierungspolitik die Gewährung von Präferenzen nicht auf internationalen Verpflichtungen und Verträgen basiert, sondern ein Entgegenkommen seitens der EG darstellt.[262] Es zählt somit zu den autonomen handelspolitischen Maßnahmen der EG. In diesem Zusammenhang beschlossen der Rat und die Vertreter der Regierungen der Mitgliedsstaaten für das Jahr 1993, das derzeitige System zu verlängern.[263]

Das präferenzierte Warenspektrum umfaßt derzeit 471 (1971: 147) ausgewählte landwirtschaftliche Verarbeitungsprodukte und nahezu alle industriellen Halb- und Fertigwaren. Während die gewerblichen APS-Produkte ausnahmslos zollfrei in die EG eingeführt werden können, wobei jedoch die Importe grundsätzlich einer mengenmäßigen Beschränkung unterliegen, werden die landwirtschaftlichen Produkte überwiegend in Form von Zollsenkungen präferiert.

Im Agrarbereich sind derzeit insgesamt fünf Produktgruppen mengenmäßigen Einfuhrbeschränkungen unterworfen, darunter beispielsweise löslicher Kaffee und Dosen-Ananas sowie mehrere Tabaksorten. Diese quantitativen Beschränkungen sind vor allem als Rücksichtnahme auf bestehende Interessen von Exporteuren aus den AKP-Staaten zu verstehen. Je nach Konkurrenzsituation besteht die Präferenzspanne bei landwirtschaftlichen Produkten in einer Zollermäßigung von 0,5% bis 18%, kann aber bis zur Zollfreiheit reichen. 1991 waren immerhin 164 aller 471 begünstigten Agrarerzeugnisse vollständig von Zöllen befreit.[264]

Während bis 1982 bei gewerblichen Importprodukten zwischen vier unterschiedlichen Sensitivitätsgraden unterschieden wurde, die im wesentlichen aus der Art und Stärke der Konkurrenzbeziehungen zu EG - Herstellern resultierten, unterscheidet die EG seit 1982 nur noch zwischen "sensiblen" und "übrigen" Erzeugnissen. Im Jahre 1991 wurden 156 Produkte als sensible Erzeugnisse eingestuft. Für jedes einzelne dieser Erzeugnisse werden für jedes begünstigte Land in jährlichen Abständen von der EG "feste zollfreie Beträge" bzw. "Plafonds" festgelegt, bis zu deren Erreichung ein zollfreier Import in die EG möglich ist. Ob dem jeweiligen Lieferland der zollfreie Import in Form von "festen zollfreien Beträgen" oder "Plafonds" eingeräumt wird, richtet sich nach der Wettbewerbsfähigkeit des begünstigten Landes. Den wettbwerbsfähigsten Ländern, i.d.R. handelt es sich hierbei um ca.1 bis 4 Länder,

---

[262]H. Lingau: Neue Elemente in der Entwicklungszusammenarbeit der EG zu Beginn der 90er Jahre, a.a.O., S. 10
[263]Handbuch für Internationale Zusammenarbeit: Gesamtbericht der Europäischen Gemeinschaften 1991, 297. Liefg., a.a.O., S. 14
[264]Kommission der EG (Hrsg.): Amtsblatt der EG, L370 vom 31.12.1990, a.a.O., S. 7 u. S. 90

werden in ihrer Höhe unterschiedliche, individuelle "feste zollfreie Beträge" zugewiesen. Den übrigen Ländern wird ein für jedes Land in seiner Höhe gleicher "Plafonds" zugewiesen. Wichtig ist diese Differenzierung im Zusammenhang mit der Reaktion der EG nach Erreichen der festgelegten Obergrenzen. Bei Erreichen des "festen zollfreien Betrages" durch ein Lieferland muß die EG wieder den Meistbegünstigungszollsatz erheben, nach Ausschöpfung der "Plafonds" kann sie ihn wieder einsetzen. Die Berechnung der einzelstaatlichen Kontingente erfolgt auf der Grundlage der Gesamtimporte des betreffenden Gutes in die EG. Die Bezugsgrundlage entspricht i.d.R. 6% der Gesamtimporte in die Gemeinschaft im Jahre 1988 zuzüglich einer Erhöhung der Bezugsgrundlage um 5%.[265] Informationen darüber, ob ein Lieferland für ein spezielles Produkt die ihm zugestandenen Obergrenzen überschritten hat, werden in den Amtsblättern der EG veröffentlicht. Beispielsweise wird im Amtsblatt Nr. C 81/3 vom 26.3.1991 mitgeteilt, daß der feste zollfreie Betrag für den Import von Gaze und Waren daraus für China mit dem 21.2.1991 ausgenutzt ist und damit bei weiteren Importen der Meistbegünstigungszollsatz zu entrichten ist.

Im Gegensatz zu der Praxis in der Vergangenheit, die eingeräumten Kontingente mittels sog. "Länderquoten" auf die einzelnen EG-Mitgliedsländer zu verteilen, stehen die "festen zollfreien Beträge" und "Plafonds" jetzt den Importeuren aller Mitgliedsländer gleichermaßen offen. Durch die Vergemeinschaftung der Kontingente und die damit verbundene alleinige Zuständigkeit der EG bei der Wiedereinführung von Zöllen innerhalb des APS ist in Bezug auf das APS der Gemeinsame Binnenmarkt im wesentlichen bereits vor 1993 realisiert worden.

Die übrigen bzw. nicht sensiblen Erzeugnisse unterliegen zwar ebenfalls einem "Plafonds", dieser dient aber mehr statistischen Zwecken. Die Möglichkeit einer Wiedereinführung des Meistbegünstigungszollsatzes für den Fall einer Überschreitung ist eher theoretischer Natur.

Gewissen Sonderregelungen unterliegen, aufgrund der besonderen Empfindlichkeit dieses Wirtschaftsbereiches und der weitgehenden Regelung des Welttextilhandels durch das Multifaserabkommen (MFA),[266] die Einfuhren von Textilwaren. Innerhalb des APS wird unterschieden zwischen den Textilwaren, die unter das MFA fallen, und den übrigen Waren. Bei den Produkten, die unter das MFA fallen, hat die EG mit den wichtigsten Lieferländern Selbstbeschränkungsabkommen abgeschlossen, die die Importe beschränken. Bei den übrigen Waren wird ein Teil der Textilimporte als sensibel eingestuft mit den entsprechenden

---

[265]UNCTAD (Hrsg.): The General system of preferences; A review of changes in the schemes since their inception, UNCTAD/ITP/14, Genf 1989, S. 4
Kommission der EG (Hrsg.): Amtsblatt L370, Abschnitt II Artikel 8, Brüssel 1990, S. 5
[266]zu näheren Erläuterungen zum MFA vgl. die Ausführungen in Kapitel 2.4.

Bestimmungen wie sie auch für andere sensible Waren angewendet werden.[267] Um einen Mißbrauch des APS zu verhindern, verlangt die EG einen Nachweis über den Warenursprung. Dieser Nachweis erfolgt in Form spezieller Formblätter und kann nur durch eine bei der EG notifizierte Behörde im Lieferland ausgestellt werden. Im Ursprungsnachweis wird dokumentiert, daß die jeweilige Ware in ausreichendem Maße im begünstigten Land be - oder verarbeitet und direkt in die EG importiert worden ist. Da die Vergangenheit gezeigt hat, daß von einer Vielzahl der begünstigten Länder, insbesondere den am wenigsten entwickelten Ländern, der für den Ursprungsnachweis erforderliche hohe Verarbeitungsgrad nicht zu realisieren war und sie folglich die Präferenzen nicht in Anspruch nehmen konnten, sind für diese Ländergruppe ab 1991 verbesserte Konditionen bezüglich der Höhe des Verarbeitungsgrades eingeführt worden.[268] Im derzeit gültigen APS-System ist das Prinzip des kummulativen Ursprungs, das eine Verarbeitung in mehreren begünstigten Ländern gestattet, ohne den Verlust der Ursprungseigenschaft nach sich zuziehen, bisher nur für die drei regionalen Wirtschaftsintegrationen ASEAN, Zentralamerika und den Andenpakt verwirklicht.[269] Das Prinzip des kummulativen Ursprungs ist durchaus als wichtiger Beitrag zur weltwirtschaftlichen Integration und zum Ausbau der Süd-Süd-Kooperation zu werten. Eine Ausdehnung auf weitere Lieferländer innerhalb des APS wäre sicherlich wünschenswert.

Eine Vorzugsbehandlung, wie sie durch das APS gewährt wird, setzt voraus, daß:

- andere Lieferländer den anfallenden Zoll in voller Höhe bezahlen müssen,

- die präferenzierten Länder auch tatsächlich liefern können und

- die Zölle so hoch sind, daß eine Inspruchnahme ihrer Ausnutzung attraktiv ist.

Im Durchschnitt liegen die EG - Zölle für Industriegüterimporte gegenwärtig bei 5,1% und liegen damit sogar noch unter dem ohnehin niedrigen durchschnittlichen Zollsatz aller Industrieländer von 7%.[270] Allerdings gibt es durchaus einige Bereiche, wie zum Beispiel bestimmte Lastkraftwagen mit einem Zollsatz von 22% oder Elektronenröhren für Fernseher mit 15% sowie einige chemische Artikel mit einem Zollsatz zwischen 15% - 20%, deren Zollschutz unverändert hoch ist.[271] Viele von diesen Hochzollprodukten sind im APS als sensibel eingestuft, mit der Konsequenz, daß die Zollaussetzung nur in bestimmten Grenzen

---

[267] Kommission der EG (Hrsg.): Amtsblatt der EG, L370 vom 31.12.1990, a.a.O., S.40
[268] Kommission der EG (Hrsg.): System Allgemeiner Zollpräferenzen , Orientierung für die 90er Jahre (Kom.90,329), a.a.O., S. 10 u.S. 18
[269] UNCTAD (Hrsg.): The General system of preferences; A review of changes in the schemes since their inception, UNCTAD/ITP/14, a.a.O., S. 22
[270] o.V.: Industriegütereinfuhren der EG aus Süd und Ost Entwicklung und Zollpräferenzen, in: DIW Wochenbericht 24/92, S. 311
Weltbank (Hrsg.): Weltentwicklungsbericht 1991, Washington 1992, S. 45
[271] o.V.: Industriegütereinfuhren der EG aus Süd und Ost Entwicklung und Zollpräferenzen, in: DIW Wochenbericht 24/92, S. 310

gewährt wird. Der jeweils geltende Zolltarif spiegelt dabei das für die einzelnen Branchen gebotene unterschiedliche Schutzbedürfnis wider, wobei generell davon auszugehen ist, daß die Zollsätze mit dem Grad der Verarbeitung steigen und somit von der sog. Zolltarifeskalation betroffen sind.

Um das Ausmaß der Präferenzierung zu quantifizieren, wurde in einer Studie des DIW die hypothetische Zollbelastung der Importe bei Anwendung des Meistbegünstigungszollsatzes mit den durch das APS-gewährten Zollentlastungen verglichen. Hierbei zeigte sich, daß Zollbe- und -entlastungen zwischen den einzelnen Lieferländern entsprechend ihrem Entwicklungsstand und der Zusammensetzung ihrer Produktpalette deutliche Unterschiede aufweisen. Allen APS berechtigten Ländern zusammen wurde 1990 ein Drittel ihrer Zollschuld erlassen. Der durchschnittliche Zollsatz für Industriegüterimporte verringerte sich von 5,1%, ohne die Berücksichtigung der durch das APS gewährten Zollentlastungen, auf 3,4%. Die unterschiedliche Höhe der Zollentlastung zwischen den einzelnen Lieferländern spiegelt die im APS verankerten länderspezifischen Differenzierungen nach der individuellen Wettbewerbsfähigkeit bei den einzelnen Waren des jeweiligen Landes und die daraus resultierenden quantitativen Einschränkungen über die Höhe der zollbefreiten Liefermengen wider. Dies trifft in besonderem Maße für Hongkong und Singapur mit einer Zollentlastungsquote von 9% bzw. 17% zu, aber auch Malaysia und die Philippinen werden mit 26% bzw. 29% vergleichsweise gering entlastet. Überdurchschnittlich fallen dagegen die Zollentlastungen für Indien, Indonesien und Pakistan aus, denen jeweils mehr als die Hälfte ihrer Zollschuld erlassen wurde.

Das neben dem jeweiligen Entwicklungsstand auch die länderspezifische Struktur des Güterangebotes ein wesentlicher Bestimmungsfaktor für die Höhe der Zollentlastung ist, ist vor allem durch die relativ geringe Entlastung bzw. restriktiven Bestimmungen bei Textilien sowie Maschinen und Elektronikprodukten bedingt. Für viele APS berechtigte Länder stellen diese Warengruppen jedoch die bei weitem wichtigsten Industriegüterexporte dar. Eine ganze Reihe von diesen Ländern weisen jedoch einen vergleichsweise niedrigen Entwicklungsstand auf und müßten folglich eigentlich hoch entlastet werden. Im Jahre 1990 entfielen auf diese Warengruppen rund ein Drittel der gesamten Industriegütereinfuhren aus den APS-berechtigten Staaten in die EG. Sie sind damit nach dem Erdöl und Erdölprodukten, auf die ebenfalls ein Drittel der Gesamtimporte entfielen, die wichtigsten Importgüter.

Einen ersten Anhaltspunkt über den Stellenwert der innerhalb des APS gewährten Präferenzen für die Entwicklung des Außenhandels der begünstigten Länder bietet die quantitative Analyse über den Anteil und die Entwicklung der APS-Importe an den Gesamtimporten in die EG durch die berechtigten Länder. Die gesamten APS berechtigten Einfuhren beliefen sich 1990 auf 49,2 Mrd. ECU. Davon wurden Einfuhren im Wert von 21,4 Mrd. ECU oder 43,6% tatsächlich präferenziert. Dies entspricht einem Anteil von knapp 19% an den Gesamteinfuhren der EG aus den im APS erfaßten Entwicklungsländern.[272] Im Jahre 1985 betrug der entsprechende Anteil 15,7%[273]. Dieser geringe Anteil erklärt sich zum einen dadurch, daß ein Großteil der Entwicklungsländerimporte aus Energie- und sonstigen Rohstoffen besteht, die keiner Zollpflicht unterliegen und folglich auch nicht Gegenstand einer Präferenzierung sein können, und zum anderen wird der Kreis der unter das APS fallenden Staaten durch die im Rahmen der Lomé- und Mittelmeerabkommen eingeräumten weitergehenden Vergünstigungen deutlich reduziert.

Die Hauptlieferländer im Präferenzsystem sind Schwellen- und Erdölexportländer. Auf die zehn wichtigsten Lieferländer entfielen 1990 knapp 71% der gesamten Präferenzeinfuhren, unter denen China mit einem Anteil von 18%, gefolgt von Indien und Brasilien mit 9,4% bzw. 8,7% die bedeutendsten Lieferländer waren. Diese einseitige Konzentration auf nur einige wenige Lieferländer innerhalb des APS war bereits prägend für die 70er und 80er Jahre.[274] Im Durchschnitt wurden 65% der von diesen Ländern gelieferten Waren durch das APS erfaßt. Auffallend ist die relativ geringe Ausschöpfung des vorhandenen Präferenzangebotes, selbst bei den führenden Importländern. So betrugen die tatsächlich präferenzierten APS - Importe der zwanzig größten Lieferländer 1990 rund 19,9 Mrd. ECU, diesem stand ein Präferenzangebot seitens der EG von 42,5 Mrd. ECU gegenüber. Dies entspricht einer Ausschöpfung des Präferenzpotentials von knapp 47% und liegt damit allerdings deutlich über dem Durchschnittswert aller im APS erfaßten EL.[275] Hier zeigt sich die generelle Tendenz, daß Länder, die in ihrer wirtschaftlichen Entwicklung bereits weiter entwickelt sind und eine vergleichsweise diversifizierte Exportstruktur aufweisen, wesentlich besser in der Lage sind, die ihnen gebotenen Vorteile zu nutzen. Dies, obwohl für LDCs im Grunde genommen alle quantitaven Beschränkungen abgebaut worden sind.[276]

Die insgesamt recht große Diskrepanz zwischen APS - Potential und tatsächlicher Ausnutzung erklärt sich im wesentlichen durch die quantitativen und formalen Beschränkungen. Während in

---

[272]Statistical Office of the EC (Hrsg.): Comparison of the total imports under GSP of the principal Beneficiaries of the EC`s Scheme of GSP, Brüssel 1992, S. 12
[273]UNCTAD (Hrsg.): Fourteenth general report on the implementation of the GSP, TD/B/C.5/ 134/ Add.1 New York 1991, S. 6
[274]A. Borrmann: Das Allgemeine Zollpräferenzsystem der EG, a.a.O., S.71
o.V.: Wie wirksam sind die Allgemeinen Zollpräferenzen der EG für Industrieprodukte, in: DIW Wochenbericht 10/86, Berlin 1986, S. 131
[275]o.V.:Industriegütereinfuhren der EG aus Süd und Ost Entwicklung und Zollpräferenzen, in: DIW Wochenbericht 24/92, a.a.O., S. 309
[276]Kommission der EG (Hrsg.): System Allgemeiner Zollpräferenzen , Orientierung für die neunziger Jahre (Kom.90,329), a.a.O., S. 10

den sensiblen Warengruppen die Nicht-Ausschöpfung überwiegend auf die quantitativen Beschränkungen und zum Teil auf die restriktiven Ursprungsregelungen zurückzuführen ist, stehen bei den übrigen Warengruppen komplizierte Verwaltungsstrukturen, Informationsmängel und auch hier die restriktiven Ursprungsregelungen im Vordergrund. Vor dem Hintergrund sinkender Präferenzmargen für eine Reihe von APS - Produkten verursachen die komplizierten Verwaltungsstrukturen einen unverhältnismäßig hohen Aufwand an Zeit, Geld, Personal und Verwaltungsmitteln. Dies läßt eine Inanspruchnahme des Präferenzangebotes oftmals wenig attraktiv erscheinen. Aber auch die mangelnde Liefer- und Wettbewerbsfähigkeit spielt vor allem bei der geringen Ausschöpfung der weniger entwickelten Länder eine nicht zu unterschätzende Rolle.[277]

Die Schätzungen über die Wirkungen des APS auf das zusätzliche Wachstum der Einfuhren von APS-Produkten weisen eine erhebliche Spannbreite auf, wobei eine Größenordnung von 2,5% realistisch zu sein scheint. Nach Schätzungen der UNCTAD aus dem Jahre 1992 haben die Präferenzsysteme aller OECD-Länder den Entwicklungsländern ein zusätzliches Exportwachstum von 1% bis 2% jährlich gebracht.[278] Dies bestätigen auch Untersuchungen über das durch die Präferenzierung induzierte zusätzliche Exportwachstum für Polen und Ungarn für 1990, dem ersten Jahr der Präferenzierung, die auf 3% geschätzt wurden.[279] Damit sind die handelsschaffenden Effekte des APS als eher bescheiden einzustufen.

Die wesentlichen Kritikpunkte, die in Bezug auf die Ausgestaltung und Handhabung des APS geäußert und für die bescheidenen Effekte auf die Entwicklung des Außenhandels der begünstigten Länder im wesentlichen verantwortlich gemacht werden, wurden zwar verschiedentlich bereits angesprochen, seien aber im folgenden nochmals zusammenfassend aufgeführt:

- die restriktiven Obergrenzen für eine Reihe von sensiblen Waren und der ihnen zugrundeliegende Berechnungsmodus, die dazu führen, daß die Kontingente und festen zollfreien Beträge bei manchen Produkten bereits in den ersten Tagen des Jahres ausgeschöpft sind,

- der Ausschluß vieler Agrarerzeugnisse aus dem APS,

---

[277] o.V.: Wie wirksam sind die Allgemeinen Zollpräferenzen der EG für Industrieprodukte , a.a.O., S. 131
UNCTAD (Hrsg.): Fourteenth general report on the implementation of the GSP, a.a.O., S.17
Kommission der EG (Hrsg.): System Allgemeiner Zollpräferenzen, Orientierung für die neunziger Jahre (Kom.90,329), a.a.O., S. 10
[278] OECD(Hrsg.): Integration of the Developing Countries into the the International Trading System, Paris 1992, S. 32
[279] o.V.: Industriegütereinfuhren der EG aus Süd und Ost Entwicklung und Zollpräferenzen, in: DIW Wochenbericht 24/92, a.a.O., S. 313

- die komplizierte Verwaltung des Schemas, die einen unverhältnismäßig hohen Aufwand an Zeit, Geld und Personal zur Folge hat. Darüberhinaus ist eine Inanspruchnahme der Präferenzierung oftmals mit zeitlichen Verzögerungen bei der Einfuhr verbunden. Insgesamt erscheint in vielen Fällen der Aufwand so hoch, daß eine Ausnutzung nicht attraktiv ist. Eine Handelsumlenkung, d.h. eine Änderung der Bezugsquelle aufgrund eines mit der Zollbefreiung verbundenen Preisvorteils zugunsten der präferenzierten Länder dürfte damit bestenfalls begrenzt stattfinden.

- die mangelnde Sicherheit und Transparenz, die allein schon durch die jährliche Erneuerung des Schemas bedingt sind. Die Unsicherheiten werden besonders im Falle der Plafond deutlich, da deren flexiblere Ausgestaltung zu einer völligen Unklarheit über die tarifliche Behandlung der Warensendungen nach einer Auschöpfung der im Plafonds festgelegten Einfuhrhöchstwerte führt. Diese Unsicherheiten haben darüberhinaus zur Folge, daß die Importeure die Preise für die Waren so kalkulieren, als ob sie einer Verzollung unterlägen.

- die restriktiven Ursprungsregelungen,

- die recht einseitige Nutzung der Präferenzvorteile durch eine begrenzte Anzahl, insbesondere weiterentwickelter Länder.

Die Gemeinschaft hat erkannt, daß sie auf die von allen Akteuren geäußerte Kritik reagieren muß und hat eine weitreichende Revision des derzeitigen Regelwerkes vorgeschlagen. Diese ist in einer ersten Orientierung bereits ausgearbeitet. Eine Umsetzung verzögert sich vor allem dadurch, daß die Verhandlungsergebnisse in der laufenden GATT-Runde möglichst in die Revision mit einfließen sollen. Die EG geht bei ihrer geplanten Revision des APS davon aus, daß das dem APS zugrundeliegende Konzept einer Präferenzierung der Entwicklungsländer in revidierter Form unverändert ein wichtiges entwicklungorientiertes handelspolitisches Instrument darstellen kann. Grundsätzlich soll der Charakter des APS als autonomes Instrument der EG erhalten bleiben, lediglich bei der Wiedereinführung von Zöllen sind Konsultationen mit den betroffenen Länder vorgesehen. Die Revision, wie sie in den Leitlinien konzipiert wurde, zielt auf eine Vereinfachung und Erhöhung der Zuverlässigkeit und Transparenz des APS ab. Es ist u.a. geplant, Zollbefreiungen ohne mengenmäßige Beschränkungen für die meisten Waren, insbesondere für Industriegütererzeugnisse einzuführen. Für anerkannt empfindliche Waren ist eine einfache Senkung des Meistbegünstigungszollsatzes vorgesehen. Sofern bei einzelnen Ländern von der Wettbewerbsfähigkeit bei bestimmten Waren auf dem EG-Markt auszugehen ist, wird dies einen Ausschluß der betroffenen Ware von der Präferenzierung zur Folge haben. Der Ausschluß einzelner Länder wurde bereits in der Vergangenheit von der EG in Ausnahmefällen praktiziert. Dieses Vorgehen soll zukünftig nicht mehr auf Einzelfälle beschränkt bleiben und stellt eine konsequente Fortentwicklung der Differenzierung nach der Wettbewerbsfähigkeit dar. Um die Zuverlässigkeit des Schemas zu erhöhen, wird eine Verlängerung der Geltungsdauer ins Auge gefaßt.

Das revidierte APS soll künftig nicht als Alternative zum GATT fungieren, sondern dieses ergänzen. Aufgrund der richtungsweisenden Bedeutung, die den Ergebnissen der Uruguay - Runde für die weiteren Entwicklungen der Weltwirtschaft eingeräumt wird, ist die konkrete Ausarbeitung und das Inkrafttreten eines erneuerten Schemas nach Ansicht der Kommission erst zu einem Zeitpunkt nach dem Abschluß der laufenden GATT-Verhandlungen sinnvoll. Folglich wird das geltende System durch Beschluß des Rates und der Vertretern der Regierungen der Mitgliedsstaaten derzeit jährlich verlängert und beinhaltet damit eine Beibehaltung des Status Quo. Auch für 1994 wird bereits über eine Verlängerung mit leicht modifizierten Konditionen in der EG diskutiert. Es mehren sich allerdings die Stimmen, die eine Revision nicht länger von dem Abschluß der GATT - Verhandlungen abhängig machen wollen.

5.4.2 Handelspolitik im Rahmen der Lomé-Verträge

5.4.2.1 Grundlagen der Lomé-Verträge

Die Zusammenarbeit der EG mit den Entwicklungsländern ist in den Römischen Verträgen[280] nicht als eigenständiger Politikbereich definiert, entsprechend finden sich die rechtlichen Grundlagen für die Zusammenarbeit auch in dem gesamten Vertrag über die Europäische Wirtschaftsgemeinschaft verstreut. Der 1958 in Kraft getretene EWG-V sieht im Rahmen der Artikel 131 - 136 eine Entwicklungszusammenarbeit in Form einer "konstitutionellen Entwicklungsassoziation" mit den Staaten vor, mit denen die EWG-Gründungsmitglieder besondere Beziehungen unterhielten, und bezog sich auf die damaligen Kolonien, Treuhandgebiete und Überseeprovinzen.[281]

Nach der Unabhängigkeit der meisten Assoziierungspartner zu Beginn der 60er Jahre wurde in den "Abkommen von Yaoundé" (Kamerun) von 1963 und 1969 die Fortsetzung der besonderen Beziehungen auf nunmehr freiwilliger und gleichberechtigter Basis mit 18 bzw. 19 assoziierten afrikanischen Staaten und Madagaskar vereinbart. Die rechtlichen Grundlagen für diese Kooperationsabkommen bildete der Artikel 238 EWG-V.[282] Während durch die "Yaoundé-Abkommen" überwiegend frankophone Staaten mit der EG assoziiert waren, bemühten sich gegen Ende der 60er Jahre auch die anglophonen Staaten, Kenia, Uganda und

---
[280] Vertrag über die Europäische Gemeinschaft für Kohle und Stahl, Vertrag über die Europäische Atom Gemeinschaft, Vertrag über die Europäische Wirtschaftsgemeinschaft
[281] Otto Schmuck: Entwicklungspolitik; in: Europa von A - Z, Taschenbuch der Europäischen Integration 1988/89, hrsg. von: Werner Wessels, Bonn 1989, S. 23
[282] B.Beutler, R. Bieber, J. Pipkorn, J. Streil: Die Europäische Gemeinschaft-Rechtsordnung und Politik, Baden-Baden S. 537

Tansania, um engere Beziehungen zur EG. Die Bemühungen führten 1969 zur Unterzeichnung des "Arusha-Abkommens" zwischen der EG und diesen Staaten.

Mit dem Beitritt Großbritanniens in die EG 1973 ergab sich die Notwendigkeit, die Beziehungen zu den Commonwealth-Staaten in ihrer Gesamtheit zu regeln. Als Ergebnis der Verhandlungen mit den Commonwealth-Staaten und den Staaten, die bereits in die Yaoundé- und Arusha-Abkommen integriert waren, wurde 1975 das erste "Lomé-Abkommen" zwischen der EG und 46 unabhängigen Staaten Afrikas, der Karibik und des Pazifiks, den sog. AKP-Staaten geschlossen.[283] Seit diesem Zeitpunkt stellen die Konventionen von Lomé, trotz aller zwischenzeitlich eingetretenen Ernüchterung über die sich aus den Abkommen ergebenden entwicklungspolitischen Möglichkeiten, das Kernstück der Zusammenarbeit der Gemeinschaft mit den Entwicklungsländern dar.

Das derzeit geltende Vierte Lomé-Abkommen wurde am 15. Dezember 1989 unterzeichnet und trat am 1. 9.1991 in Kraft. Durch den Beitritt Haitis, der Dominikanischen Republik und Namibias erhöhte sich die Zahl der Länder in Lomé IV auf 69. Ziel der Zusammenarbeit ist es, eine eigenständige und sich selbst tragende Entwicklung der Wirtschaft und Gesellschaft der AKP-Staaten auf der Grundlage ihrer sozialen und kulturellen Werte zu fördern (vgl. Artikel 1 Lomé IV). Mit dem Lomé IV-Abkommen werden die bisherigen Grundsätze der Zusammenarbeit ausdrücklich bestätigt. Danach basiert das Abkommen auf einer gleichberechtigten Partnerschaft bei voller Respektierung der bestehenden ideologischen und kulturellen Unterschiede (vgl. Artikel 2 Lomé IV). Aus dem Prinzip der Nichteinmischung folgt, daß jeder Partner souverän die anstehenden politischen, wirtschaftlichen und sozialen Entscheidungen treffen kann und diese durch die anderen Partner respektiert werden (vgl. Artikel 2 u. 3 Lomé IV).[284] Die partnerschaftliche Zusammenarbeit erfolgt in einem ständigen Dialog in den drei gemeinsamen Einrichtungen: AKP-Ministerrat, AKP-EWG Botschafterausschuß und der paritätischen Versammlung AKP-EWG (vgl. Artikel 29 - 32 Lomé IV). Das Anliegen, das bisher Erreichte zu konsolidieren und dem Anspruch der Kontinuität und Vorausschaubarkeit in der Zusammenarbeit gerecht zu werden, wird in der

---

[283]Kommission der EG (Hrsg.): Europa - Dritte Welt ein Dialog, Luxemburg 1988, S. 23/24
[284]Handbuch für Internationale Zusammenarbeit: Das neue Lomé-Abkommen-Lomé IV, in: 273. Lieferung, Mai 1990, Baden-Baden S. 1 ff
Handbuch für Internationale Zusammenarbeit: Lomé IV HIntergrund, Neuerungen, Verbesserungen, in: 274. Lieferung, Juni 1990, Baden-Baden, S. 1ff
Für die wenigen verbliebenen überseeischen Länder und Hoheitsgebiete (ÜLG) erließ die Gemeinschaft jeweils parallel zu den AKP-Abkommen besondere Regelungen, die aber weitgehend dem Lomé-Konzept entsprechen.Vgl.: Deutsche Bundesbank (Hrsg.): Internationale Organisationen und Gremien im Bereich von Währung und Wirtschaft, a.a.O., S. 270

Tatsache deutlich, daß das Lomé IV-Abkommen erstmals eine Laufzeit von zehn Jahren aufweist, bei einer Gültigkeit des verlängerbaren Finanzprotokolls von fünf Jahren.[285] [286]

Die Höhe des Finanzvolumens war bis zuletzt Gegenstand harter Auseinandersetzungen zwischen der EG und den AKP-Staaten.[287] Im Ergebnis wurden die finanziellen Mittel von 8,5 Mrd. ECU unter Lomé III auf 12 Mrd. ECU für die ersten fünf Jahre von Lomé IV erhöht. Dies beinhaltet eine nominale Erhöhung um 41%. Inflationsbereinigt beträgt die Aufstockung allerdings nur ca. 20%, wobei noch die Erweiterung auf nunmehr 69 Staaten zu berücksichtigen ist.[288] Neben dieser quantitativen Steigerung des Mittelvolumens wurden insbesondere qualitative Verbesserungen zugunsten der AKP-Staaten durch die vermehrte Gewährung von Zuschüssen vereinbart. Mit Ausnahme des von der Europäischen Investitionsbank verwalteten Kapitals werden alle Mittel des europäischen Entwicklungsfonds im Rahmen von Lomé IV als nicht rückzahlbare Zuschüsse vergeben; die Sonderdarlehen werden ebenso wie die Verpflichtungen zur Wiederauffüllung der STABEX-Mittel abgeschafft.[289] (s. Abb.15) Ferner werden die Zinsen für EIB-Darlehen von 5% bis 8% unter Lomé III auf 3% bis 6% gesenkt. Mit diesen qualitativen Verbesserungen will die EG einen Beitrag zur Lösung des Verschuldungsproblems in zahlreichen AKP-Staaten leisten. Indirekt trägt auch die Finanzierung von Importprogrammen sowie die Zusage zur schnelleren Auszahlung der Mittel zur Entlastung der Verschuldung bei. Auch ist die EG bereit, technische Hilfe bei der Lösung von Schuldenproblemen zu leisten.[290] Da sich nach Untersuchungen der EIB die Verschuldung der AKP-Staaten gegenüber der EG, gemessen an deren Gesamtverschuldung, nur auf ca. 2,4% beläuft, vertrat die EG noch bis vor kurzem die Auffassung, wenig zur Lösung des Verschuldungsproblems beitragen zu können. Nach

---

[285] Der Ministerrat hat die Aufgabe, die Hauptleitlinien für die im Rahmen des Abkommens anfallenden Arbeiten festzulegen sowie alle politischen Beschlüsse zur Verwirklichung der Ziele des Abkommens zu fassen.Er setzt sich aus den Mitgliedern des Rates und der Kommission der EG und je einem Regierungsmitglied der AKP-Staaten zusammen. Der Botschafterausschuß unterstützt den Ministerrat bei bei seinen Aufgaben und erfüllt die ihm übertragenen Aufgaben. Er wird durch die ständigen Vertreter der einzelnen Mitgliedsstaaten bei der EG, einem Vertreter der Kommission und den Leitern der Mission der einzelnen AKP-Staaten bei der EG gebildet. Die Paritätische Versammlung setzt sich aus Vertretern des Europäischen Parlamente und den AKP-Staaten zusammen und fungiert als beratendes Organ. In der Kommission ist die Generaldirektion VIII (Entwicklung) für die Zusammenarbeit mit den AKP-Staaten zuständig.Vgl. Hildegard Lingnau: Neue Elemente in der Entwicklungszusammenarbeit der Europäischen Gemeinschaft zu Beginn der 90er Jahre, DIE (Hrsg.), Berlin 1991, S. 28
[286] Kommission der Europäischen Gemeinschaft (Hrsg.): Europäische Gespräche Heft 4, September 1990, Bonn 1990, S. 57
Handbuch für Internationale Zusammenarbeit: Das neue Lomé-Abkommen -Lomé IV, a.a.O.,S. 2
Handbuch für Internationale Zusammenarbeit: Lomé IV HIntergrund, Neuerungen, Verbesserungen, a.a.O.,S.5
[287] Otto Schmuck: Lomé-Zusammenarbeit auf neuer Grundlage; in: Entwicklung und Zusammenarbeit, Nr. 3, Jg.31 Bonn, 1990, S. 16
[288] Hildegard Lingnau: Neue Elemente in der Entwicklungszusammenarbeit der Europäischen Gemeinschaft zu Beginn der 90er Jahre, a.a.O., S. 49
[289] o.V.: Details on principal developments and innovations; in: The Courier, No.120, March/April 1990, Brüssel 1990, S.15 f
[290] Otto Schmuck: Lomé-Zusammenarbeit auf neuer Grundlage; in: Entwicklung und Zusammenarbeit, a.a.O., S. 16

Auffassung der EG sind in erster Linie die Handelsbanken der Mitgliedsstaaten und die jeweiligen Regierungen hiervon betroffen. Die Tatsache, daß das Lomé IV-Abkommen erstmals einen eigenständigen Abschnitt über Schulden enthält, ist u.a. ein Zeichen für die Verschärfung der Verschuldungssituation in den AKP-Staaten.[291]

Abb.16 : Lomé IV-Finanzprotokoll

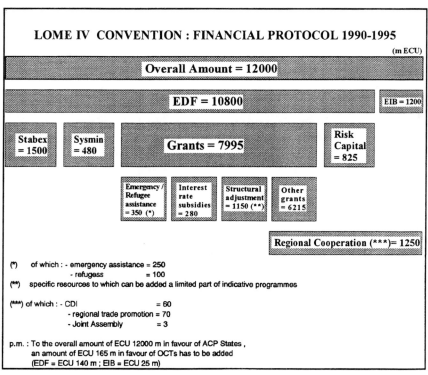

Quelle : o.V. Lomé IV ; in The Courier, No.120, Brüssel 1990, S. 15

Das Abkommen sieht für ein breites Spektrum von Bereichen, des Industrie-, Landwirtschafts - und Dienstleistungssektors eine umfassende Zusammenarbeit vor. Darüberhinaus ist aber auch eine verstärkte Zusammenarbeit im kulturellen und sozialen Bereich im Vertrag verankert (vgl. Artikel 33 - 166 Lomé). Ferner sind Aktivitäten zum Schutz der Umwelt in allen Bereichen als

---

[291] Handbuch für Internationale Zusammenarbeit: Das neue Lomé-Abkommen, Lomé IV, a.a.O.,S. 14
Handbuch für Internationale Zusammenarbeit: Lomé IV HIntergrund, Neuerungen, Verbesserungen, a.a.O., S. 8

integraler Bestandteil der Zusammenarbeit vorgesehen. Dies stellt eine wesentliche Neuerung des Lomé IV-Abkommens gegenüber Lomé III dar, in dessen Rahmen Umweltfragen nur vereinzelt angesprochen wurden. Zu den Schwerpunkten der Zusammenarbeit wird unverändert die Entwicklung der Landwirtschaft gehören. Vor allem den Problemen bei der Ernährungssicherung für die schnell wachsende Bevölkerung Afrikas wird ein hoher Stellenwert eingeräumt. Einen weiteren Schwerpunkt in der künftigen Zusammenarbeit stellt die Förderung von Privatunternehmen in allen Wirtschaftsbereichen dar, da in allen AKP-Staaten die Bedeutung der Privatwirtschaft für die wirtschaftliche Gesamtentwicklung erkannt worden ist. Vor diesem Hintergrund ist auch die Aufstockung des Risikokapitalbetrages zu sehen, der hauptsächlich zur Förderung von Investitionen im privaten Sektor eingesetzt werden soll.[292]

Die Instrumente, die im Rahmen des Lomé IV-Abkommens Verwendung finden, spiegeln das breite Spektrum des gesamten Hilfe- und Handelsförderungsinstrumentariums wider. In den Bereich der finanziellen und technischen Zusammenarbeit fällt eine der wichtigsten Neuerungen des Lomé IV-Vertrages, indem die Möglichkeit einer Unterstützung von Strukturanpassungsprogrammen zur wirtschaftlichen Sanierung in den Vertrag aufgenommen wurde. Die Öffnung der Gemeinschaft für Probleme der Strukturanpassung ist jedoch nicht als Ersatz, sondern lediglich als Ergänzung der traditionell langfristig ausgerichteten Entwicklungs-vorhaben einzustufen. Es ist dabei eine enge Kooperation mit dem IWF und der Weltbank vorgesehen. Das Abkommen betont in diesem Zusammenhang ausdrücklich die Notwendigkeit einer adäquaten Berücksichtigung der mit der Anpassung verbundenen sozialen und politischen Probleme.[293]

Um einen möglichst effizienten Einsatz der finanziellen Mittel zu gewährleisten, wurde auch im Lomé IV an der Vorgehensweise festgehalten, mit Hilfe eines, im partnerschaftlichen Dialog aufgestellten, nationalen Richtprogramms die zur Verfügung stehenden Projekt- und Programmmittel auf einen oder einige wenige Sektoren zu konzentrieren.[294]

---

[292]Hildegard Lingnau: Neue Elemente in der Entwicklungszusammenarbeit der Europäischen Gemeinschaft zu Beginn der 90er Jahre, a.a.O., S. 50 ff
o. V.: Details on principal developments and innovations; in: The Courier, No.120, March/April 1990 Brüssel 1990, S. 15 f
[293]Hildegard Lingnau: Neue Elemente in der Entwicklungszusammenarbeit der Europäischen Gemeinschaft zu Beginn der 90er Jahre, a.a.O., S. 60 ff
[294]BMZ (Hrsg.): Politik der Partner, Bonn 1990, S. 136

5.4.2.2 Behandlung handelspolitischer Fragen im Rahmen des Lomé IV Abkommens

Wie bereits in den Lomé I - III stellt die Handelspolitik einen wesentlichen Schwerpunkt der Zusammenarbeit zwischen der EG und den AKP-Staaten dar. Die Vertragsparteien gehen davon aus, daß durch eine effektive Integration der AKP-Staaten in den Welthandel ein erheblicher Beitrag zur Lösung der wirtschaftlichen und sozialen Probleme in den AKP-Staaten geleistet werden kann. Auch in vielen anderen Bereichen der Zusammenarbeit werden handelspolitische Fragen und Überlegungen zumindest am Rande tangiert. So tragen z.B. die Förderung des Industrie- und Bergbausektors oder Förderung von privaten Investitionen dazu bei, die Voraussetzungen für die Produktion international wettbewerbsfähiger Produkte zu schaffen.

Ziel der handelspolitischen Zusammenarbeit ist es, sowohl den Handel zwischen den AKP-Staaten und der Gemeinschaft, und zwar unter Berücksichtigung des jeweiligen Entwicklungsstandes, als auch den Handel den AKP-Staaten untereinander zu fördern (vgl. Artikel 167 Lomé IV). Die Förderung bezieht sich dabei nicht nur auf eine rein quantitative Steigerung des Handelsvolumens, sondern auch auf die sektorale und regionale Diversifizierung der Handelsstrukturen (vgl. Artikel 23/24 Lomé IV).

Dieser anspruchsvollen Zielsetzung steht eine ernüchternde Bilanz der Entwicklung der Handelsbeziehungen zwischen der EG und den AKP-Staaten in den 80er Jahren gegenüber. Während 1980 noch 7% der Gesamteinfuhren der EG aus den AKP-Staaten stammten, reduzierte sich deren Anteil bis 1991 auf 3,9%. Dieser Trend einer wachsenden Marginalisierung der AKP-Staaten im Außenhandel der EG bestätigt sich auch in der Entwicklung der Ausfuhren der EG in die AKP-Staaten. Der Anteil der AKP-Ausfuhren an den Gesamtausfuhren der EG verringerte sich von 1980 bis 1990 um 2,6% und erreichte 1991 nur noch magere 3,8%.[295] Mehr als zwei Drittel des gesamten Handelsvolumens wurden Ende der 80er Jahre zudem mit nur zwölf AKP-Staaten abgewickelt.[296] Auf Seiten der AKP-Staaten ist dagegen die EG unverändert der bei weitem bedeutendste Handelspartner. Diese Konzentration in den regionalen Außenhandelsstrukturen trifft in besonderem Maße für die afrikanischen AKP-Staaten zu. Ihnen ist es bis heute nur sehr bedingt gelungen, die bereits in der Kolonialzeit manifestierten Handelsstrukturen zu durchbrechen. (vgl. Tab.28)

---

[295]Kommission der EG (Hrsg.): Eurostat, Schlüsselzahlen, Luxemburg 1991, in: Beilage zu Perspektive '92, Nr. 8, Luxemburg 1991, S. IV
Handbuch für Internationale Zusammenarbeit: Der Handelsverkehr der Europäischen Gemeinschaften mit den Entwicklungsländern, 284 Lieferung Baden-Baden 1991, S. 6

[296]Eurostat (Hrsg.): EC-Commodities Imports from the Developing Countries 1976 - 1988, Luxemburg 1989, S. 59

Tab. 28 : Anteil der EG am Handel ausgewählter AKP-Staaten

	% der Gesamteinfuhr jedes Landes			% der Gesamtausfuhr jedes Landes		
	1980	1988	1989	1980	1988	1989
Sudan	39,1	38,1	35,8	31,1	30,5	28,4
Elfenbeinküste	58,8	52,6	51,3	67,3	53,2	49,1
Ghana	41,6	43,4	40,5	42,4	44,6	50,5
Nigeria	58,0	53,8	52,5	38,0	36,4	31,4
Kamerun	66,5	62,5	63,4	59,2	70,4	49,0
Gabun	79,2	65,1	61,0	45,5	57,4	61,7
Zaire	54,7	64,7	67,2	88,6	82,6	74,4
Angola	53,9	53,8	-	16,3	29,7	17,8
Kenia	37,4	37,1	37,0	34,9	45,2	45,9
Tansania	46,1	42,1	43,5	44,4	56,4	45,4
Sambia	36,7	28,2	43,0	51,1	36,7	33,7
Bahamas	7,4	9,9	6,3	21,5	15,4	12,4

Quelle: Eurostat: Statistische Grundzahlen der Gemeinschaft, Luxemburg 1991, S. 278

Auch im Hinblick auf die angestrebte Diversifizierung der sektoralen Exportstruktur sind nur für einige wenige AKP-Staaten, wie z.B. Liberia, St. Lucia, Mauritius und Antigua, positive Entwicklungen zu verzeichnen. Für die überwiegende Mehrzahl der AKP-Staaten weist die sektorale Exportstruktur nahezu unverändert eine einseitige Konzentration auf einen oder einige wenige agrarische oder mineralische Rohstoffe auf. Diese erreichen oftmals einen Anteil an den Gesamtexporten zwischen 60% und 80 %. Infolgedessen bestanden die EG-Importe aus den AKP-Staaten 1991 zu 68% aus Rohstoffen. Industrielle Güter erreichten lediglich einen Anteil von 32% [297], wobei auf den Bereich der Halb- und Fertigwaren sogar nur 3% bis 4% der Gesamtimporte aus den AKP-Staaten entfielen. Hier gibt es jedoch einige Ausnahmen: so beträgt der entsprechende Anteil für Mauritius mehr als 30%, und in Kenia, Jamaika und Simbabwe entfallen 20% der Gesamtexporte auf nicht traditionelle Exportprodukte in Form von industriellen Halb- und Fertigwaren.[298]

Die im Lomé-Abkommen genannten Ziele der Handelsförderung sollen in erster Linie durch die Möglichkeit der zoll- und abgabenfreien Einfuhr von gewerblichen und landwirtschaftlichen

---
[297] o.V.: Industriegütereinfuhren der EG aus Süd und Ost; in: DIW Wochenbericht 24/92, 59. Jg. Berlin 1992
[298] J. Fitzpatrik: Der Warenhandel nach den Konventionen von Lomé, in: Deutsche Welthungerhilfe (Hrsg.), Lomè III Kritische Analyse zum Verhältnis der EG gegenüber der Dritten Welt, Bd. 1, Bonn 1984, S. 123
Augustine Oyowe: New ACP-export products; in: The Courier No. 127 Brüssel 1991, S. 65

Produkten aus den AKP-Staaten erreicht werden (vgl. Artikel 168 Lomé IV). Der freie Marktzugang ist derzeit für 99,5% aller AKP-Produkte realisiert. Einschränkungen bezüglich des Grundsatzes des freien Marktzugangs bestehen allerdings für Marktordnungswaren oder für Waren, die im Rahmen der gemeinsamen Agrarpolitik einer Sonderregelung unterliegen. Bei Marktordnungswaren gewährt die EG den AKP-Exporteuren lediglich günstigere Einfuhrbedingungen als Exporteuren außerhalb der AKP-Staaten, indem sie die Aussetzung oder Senkung der Zölle oder Abschöpfungen beschließt. Diese Sonderbedingungen sind i.d.R. zeitlich befristet oder mengenmäßig begrenzt (vgl. Artikel 168 Lomé).[299] Diese Bestimmungen implizieren vom Ansatz her eine deutliche Präferenzierung der AKP-Staaten gegenüber Drittländern. Es darf allerdings nicht übersehen werden, daß durch die allgemeinen Zollsenkungen im Rahmen des GATT und die Anwendung der Einheitlichen Europäischen Akte die Unterschiede in der Höhe der Zollsätze deutlich geringer geworden sind. Die AKP-Staaten befürchten, insbesondere durch die verstärkte Zusammenarbeit der EG mit den Staaten Osteuropas, eine weiter zunehmende Erosion der ihnen zugestandenen Präferenzen.[300] Bedeutung hat die präferenzierte Behandlung bereits heute im wesentlichen nur noch dort, wo durch Marktordnungsregelungen der Zugang zum EG Markt begrenzt ist und für die AKP-Staaten Sonderregelungen zur Anwendung kommen.[301]

In den Lomé-Abkommen sind eine Reihe handelspolitischer Grundsätze verankert. So verzichtet die EG auf die Reziprozität der von ihrer Seite den AKP-Staaten gewährten Vergünstigungen.[302] Damit entspricht die EG der in Teil IV des GATT enthaltenen Empfehlung gegenüber Entwicklungsländern. Das Abkommen verpflichtet die AKP-Staaten gegenüber der EG und den anderen AKP - Mitgliedsländern allerdings zur Einhaltung des Prinzips der Meistbegünstigung (vgl. Artikel 25 Lomé). Die von der EG zugunsten der AKP-Staaten eingeräumten günstigeren Einfuhrregelungen gegenüber anderen Präferenzsystemen der EG stellt eine Durchbrechung des Meistbegünstigungsgrundsatzes des GATT dar und ist von daher nicht unproblematisch. Durch die Ausnahmeregelungen gemäß Artikel XXIV des GATT über Zollunionen und Freihandelszonen erscheint dies jedoch gerechtfertigt.

Um einen Mißbrauch des Rechtes der präferenzierten Einfuhr zu verhindern, muß gewährleistet sein, daß die Erzeugnisse auch tatsächlich in den AKP-Staaten hergestellt worden sind. Eine Ware hat den AKP-Ursprung, wenn sie entweder vollständig unter Anwendung des Prinzips

---

[299]Handbuch für Internationale Zusammenarbeit: Das neue Lomé-Abkommen, Lomé IV, 273. Lieferung, Baden-Baden 1990, S. 4
[300]Kommission der EG (Hrsg.): Lomé IV; in: Europäische Gespräche Heft 4, Bonn 1990 S. 9 ff
[301]Handbuch für Internationale Zusammenarbeit: Das neue Lomé-Abkommen, Lomé IV, 273. Lieferung, Baden-Baden 1990, S. 4
[302]Das Prinzip der Reziprozität besagt, daß Staaten für ihnen eingeräumte handelspolitische Vergünstigungen gleichwertige Gegenleistungen anbieten müssen.

des kummulativen Ursprungs[303] in einem oder mehreren AKP-Staaten hergestellt bzw. gewonnen oder aber in einem ausreichenden Maße be- oder verarbeitet worden ist (Vgl. Artikel 1, Protokoll Nr.1 Titel 1 Lomé IV). Durch die Anwendung des Prinzips des kummulativen Ursprungs soll ein Beitrag zur regionalen Integration in den AKP-Staaten geleistet werden. Eine Ware, die Einzelteile enthält, die keine Ursprungswaren sind, verliert ihre Ursprungseigenschaft dann, wenn der Wert der in ihr enthaltenen Nicht-AKP-Waren mehr als 10% des Fertigwarenwertes beträgt (vgl. Artikel 5, Protokoll Nr.1 Titel 1 Lomé IV). Wesentlich problematischer gestalten sich die Bestimmungen zur Ursprungsregel für die Waren, die Vormaterialien ohne Ursprungseigenschaften enthalten. Diese müssen, um als Ursprungswaren anerkannt zu werden, in einem AKP-Staat in einem ausreichenden Maße be- oder verarbeitet worden sein. Als Kriterium der ausreichenden Bearbeitung wird generell die Tarifsprungregel[304] verwendet. Diese besagt, daß das hergestellte Produkt unter einer anderen Zollposition einzuordnen sein muß, als jedes einzelne bei der Herstellung verwendete Produkt (vgl. Artikel 3 Protokoll Nr. 1 Titel 1 Lomé IV). Für Produkte, die von der EG als sensibel oder halbsensibel eingestuft werden, müssen ergänzend zum Tarifsprung gewisse Zusatzbedingungen erfüllt sein. Bei diesen Zusatzbedingungen handelt es sich größtenteils um Prozentsatzregeln, die einen einzuhaltenden Mindestanteil der Vorprodukte aus Drittländern, bezogen auf den Wert des hergestellten Produktes, vorschreiben.[305] Um dem System eine gewisse Flexibilität zu verleihen, sind im Lomé-Abkommen Ausnahmeregelungen vorgesehen. Hiernach können Abweichungen auf Antrag eines AKP - Staates durch die EG genehmigt werden, sofern dies für die Entwicklung bestehender oder die Ansiedlung neuer Industrien gerechtfertigt erscheint (vgl. Artikel 25 Protokoll Nr.1 Titel III Lomé IV).[306]

Für den Fall ernsterer Störungen in einem Wirtschaftsbereich behält sich die EG das Recht vor, Schutzmaßnahmen zu treffen. Bei der Einführung von Schutzmaßnahmen z.B. in Form von mengenmäßigen Begrenzungen, ist nach dem Prinzip der Verhältnismäßigkeit vorzugehen. Danach ist die den Handel am wenigsten beeinträchtigende Maßnahme zu wählen, die zudem in ihrer Intensität nicht stärker sein darf als zur Behebung der Schwierigkeiten erforderlich ist und nicht zu einer Behinderung struktureller Entwicklungen führen sollte[307] (vgl. Artikel 177 Lomé IV) Vor der Einführung entsprechender Maßnahmen sind die AKP-Staaten zu konsultieren. Die EG betont, daß sie bisher noch keinen Gebrauch von den Schutzklauseln gemacht hat. Es sollte aber nicht übersehen werden, daß diese für die AKP-Staaten unsichere

---

[303]Das Prinzip des kummulativen Ursprungs besagt, daß. die AKP-Staaten als ein Wirtschaftsraum betrachtet werden, vgl.Artikel 6 Protocol 1 Titel 1, Lomé IV
[304]Ute Krüger: Die Lomé Ursprungsregeln, Funktion und Auswirkung auf die Internationale Arbeitsteilung, Wuppertal 1990, S. 10
[305]Ute Krüger: Die Lomé Ursprungsregeln, Funktion und Auswirkung auf die Internationale Arbeitsteilung, a.a.O., S. 10
[306]Handbuch für Internationale Zusammenarbeit: Das neue Lomé - Abkommen Lomé IV, a.a.O., S. 6
[307]Handbuch für Internationale Zusammenarbeit: Das neue Lomé - Abkommen Lomé IV, a.a.O., S. 7

Rahmenbedingungen darstellen und unter Umständen potentielle Investoren abgeschreckt werden. Zumindest indirekt können sie zudem ein Druckmittel bei der Durchsetzung freiwilliger Selbstbeschränkungsabkommen darstellen.[308]

5.4.2.2.1 Handelspolitik im Agrarbereich

Bei einer seit Mitte der 80er Jahre rückläufigen Tendenz stammten aus den AKP-Staaten 1990 12,4% der gesamten Agrareinfuhren der EG. Die AKP-Staaten importierten ihrerseits 6,7% der gesamten Agrarausfuhren der EG.[309]

Der verbesserte Marktzugang von Agrarexporten in die EG war eine der wesentlichen Forderungen der AKP-Länder in den Verhandlungen zu Lomé IV. Der Grundsatz eines zoll- und kontingentfreien Zugangs gilt prinzipiell auch in Bezug auf die Ausfuhren von Agrarerzeugnissen und Nahrungsmitteln aus den AKP-Staaten. Mehr als 94% aller AKP-Agrarexportprodukte werden zollfrei eingeführt. Hierbei handelt es sich vor allem um tropische Produkte, die in der EG nicht angebaut oder hergestellt werden, wie z. B. Kaffee und Kakao, und um Waren, die nicht in einer Konkurrenzsituation mit EG-Produzenten stehen. Der Rest sind Marktordnungswaren, bei denen die AKP-Staaten lediglich in den Genuß einer Präferenzbehandlung kommen. Hierunter fallen eine Reihe von für die AKP-Staaten besonders wichtigen Exportprodukten.[310] Bei den Verhandlungen zu Lomé IV waren neue Marktöffnungen aufgrund des Widerstandes, vor allem der südlichen EG - Länder, nur in begrenztem Umfang möglich. Im Ergebnis wurden bestehende Beschränkungen für fast 40 Waren abgebaut. Aus Sicht der AKP- Länder sind vor allem die Erleichterungen für Melassen, Sorghum, Hirse, Reis sowie Obst und Gemüse von besonderem Interesse. Die gewährten Erleichterungen beziehen sich vor allem auf die Reduzierung bzw. völlige Abschaffung von Zöllen für Obst und Gemüse, zumindest für Einfuhren außerhalb der Saison. Für Sorghum, Hirse und Melasse wurden die normalerweise für Drittlandwaren geltenden Abschöpfungen im großen Umfang abgeschafft.[311]

Für eine Reihe besonders sensibler Agrarprodukte gelten Sondervereinbarungen, die in einer Reihe von Zusatzprotokollen zum Lomé-Vertrag festgehalten wurden. Diese spezifischen Regelungen betreffen Zucker, Rind- und Kalbfleisch, Rum und Bananen.

---

[308] J. Fitzpatrik: Der Warenhandel nach den Konventionen von Lomé, a.a.O., S. 125
[309] Komission der EG (Hrsg.): Die Lage der Landwirtschaft in der Gemeinschaft 1991, Luxemburg 1992, S. 148 f
[310] Jürgen Wiemann: Europäische Handelspolitik im Zeichen der Uruguay-Runde und der Vollendung des europäischen Binnenmarktes, hrsg. von Institut für Wirtschaftsforschung, Berlin 1990, S. 18
W.v.Urff, E. Weinmüller: Außenwirtschaftliche Aspekte der EG-Agrarpolitik; in: H. Priebe, W. Schepper, W.v. Urff, Agrarpolitik in der EG. Probleme und Perspektiven, Baden-Baden 1984, S. 132 f
[311] Handbuch für Internationale Zusammenarbeit: Das neue Lomé-Abkommen, Lomé IV, a.a.O., S. 4 o. V.: Lomé IV; in: Europäische Gespräche Hrsg.von Kommission der Europäischen Gemeinschaften, Heft 4 Bonn 1990, S. 70

Nach dem Zuckerprotokoll, das als Zusatzvereinbarung bereits im ersten Lomé Abkommen 1975 für einen unbestimmten Zeitraum abgeschlossen und im Rahmen des Lomé IV-Vertrages bestätigt wurde, sind die zuckerexportierenden AKP-Staaten verpflichtet, insgesamt 1,3 Mio. Tonnen Weißzuckerwert in die EG zu exportieren. Die EG ist ihrerseits verpflichtet, diese Lieferungen zu dem Zuckergarantiepreis der EG abzunehmen. Das Protokoll beinhaltet folglich eine Liefer- und Abnahmeverpflichtung zu einem garantierten Preis, einschließlich der anfallenden Transportkosten. Die Ausgangsüberlegungen bei der Konzeption des Protokolls sind vor dem Hintergrund der Verhältnisse auf dem Weltmarkt zu Beginn der siebziger Jahre zu sehen, als dieser von zeitweiligen Perioden der Zuckerknappheit geprägt war. Neben der Sicherung ausreichender Zuckerlieferungen im allgemeinen sollten in erster Linie die bestehenden Zuckerlieferungsverträge Großbritanniens durch die Vereinbarungen des neuen Protokolls abgelöst werden. Seit Anfang der 80er Jahre ist der Weltmarktpreis infolge eines stetig gestiegenen Angebotes deutlich unter den EG-Garantiepreis gefallen. Die Abnahmeverpflichtungen der EG sind für eine Reihe von AKP-Staaten, wie z.B. Mauritius, die Fidschi-Inseln, Guyana, Jamaika und Swasiland, eine wesentliche Devisenquelle geworden. Faktisch stellen die Bestimmungen des Zuckerprotokolls eine Subventionierung der Zuckererzeugung einzelner AKP-Staaten seitens der EG in Höhe der Differenz zwischen EG-Garantiepreis und Weltmarktpreis dar.[312] Durch die Reexporte und die Verkäufe von EG internen Produktionsüberschüssen wird zudem das Preisniveau auf dem Weltmarkt weiter nach unten gedrückt. Dies hat zur Folge, daß sich die AKP-Staaten wachsenden Schwierigkeiten ausgesetzt sehen, ihren Zucker außerhalb der EG abzusetzen.[313]

Durch das Rind- und Kalbfleischprotokoll wird den AKP-Staaten eine 90%ige Senkung der normalen Abschöpfung auf EG-Einfuhren für insgesamt 39100 t im Jahr gewährt (vgl. Protokoll 7 Lomé IV).Die Bestimmungen des Rumprotokolls sehen bis zu einem Inkrafttreten einer gemeinsamen Marktordnung den zollfreien Import von jährlich 172000 hl reinen Alkohols bis zum 31.12.1993 vor. Für die Jahre 1994 und 1995 sollen die Zollkontingente um jeweils 20000 hl erhöht werden. Ab 1996 ist den AKP - Exporteuren eine unbegrenzte zollfreie Einfuhr in Aussicht gestellt worden (vgl. Protokoll 6 Lomé IV).[314]Die Einfuhrregelungen für die Bananenimporte aus den AKP-Staaten waren Gegenstand sehr kontrovers geführter Diskussionen. Für Bananen gab es bis zum Ministerratbeschluß vom 13.2.1993 noch keine gemeinsame Marktorganisation, sondern nationale Teilmärkte mit entsprechend unterschiedlichen Einfuhrregelungen der einzelnen EG - Mitgliedsländer. Einerseits bestanden in Spanien, Portugal und Griechenland Einfuhrbeschränkungen, um die inländische

---

[312]Handbuch für Internationale Zusammenarbeit: Das neue Lomé-Abkommen, Lomé IV, a.a.O., S. 4
[313]Ansgar Eußner: EG Binnenmarkt und Agrarhandel mit Entwicklungsländern Probleme und Liberalisierungsmöglichkeiten, hrsg. von Deutsche Institut für Entwicklungspolitik, Berlin1989, S. 31 ff
[314]Ansgar Eußner: EG Binnenmarkt und Agrarhandel mit Entwicklungsländern Probleme und Liberalisierungsmöglichkeiten, a.a.O., S. 30

Bananenerzeugung zu schützen, andererseits reservierten Frankreich, Großbritannien und Italien ihre Märkte für bestimmte Bananenexportländer, indem sie den Zugang für die wettbewerbsfähigeren Bananenanbieter aus Zentral- und Lateinamerika auf Restmengen beschränkten. Die übrigen EG-Mitglieder importierten dagegen ihre Bananen überwiegend aus Mittel- und Lateinamerika mit dem im GATT vorgesehenen Zollsatz von 20%. Nur die Bundesrepublik Deutschland genoß das Privileg, diesen Zollsatz nicht erheben zu müssen. Durch die Realisierung des gemeinsamen Binnenmarktes und den damit verbundenen Wegfall von Grenzkontrollen sind aber mengenmäßige Beschränkungen auf nationaler Ebene nicht mehr durchsetzbar. Die AKP-Importeure befürchteten, die ihnen durch einige EG-Staaten gewährten Vergünstigungen zu verlieren und einem Verdrängungswettbewerb ausgesetzt zu werden, der für eine Reihe von Exporteuren gravierende Probleme mit sich bringen würde.[315] Diesen Befürchtungen wurde innerhalb des Bananenprotokolls in Lomé IV insofern Rechnung getragen, als die EG sich verpflichtet, die gemeinsamen Einfuhrregelungen so zu gestalten, daß die Bedingungen des Marktzugangs nicht schlechter sind als vorher (vgl. Protokoll 5 Lomé IV).[316] Die ab dem 1.7.1993 in Kraft tretende Bananenmarktordnung der EG beinhaltet im wesentlichen die folgenden Punkte:

- die eigene Produktion in Portugal, Griechenland und vor allem in den überseeischen Departments wird mittels einer produktionsabhängigen Ausgleichsbeihilfe für etwaige Erlöseinbußen gemeinschaftlich subventioniert,

- der ungehinderte Zugang zum EG-Markt für AKP-Bananen wird auf die herkömmlichen Mengen und Länder (traditionelle AKP-Bananen) begrenzt und im Rahmen eines Zollkontingentes in Höhe von 2 Mio. Tonnen faktisch limitiert, zumal die Höhe des Zollkontingentes deutlich unter den tatsächlichen Einfuhren des Jahres 1991 von 2,4 Mio. Tonnen liegt. Im Rahmen dieses Zollkontingentes können nicht traditionelle AKP-Bananen[317] zollfrei in die EG importiert werden, für alle anderen Lieferländer beträgt der Zollsatz rd. 20%. Außerhalb dieses Kontingentes wird auf alle Importe ein Zoll für nicht traditionelle AKP-Bananen von 750 ECU je Tonne und für alle anderen Drittlandbananen von 850 ECU je Tonne erhoben. Dies entspricht einem Wertzollsatz, bezogen auf die Einfuhrwerte des Jahres 1991, von 115% bzw. 175%.[318]

Mit dieser komplizierten und bürokratischen Marktorganisation werden nicht nur die Absatzchancen Lateinamerikas, sondern auch einzelner AKP-Länder empfindlich getroffen.

---

[315] Jürgen Wiemann: Europäische Handelspolitik im Zeichen der Uruguay - Runde und der Vollendung des europäischen Binnenmarktes, a.a.O., S. 20
[316] Ansgar Eußner: EG Binnenmarkt und Agrarhandel mit Entwicklungsländern Probleme und Liberalisierungsmöglichkeiten, a.a.O., S. 27 ff
Handbuch für Internationale Zusammenarbeit: Das neue Lomé-Abkommen, Lomé IV, a.a.O., S. 4
[317] nicht traditionelle AKP-Bananen umfassen über die festgeschriebene Menge hinausgehende Lieferungen aus herkömmlichen Lieferländern unter den AKP-Staaten sowie Lieferungen aus allen anderen AKP-Staaten. DIW (Hrsg.): Bananenfestung Europa; in: DIW-Wochenbericht 14/93, Berlin 1993, S. 180
[318] DIW (Hrsg.): Bananenfestung Europa; in: DIW-Wochenbericht 14/93, a.a.O., S. 180

Entsprechend negativ war in den betroffenen Ländern die Reaktion auf diese auch in der EG auf Kritik gestoßene Marktordnung.

Das System zur Stabilisierung der Ausfuhrerlöse (STABEX) ist in erster Linie zu den entwicklungspolitischen Instrumenten innerhalb der Lomé-Abkommen zu zählen. Handelspolitische Fragen werden insofern berührt, als von diesem System zumindest indirekte Auswirkungen auf den Welthandel mit Agrarprodukten ausgehen. Aufgrund der Bedeutung des STABEX für die AKP-Staaten werden im Folgenden zunächst die wesentlichen Elemente dieses Systems kurz dargestellt.[319]

Das STABEX-System wurde bereits 1975 mit dem ersten Lomé-Abkommen eingeführt und stellte zum damaligen Zeitpunkt die Antwort der EG auf die rohstoffpolitischen Forderungen der EL im Rahmen einer neuen Weltwirtschaftsordnung dar. Ziel des STABEX ist es, durch finanzielle Ausgleichstransfers die negativen Auswirkungen von Exporterlöseinbußen zu begrenzen, die diese Länder, bei der Ausfuhr bestimmter landwirtschaftlicher Erzeugnisse in die Gemeinschaft erleiden. Die Ausgleichstransfers sollen dazu beitragen, daß die AKP-Staaten bei der Planung ihrer Entwicklung von einer sichereren, stabileren und vorhersehbareren Grundlage ausgehen können (vgl. Artikel 189 Lomé IV).[320] Im Lomé IV ist der bisher geltende, streng geographische Ansatz durch zwei Ausnahmeregelungen durchbrochen worden. Auf Antrag eines oder mehrerer AKP-Staaten und nach Vorlage eines entsprechenden Kommissionsberichtes können auch Erlöseinbußen aus Ausfuhren einzelner Produkte in andere AKP-Staaten geltend gemacht werden. Ferner können für einzelne Produkte STABEX-Transfers auch für Erlöseinbußen aus Ausfuhren in Nicht-EG-Länder geleistet werden, sofern wenigstens 70% der Ausfuhren der STABEX-fähigen Produkte insgesamt für einen Zeitraum von zwei Jahren vor dem Anwendungsjahr in Nicht-EG-Länder geht.

Dem System liegt ein "Produkt"-Konzept zugrunde, d.h. es werden Erzeugnisse der Land- und Forstwirtschaft sowie Waren der ersten Verarbeitungsstufe, z.B. gesägtes Holz, Kakaomasse, Kakaobutter und Erdnußöl, erfaßt. Die Zahl der unter das System fallenden Produkte wurde von 29 in Lomé I auf nunmehr 49 Produkte in Lomé IV erweitert und umfaßt damit fast

---

[319] Mit dem COMPREX ("Système de Compensation des pertes de recettes d' exportation") wurde den LDC-Staaten, die nicht AKP-Staaten sind, 1987 eine weitgehend analog aufgebaute Erlösstabilisierungsfazilität angeboten. Die wesentlichen Unterschiede zum STABEX liegen zum einen in der Erweiterung der erfaßten Produkte um Jute und zum anderen darin, daß COMPREX autonom von der EG gewährt wird. vgl.: Hildegard Lingnau: Neue Elemente in der Entwicklungszusammenarbeit der EG zu Beginn der 90er Jahre, hrsg. von DIE, Berlin1991, S. 24
[320] Hidegard Lingnau: Neue Elemente in der Entwicklungszusammenarbeit der EG zu Beginn der 90er Jahre, a.a.O., S. 113

sämtliche von den AKP-Staaten exportierten landwirtschaftlichen Grunderzeugnisse.[321] Wichtige Ausnahmen stellen die bereits angesprochenen Produkte mit den entsprechenden Sonderregelungen dar, die für eine Reihe von AKP-Staaten sehr bedeutende Exportgüter betreffen.

Während in den ersten drei Lomé-Abkommen nur die Transfers in die am wenigsten entwickelten AKP-Staaten in Form von nicht rückzahlbaren Zuschüssen gewährt wurden, ist im Lomé IV das Prinzip der Wiederauffüllung der STABEX-Mittel aufgegeben worden. Für alle AKP-Länder werden die Ausgleichstransfers nur noch als nicht rückzahlbare Zuschüsse vergeben.

Damit etwaige Erlöseinbußen zu einem Transferanspruch berechtigen, müssen mehrere Voraussetzungen erfüllt sein:

- Grundsätzlich gilt, daß diese Einnahmeverluste nicht auf eine gezielte Politik oder womöglich auf eine diskriminierende Politik gegenüber der Gemeinschaft zurückzuführen sein dürfen.

- Die Abhängigkeitsschwelle[322] wurde in Lomé IV nochmals gesenkt und beträgt 5% bzw. 1% für die am wenigsten entwickelten Länder sowie die Insel- und Binnenstaaten (vgl. Artikel 196 Lomé IV).

- Bei Erlöseinbußen bei Ausfuhren in die Gemeinschaft, die durch Mehreinnahmen bei Ausfuhren in andere Bestimmungen kompensiert wurden, werden für den Transferanspruch nur die Netto-Erlöseinbußen zugrunde gelegt.

- In den ersten drei Lomé-Abkommen mußten die Erlöseinbußen einen bestimmten Prozentsatz des Bezugsniveaus ausmachen. Diese Regelung wurde in Lomé IV gestrichen.

Die Höhe des Ausgleichsanspruchs errechnet sich aus dem Vergleich der Exporterlöse aus den Exporten in die EG eines im STABEX erfaßten Produktes im Jahr des Rückgangs mit dem Bezugsniveau, das sich aus dem Durchschnitt der Exporteinnahmen für dieses Produkt der letzten sechs Jahre vor dem Anwendungsjahr ergibt. Hierbei werden die Jahre mit den höchsten und den niedrigsten Einnahmen nicht berücksichtigt. Von dem so ermittelten Bruttotransferanspruch wird ein Betrag in Höhe von 4,5% bzw. von 1% für die am wenigsten entwickelten Länder als sogenannte Eigenbeteiligung abgezogen. Der Abzug darf dabei auf keinen Fall mehr als 30% und für die am wenigsten entwickelten Staaten 20% des

---

[321] Kommission der EG (Hrsg.): System zur Stabilisierung der Ausfuhrerlöse (STABEX), DE.63 Brüssel 1990, S. 2 ff

[322] Abhängigkeitsschwelle, Anteil des betreffenden im STABEX erfaßten Exportproduktes an den Gesamtausfuhren des jeweiligen Landes

Bruttotransferanspruchs betragen (vgl. Artikel 197 Lomé IV).[323]Da sich in der Vergangenheit mehrfach gezeigt hat, daß das STABEX bei größeren Preisstürzen nicht mehr in der Lage war, allen förderungsberechtigten Anträgen zu entsprechen, wurden die zur Verfügung stehenden Mittel unter Lomé IV um 62% gegenüber Lomé III auf 1,5 Mrd.ECU für 1990 - 1995 aufgestockt.[324] In Hinblick auf die Verwendung der Transfermittel wurde in Lomé IV eine stärkere Integration der EG in die Entscheidungen über die Verwendung der Mittel eingeführt. Diese werden in jedem Einzelfall innerhalb eines Regelwerkes gegenseitiger Verpflichtungen festgehalten (vgl. Artikel 186 Abs. 2 Lomé IV). Wie bisher können die Transfers entweder den betroffenen Wirtschaftsteilnehmern des Sektors zugeführt werden, in dem die Erlöseinbußen aufgetreten sind, oder zur Diversifizierung in anderen Sektoren eingesetzt werden. Allerdings begrenzen die Bestimmungen des Lomé IV den Einsatz in anderen Sektoren auf landwirtschaftliche Produktionsbereiche (vgl. Artikel 186 Abs. 2 Lomé).[325] Das Jahr 1990 war durch den anhaltenden und beispiellosen Verfall der Kaffee- und Kakaopreise geprägt und führte erneut zu einer starken Diskrepanz zwischen den verfügbaren Mitteln und zulässigen Transferansprüchen. Insgesamt haben 1991 33 AKP-Staaten Ansprüche auf 67 Transfers in Höhe von 1,241 Mrd. ECU für erlittene Erlöseinbußen des Jahres 1990 geltend gemacht. Durch die Kommission konnten für diese Transfers jedoch nur 483,7 Mio. ECU bereitgestellt werden.[326]

Auf das STABEX-System entfielen über 17% aller Finanzierungsbeschlüsse, die von 1975 bis September 1991 zugunsten der AKP-Staaten im Rahmen der Lomé - Verträge getroffen wurden. Es stellt damit nach der Produktionsförderung und der Förderung der Wirtschaftsinfrastruktur eindeutig einen der wesentlichen Schwerpunkte der Zusammenarbeit dar.[327] Das STABEX war in der Vergangenheit nicht in allen Bereichen mit dem erwünschten Erfolg verbunden, da die Maßnahmen und Finanztransfers sich teilweise als zu schwerfällig erwiesen.[328] Die Änderungen, die im Rahmen des Lomé IV-Vetrages eingeführt wurden, sollten in erster Linie der verbesserten administrativen und praktischen Abwicklung der

---

[323]Handbuch für Internationale Zusammenarbeit: Das neue Lomé-Abkommen, Lomé IV, a.a.O., S 9
[324]Hildegard Lingnau: Neue Elemente in der Entwicklungszusammenarbeit der EG zu Beginn der 90er Jahre, a.a.O., S. 114
  o. V.: Lomé IV; in: Europäische Gespräche Hrsg.von Kommission der Europäischen Gemeinschaften, Heft 4 Bonn 1990, S. 72
[325]Hildegard Lingnau: Neue Elemente in der Entwicklungszusammenarbeit der EG zu Beginn der 90er Jahre, a.a.O., S. 14
[326]Handbuch für Internationale Zusammenarbeit: XXV Gesamtbericht über die Tätigkeit der Europäischen Gemeinschaften 1991, Lieferung 297, Baden-Baden 1992, S. 5
[327]Handbuch für Internationale Zusammenarbeit: XXV. Gesamtbericht über die Tätigkeit der Europäischen Gemeinschaften 1991, a.a.O., S. 10
[328]o.V.: Bericht des Generalberichterstatters im Namen der Paritätischen Versammlung AKP - EWG über die Prioritäten bei der Anwendung von Lomé IV zur Verbesserung der wirtschaftlichen und sozialen Lage der AKP - Staaten, Sitzungsdokumente Dok AKP - EWG 184/90/B, Brüssel 1990, S. 40

Transfers und einer gerechteren Verteilung der Mittel dienen.[329] Einem Ausgleich der Exporterlöse durch direkte Transferzahlungen ist der Vorzug vor einer Stabilisierung der Rohstoffpreise und -märkte zu geben, da Erlösstabilisierungssysteme nicht in den Marktmechanismus eingreifen und somit den Weltmarktpreis nicht direkt beeinflussen. Indirekt hat das STABEX aber insofern Auswirkungen auf die Angebot- und Nachfrageverhältnisse auf den Weltagrarmärkten, weil ein solches System dazu tendiert, bestehende Angebotsstrukturen zu zementieren und den Zwang zur Durchführung notwendiger Rationalisierungs-, Umstrukturierungs- und Diversifizierungsmaßnahmen im Exportbereich abschwächt. In diesem Zusammenhang ist vor allem die potentielle Gefahr der Verstärkung von Überschußproduktionen anzusprechen. Durch die Möglichkeit, die Transfermittel auch in anderen Bereichen als in den Bereichen, in denen die Erlöseinbußen unmittelbar auftraten, vor allem in der Verarbeitung landwirtschaftlicher Grundstoffe und in den Aufbau von Agroindustrien einzusetzen, kann in einem begrenzten Umfang ein Beitrag zur sektoralen Diversifizierung geleistet werden. Eine weitere indirekte handelspolitische Auswirkung ist in der eventuell auftretenden Handelsumlenkung zu sehen, da in erster Linie nur Exporte in die EG berücksichtigt und somit traditionelle regionale Handelstrukturen weiter manifestiert werden. Dieser Umstand ist im Rahmen von Lomé IV durch die mögliche Einbeziehung von Exporten außerhalb der Gemeinschaft in die Berechnungsgrundlage berücksichtigt worden, wenn auch hier sicherlich noch Verbesserungen, z.B. durch die Ausdehnung dieser Sonderregelung auf mehr Produkte möglich wären.[330]

5.4.2.2.2 Handelspolitik im Bereich mineralischer Rohstoffe

Die Importe mineralischer Rohstoffe aus den AKP-Staaten in die Gemeinschaft fallen ohne Ausnahme unter die Bestimmungen des Artikels 168 Lomé IV, wonach die Importe zoll- und abgabenfrei erfolgen. Handelspolitische Aspekte werden im Rahmen der EG-Rohstoffpolitik mit den AKP-Staaten nur am Rande berührt. Von den innerhalb des Lomé IV-Abkommens vorgesehenen verschiedenen rohstoffpolitischen Maßnahmen werden, wenn überhaupt, nur marginale Auswirkungen auf die internationalen Rohstoffmärkte ausgehen, mit einer entsprechend geringen Beeinflußung des internationalen Rohstoffhandels. Die Politik der EG

---
[329] O.V.: Bericht des Generalberichterstatters im Namen der Paritätischen Versammlung AKP - EWG über die Prioritäten bei der Anwendung von Lomé IV zur Verbesserung der wirtschaftlichen und sozialen Lage der AKP - Staaten, a.a.O., S. 40
S. Klingebeil: Keine substantiellen Verbesserungen; in: epd - Entwicklungspolitik, Materialien 24 /89 Frankfurt 1989, S. 17
[330] O.V.: Bericht des Generalberichterstatters im Namen der Paritätischen Versammlung AKP - EWG über die Prioritäten bei der Anwendung von Lomé IV zur Verbesserung der wirtschaftlichen und sozialen Lage der AKP - Staaten, Sitzungsdokumente Dok AKP - EWG 184/90/B, a.a.O., S. 40
Hildegard Lingnau: Neue Elemente in der Entwicklungszusammenarbeit der EG zu Beginn der 90er Jahre, a.a.O., S. 112
Handbuch für Internationale Zusammenarbeit: Das neue Lomé-Abkommen, Lomé IV, a.a.O., S 11

im Rohstoffbereich ist vor allem darauf ausgerichtet, die Versorgungssicherheit der EG in quantitativer, qualitativer und preislicher Hinsicht sicherzustellen. Daneben sind durch die in den letzten Jahren bei zahlreichen Rohstoffen, wie z. B. Eisenerz und Bauxit, aufgetretenen Überkapazitäten auf den Weltmarkt zunehmend entwicklungspoltische Überlegungen in den Vordergrund getreten.

Um eine Benachteiligung der AKP-Staaten zu verhindern, die vorwiegend auf den Export mineralischer Rohstoffe angewiesen sind, wurde 1980 mit dem Lomé II-Abkommen erstmals der Sonderfonds für Bergbauerzeugnisse SYSMIN geschaffen. Wie im Lomé III wird auch im Lomé IV das SYSMIN mit leicht veränderten Konditionen fortgesetzt.

Als in den 70er Jahren die Entscheidungen über die Errichtung des SYSMIN vorbereitet wurden, standen rohstoffpolitische Fragestellungen im Mittelpunkt lebhafter Diskussionen. Auch im Rahmen der rohstoffpolitischen Initiativen der EG war die Sicherung der Rohstoffversorgung eine wesentliche Antriebsfeder für die Schaffung des SYSMIN-Fonds. Demzufolge wurden die mineralischen Rohstoffe in das SYSMIN aufgenommen, bei denen die Importabhängigkeit der EG am größten war und ist. Anfang der 80er Jahre stammten 34% der im SYSMIN erfaßten Rohstoffimporte aus AKP-Staaten. Zwischenzeitlich hat sich das Bild auf den Weltrohstoffmärkte deutlich gewandelt. Bei nahezu allen mineralischen Rohstoffen ist es geprägt von Überkapazitäten und Überangeboten, mit der Folge, daß die aus einer vorhandenen Importabhängigkeit resultierenden Risiken wesentlich geringer eingeschätzt werden. Auch wenn gerade bei dem neu hinzugekommenen Rohstoff Uran die EG zu 95% auf Exporte aus den AKP-Staaten angewiesen ist, ist heute das SYSMIN wohl in erster Linie als ein Instrument der entwicklungspolitischen Zusammenarbeit einzustufen.[331] Ziel des SYSMIN ist es, den Bergbausektor vor einem durch unverschuldete Störungen verursachten Verlust der Lebensfähigkeit zu schützen bzw. eine Diversifizierung der Volkswirtschaften zu unterstützen, sofern die Lebensfähigkeit des betroffenen Bergbausektors nicht wiederherstellbar ist (vgl. Artikel 214 Lomé).[332]

Die Liste der begünstigten Rohstoffe umfaßt Kupfer, einschließlich der damit verbundenen Produktion von Kobalt, sowie Phosphate, Mangan, Bauxit und Aluminiumoxid, Zinn und Eisenerze (Erze, Konzentrate und geröstete Eisenkiese). Im Lomé IV wurde die Liste durch die Aufnahme von Uran und Gold erweitert (vgl. Artikel 215). Die Aufnahme von Uran ist v.a.

---

[331]B. Grabow: Die Rolle der Bergbauerzeugnisse im Lomé V - Abkommen; in: Metall Jg.44, Nr. 4 Berlin 1990, S. 383 ff
[332]Handbuch für Internationale Zusammenarbeit: Lomé IV HIntergrund, Neuerungen Verbesserungen, a.a.O., S. 16

für die afrikanischen AKP-Staaten Gabun, Niger und Namibia von Interesse, die 1989 23% der Weltproduktion auf sich vereinigten.[333] Während von der Konzeption die SYSMIN - Regelungen für ein gutes Dutzend der AKP-Staaten von Interesse sein sollten, zeigte sich bereits im Lomé II, daß nur wenige Staaten, insbesondere die großen Kupferproduzenten Zaire und Sambia, von diesen profitierten. Dieser Trend setzt sich im Lomé III-Abkommen unverändert fort. Im Lomé IV soll dem u.a. durch die Erweiterung der SYSMIN-fähigen-Produkte und die Einbeziehung von Gold in die Berechnungsgrundlage entgegengewirkt werden.[334]

Die Voraussetzungen zur Beantragung von SYSMIN-Mittel wurden hinsichtlich der Abhängigkeits- und Auslöseschwelle in Lomé IV nicht geändert. Die Abhängigkeitsschwelle besagt, daß ein AKP-Staat mindestens 15% (die ärmsten AKP-Staaten 10%) seiner Ausfuhrerlöse in mindestens zwei der vier vorangegangenen Jahre aus der Ausfuhr eines der begünstigten Rohstoffe bezogen haben muß. In Ausnahmefällen genügt es, wenn für das jeweilige Land 20% (die ärmsten AKP-Staaten 12%) seiner Exporterlöse aus der Ausfuhr seiner gesamten Bergbauprodukte (ausgenommen Edelmetalle, Erdöl und Erdgas) stammen (vgl. Artikel 215). Die Auslöseschwelle schreibt einen Rückgang der Produktions- bzw./Ausfuhrkapazitäten oder Ausfuhrerlöse von mindestens 10% vor bzw. ein derartiger Rückgang ist zum Zeitpunkt der Antragstellung vorhersehbar (vgl. Artikel 215).

Die von dem EEF verwalteten Mittel des SYSMIN-Fonds sind im Rahmen von Lomé IV um 15 % auf nunmehr 480 Mio. ECU aufgestockt worden. Dies entspricht 4,4% (Lomé III 5,6%) der Gesamtmittel des EEF. Die nur geringfügige Erhöhung im Rahmen von Lomé IV ist unter anderem auf die während der Laufzeit von Lomé III aufgetretenen Schwierigkeiten zurückzuführen, die Finanzmittel vertragsgerecht einzusetzen. Die Finanzierungsbeiträge werden im Gegensatz zu den Bestimmungen in Lomé II und III im Rahmen des Lomé IV-Abkommens nicht mehr als Darlehen, sondern als Zuschuß gezahlt (vgl. Artikel 219). Wie im Lomé III ist der Verwendungszweck des SYSMIN primär darauf ausgerichtet, durch die Finanzierung von Modernisierungs-, Rationalisierungs- und Infrastrukturmaßnahmen eine Verbesserung der Kostensituation herbeizuführen und damit die Konkurrenzfähigkeit des Bergbaubetriebes zu erhöhen. Im Lomé IV sind zudem verstärkt Diversifizierungshilfen vorgesehen, falls eine Sanierung des Bergbaubetriebes nicht sinnvoll erscheint. Dadurch soll einer Strukturkonservierung entgegengewirkt werden. Auch ist die Unterstützung von Präventivmaßnahmen möglich, um eine Gefährdung der Rentabilität im Vorfeld zu beheben. In

---

[333] o.V: Der Fischer Weltalmanach 1992 , Frankfurt 1991, S. 880
[334] B. Grabow: Die Rolle der Bergbauerzeugnisse im Lomé IV Abkommen, a.a.O. S. 383 f
W. Maeming: Zur Kritik des EG - Sonderfonds für Bergbauerzeugnisse, in: Metall Jg. 41 Heft 10, Berlin 1987, S. 117f

den Fällen, in denen sich die Inanspruchnahme des Kredites aus der Gefährdung von Entwicklungsprojekten oder -programmen infolge des Rückgangs der Exporterlöse rechtfertigt, muß der Kredit für das gefährdete Projekt eingesetzt werden. Die Höhe der Zahlungen orientiert sich an den Kosten für die vorgesehenen Maßnahmen, der Finanzsituation des Fonds, den Möglichkeiten der Kofinanzierung und der relativen Bedeutung des Bergbausektors für die Volkswirtschaft des antragstellenden AKP - Staates (vgl. Artikel 219). Die Entscheidung über die Durchführung der vorgeschlagenen Maßnahmen wird von Fall zu Fall von der EG-Kommission in Zusammenarbeit mit dem AKP - Staat getroffen (Artikel 217). Die im Lomé IV verankerten Modifikationen zielen auf eine Vereinfachung und verbesserte Anpassung an die länderspezifischen Voraussetzungen ab, um flexibler auf die Probleme reagieren zu können.[335]

Die Zusammenarbeit im Bergbausektor außerhalb der SYSMIN-Regelungen stellt auch im vierten Lomé-Abkommen einen Schwerpunkt der Zusammenarbeit dar. Sowohl durch den EEF als auch auch durch die IEB können in den AKP-Staaten Bergbauprojekte, die sich auf die Prospektions- oder Explorationsvorhaben, aber auch auf Erweiterungsinvestitionen in bestehenden Anlagen beziehen können, finanziell unterstützt werden. Dieser Bereich stellte innerhalb des Lomé III-Abkommens den größten Einzelposten im Rahmen der industriellen Zusammenarbeit dar. Die Konditionen richten sich dabei nach der Art des jeweiligen Projektes. Gegenüber der an die Erfüllung strenger Voraussetzungen gebundene Mittelvergabe im Rahmen des SYSMIN-Fonds bietet sich hier einer weitaus größeren Anzahl von AKP-Staaten die Möglichkeit, finanzielle Mittel zur Entwicklung ihres Bergbausektors zu erhalten.

5.4.2.2.3 Handelspolitik im Bereich Halb- und Fertigwaren

Die Zollbefreiungen der EG für gewerbliche Produkte der AKP-Länder sind umfassend und können formal kaum verbessert werden. Sie sichern den AKP-Staaten im Vergleich zu Drittländern deutlich präferentielle Zugangsbedingungen zum EG-Markt. Dieser Umstand nützt den AKP-Staaten allerdings wenig, da die industriellen Güterimporte aus diesen Ländern, bezogen auf die EG-Gesamtimporte, unverändert nur von marginaler Bedeutung sind.[336] Innerhalb der AKP-Exporte entfielen 1991 lediglich 32% der Gesamtexporte auf industrielle Güter. Die wichtigsten Warengruppen bei den industriellen Güterimporten stellten dabei die

---

[335]Handbuch für Internationale Zusammenarbeit: Das neue Lomé - Abkommen Lomé IV, a.a.O., S 1
[336]o.V.: Inustriegütereinfuhren der EG aus Süd und Ost, in: DIW-Wochenbericht 24/92, a.a.O., S. 304
  o.V.: Bericht des Generalberichterstatters im Namen der Paritätischen Versammlung AKP - EWG über die Prioritäten bei der Anwendung von Lomé IV zur Verbesserung der wirtschaftlichen und sozialen Lage der AKP - Staaten, Sitzungsdokumente Dok AKP - EWG 184/90/B, a.a.O., S. 40

Bereiche Holz, Pappe und Möbel mit einem Anteil an den Gesamtexporten von 6%, Textilien mit 4%, Maschinen und Fahrzeuge mit 3% sowie chemische Produkte und Kunstdünger mit 2%, gefolgt von Lederwaren und Schuhen mit einem Anteil von 1% dar. Um die, seitens der EG gewährten, präferentiellen Zugangsbedingungen sicherzustellen, muß durch den Präferenznachweis bezeugt werden, daß die Produkte ihren Ursprung auch tatsächlich in den AKP-Ländern haben.[337] Eine Verbesserung des Marktzugangs für gewerbliche Produkte ist im Rahmen des Lomé IV-Abkommens insofern erreicht, als die Ursprungsregelungen vereinfacht und flexibler gestaltet wurden. Ferner ist die Liste der Produkte, bei denen die Verleihung der Ursprungseigenschaften an besondere Voraussetzungen gekoppelt ist, verkürzt worden. Es steht außer Diskussion, daß Ursprungsregeln notwendig sind, wenn eine Handelsumlenkung zuungunsten beider Verhandlungsparteien vermieden werden soll. Die gegen die EG-Ursprungsregeln erhobene Kritik bezieht sich, neben dem Vorwurf, daß sie kompliziert und wenig transparent ausgestaltet sind, vor allem auf den Einwand, daß sie über das legitime Ziel hinausgehen, die EG-Produzenten vor der Konkurrenz aus den AKP-Staaten zu schützen.[338] Ein Blick auf die Liste der Waren, deren Ursprungseigenschaft an zusätzliche Voraussetzungen gekoppelt ist, scheint diese Kritik, zumindest in der Tendenz, zu bestätigen. Die Liste ist, trotz der vorgenommenen Vereinfachungen, immer noch sehr umfangreich und teilweise nur schwer verständlich. Viele der dort aufgeführten Güter sind aus Sicht der EG sensible oder halbsensible Produkte, insbesondere aus der Konsumgüterindustrie z.B. Textilien, Schuhe, Lederwaren, elektronische Erzeugnisse oder Spielwaren.[339] Für die AKP-Staaten stellen einige dieser Produkte bereits heute wichtige Exportgüter dar. Je nach spezifischer Ausgestaltung der Ursprungsregeln wird der Marktzugang für die betroffenen Produkte sicherlich wesentlich erschwert und kann sich damit u.U. negativ auf den Industrialisierungsprozeß in den AKP-Staaten auswirken.

5.4.2.3 Maßnahmen zur Absatzförderung

Um den ungünstigen Entwicklungen im Außenhandel der AKP-Staaten entgegenzuwirken, wurde bereits im Rahmen des Lomé III - Abkommens die Notwendigkeit betont, die AKP-Staaten bei der Entwicklung und Umsetzung einer umfassenden Handelsstrategie einschließlich Marktforschung, Produktdiversifizierung, Ausbildungsmaßnahmen und Marketing zu unterstützen. Diese Auffassung wurde in Lomé IV bekräftigt. In einer gemeinsamen Erklärung im Anhang von Lomé IV wird der Überzeugung der Vertragsparteien Ausdruck verliehen, daß

---

[337]Handbuch für Internationale Zusammenarbeit: Das neue Lomé - Abkommen, Lomé IV, a.a.O., S 5
[338]M. McQueen: Lomé; Die Ursprungsregeln müssen verbessert werden; in: Deutsche Welthungerhilfe (Hrsg.), Lomé III , Kritische Analysen zum Verhältnis der EG gegenüber der Dritten Welt, Bd. 1 Bonn 1984, S. 136
[339]Handbuch für Internationale Zusammenarbeit: Lomé im ökonomischen Kontext, Wohin: jetzt ?, XX. Lieferung, Baden-Baden 1989, S. 7

viel mehr für die Entwicklung des Handels und des Dienstleistungssektors getan werden könnte und müßte. Dies soll unter anderem dadurch geschehen, daß künftig in allen Agrar- und Industrieprogrammen die Komponente "Handelsanalyse und Absatzförderung" einbezogen wird.[340] Das zur Verfügung stehende Handelsförderungsinstrumentarium beinhaltet Maßnahmen, die sich auf alle Handelsstufen bis zum Endverbraucher beziehen. Es dient dem Zweck, die im Rahmen des Abkommens in Artikel 167 festgelegten handelspolitischen Ziele zu realisieren, um damit zu gewährleisten, daß die AKP-Staaten den maximalen Nutzen aus den in den verschiedensten Wirtschaftsbereichen ergriffenen Maßnahmen ziehen können (vgl. Artikel 135 Lomé IV). Die handelsfördernden Maßnahmen erstrecken sich auf eine breite Palette von Bereichen, in denen eine Unterstützung der AKP-Staaten möglich ist. Im einzelnen sind unterstützende Maßnahmen in folgenden Bereichen vorgesehen (vgl. Artikel 135 Lomé IV):

- bei der Etablierung kohärenter handelspolitischer Strategien und dem Einsatz moderner Marketingmethoden,

- bei der Ausbildung von Fach- und Führungskräften im Marketingbereich,

- im Bereich des Institution-building,

- bei den Bemühungen, die Produkte den Bedingungen des Marktes anzupassen, insbesondere hinsichtlich der stetig steigenden Anforderung in Bezug auf einzuhaltende Qualitätsstandards und Fragen der Qualitätssicherung,

- bei der Durchführung von Maßnahmen zur Markterschließung einschließlich der Einführung moderner Vermarktungsmethoden und der Förderung von Messebeteiligungen,

- beim Aufbau eines modernen Distributionssystems einschließlich der dazu notwendigen Infrastruktur.

Durch eine verstärkte Zusammenarbeit in diesen Bereichen soll ein Beitrag zur Überwindung der bestehenden Defizite geleistet werden. Nachholbedarf besteht vor allem bei der Qualität der Waren, im Marketing, bei der Wahl der Vertriebswege, der Preisgestaltung, der Marktkenntnis und der Logistik. Diese Defizite sind u.a. ein Grund dafür, daß die AKP-Staaten mit dem Vordringen einer Reihe besonders dynamischer Entwicklungsländer auf dem EG - Markt nicht Schritt halten konnten. Um dieser Aufgabenstellung gerecht werden zu können, müssen die im Rahmen des Lomé - Vertrages durchgeführten Exportförderungsmaßnahmen weit über die bisher im Mittelpunkt stehende Förderung von Messebeteiligungen hinausgehen.[341] Hierzu ist

---

[340] o.V.: Bericht des Generalberichterstatters im Namen der Paritätischen Versammlung AKP - EWG über die Prioritäten bei der Anwendung von Lomé IV zur Verbesserung der wirtschaftlichen und sozialen Lage der AKP - Staaten, Sitzungsdokumente Dok AKP - EWG 184/90/B, a.a.O., S. 42

[341] o.V.: Bericht des Generalberichterstatters im Namen der Paritätischen Versammlung AKP - EWG über die Prioritäten bei der Anwendung von Lomé IV zur Verbesserung der wirtschaftlichen und sozialen Lage der AKP - Staaten, Sitzungsdokumente Dok AKP - EWG 184/90/B, a.a.O., S. 42

eine Koordinierung und Abstimmung vieler Einzelmaßnahmen notwendig. Die Bemühungen sind dabei nicht einseitig unter dem Gesichtspunkt des EG - AKP - Handels zu sehen, sondern ein Schwerpunkt ist, wie bereits in Lomé III, die Förderung des Handels zwischen den AKP-Staaten und den übrigen Entwicklungsländern (Süd-Süd-Handel). [342] Ferner muß die sich vor allem für afrikanische Länder abzeichnende Verschlechterung der lokalen Austauschverhältnisse zwischen städtischen und ländlichen Regionen in die Überlegungen miteingeschlossen werden. Der Intra-AKP-Handel lag in den 70er und 80er Jahren in der Größenordnung von durchschnittlich 0,4% des Gesamthandels. Eine Ausnahme bildet in diesem Zusammenhang Dschibuti, das es schaffte, den Anteil des Intra-AKP-Handels bis Mitte der 80er Jahre auf 46% zu steigern. Im Gegensatz dazu sank der Anteil des Intrawarenhandels in Gabun von 13% in den 70er Jahren auf 2% Mitte der 80er Jahre.[343] Es sollte nicht übersehen werden, daß eine Ausdehnung des Süd-Süd-Handels mit beträchtlichen Problemen verbunden ist. Diese resultieren vor allem aus dem Umstand, daß die einzelnen Staaten oftmals die gleichen Produkte anbieten, und damit keine günstigen Voraussetzungen für einen gegenseitigen Warenaustausch bestehen. In dem unzureichenden Ausbaugrad der Verkehrsinfrastruktur zwischen den AKP-Ländern ist ein weiteres Hemmnis für eine Intensivierung der Handelsbeziehungen zu sehen.[344]

Im Rahmen der Lomé-Verträge sind für den Zeitraum von 1975 bis September 1990 insgesamt Finanzierungsbeschlüsse in Höhe von 198,91 Mio. ECU für den Bereich Absatzförderung ergangen. Dies entspricht einem Anteil an den Gesamtmitteln von 1,2%. 1990 sind insgesamt 37,34 Mio. ECU in den Bereich Absatzförderung geflossen. Diese Summe entspricht knapp 4% der in diesem Jahr vergebenen Gesamtmittel und stellt die bis dato höchste Finanzierungssumme in diesem Bereich dar.[345] Die wachsende Bedeutung, die dieser Bereich in der Zusammenarbeit einnimmt, wird aus der Erhöhung der finanziellen Mittel für die regionale Absatzförderung in Lomé IV um 10 Mio. ECU auf 70 Mio. ECU gegenüber Lomé III ersichtlich.

Um die AKP-Länder zu motivieren, eine eigene Marketingstrategie zu entwerfen, wird die EG künftig die Teilnahme an internationalen Handelsmessen und Ausstellungen nur dann finanzieren, wenn sie als Teil einer allgemeinen Handelsstrategie angesehen werden können.[346]

---

[342]Handbuch für Internationale Zusammenarbeit: Gesamtbericht über die Tätigkeit der Europäischen Gemeinschaften 1991; 297. Lieferung Baden-Baden 1992, S. 4
[343]o.V.: ACP - EEC Trade; The Kiel Study; in: the Courier No. 98, Brüssel 1986, S. 12
[344]o. V.: Bericht des Generalberichterstatters im Namen der Paritätischen Versammlung AKP - EWG über die Prioritäten bei der Anwendung von Lomé IV zur Verbesserung der wirtschaftlichen und sozialen Lage der AKP - Staaten, Sitzungsdokumente Dok AKP - EWG 184/90/B, a.a.O., S 43
[345]Handbuch für Internationale Zusammenarbeit: Gesamtbericht über die Tätigkeit der Europäischen Gemeinschaften 1991, a.a.O.,S. 10
[346]Handbuch für Internationale Zusammenarbeit: Lomé IV HIntergrund, Neuerungen Verbesserungen, a.a.O., S. 14

Im Jahre 1991 wurden in 300 Fällen die Teilnahme an Handelsmessen und sonstigen Veranstaltungen sowie an Handelsmissionen und -workshops von der Kommission finanziert. Etwa 40 AKP-Staaten nahmen an diesen Aktionen teil.[347]

5.4.3 Handelspolitik im Rahmen der Kooperation mit Staaten des südlichen und östlichen Mittelmeers

Die Mittelmeerdrittländer stellen den zweiten regionalen Schwerpunkt der Entwicklungszusammenarbeit der EG dar. Mit dieser regionalen Schwerpunktsetzung wird versucht, an die historisch begründeten, teilweise sehr engen wirtschaftlichen und politischen Beziehungen anzuknüpfen. Hervorzuheben sind die besonders engen Beziehungen die beispielsweise Frankreich mit Marokko, Algerien, Tunesien, Libanon und Syrien, Italien mit Tunesien oder Großbritannien mit den Inseln Zypern und Malta sowie Ägypten und Israel verbinden. Große Bedeutung für den Ausbau der Mittelmeerpolitik dürften aber auch strategische und energiepolitische Gründe, sowie die Furcht vor wachsenden Immigrationszahlen gehabt haben. Die Gemeinschaft hat von Anfang an betont, daß gute Beziehungen zu den Mittelmeeranrainerländern in ihrem strategischen Eigeninteresse liegt.[348] Ende der 60er und Anfang der 70er Jahre wurden zunächst in recht unsystematischer Weise[349] mit einzelnen Mittelmeeranrainerstaaten verschiedene Abkommen mit primär handelspolitischem Charakter geschlossen. Im Zusammenhang mit der ersten EG-Erweiterung 1972 wurde mit der Ausarbeitung eines globalen Konzeptes für die Mittelmeerpolitik begonnen. Dieses wurde in den Folgejahren durch den Abschluß zeitlich unbefristeter, globaler Kooperationsabkommen mit den einzelnen Mittelmeerländern umgesetzt. Im Unterschied zu den Lomé-Verträgen wurde hier ein einzelstaatlicher und kein kollektiver Ansatz zugrunde gelegt, wenn auch versucht wurde, den einzelnen Verträgen einen analogen Charakter zu geben.[350] Derzeit hat die Gemeinschaft mit zwölf der insgesamt vierzehn außerhalb der Gemeinschaft stehenden Mittelmeeranrainerstaaten Abkommen geschlossen. Ausgenommen sind lediglich Albanien, mit dem allerdings ein Abkommen geplant ist und Libyen, dessen Einbeziehung in die Mittelmeerpolitik aus Sicht der EG derzeit indiskutabel erscheint.Die einzelnen Abkommen haben nicht alle den gleichen Zuschnitt. So wurde in den

---

[347]Handbuch für Internationale Zusammenarbeit: Gesamtbericht über die Tätigkeit der Europäischen Gemeinschaften 1991, a.a.O.,S. 4

[348]Hildegard Lingnau: Neue Elemente in der Entwicklungszusammenarbeit der Europäischen Gemeinschaft zu Beginn der 90er Jahre, a.a.O., S. 16
Kommission der EG (Hrsg.): Europa-Partner der WELT; in: Europäische Dokumentation, Brüssel, Luxemburg 1991, S. 27

[349]Kommission der EG (Hrsg.): Europa-Dritte Welt, ein Dialog, Luxemburg 1989, S. 41
o.V.: Die Europäische Gemeinschaft und der Mittelmeerraum; in: Europäische Dokumentation, Luxemburg 1985, S. 17

[350]Hildegard Lingnau: Neue Elemente in der Entwicklungszusammenarbeit der Europäischen Gemeinschaft zu Beginn der 90er Jahre, a.a.O., S. 16

Assoziierungsabkommen mit der Türkei eine spätere Mitgliedschaft ins Auge gefaßt.[351] In den entsprechenden Abkommen mit Israel ist die Realisierung einer Freihandelszone und mit Zypern und Malta die schrittweise Errichtung einer Zollunion vorgesehen. Im Gegensatz dazu sind die Maghreb-[352] und Maschrikländer[353] mit der Gemeinschaft lediglich durch Kooperationsabkommen verbunden. Diese sehen jeweils eine Zusammenarbeit in den Bereichen Handel und gewerbliche Wirtschaft sowie eine technische und finanzielle Unterstützung vor. Das 1980 mit dem ehemaligen Jugoslawien geschlossene Abkommen ist im November 1991 durch die Gemeinschaft aufgekündigt worden, gleichzeitig wurde aber eine erste Zusammenarbeit mit den Teilrepubliken begonnen.[354] Die in den jeweiligen Abkommen zugesicherten Finanzhilfen bestehen aus Haushaltsmitteln der EG und Eigenmitteln der EIB und sind in den einzelnen Finanzprotokollen mit jeweils fünfjähriger Laufzeit festgelegt.(s. Tab.29)

Die Erneuerung der Finanzprotokolle zwischen der EG einerseits und den Maghreb- und Maschrikländern sowie Israel andererseits für den Zeitraum 1991-1996 und die damit verbundene Aufstockung der Finanzmittel bestätigt die Bedeutung, die die Gemeinschaft der Zusammenarbeit mit den Ländern im südlichen und östlichen Mittelmeerraum beimißt. Allerdings war die Höhe der Mittelaufstockung zwischen der Kommission und den Mitgliedsstaaten Gegenstand langer Auseinandersetzungen. Das Ergebnis, das eine Erhöhung der Mittel von 28,2% für die Maghreb- und Maschrikländern und 30% für Israel sowie 47% für das ehemalige Jugoslawien vorsieht, liegt deutlich unter den ursprünglichen Vorstellungen der Kommission.[355] Durch die Einführung einer horizontalen finanziellen Zusammenarbeit, die außerhalb der eigentlichen Finanzprotokolle angesiedelt wurde und durch die EIB verwaltet wird, erweitert sich der Handlungsspielraum der Bank um ein zusätzliches Instrument. Es soll vor allem zur Unterstützung von Investitionsvorhaben, die von gemeinsamem Interesse für die betreffenden Mittelmeerländer und die Gemeinschaft sind, z.B. gemeinsame Umweltprojekte, eingesetzt werden. Schwierig gestalteten sich im Zusammenhang mit der Verlängerung der Finanzprotokolle insbesondere die Verhandlungen zwischen der EG, Marokko und Syrien. Das Europäische Parlament verweigerte Anfang 1992 zunächst die Ratifizierung der neuen Finanzprotokolle wegen Menschenrechtsverletzungen in beiden Ländern, worauf Marokko die laufenden Verhandlungen mit der EG zeitweilig aussetzte.[356] Durch diese Ereignisse geriet die

---

[351] o.V.: Madrid fordert ein Hilfsprogramm der EG; in: Handelsblatt vom 3.3.1992, S. 10
    o.V.: Athen blockiert Hilfe für Mittelmeerraum; in: NFA vom 4.3.92, S. 1
[352] Algerien, Marokko, Tunesien
[353] Ägypten, Jordanien, Syrien, Libanon
[354] Kommission der EG (Hrsg.): Die Europäische Gemeinschaft und die Mittelmeerländer; in: der Reihe Europa in Bewegung, Brüssel, Luxemburg 1991, S. 2
[355] Hildegard Lingau: Neue Elemente in der Entwicklungszusammenarbeit der Europäischen Gemeinschaft zu Beginn der 90er Jahre, a.a.O., S. 16
    o.V.: Athen blockiert Hilfe für Mittelmeerraum; in: NFA vom 4.3.92, S.1
[356] o.V.:Freihandelszone mit dem Maghreb; in: EPI Nr.3 1992, Saarbrücken 1992, S. 9
    o.V. EG Verhandlungen mit Marokko ausgesetzt; in: NFA vom 27.1.92, S. 1

Mittelmeerpolitik der EG in eine kritische Lage. Diese wurde von der EG als Anstoß genommen, erneut eine Initative zur Umgestaltung der Mittelmeerpolitik zu starten. Nicht zuletzt aufgrund der drohenden Einwanderungsprobleme geht der Ansatz, der teilweise bereits umgesetzt wird, von einer gleichrangigen Entwicklung der Beziehungen zu den

Tab.29 : Globale Mittelausstattung im Rahmen der Mittelmeerpolitik

Land	Rechtsgrundlage	Geltungs-zeitraum	Darlehen aus eigenen Mitteln der EIB*	Finanzierung mit Risiko-kapital**°	Nichtrück-zahlbare Hilfe***°	Darlehen zu Sonderbe-dingungen°	Gesamt
Jugoslawien	3.Finanzprotokoll	1991 - 96	730	-			730
Türkei	4.Finanzprotokoll	n.u.	225	-	50	325	600
Algerien	4.Finanzprotokoll	1991 - 96	280	18	52	-	350
Marokko	4.Finanzprotokoll	1991 - 96	220	25	193	-	438
Tunesien	4.Finanzprotokoll	1991 - 96	168	15	101	-	284
Ägypten	4.Finanzprotokoll	1991 - 96	310	16	242	-	568
Jordanien	4.Finanzprotokoll	1991 - 96	80	2	44	-	126
Libanon	4.Finanzprotokoll	1991 - 96	45	2	22	-	69
Syrien	4.Finanzprotokoll	1991 - 96	115	2	41	-	158
Israel	4.Finanzprotokoll	1991 - 96	82	-	-	-	63
Malta	3.Finanzprotokoll	1988 - 93	23	2,5	12,5	-	38
Zypern	3.Finanzprotokoll	1988 - 93	44	5	13	-	62
horizontale Finanzierung		1992 - 96	1800	25	205	-	2030

*eigene Mittel: die Mittel, die der Bank für ihr eigenes Geschäft zur Verfügung stehen. Diese umfassen die auf den Kapitalmärkten aufgenommenen Mittel, das eingezahlte Kapital und die Rücklagen. Für diese Darlehen werden Zinsvergünstigungen aus Mitteln des EEF gewährt, wobei diese auf die nicht rückzahlbare Hilfe angerechnet wird.
° Finanzierung aus Haushaltsmitteln **von der EIB vergeben und verwaltet, ***von der Kommission vergeben und verwaltet

Quelle: EIB (Hrsg.): EIB Informationen Nr. 70, Luxemburg 1991, S.2

Mittelmeerländern wie zu den mittel- und osteuropäischen Staaten aus. Die bisherigen Kooperationsverträge sollten danach durch weitergehende Vereinbarungen ersetzt werden, wobei "Partnerschaft" an die Stelle von Entwicklungshilfe treten müßte.[357]

---

[357]Erich Hause: Brüssel besorgt über Spannungen zwischen der EG und Marokko; in: Frankfurter Rundschau vom 5.3.1992, S. 1

Diese Überlegungen stellen die Fortentwicklung eines bereits zu Beginn der neunziger Jahre eingeleiteten Prozesses einer weitgehenden Neuorientierung der EG-Mittelmeerpolitik dar. Der Rahmen für die neue Mittelmeerpolitik wurde im Dezember 1990 vom Rat der Europäischen Gemeinschaften verabschiedet und beinhaltet die strategische Antwort der EG auf die ungünstigen wirtschaftlichen und demographischen Entwicklungen im Mittelmeerraum in der zweiten Hälfte der 80er Jahre. Die Ausweitung der Konflikte zwischen den verschiedenen Nationalitäten und Gruppierungen, die derzeit durch den im ehemaligen Jugoslawien herrschenden Bürgerkrieg offensichtlich werden, die Ausbreitung der islamischen Fundamentalisten, die enormen Umweltprobleme, die Bevölkerungsexplosion und die wachsenden wirtschaftlichen Schwierigkeiten sind nur einige dieser ungünstigen Entwicklungen. Sie haben den gesamten Mittelmeerraum zu einer politisch und wirtschaftlich instabilen Region werden lassen. Es liegt im vitalen Eigeninteresse der EG, ihren Beitrag zur Lösung dieser sicherheitsbedrohenden Probleme zu leisten.[358] Neben dem Bürgerkrieg im ehemaligen Jugoslawien ist in diesem Zusammenhang in den letzten Jahren vor allem die wachsende Besorgnis vor einer künftig nicht mehr zu kontrollierenden Einwanderungswelle aus den Maghrebländern in den Vordergrund gerückt. Mit einer derartigen Einwanderungswelle muß in den kommenden Jahrzehnten gerechnet werden, sofern es nicht gelingt, eine Verbesserung der wirtschaftlichen Lage in diesen Staaten zu realisieren.[359]

Neben den traditionellen Kooperationsfeldern der wirtschaftlichen und handelspolitischen Zusammenarbeit werden künftige verstärkt andere Bereiche, z.B. Umwelt, Kultur und Bildung, in die Zusammenarbeit miteinbezogen werden. Nur so besteht eine Chance, den gestiegenen Anforderungen an die Mittelmeerpolitik annähernd gerecht werden zu können.[360] Die neue Mittelmeerpolitik der EG sieht im wesentlichen die folgenden sechs Schwerpunkte in der Zusammenarbeit vor:

- Unterstützung der wirtschaftlichen Anpassungsprozesse
- Förderung privater Initiativen
- Aufstockung der bilateralen und der von der Gemeinschaft geleisteten Finanzierungen
- Wahrung oder Verbesserung des Zugangs zum Markt der Gemeinschaft
- Vertiefung des wirtschaftlichen und politischen Dialogs, nach Möglichkeit auf regionaler Ebene[361]

---

[358] van den Brink: Befriedigung des Mittelmeerraums; in: Europäische Zeitung Juni 1991, S. 6
[359] o.V.: Madrid fordert ein Hilfsprogramm der EG; in: Handelsblatt vom 3.3.1992, S. 10
[360] van den Brink: Befriedigung des Mittelmeerraums, a.a.O., S. 6
[361] Kommission der EG (Hrsg.): Die Europäische Gemeinschaft und die Mittelmeerländer, a.a.O., S. 6

Die handelspolitischen Vereinbarungen im Rahmen der Kooperationsabkommen sind vor dem Hintergrund der intensiven und interdependenten Handelsbeziehungen zwischen der EG und dem Mittelmeerraum zu sehen. Sie stellen unverändert eines der wesentlichen Elemente der Abkommen dar. Der Handel mit den Mittelmeerländern besitzt für die Gemeinschaft einen beträchtlichen Stellenwert. So bezog sie 1991 Waren im Wert von 43,4 Mrd. ECU aus diesem Raum und exportierte gleichzeitig Waren im Wert von 45,8 Mrd. ECU. Charakteristisch für die Handelsbeziehungen ist der nicht unerhebliche Bilanzüberschuß von 2,3 Mrd. ECU zugunsten der EG, der aber seit Ende der 80er Jahre eine rückläufige Tendenz aufweist. Mit einem Anteil von 8,8% 1991 an den Gemeinschaftseinfuhren[362] und 10,8% an den Gemeinschaftsausfuhren[363] ist der Mittelmeerraum einer der wichtigsten Handelspartner der Gemeinschaft. Relativierend ist allerdings anzuführen, daß allein die Einfuhren aus den USA mehr als das Doppelte der gesamten Einfuhren aus allen Ländern des Mittelmeerraums betragen. Der außenwirtschaftliche Stellenwert ist jedoch für die Mittelmeerländer noch weit höher, da deren Abhängigkeit von der EG als Exportmarkt mit einem durchschnittlichen Anteil von über 50% an den Gesamtexporten deutlich höher liegt. Die Abhängigkeit zeigt sich auch auf der Importseite, hier ist die EG der mit Abstand wichtigste Handelspartner der Mittelmeeranrainerstaaten.

Die Ausfuhren der Mittelmeerländer lassen sich in sektoraler Hinsicht grob in vier Gruppen gliedern. Die wichtigsten Exportprodukte sind Erdöl, Erdgas und Phosphate, gefolgt von Spinnstoffen und Bekleidung, landwirtschaftlichen Erzeugnissen sowie sonstigen Industrieerzeugnissen.[364] Die von der EG gewährten Handelspräferenzen, die, bis auf Israel, nicht reziprok gewährt werden, sehen für gewerbliche Waren den unbegrenzten zollfreien Zugang zum Gemeinsamen Markt vor. Wichtige Ausnahmen sind die Begrenzungen der Spinnstoff- und Bekleidungseinfuhren, die für eine Reihe von Mittelmeerländern bedeutsame Exportprodukte darstellen. Vor dem Hintergrund der Krise in der europäischen Textilindustrie wurden diese Beschränkungen 1978 eingeführt. Die Rücknahme früherer Zugeständnisse wurde seitens der betroffenen Länder mit tiefer Enttäuschung aufgenommen. Die Aufhebung der mengenmäßigen Beschränkungen wird seit 1990 in der Kommission diskutiert. Allerdings ist derzeit noch keine Einigung über den konkreten Zeitpunkt für die geplante Handelsliberalisierung in Sicht.[365] Wichtig im Bereich der gewerblichen Wareneinfuhren ist ferner, die im Rahmen der neuen Mittelmeerpolitik eingeleitete Vereinfachung der Ursprungsregelungen.

---

[362] bezogen auf den Extra-EG-Handel
[363] bezogen auf den Extra-EG-Handel, Eurostat (Hrsg.): Aussenhandel und Zahlungsbilanz, Brüssel, Luxemburg 1992, S. 2
[364] o.V.: Die Europäische Gemeinschaft und der Mittelmeerraum; in: Europäische Dokumentation, Luxenburg 1985, S. 36
[365] Kommission der EG (Hrsg.): Mitteilung der Kommission für den Rat über die Durchführung handelspolitischer Maßnahmen im Rahmen der neuen Mittelmeerpolitik, Kom.(91) 179, Brüssel 1991, S. 3

Tab. 30: Bedeutung der EG für den Außenhandel der
Mittelmeeranrainerstaaten

Land	in % der Gesamteinfuhr jedes Landes		in % der Gesamtausfuhr jedes Landes	
	1980	1990	1980	1990
Jugoslawien	35,4	47,4	26,5	46,5
Türkei	35,2	42,5	45,9	51,4
Marokko	53,7	60,5	63,8	66,9
Algerien	67,9	65,1	43,4	63,2
Tunesien	67,3	68,4	72,1	73,4
Ägypten	42,0	40,6	47,4	48,8
Israel	28,1	49,1	41,0	35,5
Syrien	38,6	40,6	64,0	34,7

Angaben für Jordanien, den Libanon, Malta und Zypern nicht verfügbar.
Quelle: Eurostat (Hrsg.); Statistische Grundzahlen der Gemeinschaft, 29. Ausgabe, Luxemburg 1992, S. 291

Für Agrarprodukte, die nicht Gegenstand von Marktordnungen sind, werden den Mittelmeerländern Zollvergünstigungen gewährt.[366] Mit der Süderweiterung der EG durch den Beitritt Griechenlands 1981 und Spaniens und Portugals 1986 gestaltete sich dieser Bereich der handelspolitischen Zusammenarbeit aufgrund der oftmals identischen Produktpalette bei den Agrarerzeugnissen zunehmend schwieriger. Im Rahmen von Zusatzprotokollen zu den einzelnen Abkommen wurden für die wichtigsten Agrarexporte, seien, es nun Obst, Gemüse, Wein oder Olivenöl, zeitlich befristete besondere Zugeständnisse eingeräumt. So besteht beispielsweise mit Algerien eine entsprechende Vereinbarung über die Mengen von Olivenöl, die zollreduziert in die EG importiert werden können.[367] Eine Liberalisierung der Agrarimportpolitik durch eine Verbesserung der Präferenzregelungen der Gemeinschaft wurde bereits 1990 beschlossen. Ab Januar 1993 werden für eine Vielzahl von Agrarprodukten die bestehenden Zollschranken innerhalb produktspezifischer Mengenkontingente, die zudem nach einem festgelegten Zeitplan erhöht werden, aufgehoben.[368]

---

[366] Hildegard Lingnau: Neue Elemente in der Entwicklungszusammenarbeit der Europäischen Gemeinschaft zu Beginn der 90er Jahre, a.a.O., S. 16
[367] Kommission der EG (Hrsg.): Die Europäische Gemeinschaft und die Mittelmeerländer, in: der Reihe Europa in Bewegung, a.a.O., S. 6
Kommission der EG: Agreements and other bilateral Commitments linking the Communities with Non - Member Countries, Brüssel 1991, S. 106
[368] Kommission der EG (Hrsg.): Vorschlag für eine Verordnung des Rates zur Änderung der Einfuhrregelungen für bestimmte Agrarerzeugnisse mit Ursprung in: Ägypten, Algerien, Israel, Jordanien, Libanon, Malta, Marokko, Syrien, Tunesien und Zypern, Brüssel 1991, S. 6

Die mit der Süderweiterung verbundene Verschlechterung der Absatzchancen war nicht nur auf Agrarexporte begrenzt, sondern betrifft auch eine Reihe von gewerblichen Produkten, wie beispielsweise Textilien, Bekleidung, Schuhwaren, Leder, Zellstoff, Papier etc. Um die Beeinträchtigung der Absatzchancen aufzufangen, hat die EG mit allen Mittelmeerländern sogenannte "Anpassungsprotokolle" als Zusatzprotokolle zu den Kooperationsabkommen geschlossen. Nach Ansicht der Mittelmeerländer sind diese aber kaum geeignet, die aufgetretenen Absatzeinbußen zu kompensieren. Eine spürbare Verbesserung der Außenhandelssituation der Mittelmeeranrainerstaaten ist letztlich nur von der schnellen und durchgreifenden Realisierung der in der Diskussion befindlichen Handelsliberalisierung zu erwarten.

5.4.4 Handelspolitik im Rahmen der Zusammenarbeit mit den Entwicklungsländern Asiens und Lateinamerikas

Die Beziehungen der Gemeinschaft zu den Entwicklungsländern Asiens und Lateinamerikas sind in den 80er Jahren zwar ausgebaut worden, doch sind diese im Vergleich zu denen, die zu den AKP-Staaten und den Mittelmeerländern bestehen, unverändert von deutlich geringerer Bedeutung und zudem weit weniger durchstrukturiert[369]. Die bilateralen Beziehungen basieren auf Rahmenkooperationsabkommen zwischen der EG und dem jeweiligen Land. In den 70er Jahren waren diese Abkommen zunächst in Form einfacher Handelsabkommen geschlossen worden. Zwischenzeitlich erstrecken sie sich jedoch auf die Förderung der Zusammenarbeit in so unterschiedlichen Bereichen wie Industrie, Energiewirtschaft, Wissenschaft und Technik, Umwelt und Ausbildung sowie Investitionsförderung. Der Inhalt der einzelnen Abkommen ist sowohl für die asiatischen als auch die lateinamerikanischen Länder weitgehend analog aufgebaut. Für die Anwendung der Abkommen werden jeweils gemischte Ausschüsse aus Vertretern beider Parteien eingesetzt. Derzeit bestehen in Lateinamerika entsprechende Abkommen: seit 1991 mit Mexiko und Uruguay, seit 1990 mit Argentinien und Chile sowie mit Brasilien seit 1980. Der Abschluß eines Abkommens mit Paraguay liegt zur Genehmigung vor.[370] Die Abkommen stellen teilweise eine Modifikation früherer Abkommen dar. Auf dem indischen Subkontinent bestehen Abkommen mit Sri Lanka seit 1975, mit Bangladesch seit 1976, mit Indien seit 1981 und mit Pakistan seit 1986.

---

[369]H. Lingnau: Neue Elemente in der Entwicklungszusammenarbeit der Europäischen Gemeinschaft zu Beginn der 90er Jahre, a.a.O., S. 21 f
Kommission der EG (Hrsg.): Europa-Partner der Welt; in: der Reihe Europa in Bewegung, a.a.O., S. 30 f
[370]Kommission der EG (Hrsg.): Die Europäische Gemeinschaft und Lateinamerika, a.a.O., S. 30 ff

Der Anwendungsbereich der Abkommen ist insofern begrenzt, als darin für die Exporte aus den asiatischen und lateinamerikanischen Ländern kein Präferenzzugang zu den EG-Märkten vorgesehen ist. Die Gemeinschaft bietet diesen Ländern lediglich die im Rahmen des allgemeinen Präferenzsystems eingeräumten Vergünstigungen. Eine gewisse Ausnahme stellen die besonderen Zugeständnisse für einige Exportprodukte wie Zucker, Jute und Kakaoerzeugnisse aus Indien, Bangladesch und Sri Lanka dar. Diese wurden im Rahmen spezieller sektoraler Abkommen eingeräumt.[371]

Da die Abkommen in der Regel keine Zusagen über Finanzhilfen beinhalten, stehen den Entwicklungsländern Asiens und Lateinamerikas, neben den APS, lediglich humanitäre Hilfen (Soforthilfe, Nahrungsmittelhilfe, Hilfe zugunsten von Flüchtlingen und Vertriebenen, Wiederaufbau- und Katastrophenschutzhilfe) und die, im Vergleich zu den in den Lomé-Verträgen vorgesehenen Mitteln, relativ geringen EZ-Leistungen aus dem EG-Haushalt zur Verfügung.[372] Die asiatischen und lateinamerikanischen Entwicklungsländer bekommen seit 1976 EZ - Mittel aus dem EG-Haushalt bereitgestellt. Die Höhe der zugesagten Mittel betrug 1991 329 Mio. ECU [373], dies entspriht einem Anteil an den Gesamtzusagen aus diesem Jahr von etwas über 15%. Wie in der Vergangenheit erhielten die asiatischen Länder über 60% der zugesagten Mittel. Daneben erhalten die einzelnen Länder vor allem Nahrungsmittelhilfe in beträchtlichem Umfang.

Gemäß den Leitlinien für die Zusammenarbeit mit den Entwicklungsländern Asiens und Lateinamerikas ist diese auf zwei Schwerpunktbereiche hin auszurichten.[374] Hierbei handelt es sich um die technische und finanzielle Zusammenarbeit, auf die über 80% der Gesamtmittel entfallen. Sie soll vor allem dazu dienen, die ärmsten Entwicklungsländer bei ihren Bemühungen zur Verbesserung der Lebensbedingungen der bedürftigsten Bevölkerungsgruppen zu unterstützen. Entsprechend haben hier Projekte der ländlichen Entwicklung und Ernährungssicherung Priorität. Der zweite Schwerpunktbereich umfaßt den in beiderseitigem Interesse liegenden Ausbau der Wirtschaftskooperation in den Ländern und Regionen mit starken Wachstumspotentialen. Die Wirtschaftskooperation bezieht sich dabei auf drei Hauptaktionsbereiche. Zum einem den Know-How-Transfer in Wirtschaft und Wissenschaft, außerdem Maßnahmen zur einer Verbesserung der wirtschaftlichen Rahmenbedingungen und

---

[371]Kommission der EG (Hrsg.): Europa-Partner der Welt; in: der Reihe Europa in Bewegung, a..a.o., S. 31
[372]H. Lingnau: Neue Elemente in der Entwicklungszusammenarbeit der Europäischen Gemeinschaft zu Beginn der 90er Jahre, a.a.O., S. 22
[373]Einschließlich der Hilfe zur Selbsthilfe von Flüchtlingen und Vertriebenen und Zahlungen im Rahmen des Comprex, jedoch ohne humanitäre und sonstige seperate Hilfezahlungen sowie Nahrungsmittelhilfe, Kommission der Europäischen Gemeinschaften, Endgültige Feststellung des Gesamthaushaltes der EG für das Haushaltsjahr 1991, Amtsblatt der EG L 30 vom 4.2.1991, Brüssel 1991 S. 18
[374]Kommission der EG (Hrsg.): Leitlinien über die Zusammenarbeit mit den Entwicklungsländern Asiens und Lateinamerikas, KOM (90) 176 Brüssel 1990, S. 4 ff

schließlich Maßnahmen zugunsten einzelner Unternehmen. Neben der Ausbildung von Arbeitskräften und der Unterstützung bei der Gründung von Gemeinschaftsunternehmen sind vor allem auch Maßnahmen zur Absatzförderung vorgesehen. Mit den geplanten Handelsförderungsmaßnahmen, die vor allem eine Verbesserung der Informationsbasis über mögliche Absatzmöglichkeiten und die Ausbildung von Fach- und Führungskräften im Marketingbereich zum Gegenstand haben, wird versucht, den Handelsbeziehungen mehr Dynamik zu verleihen. Obwohl lediglich 4,2% der Gesamtmittel auf die direkte Förderung der Handelsbeziehungen entfallen, bilden die Handelsförderungsmaßnahmen sowohl in Asien als auch in Lateinamerika den Schwerpunkt innerhalb der wirtschaftlichen Kooperation. [375]

Da es eines der erklärten Ziele der Gemeinschaft ist, regionale Zusammenschlüsse zu unterstützen, hat die Gemeinschaft, neben den bilateralen Abkommen, mit einer Reihe von Regionalorganisationen in Asien und Lateinamerika nichtpräferenzielle Rahmenabkommen über die handelspolitische und wirtschaftliche Zusammenarbeit unterzeichnet. Diese Abkommen sollen dabei in erster Linie zu einer Stimulierung, Diversifizierung und Erleichterung des Handels, der Förderung der Unternehmenskooperation sowie zur Förderung der Zusammenarbeit in Wissenschaft und Technik beitragen.[376] Im einzelnen bestehen derzeit in Lateinamerika entsprechende Abkommen aus dem Jahr 1985 mit den im Andenpakt zusammengeschlossenen Ländern und mit den Unterzeichnerstaaten des Zentralamerikanischen Isthmus und Panama. Im asiatischen Raum wurden mit der ASEAN 1980 und mit den Ländern des Golfkooperationsrates 1977 regionale Abkommen geschlossen. In dem Abkommen mit den Ländern des Golfkooperationsrates wird vor allem eine Vertiefung der Zusammenarbeit in Fragen der Energiewirtschaft, Wissenschaft und Technik angestrebt. Im Gegensatz dazu ist das Abkommen mit den ASEAN-Staaten ein umfassendes Kooperationsabkommen und ist wohl insgesamt das bedeutendste Abkommen der EG mit Regionalorganisationen überhaupt. Diese besondere Bedeutung der Beziehungen der EG zu den ASEAN-Staaten liegt im wesentlichen darin begründet, daß die ASEAN neben der EG die regionale Wirtschaftgemeinschaft mit dem gegenwärtig höchsten Integrationsstand ist.[377]

Der Anstoß zum Aufbau engerer Beziehungen zwischen beiden Organisationen ging von der ASEAN aus, als Großbritannien 1973 Mitglied der Gemeinschaft wurde. Malaysia und Singapur fürchteten den Verlust von Handelspräferenzen, die ihnen im Rahmen des Commonwealth bis dato gewährt wurden. Der britische Beitrittsvertrag enthielt für diese und

---

[375]Kommission der EG (Hrsg.): Endgültige Feststellung des Gesamthaushaltes der EG für das Haushaltsjahr 1991, a.a.O., S. 25
[376]Kommission der EG (Hrsg.), Europa - Partner der Welt; in: der Reihe Europa in Bewegung, a.a.O., S. 32
[377]Handbuch für Internationale Zusammenarbeit: Die Europäische Gemeinschaft und ASEAN, 295 Lieferung, Baden-Baden 1992, S. 2 ff

andere Commonwealth-Länder lediglich das Angebot einer eingeschränkten Vorzugsbehandlung innerhalb des APS. Als die ASEAN-Staaten zu erkennen gaben, daß sie den Abschluß eines Handelsabkommens als Ländergruppe wünschten, mußte mit dem Zustandekommen eines derartigen Abkommens zunächst so lange gewartet werden, bis seitens der ASEAN die institutionellen Voraussetzungen in Form von ausreichend strukturierten Ausführungsorganen geschaffen worden waren. Die Unterzeichnung des Kooperationsabkommens zwischen der Europäischen Wirtschaftsgemeinschaft und den Mitgliedsländern des Verbandes Südostasiatischer Nationen erfolgte schließlich im Oktober 1980 und verlängert sich seit 1985 jeweils automatisch um zwei Jahre.[378] Es war das erste Abkommen dieser Art zwischen der Gemeinschaft und einer Gruppierung von nicht assoziierten Ländern. Das Abkommen sieht eine Zusammenarbeit primär in drei Bereichen vor:

- Die handelspolitische Zusammenarbeit:
Grundlage der Handelsbeziehung bildet die Meistbegünstigungsklausel, wobei allerdings im Abkommen eine Reihe von Ausnahmen verankert sind. Diese gewährleisten die Vertragskonformität bestimmter einseitiger Handelsvorteile, die den ASEAN-Ländern durch das APS der EG oder einzelnen Nachbarländern durch die Vertragsparteien eingeräumt worden sind. Im Vordergrund der Aktivitäten im Bereich der Handelsförderung stehen Maßnahmen, die den Absatz der Produkte aus den ASEAN-Ländern nicht nur in der EG, sondern auch auf anderen Exportmärkten, wie beispielsweise den USA, fördern sollen. Im einzelnen sind hier z.B. gemeinsame Ausbildungs- und Marketingprogramme zu nennen. In den letzten Jahren wurde die Handelsförderung auch auf den Dienstleistungsverkehr, insbesondere auf die Entwicklung des Tourismus, ausgedehnt. Darüberhinaus finanziert die EG derzeit ein integriertes Hafenverwaltungsprogramm in Höhe von 1,5 Mio. ECU, das die ASEAN Port Authorities Association durchführt, um die Effizienz der Hafenverwaltungen in den ASEAN-Ländern zu erhöhen. Daß die durchgeführten Handelsförderungsmaßnahmen durchaus erfolgreich sind, wurde u.a. auf dem EG-ASEAN-Außenministertreffen 1990 deutlich. Auf diesem Treffen äußerten sich die Minister aus den ASEAN-Ländern anerkennend über die Hilfe der EG im Bereich der Handelsförderung.[379]

- Wirtschaftliche Zusammenarbeit:
Von Anfang an stand die Förderung privatwirtschaftlicher Kontakte zwischen Unternehmen aus der EG und den ASEAN-Staaten im Mittelpunkt der Bemühungen. Hierdurch soll zum einen die Präsenz der Gemeinschaft in Südostasien verstärkt werden. Zum anderen sollen die

---

[378]Wolfgang Harbrecht: Die Entwicklung der Zusammenarbeit zwischen der EG und ASEAN aus europäischer Sicht, in: ASEAN und die Europäischen Gemeinschaften, hrsg. von B. Dahm, W. Haebrecht, Hamburg, 1988, S. 96

[379]Handbuch für Internationale Zusammenarbeit: Die Europäische Gemeinschaft und ASEAN, a.a.O., S. 9
Wolfgang Harbrecht: Die Entwicklung der Zusammenarbeit zwischen der EG und ASEAN aus europäischer Sicht, a.a.O., S. 94 f

ASEAN-Länder bei ihren Bemühungen zur Diversifizierung der bestehenden Wirtschaftsstrukturen unterstützt werden. In diesem Zusammenhang besitzen die Maßnahmen zur Förderung europäischer Investitionen in der ASEAN-Region einen besonders hohen Stellenwert. Entsprechend einer Vereinbarung zwischen der EG und der ASEAN wurden 1987 und 1988 in allen Hauptstädten der ASEAN-Staaten gemeinsame Investitionsausschüsse gebildet, die als Diskussionsforum und Informationsstelle für interessierte Unternehmen bereitstehen.

- Entwicklungskooperation:
Die Zusammenarbeit erstreckt sich auf die Durchführung von Entwicklungsprojekten undprogrammen in den Bereichen Nahrungsmittelproduktion, Entwicklung der Landwirtschaft und Humanressourcen.[380]

Als Erfolg der handelspolitischen Zusammenarbeit kann die beträchtliche Expansion des Außenhandels zwischen der EG und der ASEAN in den 80er Jahren gewertet werden. Von 1985 bis 1990 stiegen die EG-Ausfuhren in die ASEAN-Länder um 44% und erreichten 1991 über 17 Mrd. ECU. Gleichzeitig nahmen die Einfuhren aus diesen Ländern um 52% auf über 19 Mrd. ECU zu. Die ASEAN-Länder konnten seit Mitte der 80er Jahre ihre Position im Vergleich zu den anderen EG-Einfuhren aus Drittländern deutlich verbessern und erreichten im Jahre 1991 einen Anteil von 4% der Gesamteinfuhren.[381] Ohne Berücksichtigung des Intra-ASEAN-Handels ist die EG ihrerseits hinter den USA und Japan drittgrößter Handelspartner der ASEAN-Staaten. Die Bedeutung des Gemeinschaftsmarktes für die ASEAN-Länder ist vor allem deshalb so hoch einzustufen, weil seit einigen Jahren bereits vermehrt Fertigwaren in die EG eingeführt werden. Holz, Maniok, Kautschuk und Palmöl sind zwar unverändert wichtige Ausfuhrgüter, doch treten verstärkt elektrische Geräte, Textilien und Bekleidung in den Vordergrund. Die Textil- und Bekleidungseinfuhren unterliegen dabei bestimmten mengenmäßigen Beschränkungen im Rahmen des Multifaserabkommens.

Positiv ist zu werten, daß die ASEAN im Laufe der Zeit zu dem Handelspartner der Gemeinschaft geworden ist, der am meisten von der Präferenzierung seiner Exporte in die EG durch das APS profitiert.[382] Das APS ist zweifelsohne ein wichtiger Grund für die günstige Entwicklung der ASEAN-Ausfuhren in die Gemeinschaft. Von den 156 Produkten, die die EG 1991 als sensibel einstufte und im Falle der wettbewerbsfähigsten Länder einer

---

[380]Handbuch für Internationale Zusammenarbeit: Die Europäische Gemeinschaft und ASEAN, a.a.O., S. 10 ff
[381]Eurostat (Hrsg.): Außenhandel und Zahlungsbilanz, a.a.O., S. 2
[382]Wolfgang Harbrecht: Die Entwicklung der Zusammenarbeit zwischen der EG und ASEAN aus europäischer Sicht, a.a.O., S. 100
Handbuch für Internationale Zusammenarbeit: Die Europäische Gemeinschaft und ASEAN, a.a.O., S. 5

Kontingentierung unterwirft, betrafen lediglich zwölf Warengruppen die ASEAN - Länder. Die überwiegende Anzahl der mit Mengenkontingenten belegten Exporte betrafen Singapur. Inwieweit die ASEAN-Länder auch in Zukunft vom APS profitieren werden, ist vor allem für die wettbewerbsfähigeren ASEAN-Länder, insbesondere Singapur, fraglich, da in der geplanten Revision des APS eine stärkere Differenzierung nach der Wettbewerbsfähigkeit mit einer entsprechenden Einschränkung der Präferenzen vorgesehen ist.[383]

5.4.5 Handelspolitik im Rahmen der multilateralen Zusammenarbeit

Neben den autonomen handelspolitischen Maßnahmen und den verschiedenen regionalen und bilateralen Handelsbeziehungen erstreckt sich die gemeinsame Handelspolitik auch auf ein weitverzweigtes Netz multilateraler Aktivitäten. Diese umfassen die Mitarbeit der Gemeinschaft in einer Vielzahl internationaler Organisationen und die im Rahmen dieser Organisationen geschlossenen Abkommen. Hervorzuheben ist in diesem Zusammenhang die Mitarbeit der Gemeinschaft im GATT, der OECD sowie in den Vereinten Nationen.[384]

Im GATT nimmt die Gemeinschaft insofern eine Sonderstellung ein, da die einzelnen Mitgliedsländer unverändert Vertragsparteien des GATT-Abkommens sind und nicht etwa die EG als solches. Aufgrund der mit dem Vertrag von Rom übertragenen ausschließlichen Befugnis, die Mitgliedsstaaten in Außenhandelsfragen zu vertreten, ist die EG jedoch im Laufe der Zeit de facto zu einer Vertragspartei avanciert. Die Kommission ist somit alleiniger Verhandlungsführer der Mitgliedsländer und spricht allein für die Gemeinschaft und ihre Mitglieder.

Auch hat die EG als jeweils einziger "Nicht-Staat" eine Reihe von internationalen Übereinkommen, wie z.B das Multifaserabkommen, unterzeichnet, die unter der Schirmherrschaft des GATT geschlossen wurden. Die Artikel des Allgemeinen Abkommens und die unter der GATT-Ägide entworfenen, internationalen Übereinkommen dienen der EG als Rechtsgrundlage für die Ausgestaltung ihres eigenen, handelspolitischen Instrumentariums. Sie dienen u.a. als Richtschnur für Maßnahmen, die die Festlegung von Zollsätzen, Schutzmaßnahmen oder Antidumpingverfahren betreffen. Nicht selten werden dabei außenwirtschafts- bzw. wirtschaftspolitische Maßnahmen, die seitens der Gemeinschaft oder

---
[383] Handbuch für Internationale Zusammenarbeit: Die Europäische Gemeinschaft und ASEAN, a.a.O., S. 8
[384] Deutsche Bundesbank (Hrsg.): Internationale Organisationen und Gremien im Bereich von Währung und Wirtschaft, Sonderdruck Nr. 3, 4. Aufl. Frankfurt 1992, S. 265 f
Kommission der EG (Hrsg.): Europa-Partner der Welt; in: der Reihe Europa in Bewegung, a.a.O., S. 20

durch einzelne ihrer Mitglieder ergriffen wurden, durch andere Vertragsparteien aufgrund der ihrer Meinung nach nicht gewährleisteten GATT-Konformität zum Gegenstand des in den GATT-Statuten implementierten Streitschlichtungsverfahrens. Die EG ihrerseits bringt ebenfalls Maßnahmen, deren GATT-Konformität ihrer Meinung nach fraglich ist, innerhalb des GATT zur Diskussion. Im GATT wurden 1992 beispielsweise die restriktive Importpolitik der EG für Bananen oder die Importrestriktion für "carrageenan" aus den Philippinen diskutiert.[385]

Die Gemeinschaft war allein aufgrund ihrer Stellung als weltgrößte Handelsmacht stets einer der Hauptakteure bei den verschiedenen GATT-Runden. In diesem Zusammenhang wurde während der verschiedenen Tagungen des GATT-Rates wiederholt an die Verantwortung der Gemeinschaft für die künftige Gestaltung eines liberalen Welthandelssystems appelliert, und auch daran dieses vor dem Hintergrund der zugegebenermaßen gravierenden innergemeinschaftlichen Umstrukturierungs-prozesse nicht aus den Augen zu verlieren.[386].

Wie im GATT, so nimmt die Gemeinschaft auch in der *Organisation für wirtschaftliche Zusammenarbeit und Entwicklung* (OECD) einen Sonderstatus ein. Sie ist zwar strenggenommen nicht Mitglied der Organisation, doch gibt die Kommission regelmäßig im Namen der Gemeinschaft Stellungnahmen zu Themen ab, die entweder von vornherein in ihre Zuständigkeit fallen, oder zu denen die Mitglieder zuvor einen gemeinsamen Standpunkt erarbeitet haben. Die OECD dient als Dikussionsforum für eine breite Palette makro- und mikroökonomischer Themen. An diesen Diskussionen nimmt die Kommission als vollberechtigter Partner teil.[387]

Bei den Vereinten Nationen und deren verschiedenen Spezialorganen und Sonderorganisationen besitzt die EG den Status eines Beobachters. Allerdings ist der Gemeinschaft 1991 nach mehrjährigen Verhandlungen mit der *Organisation der Vereinten Nationen für Ernährung und Landwirtschaft* (FAO) ein Sonderstatus als Vollmitglied zuerkannt worden. Auch in Zukunft werden aber in institutionellen und Haushaltsfragen nach wie vor die Mitgliedsländer, die neben der Gemeinschaft in der FAO vertreten sind, für sich sprechen, da die Zuständigkeit der Gemeinschaft auf die gemeinschaftlichen Politikbereiche, z.B. Forsten und Entwicklung, beschränkt ist. Die besondere Bedeutung der Aufnahme der EG in die FAO ist darin zu sehen, daß mit diesem Beitritt erstmals eine regionale Wirtschaftsintegration einer Unterorganisation der UN beigetreten ist. Da ein Großteil der UN-Arbeit selbst dann, wenn es sich um rein wirtschaftliche Angelegenheiten handelt, oftmals nicht

---
[385]GATT (Hrsg.): GATT, Activities 1991, Genf 1992, S. 75 ff
[386]GATT Hrsg.): GATT, Activities 1991, a.a.O., S. 116
[387]Kommission der EG (Hrsg.): Europa-Partner der Welt; in: der Reihe Europa in Bewegung, a.a.O., S. 20

in den ausschließlichen Zuständigkeitsbereich der Gemeinschaft fällt, ist die Delegation der EG bei der UN nach dem Dualismusprinzip besetzt.[388] Neben den Vertretern der Kommission sind in der Delegation Vertreter des jeweiligen Mitgliedsstaates vertreten, das jeweils turnusmäßig den Vorsitz im Ministerrat wahrnimmt.[389] Besondere Schwierigkeiten bringt der Beobachterstatus vor allem in den Bereichen mit sich, in denen die Gemeinschaft über ausschließliche Handelsbefugnis verfügt, da sie weder abstimmen noch Vorschläge unterbreiten oder ändern kann. Auch die Teilnahme der Gemeinschaft an den zahlreichen multilateralen Übereinkommen und Konventionen, die unter der Schirmherrschaft der UN ausgearbeitet werden, ist infolge der Überschneidungen in den Zuständigkeitsbereichen bzw. aufgrund des Beobachterstatus nicht unproblematisch. Diese Übereinkommen betreffen so unterschiedliche Gebiete wie den internationalen Rohstoffhandel, das Seerecht und die Umwelt. Trotz dieser Schwierigkeiten hat die Gemeinschaft bis heute über 50 derartige Abkommen als eigenständige Vertragspartei, teilweise neben den einzelnen Mitgliedsländern, unterzeichnet.[390] In diesem Zusammenhang zahlte beispielsweise 1991 die Kommission im Rahmen der Unterstützung der Gemeinschaft für den Gemeinsamen Rohstofffonds die Beiträge von Sao Tomé und Principe, Äquatorialguinea und Togo.[391]

5.5 Zur Genese des europäischen Binnenmarktes und dessen Implikationen für die künftigen Handelsbeziehungen der EG zu Entwicklungs- und Schwellenländern

Die Entstehung des europäischen Binnenmarktes und die damit verbundenen Dynamisierungs- und Veränderungsprozesse werden nicht nur innerhalb der einzelnen Volkswirtschaften des integrierten Marktes zu nachhaltigen und einschneidenden politisch-ökonomischen und sozialen Veränderungen führen, sondern auch die Struktur der ökonomischen und politischen Handelsbeziehungen der EG und ihrer einzelnen Mitgliedstaaten zu Drittländern entscheidend beeinflussen und verändern. Von diesen Auswirkungen werden neben den beiden anderen Ländern der Triade, USA und Japan, auch die Entwicklungs- und Schwellenländer in vielfältiger und nachhaltiger Weise betroffen werden. Ziel dieses Kapitels ist es, einen Überblick über die faktischen und potentiellen Auswirkungen des Binnenmarktes auf die

---

[388] Handbuch für Internationale Zusammenarbeit: XXV. Gesamtbericht über die Tätigkeiten der Europäischen Gemeinschaften 1991, a.a.O., S. 14

[389] Von Bedeutung ist in diesem Zusammenhang Artikel 116 des EWG - Vertrages, der bestimmt, daß für den Fall das der Verhandlungsgegenstand überhaupt keine Gebiete gemeinschaftlicher Politik berührt, die Mitgliedsländer bei allen Fragen, die für den Gemeinsamen Markt von Interesse sind, nur noch gemeinsam vorgehen. Der Rat beschließt dabei auf Vorschlag der Kommission über die Art und Weise des gemeinsamen Vorgehens. vgl. Handbuch des Europäischen Rechtes: Die EG und ihre Handelspartner, a.a.O., S. 40

[390] Kommission der EG (Hrsg.): Europa-Partner der Welt; in: der Reihe Europa in Bewegung, a.a.O., S. 21

[391] Handbuch für Internationale Zusammenarbeit: XXV. Gesamtbericht über die Tätigkeiten der Europäischen Gemeinschaften 1991, a.a.O., S. 15

politischen und ökonomischen Handelsbeziehungen der EG zu den Entwicklungs- und Schwellenländern zu geben.

5.5.1 Bausteine und Zielsetzungen des europäischen Binnenmarktes

Das Inkrafttreten der Einheitlichen Europäischen Akte am 1. Juli 1987 markiert einen Wendepunkt in der Verwirklichung des Europäischen Binnenmarktes. In dieser Akte verpflichten sich die Mitgliedsstaaten, ab dem 01.01.1993 einen einheitlichen Europäischen Binnenmarkt zu errichten. In § 8a des EWG-Vertrages wird der Binnenmarkt definiert als "ein Raum ohne Binnengrenzen, in dem der freie Verkehr von Waren, Personen, Dienstleistungen und Kapital gemäß den Bestimmungen dieses Vertrags gewährleistet ist".

Die übergeordneten ökonomischen Zielsetzungen und Motive für die Schaffung des Europäischen Marktes liegen in der Sicherung und Stärkung der technisch-ökonomischen Wettbewerbsfähigkeit der europäischen Unternehmen gegenüber den amerikanischen und japanischen Konkurrenten sowie den neuen Mitstreitern aus den asiatischen Nic´s. Darüberhinaus werden die Freisetzung und Sicherung von Wachstumspotentialen durch mehr Wettbewerb, Kostendegression, Entbürokratisierung und Deregulierung angestrebt. Die Verwirklichung des Binnenmarktes kann daher als europäische Antwort auf die globalen Herausforderungen in der Weltwirtschaft angesehen werden.

Entsprechend der in § 8 EWG-Vertrag enthaltenen Definitionen können der freie Warenverkehr, der gemeinsame freie Dienstleistungsmarkt und der freie Kapital- und Personenverkehr als konstituierende Merkmale oder als Bausteine des integrierten Europäischen Binnenmarktes betrachtet werden. Die faktische Realisierung dieser vier Freiheiten im integrierten europäischen Markt erfordert eine umfassende Beseitigung zum Teil noch bestehender materieller, technischer und steuerlicher Hemmnisse.[392]

Die Grundlagen zur vollständigen Realisierung des Ziels *freier Warenverkehr* umfassen: die Vergemeinschaftung noch bestehender Importquoten, die Vergemeinschaftung der Zollkontingente des APS, die Beseitigung der Grenzkontrollen, die Europäisierung des gewerblichen Rechtsschutzes (Produktnormen, Gesundheitsvorschriften, Verbraucherschutznormen etc.) und Urheberrechts, die Vergemeinschaftung des öffentlichen

---

[392]Kommission der EG (Hrsg.): Start in den Binnenmarkt 1991; in: der Reihe Europa in Bewegung, Brüssel, Luxemburg, S. 29 ff)

Beschaffungswesens sowie die Harmonisierung des Steuerwesens. Der *freie Personenverkehr* wird endgültig gewährleistet mit der Abschaffung der Grenzkontrollen bei gleichzeitiger Sicherstellung der Kriminalitätsbekämpfung und bei einer Vereinheitlichung der Einwanderungs- und Einreisepolitik gegenüber Bürgern aus Drittländern. Der *freie gemeinsame Markt von Dienstleistungen* nimmt für die Realisierung des Binnenmarktes einen mindestens ebenso hohen Stellenwert ein wie der freie Verkehr von Waren. Für den Dienstleistungsbereich wird mit einigen wenigen Ausnahmen, z.B. im See-, Luft-, Straßen- und Schienenverkehr, die Beseitigung aller Hemmnisse auf der Grundlage der gegenseitigen Anerkennung angestrebt. Eine der Grundvoraussetzungen für die Realisierung des Binnenmarktes ist der *freie Kapitalverkehr*, da hierdurch die geschäftlichen und privaten Finanztransaktionen verbilligt und vereinfacht werden. Die im Juli 1990 beschlossene vollständige Liberalisierung des Kapitalverkehrs wird als eine erste Stufe der Währungsunion angesehen.

5.5.2 Faktische und potentielle Auswirkungen des integrierten Marktes für die Handelsbeziehungen der EG zu Entwicklungs- und Schwellenländern

Zum gegenwärtigen Zeitpunkt ist es kaum möglich, eindeutige Aussagen über die Entwicklung der Handelsbeziehungen der EG zu den Entwicklungs- und Schwellenländern im Lichte des sich herausbildenden Binnenmarktes zu treffen. Aus Sicht dieser Länder wird die Entstehung des gemeinsamen Marktes sicherlich eine Reihe positiver wie negativer Auswirkungen mit sich bringen. Innerhalb der EG wird die Entwicklung der Handelsbeziehungen neben den Veränderungen der Markt- und Wettbewerbsbedingungen durch die neu zu formulierende und praktizierte Außenhandelspolitik der EG bestimmt werden. Der jüngste Beschluß der EG zur Neuregelung der Importpolitik für Bananen kann und muß daher als ein erstes -und zweifellos viele Befürchtungen über die neue "Festung Europa" bestätigendes- Beispiel für die Neustrukturierung der handelspolitischen Beziehungen zu den Entwicklungsländern im Lichte des integrierten Marktes gewertet werden.

In diesem Zusammenhang muß allerdings deutlich hervorgehoben werden, daß die künftige Struktur der Handelsbeziehungen nicht nur von Faktoren innerhalb der EG, sondern auch durch vielfältige Faktoren und Entwicklungen auf globaler Ebene und in den einzelnen Entwicklungsländern selber bestimmt werden wird. Diese müssen daher in die Analyse mit einbezogen werden. (s. Kap. 5.5.3.1) Aus diesem Grund entspricht es auch nicht den Tatsachen, von den Auswirkungen für die Entwicklungsländer zu sprechen. Dies würde von der irrigen Vorstellung ausgehen, daß durch den Gemeinsamen Markt für alle

Entwicklungsländer und Schwellenländer vergleichbare politische und ökonomische Auswirkungen auf die Außenwirtschaftsbeziehungen entstünden. Das Beispiel der Neuregelung der Bananenimporte und die daraus resultierenden nachteiligen Auswirkungen auf die mittel- und südamerikanischen bananenproduzierenden und -exportierenden Staaten verdeutlicht vielmehr, daß neben der Analyse der grundsätzlichen politisch-ökonomischen Auswirkungen eine nach Ländergruppen und Produktgruppen differenzierte Analyse vorgenommen werden muß.

5.5.2.1 Überblick über die Auswirkungen bzw. zu erwartenden Auswirkungen

Grundsätzlich *positive* Auswirkungen und Bedingungen des Binnenmarktprogramms können sich für die Exporte der Entwicklungsländer aus folgenden Entwicklungen ergeben:

1. Durch den erwarteten Wachstumsschub in der EG wird eine Erhöhung der Importnachfrage induziert mit entsprechenden handelsschaffenden Effekten für diese Länder.

2. Der Wegfall von Importhemmnissen und die Verringerung der Transaktionskosten erleichtern die Erschließung des europäischen Marktes.

3. Die Vergemeinschaftung des öffentlichen Beschaffungswesens kann sowohl zu einer Verbesserung der Leistungen an die Entwicklungsländer im Rahmen der Entwicklungszusammenarbeit als auch durch den erleichterten Zugang zum öffentlichen Beschaffungsmarkt zu neuen Exportchancen führen.

Negative Auswirkungen für die Handelsbeziehungen können von folgenden Faktoren und Entwicklungen ausgehen:

1. Die Dynamisierung des Wettbewerbs und die damit verbundene Erhöhung des Wettbewerbsniveaus können substituierende Effekte für Importe aus Drittländern zur Folge haben. Negativ dürften sich insbesondere die erhöhten Wettbewerbsanforderungen für die weniger exportleistungsfähigen Entwicklungsländer auswirken.

2. Ein weiterer Effekt mit möglicherweise negativen Auswirkungen für die Handelsbeziehungen kann in einer Konzentration der Direktinvestitionen der europäischen Unternehmen im Binnenmarkt zum Ausbau ihrer Wettbewerbsfähigkeit gesehen werden. Handelsfördernde Effekte durch Direktinvestitionen in Entwicklungsländern würden hierdurch eingeschränkt werden.

3. Eine handelseinschränkende oder -behindernde Handelspolitik der EG gegenüber den Entwicklungs- und Schwellenländern. Eine der entscheidenden handelspolitischen

Fragestellungen wird die grundsätzliche handelspolitische Ausrichtung und die handelspolitischen Konditionalitäten der EG zu den Drittländern betreffen. Die Vollendung des Europäischen Binnenmarktes wird den endgültigen Wegfall der in einigen Ländern bzw. Sektoren gültigen nationalen Importbeschränkungen erzwingen. Angesichts der Unterschiede in der Importpolitik von eher liberalen bzw. von eher protektionistischen EG-Ländern wird die Kernfrage lauten, ob die bestehenden nationalen Importbeschränkungen aufgehoben werden oder ob die Importquoten für die gesamte EG durch Vergemeinschaftung gültig werden. Wichtig für die Exportchancen wird darüberhinaus die Frage sein, ob und inwieweit mengenmäßige Importbeschränkungen im Rahmen der Reform des APS bestehen bleiben bzw. eingeführt werden. [393]

Untersuchungen, die sich mit der Evaluierung der Nettoeffekte beschäftigen, kommen aufgrund unterschiedlicher Annahmen über die relevanten Ausgangsgrößen, z.B. Höhe des angenommenen Wirtschaftswachstums, zu unterschiedlichen Ergebnissen. Eine Studie des deutschen Instituts für Wirtschaftsforschung, in der die Auswirkungen des Binnenmarktes auf die Industriegüterimporte untersucht werden, ergibt per saldo einen leicht negativen Handelseffekt. Den handelsschaffenden Effekten in Höhe von 11% stehen Handelsumlenkungseffekte in Höhe von 12% gegenüber. [394]

5.5.2.2 Produktspezifische und ländergruppenspezifische Auswirkungen

Neben diesen grundsätzlich zu erwartenden ambivalenten Auswirkungen des Binnenmarktes werden die Konsequenzen für viele Entwicklungs- und Schwellenländer primär durch die Marktentwicklungen und Handelspolitik in einigen wenigen Produktgruppen, insbesondere bei Agrar- und Textilprodukten spürbar werden. Im Agrarbereich werden sich neben den grundsätzlichen Auswirkungen der Agrarreform die gestiegenen Gesundheits- und Umweltanforderungen für Agrarprodukte und die Süderweiterung der EG bemerkbar machen. Weitere Auswirkungen können sich aus der langfristigen Angleichung der Verbrauchssteuern für Kaffee, Kakao und Tabak ergeben. Zur Zeit wird im Hinblick auf eine Neuregelung eher mit einem Rückgang der Importnachfrage dieser Güter gerechnet.

Im Bereich der Industriegüterexporte werden die Möglichkeiten, insbesondere für die leistungsstarken und anpassungsfähigen Schwellenländer günstig eingeschätzt. Weniger leistungsstarke und flexible Anbieter aus Entwicklungsländern werden hingegen dem

---

[393] J. Wiemann: Euroäische Handelspolitik gegenüber Entwicklungsländern im Zeichen der Uruguay-Runde und der Vollendung des europäischen Binnenmarktes, Berlin 1990, S. 25 ff
[394] U. Möbius: D. Schuhmacher, Chancen der Entwicklungsländer und der osteuropäischen Länder auf dem Binnenmarkt, Berlin 1991 S.12 ff)

Wettbewerbsdruck u.U. nicht standhalten können. Von großer Bedeutung ist die Höhe der im MFA für den Textil- und Bekleidungsbereich geltenden Importquoten. Diese werden individuell durch die EG und die einzelnen Lieferländer ausgehandelt.

Die zu erwartenden Auswirkungen für einzelne Entwicklungs- bzw. Schwellenländer werden in Abhängigkeit von der Struktur der Exportgüter, dem Diversifikationsgrad der Exportgüterindustrien, der Anpassungs- und Leistungsfähigkeit ihrer Exportunternehmen und der Attraktivität als Destinationsland für Direktinvestitionen sehr unterschiedlich ausfallen. Besonders ambivalent könnte sich der gemeinsame Binnenmarkt für die Schwellenländer entwickeln. Die Qualität ihrer Industriegüterexporte sowie die Qualität ihrer Vermarktungsstrategien haben zwischenzeitlich ein für den europäischen Markt konkurrenzfähiges Niveau erreicht. Es kann angenommen werden, daß diese Länder am ehesten in der Lage sein werden, protektionistische Maßnahmen zu umgehen und insgesamt vom Binnenmarkt zu profitieren, obwohl sich insbesondere die asiatischen Schwellenländer in zunehmendem Maße der Forderung nach Graduierung und Reziprozität für den Zugang zum Binnenmarkt ausgesetzt sehen. [395]

Pessimistisch müssen die Chancen für die am wenigsten entwickelten Entwicklungsländer eingeschätzt werden, da sich die Wettbewerbsfähigkeit ihrer Exportprodukte vor dem Hintergrund der steigenden Anforderungen i.d.R. weiter verschlechtern wird. Ohne eine koordinierte externe Förderung, z.B. im Rahmen der Entwicklungszusammenarbeit, Direktinvestitionen, uneingeschränkte Zollpräferenzen etc., ist davon auszugehen, daß die Exportindustrien dieser Länder das notwendige Wettbewerbsniveau nicht erreichen werden. Die Handelsbeziehungen dieser Länder zur EG werden primär durch die gemeinsame Agrarpolitik und die Entwicklung auf den Weltagrarmärkten beeinflußt werden. Insgesamt droht der Gruppe dieser Länder eine weitere Marginalisierung. [396]

Insgesamt negative Auswirkungen für den Handel mit der EG sind auch für die AKP-Länder zu befürchten. Ein Hauptgrund hierfür ist die wenig diversifizierte sektorale Exportstruktur, die sich nach wie vor zu über 60% aus agrarischen und mineralischen Rohstoffen zusammensetzt. Verschärfte Umwelt- und Gesundheitsanforderungen, die steigende Tendenz zur Substituierung von Rohstoffen, die volle Integration Spaniens und Portugals sowie

---

[395] R. Langhammer: Auswirkungen der EG-Binnenmarkt Integration auf den Außenhandel der Entwicklungsländer, in: Konsequenzen neuerer handelspolitischer Entwicklungen für die Entwicklungsländer, Schriften des Vereins für Sozialpolitik, Bd. 197, Berlin 1990, S.164
[396] St. Brüne, Januskopf Binnenmarkt: Die Europäischen Gemeinschaften, Lomé IV und die AKP-Staaten; in: Europa 1992, hrsg. von M. Kreile, Baden-Baden 1991, S. 114)

Unsicherheiten über die Auswirkungen der Agrarreform und der Uruguay- Runde sind Gründe für zu erwartende ungünstige Entwicklungen. Die Entwicklung von Industriegüterexporten wird aufgrund der geringen Wettbewerbsfähigkeit und der zunehmenden Konkurrenz aus Drittländern ebenfalls gering eingeschätzt.

5.5.2.3 Überblick über Akteure und Kräfte der Strukturierung und Konfiguration der künftigen Handelsbeziehungen

Wenngleich es zum gegenwärtigen Zeitpunkt schwierig ist, eindeutige und detaillierte Aussagen über die Strukturierung der künftigen Handelsbeziehungen der EG zu den Entwicklungs- und Schwellenländern -geschweige denn zu einzelnen Entwickungs- und Schwellenländern- abzugeben, ist es dennoch möglich und sinnvoll, ein Bezugssystem zu entwickeln, in dem die relevanten Akteure und Kräfte für die Strukturierung und Konfiguration der künftigen Handelsbeziehungen modellhaft aufgenommen und in ihren wechselseitigen Beziehungen dargestellt werden. Das nachfolgend abgebildete Modell erhebt allerdings nicht den Anspruch auf vollständige und exakte Erklärung und Fundierung, sondern dient vielmehr dazu, die Komplexität der Einflußfaktoren und deren wechselseitige Beeinflussung zumindest ansatzweise systematisch zu erfassen und zu erhellen.

Ausgangspunkt des Modells ist die Überlegung, daß die Strukturierung der Handelsbeziehungen von der Entwicklung politischer und ökonomischer Einflußfaktoren auf drei Ebenen determiniert wird. Es handelt sich hierbei um strukturierende Faktoren auf globaler Ebene, um die relevanten politisch-ökonomischen Einflußgrößen innerhalb der EG und um Faktoren, die innerhalb der einzelnen Entwicklungsländer die Außenwirtschaftsbeziehungen beeinflussen.

Innerhalb der Einflußfaktoren auf globaler Ebene kann unterschieden werden zwischen:

- den politisch ökonomischen Faktoren, die Einfluß auf die Handelspolitik und Handelsinteressen der EG sowie auf das Investitions- und Handelsverhalten der europäischen Unternehmen nehmen und damit direkt und indirekt auf die Außenwirtschaftsbeziehungen der EG zu den Entwicklungs- und Schwellenländern einwirken. Bedeutsam hierfür sind z.B. die weltwirtschaftliche Konjunkturentwicklung, die Entwicklung der Handelsbeziehungen zu den USA und Japan, die Folgewirkungen neuer regionaler Handelsböcke, z.B. NAFTA, die Markt-, Wettbewerbs- und Standortstrategien amerikanischer und japanischer Unternehmen und Regelungen innerhalb internationaler Handelsabkommen,

- den politisch-ökonomischen Faktoren, die die Außenwirtschaftsbeziehungen der USA und Japans zu den Entwicklungs- und Schwellenländern beeinflussen. Zu nennen sind hier z.B. die Handels- und Entwicklungspolitik und Interessen der beiden Länder gegenüber den Entwicklungs- und Schwellenländern sowie die Handels- und Investitionsstrategien der amerikanischen und japanischen Unternehmen,

- den politisch-ökonomischen Faktoren, die maßgeblichen Einfluß auf die Entwicklung der Wirtschaftsbeziehungen der Entwicklungs- und Schwellenländer untereinander ausüben. Relevant hiefür sind z.B. die Entwicklung der Außenhandelsbeziehungen zwischen diesen Ländern, der Wettbewerb um ausländische Direktinvestitionen, der Preiswettbewerb bei Exportgütern, das Zustandekommen von Handelsverträgen und die Entstehung regionaler Handelsallianzen.

Die wichtigsten Einflüsse für die künftige Entwicklung und Strukturierung der Außenwirtschaftsbeziehungen der EG zu den Entwicklungs- und Schwellenländern gehen sicherlich von einer Vielzahl interdependenter, politisch-ökonomischer Entwicklungen innerhalb der EG aus.

- Zu den relevanten politischen Einflußfaktoren zählen insbesondere die handelspolitischen Interessen und Strategien der einzelnen Mitgliedsstaaten, die grundsätzliche Ausrichtung und handelspolitische Orientierung der gemeinsamen Handelspolitik, die Verhandlungsmacht und Kompromißbereitschaft der eher protekionistisch bzw. der eher freihandelsorientierten Mitgliedsstaaten, die handelspolitischen Verpflichtungen im Rahmen multilateraler Vertragswerke, die traditionellen Beziehungen einzelner Mitgliedsstaaten zu einzelnen Entwicklungs- und Schwellenländern, die handelspolitischen Komponenten und Prioritäten der Entwicklungshilfe, die Umweltpolitik der EG und der Einfluß der Lobbyisten auf Entscheidungsprozesse.

- Die wichtigsten ökonomischen Einflußfaktoren umfassen die konjunkturelle und strukturelle Wirtschaftsentwicklung der EG und einzelner Mitgliedsstaaten, die Wirtschaftsentwicklung in einzelnen Wirtschaftssektoren, die regionalen Handels- und Investitionsprioritäten der europäischen Unternehmen, die Entwicklung des Osthandels, der Produktionskosten, der quantitativen und qualitativen Nachfrage und die Entwicklung des Wettbewerbsniveaus in einzelnen Branchen.

Durch diese politischen und ökonomischen Einflußfaktoren werden die Größen bestimmt, die die Außenwirtschaftsbeziehungen der EG zu den Entwicklungs- und Schwellenländern unmittelbar strukturieren. Hierbei handelt es sich um:

1. die offizielle, gesetzlich geregelte Marktzugangspolitik und die z.B. durch Selbstbeschränkungsabkommen praktizierte Marktzugangspolitik der EG, insbesondere gegenüber den Schwellenländern,

2. die Handelspolitik der EG bei sensiblen Produktgruppen,

3. die effektive Nachfrage (Volumen und Qualität) nach Importgütern,

4. die durch Markt- und Wettbewerbsbedingungen gestellten Anforderungen an die Qualität der Unternehmensstrategie insbesondere der Marketingstrategien,

5. die Handels- und Investitionsstrategien der europäischen Unternehmen.

Neben den bereits aufgezeigten globalen und EG-spezifischen Einflußfaktoren ist die strukturelle Entwicklung der Außenwirtschaftsbeziehungen der Entwicklungs- und Schwellenländer durch eine Reihe interdependenter politischer und ökonomischer Gegebenheiten und Entwicklungen innerhalb der einzelnen Länder abhängig.

- Einen wichtigen Stellenwert auf der politischen Ebene nehmen insbesondere die Industrialisierungs- und Währungspolitik, Vertragsverpflichtungen im Rahmen multilateraler Handelsabkommen, die Handelspolitik gegenüber der EG, die politische Stabilität, die traditionellen Handelsbeziehungen bzw. politischen Verflechtungen zu Staaten in der EG und die Investitionspolitik für ausländische Direktinvestitionen ein.

- Auf der ökonomischen Ebene zählen die Leistungs- und Anpassungsfähigkeit der inländischen Exportindustrien, die internationale Wettbewerbsfähigkeit der Exportgüter, die Bedeutung als Importeur, die Attraktivität der Inlandsmärkte und die Entwicklung der Produktionsbedingungen zu den wichtigsten Einflußfaktoren.

Durch die Entwicklungen auf diesen beiden Ebenen werden die Größen bestimmt, durch die die spezifischen Außenwirtschaftsbeziehungen des jeweiligen Landes zu der EG strukturiert werden. Hierzu zählen im wesentlichen:

1. die Marktzugangsmöglichkeiten für inländische Produkte auf dem EG-Markt,

2. die Handelspolitik gegenüber Importen aus der EG,

3. die Wettbewerbsfähigkeit der Exportgüter,

4. die Leistungs- und Anpassungsfähigkeit der inländischen Exportunternehmen und

5. die Attraktivität des Landes als Bestimmungsort von Direktinvestitionen europäischer Unternehmer.

216 Entwicklungsländerbezogene Handelspolitik im Rahmen der EG

Abb.17 : Einflußgrößen für Strukturierung der Handelsbeziehungen der EG zu den Entwicklungs- und Schwellenländern

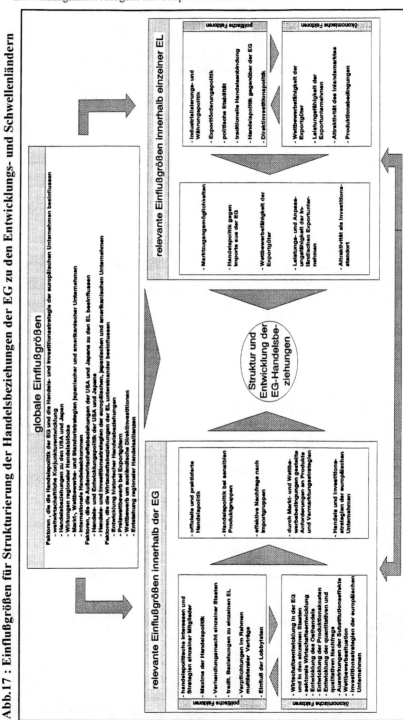

Quelle : eigene Darstellung

6 Entwicklungsländerbezogene Handelspolitik der Bundesrepublik Deutschland auf internationaler Ebene

6.1 Handelspolitik im Rahmen des GATT

Innnerhalb der Vielzahl internationaler Organisationen und Institutionen, in denen weltwirtschaftlich relevante Handels- und Entwicklungsfragen diskutiert und verbindliche Regeln für den Welthandel zwischen Industrieländern, aber auch für den Handel zwischen Industrieländern und Entwicklungsländern beschlossen werden, nimmt das GATT eine Sonderstellung ein. Diese resultiert aus der historisch gewachsenen Bedeutung des GATT als Diskussions-, Entscheidungs- und Streitschlichtungsforum für nahezu alle relevanten Fragen des Welthandelssystems. Als Zentrum einer immer wieder neu auszuhandelnden Welthandelsordnung kommt dem GATT die Aufgabe zu, einen gangbaren Mittelweg zwischen den teilweise konfligierenden Zielen eines möglichst offenen Welthandelssystems und den Handelsinteressen einzelner Länder, aber auch regionaler Handelsblöcke zu finden. Entsprechend der Bedeutung des GATT werden in den folgenden Kapiteln die Funktionsweise, die Organisation sowie die Ergebnisse und Probleme der GATT-Verhandlungen insbesondere der laufenden Uruguay-Runde ausführlicher dargestellt und diskutiert.

6.1.1 Zur Entstehung des GATT

Nach Beendigung des zweiten Weltkrieges bestand seitens der westlichen Siegermächte Einigkeit darüber, daß die Wiederbelebung des Welthandels auf Basis und im Schutz eines multilateral auszuhandelnden Vertragswerkes erfolgen sollte. Durch den Entwurf eines solchen verbindlichen Vertragswerks sollte ein freihandelsorientierter Ordnungsrahmen für die neu zu schaffende Welthandelsordnung geschaffen werden. Als institutioneller Träger für die Durchführung der angestrebten Liberalisierung war nach den Beschlüssen der Havanna-Charta des Jahres 1948 die zu gründende "International Trade Organisation" (ITO) vorgesehen. Aufgrund gravierender Meinungsverschiedenheiten und einer ablehnenden Haltung des amerikanischen Kongresses beschloß die US- Regierung jedoch im Jahre 1950, die Havanna-Charta dem Kongreß nicht zur Ratifizierung vorzulegen. Um nicht die Bemühungen um eine Neuordnung des Welthandels von der Verabschiedung und Ratifizierung eines einzelnen internationalen Vertragswerkes abhängig zu machen, wurden in Genf bereits 1947 Verhandlungen über Zollsenkungen und die Reduzierung sonstiger Handelshemmnisse aufgenommen. Als Ergebnis dieser Verhandlungen wurde das "Allgemeine Zoll-und

Handelsabkommen" (GATT) am 30. Oktober 1947 in Genf unterzeichnet und trat am 1. Januar 1948 für 23 Staaten vorläufig in Kraft. Es war ursprünglich als Zwischenlösung bis zur Errichtung der Internationalen Handelsorganisation gedacht.[397]

6.1.2 Ziele und Grundsätze des GATT

Die Ziele des GATT-Abkommens sind in der Präambel festgeschrieben. Danach sind die Handels- und Wirtschaftsbeziehungen zwischen den Mitgliedsstaaten auf folgende Ziele auszurichten :

- die Erhöhung des Lebensstandards
- die Verwirklichung der Vollbeschäftigung
- ein hohes und ständig steigendes Niveau des Realeinkommens und der wirksamen Nachfrage
- die volle Erschließung der Hilfsquellen der Welt
- die Steigerung der Produktion und des Austausches von Waren.[398]

Die aufgeführten Ziele sind dabei unter Berücksichtigung der nachfolgend dargestellten Grundsätze zu realisieren:[399]

1. Der Grundsatz der Meistbegünstigung
Hiernach hat jede Vertragspartei allen anderen Unterzeichnern des Abkommens den günstigsten Zollsatz einzuräumen, die sie einem einzelnen Land bei der Ein- und Ausfuhr von Waren gewährt (Prinzip der Meistbegünstigung). Die Meistbegünstigung gilt auch im Hinblick auf alle übrigen bei der Ein- oder Ausfuhr erhobenen Abgaben und Gebühren, sowie die dabei abzuwickelnden Formalitäten. Sofern eine Vertragspartei mengenmäßige Beschränkungen bei der Ein- und Ausfuhr erläßt, muß dies grundsätzlich ohne Diskriminierung der anderen Vertragsparteien geschehen, d.h. ausländische Waren sind untereinander gleichgestellt zu behandeln. Die durchgängige und verbindliche Gültigkeit des Grundsatzes der Meistbegünstigung wird allerdings durch die zahlreichen Ausnahmen eingeschränkt, die sich die Vertragsparteien aus wirtschafts-, staats- und sozialpolitischen Erwägungen gegenseitig zugestanden haben. Es handelt sich dabei im wesentlichen um drei Gruppen von Ausnahmebestimmungen. Neben den sogenannten "historischen" Präferenzabkommen gilt der Grundsatz der Meistbegünstigung unter bestimmten Voraussetzungen nicht für Präferenzen im

---

[397] Günter Heiduk: Die weltwirtschaftlichen Ordnungsprinzipien von GATT und UNCTAD, in Internationale Kooperation, hrsg. von H.A. Havemann, Baden - Baden 1973, S.78
Knut Ipsen, Ulrich R. Haltern: Reform des Welthandelssystems?, in: Bochumer Schriften zur Entwicklungs- forschung und Entwicklungspolitik Bd.28, Frankfurt, Bern, New York, Paris 1991, S. 7ff
[398] Handbuch für internationale Zusammenarbeit: 239. Lieferung Mai 1987, Baden - Baden 1987, S1
[399] Richard Senti: GATT, System der Welthandelsordnung, Zürich 1986, S. 100 ff

Rahmen von Zollunionen und Freihandelszonen. Ebenso sind innerhalb des 1966 ergänzend in die GATT-Statuten eingeführten Teils IV über "Handel und Entwicklung" gewisse Ausnahmeregelungen verankert. Hier wird der besonderen Situation der EL insofern Rechnung getragen, als es den IL gestattet ist, vom Grundsatz der Meistbegünstigung abzuweichen und den EL allgemeine, nicht diskriminierende und nicht auf Gegenseitigkeit beruhende Zollpräferenzen zu gewähren.

2. Der Grundsatz der Inländerbehandlung

Dieser Grundsatz besagt, daß Importgüter mit gleichartigen Erzeugnissen aus inländischer Produktion in Bezug auf interne Abgaben, sonstige Belastungen und Rechtsvorschriften gleichzustellen sind. Derartige Vorschriften dürfen nicht angewendet werden, um inländische Produkte gegenüber ausländischen Produkten unter einen allgemeinen wettbewerbsverzerrenden Schutz zu stellen.

3. Der Grundsatz der Marktöffnung

Hiernach sind mengenmäßige Beschränkungen, Dumping und (Export-) Subventionen, die die Interessen anderer Unterzeichnerstaaten beeinträchtigen, zu unterlassen. Das GATT verlangt lediglich bei den nichttarifären Handelshemmnissen von ihren Vertragsparteien eine vollständige Beseitigung. Bei den tarifären Handelshemmnissen wird dagegen nur ein Abbau dieser Hemmnisse verlangt.

Der Artikel XX der GATT-Vereinbarungen sieht verschiedene allgemeine Ausnahmefälle vor, bei deren Auftreten es zulässig ist, einzelne vertragliche Bestimmungen befristet auszusetzen. Dies ist beispielsweise möglich in Phasen des wirtschaftlichen Wiederaufbaus, bei kurzfristig existenzgefährdender Bedrohung inländischer Branchen durch ausländische Konkurrenten, zum Schutz der nationalen Agrarpolitik oder bei schwerwiegenden Zahlungsbilanzproblemen. Diese Möglichkeiten zur Aufhebung liberaler Handelsvorschriften im Falle wirtschaftlicher Notlagen, haben nicht zuletzt die Funktion, die Schwellenangst beim Abbau von Handelshemmnissen möglichst niedrig zu halten. Protektionistische Maßnahmen sind folglich nicht kategorisch verboten, sondern ihre Anwendung soll kanalisiert und unter multilateraler Kontrolle erfolgen.[400]

---

[400] Handbuch für Internationale Zusammenarbeit: 239. Lieferung, Mai 1987, Baden - Baden 1987, S.5
Günter Heiduk: Die weltwirtschaftlichen Ordnungsprinzipien von GATT und UNCTAD, a.a.O., S.87 ff
Sigfried Schultz: Die laufende Uruguay - Runde des GATT und ihre Bedeutung für die Entwicklungsländer, in: Aus Politik und Zeitgeschichte, B30 - 31, Juli 1990, S.12

6.1.3 Organisation und Arbeitsweise des GATT

Das GATT ist auch heute noch de jure lediglich ein multilaterales Handelsabkommen ohne abschließende und verbindliche Regelung zum institutionellen Aufbau bzw. zur institutionellen Verankerung. De facto hat sich jedoch aus dem Vertrag eine selbständige Institution analog zu anderen internationalen Organisation entwickelt, die von den Staaten auch als solche anerkannt wird. Zur Erfüllung seiner Aufgaben hat sich das GATT im Laufe der Zeit mit einem entsprechenden Verwaltungsapparat ausgestattet, ständige Organe gebildet und spezielle Verhandlungsmodalitäten entwickelt. Eine gewisse Institutionalisierung ist bereits in Artikel XXV der GATT-Statuten festgelegt, in dem das gemeinsame Vorgehen der Vertragsparteien verankert wurde. Das GATT verfügt heute über insgesamt fünf Organe, deren Hauptaufgaben die Verwirklichung der im Vertrag niedergelegten Ziele inklusive der Konfliktschlichtung sowie die Überwachung und Analyse des Welthandels sind. Dabei ist zu differenzieren zwischen den laufend anfallenden Tätigkeiten, z.B. von Streitschlichtungsverfahren, und der Organisation und Durchführung der alle paar Jahre stattfindenden multilateralen Handelsrunden.[401]

Die Vollversammlung der Vertragsparteien stellt das oberste Entscheidungsorgan des GATT dar und tagt einmal jährlich. Zwischen den Vollversammlungen erfolgt in etwa monatlichen Abständen eine Tagung des Ständigen Rates (Council of Representatives), dessen Mitgliedschaft allen Vertragsparteien offen steht. Die anfallenden Entscheidungen werden durch Ausschüsse, Arbeitsgruppen und sogenannte Panels vorbereitet. Ausschüsse und Arbeitsgruppen setzen sich jeweils aus Regierungsvertretern der Vertragsparteien zusammen. Sie unterscheiden sich hinsichtlich zeitlicher Begrenzung und Aufgabenstellung. Die Ausschüsse sind in zeitlicher Hinsicht unbegrenzt. Ihre Aufgabe liegt insbesondere in der Überwachung und Weiterentwicklung einzelner Teilbereiche des GATT. Hingegen ist die Tätigkeit der Arbeitsgruppen zeitlich limitiert, und ihre Aufgabe erstreckt sich auf die Lösung spezieller Handelsprobleme. Die Panels werden von unabhängigen Experten besetzt und befassen sich mit der Lösung von Einzelproblemen. Die laufenden Geschäfte werden vom GATT-Sekretariat in Genf geführt, das unter der Leitung eines Generaldirektors, z.Z. des Schweizers Arthur Dunkel, steht.

Derzeit haben sich 104 Staaten dem GATT als Vertragsparteien angeschlossen, weitere 29 Staaten wenden die GATT-Regeln de facto an (s. Tab.31).

---

[401] Richard Senti: GATT System der Welthandelsordnung, a.a.O., S. 44 ff

Jede Vertragspartei verfügt unabhängig von ihrer Wirtschaftsmacht und dem Zeitpunkt der Vertragsunterzeichnung nur über eine Stimme. Einzelne Entscheidungen verlangen Einstimmigkeit, andere eine Zweidrittelmehrheit und wiederum andere die einfache Mehrheit der anwesenden Delegierten. Einstimmigkeit sieht das Abkommen für Änderungen des ersten Teils des GATT, d.h. der Meistbegünstigung und Zollisten vor. Andere Änderungen im Abkommen treten für die sie annehmenden Vertragsparteien in Kraft, sobald sie von zwei Drittel der Parteien angenommen sind. Für alle anderen Entscheidungen ist die einfache Mehrheit vorgesehen, wobei diese Entscheidungen nur für die zustimmenden Vertragsparteien verbindlich sind.[402] Im GATT wird jedoch in der Regel auf Abstimmungen verzichtet und bis zum allgemeinen Konsens der Vertragsparteien verhandelt.

Den Vertragsparteien sind durch das GATT eine Reihe von Kompetenzen eingeräumt worden. So haben sie das Recht, Auskünfte und Konsultationen zu verlangen, z.B. bei der Überprüfung einzelstaatlicher Handelsgesetze und -vorschriften. Ferner haben sie das Recht, Ausnahmen und damit zusammenhängende Sachfragen hinsichtlich ihrer GATT-Verträglichkeit zu überprüfen und zu genehmigen, z.B. bei der Einführung von Gegenmaßnahmen gegen Dumping und Subventionen oder bei der Beurteilung von Rohstoffabkommen. Darüberhinaus erstrecken sich die Kompetenzen auf die Zusammenarbeit mit anderen internationalen Institutionen wie den IWF und die UNCTAD. Aus diesen Kompetenzen und Rechten, deren Ausübung insbesondere durch die Verpflichtungen der Vertragsparteien zu gegenseitiger Berichterstattung und Notifizierung sichergestellt ist, setzt sich das breite Betätigungsfeld der Vertragsparteien innerhalb des GATT zusammen. Es ist damit wesentlich umfangreicher als es die gegenwärtig laufende Uruguay-Runde erscheinen läßt. Das GATT stellt dabei für alle Aktivitäten nur den Rahmen dar, in dem die Vertreter der einzelnen Vertragsparteien aktiv werden können, angefangen von einem allgemeinen Meinungsaustausch bis hin zum Abschluß bilateraler Handelsverträge. Besondere Bedeutung für die Lösung von handelspolitischen Konfliktsituationen hat die Konsultationspflicht erlangt. Danach muß bei Meinungsverschiedenheiten die eine Vertragspartei der anderen das Recht auf Konsultationen auf bilateraler Ebene einräumen. Führen diese Konsultationen zu keinem positiven Ergebnis, so kann sich die betroffene Vertragspartei an das GATT wenden. Dort werden dann die Konsultationen auf multilateraler Ebene im Rahmen des Streitschlichtungsverfahrens des GATT fortgesetzt. Sollte auch hierbei keine Einigung erzielt werden, so besteht die Möglichkeit, daß eine Vertragspartei oder mehrere Vertragsparteien Vergeltungsmaßnahmen, sog. Retorsionen, anwenden. Eine derartige Retorsion kann in der Rücknahme von Zollvergünstigungen, Nichtgewährung der Meistbegünstigung, sowie der gezielten Einführung von Einfuhrbeschränkungen bestehen.

---

[402] Deutsche Bundesbank: Internationale Organisationen und Gremien im Bereich von Währung und Wirtschaft, a.a.O.,S.122 ff

Tab. 31 : Vertragsparteien des Allgemeinen Zoll - und Handelsabkommens GATT (Stand Juli 1992)

Antigua/Barbuda	Elfenbeinküste	Japan	Mosambik	Spanien
Argentinien	El Salvador	Jugoslawien	Niederlande	Sri Lanka
Australien	Finnland	Kamerun	Neuseeland	Surinam
Ägypten	Frankreich	Kanada	Nicaragua	Schweden
Bangladesh	Gabun	Kenia	Niger	Schweiz
Barbados	Ghana	Kolumbien	Nigeria	Tansania
Belgien	Gambia	Kongo	Norwegen	Thailand
Belize	Griechenland	Korea Rep.	Österreich	Togo
Benin	Großbritannien	Kuba	Pakistan	Trinidad/Tobago
Bolivien	Guatemala	Kuwait	Peru	Tschad
Botswana	Guyana	Lesotho	Philippinen	Tunesien
Brasilien	Haiti	Luxemburg	Polen	Türkei
BR Deutschland	Hongkong	Macao	Portugal	Uganda
Burkina Faso	Island	Madagaskar	Rumänien	Ungarn
Burundi	Indien	Malawi	Ruanda	Union of Myanmar
Chile	Indonesien	Malaysia	Sambia	USA
Costa Rica	Irland	Malediven	Senegal	Uruguay
CSSR	Island	Malta	Sierra Leone	Venezuela
Zypern	Israel	Marokko	Simbabwe	Zaire
Dänemark	Italien	Mauritius	Singapur	Zentral Afri. Rep.
Dominikanische Rep.	Jamaika	Mexiko	Südafrika	

Quelle: GATT (Hrsg.): International Trade 90 - 91, Genf 1992 S. 151

Tab. 32 : Länder, die die GATT-Regeln de facto anwenden (Stand Juli 1992)

Algerien	Fidschi	Mali	Salomon Inseln
Angola	Grenada	Namibia	Sao Tomé/Prinzipe
Äquatorialguinea	Guinea-Bissau	Papua Neuguinea	Seychellen
Bahamas	Jemen D.R.	Quatar	Swasiland
Brunei	Kambodscha	St.Christoph/Nevis	Tonga
Bahrain	Kap Verde	St. Lucia	Tuvalu
Dominikanische Republik	Kiribati	St.Vincent/Grenadinen	Ver.Arab.Emirate

Quelle: GATT (Hrsg.): International Trade 90 - 91, Genf 1992 S.152

Retorsionen sind das einzige zur Verfügung stehende formelle Druckmittel zur Durchsetzung von GATT-Beschlüssen und GATT-Regeln gegen sich nicht konform verhaltende Mitglieder. Dem GATT fehlt eine weiterreichende exekutive Gewalt, es lebt folglich vom Konsens der Vertragsparteien. [403]

---

[403] Richard Senti: GATT System der Welthandelsordnung, a.a.O., S. 44 ff

6.1.4 Ergebnisse, Bedeutung und Konfliktfelder der GATT-Verhandlungen unter besonderer Berücksichtigung der laufenden Uruguay-Runde

Die schrittweise Liberalisierung des Welthandels vollzog sich in einer Reihe von bis heute acht multilateralen Verhandlungsrunden. Die wichtigsten Ergebnisse der sieben abgeschlossenen Verhandlungsrunden sind in der nachfolgenden Abbildung zusammengefaßt. (s. Tab.33) Ein Blick auf die kontinuierlich zunehmende Dauer der einzelnen Verhandlungsrunden verdeutlicht bereits die wachsenden Schwierigkeiten der Teilnehmer, innerhalb der GATT-Runden konsensfähige verbindliche Beschlüssen auszuhandeln.

6.1.4.1 Die Erklärung von Punta del Este

Im Vorfeld der derzeit laufenden achten Runde multilateraler Handelsverhandlungen des GATT haben teilweise sehr kontrovers geführte Diskussionen stattgefunden. Die Mehrzahl der EL stand der Eröffnung einer weiteren Verhandlungsrunde äußerst skeptisch gegenüber. Sie vertraten die Auffassung, daß vor der Eröffnung einer neuen Verhandlungsrunde zunächst die Verpflichtungen aus der Tokio-Runde eingelöst werden müßten. Hierzu zählten sie vor allem die Bereitschaft der IL, in den Sektoren, in denen die EL über komparative Kostenvorteile verfügen, etwa bei Textilien und Stahl, eine Handelsliberalisierung durchzuführen. Auch verzögerten unterschiedliche Standpunkte der einzelnen IL, insbesondere in der Agrarpolitik die Aufnahme der Verhandlungen. Letztlich setzte sich jedoch das Interesse an der Aufrechterhaltung und Sicherung einer möglichst freien Welthandelsordnung durch, und im September 1986 wurde mit der Ministererklärung von Punta de Este, Uruguay, die achte Verhandlungsrunde des GATT eröffnet.

Eine neue Verhandlungsrunde war nach Meinung der Vertragsparteien notwendig geworden, da das vom GATT geförderte liberale Welthandelssystem unter zunehmenden protektionistischen Druck geraten war. Bereits Anfang der achtziger Jahre wurde deutlich, daß durch den drastischen Anstieg diskriminierender nichttarifärer Handelshemmnisse die Erfolge des GATT im Bereich der Zolliberalisierung in zunehmendem Maße gefährdet waren. Ferner zeichnete sich ein wachsender Trend Richtung Regionalisierung und Bilateralismus zu Lasten des Multilateralismus ab. Das GATT erwies sich als zu schwach, um derartigen Entwicklungen erfolgreich entgegenwirken zu könne. Dies hatte zur Folge, daß eine Vielzahl von Staaten ungestraft bestehende GATT-Regeln umgehen konnten. Zudem waren bei der Gründung des GATT einige Themen nicht berücksichtigt worden, die immer dringender einer Regelung bedurften. Hierzu zählen vor allem ein verbesserter Schutz geistigen Eigentums und die Erfassung des Dienstleistungssektors durch das GATT.

Die Ministererklärung von Punta del Este geht in ihrer Zielsetzung deutlich über die traditionellen Bereiche früherer Verhandlungsrunden hinaus. Neben der wirksamen Eingrenzung und Zurückdrängung der protektionistischen Gefahren und einer weiteren Liberalisierung des Handels wird angestrebt, neue sowie bisher weitgehend vernachlässigte bzw. durch Sonderregelungen abgedeckte Bereiche, wie etwa den Agrar-, Textil- und Bekleidungssektor in das GATT mit einzubeziehen. Hierbei stellt insbesondere die Berücksichtigung des Dienstleistungshandels in den Verhandlungen ein neues wichtiges Betätigungsfeld dar. Neu berücksichtigt werden sollen auch Fragestellungen, die sich auf die Zusammenhänge von Handels-, Finanz-, und Währungspolitik beziehen. Als ein weiteres wesentliches Ziel wird die Stärkung des GATT als Institution angesrebt. Zu diesem Komplex gehört u.a. die Reformierung der GATT-Regeln für Schutzmaßnahmen bei Marktstörungen und die Verbesserung des Streitschlichtungsverfahrens. Die Uruguay-Runde kann in Hinblick auf diesen umfassenden Zielkatalog zweifellos als die bisher ehrgeizigste und anspruchsvollste Verhandlungsrunde angesehen werden.

Der zeitliche Rahmen wurde zunächst auf vier Jahre festgelegt. Für die Dauer der Verhandlungen verpflichteten sich die Vertragsparteien, keine neuen mit dem GATT nicht vereinbare protektionistische Maßnahmen einzuführen (Standstill) und den Abbau (Rollback) derartiger handelsbeschränkender Maßnahmen zu forcieren.[404]

6.1.4.2 Verhandlungspositionen in der Uruguay - Runde

Die entscheidenden Impulse für die Aufnahme der achten GATT-Runde sind ohne Zweifel von den USA ausgegangen. Als eines der wichtigsten Anliegen strebten die USA von Anfang an eine Neuordnung des Weltagrarmarktes durch eine Liberalisierung und stärkere Integration des Agrarhandels in das GATT an. Sie vertraten dabei grundsätzlich andere Interessenspositionen als die EG. Im Laufe der Verhandlungen wurden die bestehenden Unterschiede überdeutlich und führten zu einer stetigen Verhärtung in den Verhandlungspositionen.

---

[404]Handbuch für Internationale Zusammenarbeit: 238. Lieferung, Baden - Baden 1987, S.1ff
N. Kirmani: Die Uruguay - Runde, Wiederbelebung des Welthandelssystems in: Finanzierung und Entwicklung, Vol.26, Hamburg 1989, S.6ff

Tab. 33 : Die Verhandlungsrunden des GATT und ihre Ergebnisse

1947: Mit der Unterzeichnung des GATT-Abkommens in Genf werden gleichzeitig die Ergebnisse der ersten Verhandlungsunde über die erzielten Zollsenkungen festgeschrieben.	1960/62: Die fünfte Verhandlungsrunde (Dillon-Runde) findet in zwei Phasen statt; die erste befaßt sich mit dem einheitlichen Vorgehen der EG-Länder in bezug auf Konzessionen; die zweite ist allgemeiner Natur und umfaßt rund 4400 Zollsenkungen mit einem Handelsvolumen von knapp 5 Mrd. US-$
1949: Zweite Verhandlungsrunde in Annecy/Frankreich. Die Teilnehmer einigen sich über die Senkung von rund 5000 Zolltarifpositionen	1964/67: Sechste Verhandlungsrunde (Kennedy - Runde) Erstmals werden die Zölle für Industrieerzeugnisse linear um 30% gesenkt. Die Reduzierung erstreckt sich auf einen Warenwert von 40 Mrd. US-$. Gründung des "International Trade Centers" und Aufnahme des Artikel IV in die GATT-Statuten, der den EL einen Sonderstatus einräumt und den IL gestattet, vom Prinzip der Meistbegünstigung abzuweichen.
1950/51: Dritte Verhandlungsrunde in Torquay/England; weitere 8700 Zollpositionen werden gesenkt mit dem Ergebnis einer Reduzierung des Zollniveaus um 25 % gegenüber 1948.	1973/79: Siebte Verhandlungsrunde (Tokio-Runde), die dazu führt, daß sich 99 Länder darauf verständigen im Rahmen eines umfassenden Maßnahmenpaketes Handelshemmnisse im tarifären und nichttarifären Bereich abzubauen. Der Zolltarifsatz für Fertigwarenerzeugnisse der wichtigsten IL wurde von 7% auf 4,7% gesenkt. Überdies werden verschiedene Kodizes verabschiedet, denen die Länder individuell beitreten können.
1955/56: Vierte Verhandlungsrunde in Genf mit Zollsenkungen im Gesamtwert von 2,5 Mrd. US$.	1986 bis Dez.1993: Achte Verhandlungsrunde (Uruguay-Runde).

Quelle: Siegfried Schultz: Die laufende Uruguay-Runde, a.a.O., S13
Handbuch für internationale Zusammenarbeit; 168. Lieferung Juli 1980, Baden-Baden 1980, S. 3 ff

Als weltweit führender Dienstleistungsexporteur waren die USA ferner der Initiator für die Aufnahme des Dienstleistungssektors in das Verhandlungspaket. Hierbei stand der Abbau der überaus undurchsichtigen protektionistischen Maßnahmen im Dienstleistungshandel im Mittelpunkt. In diesem Punkt stimmten die Ziele der USA mit denen der EG und Japans weitestgehend überein. Auch hinsichtlich der Aufnahme des Schutzes von geistigem Eigentum und den außenhandelsbezogenen Investitionen übernahmen die USA eine Vorreiterfunktion und strebten eine weitgehende Liberalisierung in diesen Bereichen an.

Die EG sah zwar ebenfalls die Notwendigkeit für die Eröffnung einer neuen GATT-Runde, wobei allerdings die Dringlichkeit für eine schnelle Verhandlungsaufnahme von den Mitgliedern unterschiedlich eingeschätzt wurde. Während der gesamten Verhandlungsdauer war die EG durch die Realisierung des EG-Binnenmarktes in Anspruch genommen und nur bedingt bereit, selbständig Initiativen zur Neuordnung des Welthandelssystems zu entwickeln. Diese Passivität ist verwunderlich, da die EG entsprechend ihres "Denk- und Wirtschaftspotentials" eine aktivere Rolle übernehmen könnte. Prägend für den gesamten Verhandlungsverlauf war der sich bereits bei der Eröffnung der Verhandlungen abzeichnende Agrarkonflikt mit den USA. Auch in Hinblick auf den Ablauf und das Tempo der Verhandlungen vertraten die USA und die EG unterschiedliche Auffassungen. Einige Staaten, unter ihnen auch die USA, waren dafür, in ausgewählten Bereichen frühzeitig Abkommen abzuschließen, um die Verhandlungen in Schwung zu halten und positive Signale zu setzen. Andere Staaten, wie auch die EG, bezweifelten die Erreichbarkeit von Einzelabkommen und strebten daher den Abschluß eines Gesamtpaketes an.[405]

Hinsichtlich anderer zentraler Punkte, wie der angestrebten Liberalisierung des Dienstleistungssektors oder dem Schutz geistigen Eigentums, liegen die EG und die USA eher auf einer Linie. Kontroversen entstehen hier primär durch gegensätzliche Auffassungen einiger Schwellen- und Entwicklungsländer.Japan hat zwar den Ruf nach einer neuen GATT-Runde unterstützt, scheint aber schnellen Veränderungen eher zurückhaltend gegenüberzustehen, da die permanenten japanischen Leistungsbilanzüberschüsse einen nicht unwesentlichen Faktor der anhaltenden Verzerrungen im Welthandelssystem darstellen.[406]

Der enge Zusammenhang zwischen Agrar- und Handelsfragen ist auch prägend für die Verhandlungsposition der sogenannten "Cairns-Gruppe". Bei der "Cairns-Gruppe" handelt es sich um den Zusammenschluß einiger wichtiger Agrarexportstaaten,[407] sowohl aus IL als auch aus EL. Gemeinsam ist diesen Ländern die hohe Abhängigkeit ihrer Volkswirtschaften von Agrarexporten und die Behinderung ihrer Agrarexporte durch den Agrarprotektionismus der

---

[405]N.Kirmani: Die Uruguay - Runde, Wiederbelebung des Welthandelssystems, a.a.O., S.6
[406]Sigfried Schultz: Die laufende Uruguay - Runde des GATT und ihre Bedeutung für die Entwicklungsländer, a.a.O., S.22
[407]Mitglieder der Cairns - Gruppe sind :Argentinien, Australien, Brasilien, Chile, Fidji, Kanada, Kolumbien, Malaysia, Neuseeland, Indonesien, Philippinen, Thailand, Uruguay, Ungarn

USA und der EG.[408] Die vergleichsweise isolierte Behandlung agrarpolitischer Probleme, die in den früheren GATT-Verhandlungen durchaus üblich war, ist nicht zuletzt aufgrund des Widerstandes dieser Staaten nicht mehr möglich. Eine zwischenzeitlich von amerikanischer und europäischer Seite andiskutierte Möglichkeit, die festgefahrenen Agrarverhandlungen aus den Hauptverhandlungen auszugrenzen, scheiterte an dem entschiedenen Einspruch Australiens als Wortführer der "Cairns-Gruppe".[409]

Die Bundesrepublik Deutschland setzte sich in der Vorbereitungsphase mit Nachdruck innerhalb der EG und bei ihren wichtigsten Handelspartnern für den baldigen Beginn einer multilateralen Verhandlungsrunde ein. Sie vertrat die Auffassung, daß diese dringend erforderlich sei, um den weltweit um sich greifenden Protektionismus einzudämmen und zu einem Abbau der in den Jahren zuvor aufgebauten Handelshemmnisse zu gelangen. Trotz bestehender Schwächen bietet nach Auffassung der Bundesregierung das multilaterale Welthandelssystem GATT für die Entwicklungsländer angesichts der bestehenden asymmetrischen Macht- und Einflußverhältnisse die beste Möglichkeit, ihre Interessen gegen stärkere Partner zur Geltung zu bringen.

Nach Auffassung der Bundesregierung bestand ein Neuordnungsbedarf insbesondere in den folgenden Punkten :

- bei der Reformierung der GATT-Schutzklausel, wobei die Zulassung einseitig selektiver Maßnahmen, die sich insbesondere zu Ungunsten der EL auswirken würden, abgelehnt werden,

- bei den GATT-Regeln für die Streitschlichtung ist dringend mehr Effizienz und ein schnellerer Verfahrensablauf erforderlich,

- die Subventionsregeln des GATT sollten im Sinne einer verschärften Disziplin gegenüber subventionsbedingten Preisverzerrungen weiterentwickelt werden. Subventionen sollten, wenn überhaupt, lediglich befristet und nur so eingesetzt werden, daß sie die Bereitschaft zur Strukturanpassung im Wettbewerb fördern und nicht zu einer Strukturkonservierung führen,

- im Landwirtschaftsbereich steht die Entschärfung des handelspolitischen Konfliktpotentials angesichts wachsender Überschüsse im Vordergrund. Hierzu ist eine Präzisierung der GATT - Regeln über die Gewährung von Ausfuhrsubventionen gleichfalls im Sinne einer verschärften Disziplinierung notwendig,

- Fortentwicklung der GATT-Regeln zur Eingrenzung technischer Handelshemmnisse,

---

[408] Andrew Fenton Cooper: Exporters versus Importers LDC`s, Agricultural Trade and the Uruguay Round, in: Intereconomics Jan. / Feb. 1990, Hamburg 1990, S.13

[409] Cristoph Rabe: GATT / Die europäische Agrarpolitik erzeugt in Australien hohe Einnahmeausfälle, a.a.O., S.8

insbesondere des GATT-Normenkodex, um die derzeit oftmals vorgeschriebenen aufwendigen Mehrfachtests einzuschränken,

- Erweiterung des GATT-Kodex über öffentliche Aufträge,

- die Schaffung neuer Regeln für den Dienstleistungshandel und für den Handel mit gefälschten Waren.[410]

In Fragen des Dienstleistungshandels werden gewisse Unterschiede zu der Verhandlungsposition der USA eingeräumt. Diese beziehen sich u.a. auf die Frage, ob und in welchem Umfang eine Einbeziehung der politisch besonders sensiblen Fragen der Niederlassungspolitik und der Auslandsinvestitionen in multilaterale Verhandlungen wünschenswert ist.

Zwischenzeitlich hat sich an der grundsätzlichen Einstellung zu den Verhandlungen nichts geändert. Die Bundesregierung betont immer wieder mit Nachdruck die Erforderlichkeit eines erfolgreichen Abschlusses der Uruguay- Runde. In dem Jahreswirtschaftsbericht 1992 wird hierzu vermerkt: "Keine Frage hat weitreichendere Implikationen für die Zukunftsaussichten der Weltwirtschaft als der erfolgreiche Abschluß der Uruguay-Runde".[411] Bereits im Vorfeld des Münchener- Weltwirtschaftsgipfels versuchte die Bundesregierung innerhalb der EG vor allem Frankreich zu weitergehenden Kompromissen in Fragen der Agrarexportsubventionen insbesondere bei Getreide zu bewegen, um eine Lösung des Agrarkonfliktes mit den USA zu erzielen.[412]

Obwohl nach Art. 113 des EWG-Vertrages die EG-Kommission als offizieller Verhandlungsführer der EG-Staaten fungiert, kann die Bundesregierung über den beratenden Ausschuß beträchtlichen Einfluß auf den Verhandlungsverlauf nehmen. Die GATT-Verhandlungen sind zudem längst Gegenstand bilateraler Gespräche auf höchster Regierungsebene geworden. Konfliktträchtige Fragen werden von den Verhandlungsparteien bewußt den Regierungschefs der einzelnen Länder überantwortet. Im Gegensatz zu anderen internationalen Organisationen und multilateralen Verhandlungen gibt es in der laufenden Uruguay-Runde keinen geschlossenen Verhandlungsblock der Entwicklungsländer. Dies erklärt sich zumindest teilweise aus der in den letzten Jahren heterogenen wirtschaftlichen Entwicklung der einzelnen EL und den daraus resultierenden stark divergierenden

---

[410]Bundesregierung: Position der Bundesregierung zur neuen GATT- Runde, in: Deutscher Bundestag,10 Wahlperiode, Drucksache 10/5265 vom 25.3.86

[411]Bundesminister für Wirtschaft: Jahreswirtschaftsbericht 1992 der Bundesregierung, Drucksache 12/2018, vom 31.1.1992

[412]o. V.:GATT - Verhandlungen, in: Wirtschaftswoche Nr. 11 vom 6.3.1992, S.18f

Interessenslagen hinsichtlich der zu verhandelnden Fragen. Beispielsweise sei an dieser Stelle auf die Interessensgegensätze zwischen Argrarexportstaaten und den nahrungsmittelimportierenden EL über die Modalitäten der Reformierung der internationalen Agrarmärkte verwiesen. Es lassen sich allerdings eine Reihe von Bereichen herauskristallisieren, in denen die Interessen der EL durchaus identisch sind. Dies gilt vor allem im Hinblick auf die Forderung nach weitgehender Sonderbehandlung der EL und nach Abbau protektionistischer Maßnahmen, insbesondere für tropische Früchte, Rohstoffprodukte und Textilien.[413] In bezug auf die erstmals im Rahmen des GATT zu verhandelnden Themen Dienstleistungshandel, Schutz geistigen Eigentums und außenhandelsorientierte Investitionen standen die EL einer Aufnahme dieser Themen in die Uruguay-Runde mehrheitlich skeptisch bis ablehnend gegenüber. Sie befürchteten u.a., daß durch die Behandlung dieser neuen Themen noch offene und für sie ebenso dringende Fragen in anderen Bereichen in den Hintergrund treten würden. Hinsichtlich der Behandlung ausländischer Direktinvestitionen befürchteten sie, im Verhandlungsverlauf zu Zugeständnissen genötigt zu werden, die ihre Souveränität bei der Steuerung des ausländischen Kapitalzuflusses einschränken könnte.[414]

Im Bereich Schutz geistigen Eigentums sehen sich die EL einem wachsenden Druck ausgesetzt, ihre diesbezügliche Gesetzgebung an die Interessen der Technologieexporteure anzupassen. Besonders groß waren die Vorbehalte der EL in Hinblick auf eine Einbeziehung der Dienstleistungen in die Verhandlungen. Der Widerstand der EL formierte sich in der sogenannten Zehnergruppe, angeführt von Brasilien und Indien. Auf der anderen Seite machten die USA als Wortführer der IL ihre Bereitschaft zur Verhandlungsaufnahme über den Warenhandel von der Einbeziehung der Dienstleistungen abhängig. Die ablehnende Haltung der EL resultierte in erster Linie aus der Befürchtung, daß nach erfolgreichem Abschluß der GATT-Verhandlungen ein Importboom im internationalen Dienstleistungshandel ausgelöst würde, der den Bestand ihres im Aufbau befindlichen, international oftmals nicht konkurrenzfähigen Dienstleistungssektors gefährden könnte.[415] Darüberhinaus spielte bei der ablehnenden Haltung die Tatsache eine Rolle, daß etablierte, transnational tätige Unternehmen aus den IL auf dem Weltmarkt bereits eine marktbeherrschende Stellung einnehmen und folglich in Verhandlungen über den Dienstleistungshandel zwangsläufig auch Fragen des

---

[413]R. Tandon: The Uruguay Round of multilateral Trade Negotiation and the Third World Interests, Genf 1990, S.213ff
Handbuch für internationale Zusammenarbeit: Eine gemeinsame Position der Dritten Welt ist machbar, in 260. Lieferung, Baden-Baden 1989, S.1ff
[414]Handbuch für Internationale Zusammenarbeit: Abschluß der Uruguay - Runde, 281. Lieferung, Febuar 1991, S. 2
[415]Sigfried Schultz: Dienstleistungen und Entwicklungsländer - Position der Dritten Welt zur Einbindung des Dienstleistungshandels in den GATT - Rahmen, in Konsequenzen neuer handelspolitischer Entwicklungen für die Entwicklungsländer, Sautter Hermann (Hrsg.) Schriften des Vereins für Sozialpolitik - Gesellschaft für Wirtschafts- und Sozialwissenschaften , Neue Folge Bd.197, Berlin 1990, S.75
Handbuch für Internationale Zusammenarbeit: Abschluß der Uruguay - Runde, 281. Lieferung, Baden-Baden 1991, S. 4

Niederlassungs- und Investitionsrechtes berührt würden. Die EL stimmten der Einbeziehung schließlich zu, nachdem ein Kompromiß dahingehend gefunden worden war, Waren und Dienstleistungen zwar unter dem gemeinsamen Dach des "Trade Negotiations Committee", aber in zwei rechtlich getrennten Verhandlungsgruppen zu verhandeln. In diesen Verhandlungsgruppen treten zudem nicht die GATT-Vertragsparteien, sondern Regierungsvertreter als Verhandlungsteilnehmer auf.[416] Ebenso wurde in der Erklärung von Punta del Este ausdrücklich die Ausdehnung des Handels und nicht die Liberalisierung als vorrangiges Ziel proklamiert und die Notwendigkeit einer für alle Vertragsparteien transparenten Verhandlungsführung betont.[417]

Der Verhandlungsverlauf spiegelt zumindest in Ansätzen unverändert die Machtungleichgewichte der beteiligten Länder im Welthandelssystem wider. Dies kam beispielsweise im Frühjahr 1992 zum Ausdruck, als im Rahmen bilateraler Gespräche zwischen der EG und den USA versucht wurde, die festgefahrenen Verhandlungen wieder in Gang zu setzen. Obwohl die Verhandlungsposition der EL im Vergleich zu den führenden Welthandelsnationen immer noch vergleichsweise schwach ist, sind sie in den Verhandlungsverlauf wesentlich aktiver einbezogen als zuvor. Zusätzlich ist das Gewicht der EL in den Verhandlungen deutlich angewachsen. Diese Entwicklung wird nicht zuletzt dadurch unterstützt, daß in einigen Teilbereichen eine Interessenskonformität zwischen den EL und einer Reihe kleinerer IL gegenüber den USA, Japan und der EG besteht.[418] Die EL stimmten unter anderem dem Wunsch der führenden IL nach einer neuen Verhandlungsrunde zu, weil ihnen bereits im Rahmen der Erklärung von Punta del Este zugesichert wurde, daß von ihnen keine Zugeständnisse verlangt würden, die ihren entwicklungs-, finanz- und handelspolitischen Bedürfnissen widersprächen. Trotz dieser ausdrücklichen Zusicherung zeigt der Verhandlungsverlauf, daß vor allem die Schwellenländer einem wachsenden Druck seitens der IL ausgesetzt sind, auf eine Sonderbehandlung zu verzichten.[419] Auch wenn die bestehenden Interessenskonflikte zwischen den IL und EL im bisherigen Verhandlungsverlauf durchaus deutlich wurden, sind die Verzögerungen im Abschluß oder gar ein mögliches Scheitern der Uruguay-Runde nicht auf Gegensätze zwischen den EL und IL zurückzuführen, sondern sind primär durch die bestehenden Streitigkeiten der IL untereinander bedingt.

---

[416] Stefan Voigt: Traded Services in the GATT, What's all the Fuss about, a.a.O., S177
  Naheed Kirmani: Die Uruguay- Runde Wiederbelebung des Welthandelssystems,a.a.O., S.6
[417] Siegfried Schultz: Entwicklungsländer und Dienstleistungen, a.a.O ,S.3.
  Benno Engels: GATT und Dienstleistungshandel - Kontroversen und Kompromisse, a.a.O., S.4
[418] Sigfried Schultz: Die laufende Uruguay - Runde des GATT und ihreBedeutung für die Entwicklungsländer, a.a.O., S. 21
[419] Handbuch für Internationale Zusammenarbeit: Eine gemeinsame Position der Dritten Welt ist machbar, 260 Lieferung, a.a.O, S.3

6.1.4.3 Arbeitsschwerpunkte und Verhandlungsverlauf im Rahmen der Uruguay - Runde

Zur Durchführung der Verhandlungen wurde ein Ausschuß, das Trade Negotiations Committee (TNC) mit zwei Untergremien, der Verhandlungsgruppe Waren und der Verhandlungsgruppe Dienstleistungen, gegründet. Die Verhandlungsgruppe Waren wurde in insgesamt 14 Untergruppen unterteilt. (s. Abb.11)

Im folgenden werden die für den Verhandlungsverlauf wesentlichen Arbeitsschwerpunkte in den einzelnen Verhandlungsgruppen behandelt.

Handelshemmnisse, als die klassische Domäne des GATT, werden in den Untergruppen Zölle und nichttarifäre Maßnahmen behandelt, wobei die für den Welthandel besonders sensiblen Produktgruppen wie natürliche Rohstoffe, Textilien, tropische und landwirtschaftliche Erzeugnisse in gesonderten Untergruppen verhandelt werden. In bezug auf den Abbau tarifärer und nicht- tarifärer Handelshemmnisse ist der Verhandlungsverlauf weit fortgeschritten. Der Dunkel- Entwurf sieht eine Senkung des allgemeinen Zollniveaus um 30% sowie eine deutliche Reduzierung der nichttarifären Handelshemmnisse durch eine Präzisierung und Ausdehnung der Regelungen der entsprechenden Kodizes von Tokio aus dem Jahre 1973 vor. Den besonderen Interessen der ärmsten EL wird insofern Rechnung getragen, als ihnen eine Vorzugsbehandlung zugestanden wird, während die Schwellenländer in wachsendem Maße unter die normalen GATT - Regeln fallen.

Auch im Hinblick auf eine Liberalisierung des Rohstoffhandels einschließlich verarbeiteter Erzeugnisse sind Verhandlungsfortschritte für den Abbau von Mengen- und sonstiger nichttarifärer Beschränkungen erzielt worden. Auch in Fragen der Zolltarifeskalation[420] und eines verbesserten Marktzugangs für NE-Metalle und Mineralien, forstwirtschaftlicher Produkte sowie Fisch und Fischereierzeugnisse sind Fortschritte erkennbar. Das gleiche gilt für den Handel mit tropischen Früchten, der für viele Entwicklungsländer wegen seiner Bedeutung als Devisenquelle von besonderem Interesse ist.[421]

---

[420] Zolltarifeskalation: eine überproportionale Erhöhug der Zollsätze mit steigendem Verarbeitungsgrad
[421] o.V.: Uruguay-Runde Hohe Ausgangsziele nicht erreichbar in DIW Wochenbericht 48/92, hrsg. von DIW, 59.Jg., Berlin 1992, S.653 ff

Entwicklungsländerbezogene Handelspolitik auf internationaler Ebene

Abb.18 : Organogramm der Uruguay- Runde

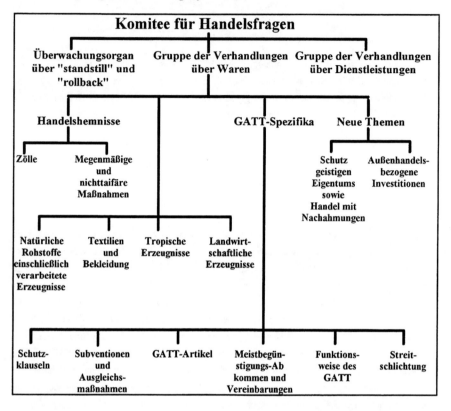

Quelle: Siegfried Schultz: Die laufende Uruguay Runde und ihre Bedeutung für die Entwicklungsländer, a.a.O., S.19

Wesentlich schwieriger gestalten sich dagegen die Verhandlungen im Textil- und Bekleidungsbereich sowie im Agrarbereich. Der Handel mit Textilien und Bekleidung wird aufgrund multilateraler Vereinbarungen seit 1961 im Rahmen von Sonderregelungen außerhalb des normalen GATT-Regelwerks abgewickelt. Die EL wiesen bereits in der Vorbereitungsphase der Uruguay-Runde auf die bestehende Notwendigkeit einer baldigen Rückkehr zu den normalen GATT-Regeln hin. Die meisten IL standen dagegen derartigen Überlegungen aufgrund einer möglichen Schädigung ihrer inländischen Produzenten durch den zu erwartenden Importboom sehr skeptisch gegenüber. Entsprechend schwierig gestalteten sich schon im Vorfeld die Verhandlungen. In der Ministerklärung von Punta del Este einigte man sich zunächst darauf, die bestehenden Möglichkeiten für eine Einbeziehung dieser Thematik in das GATT zu überprüfen.[422]

Die Verhandlungen waren seitens der IL eindeutig darauf ausgerichtet, eine Öffnung ihrer Märkte und die der EL zu realisieren und bestehende Wettbewerbsverzerrungen auf beiden Seiten abzubauen. Darüberhinaus wurde, nicht zuletzt auf Druck der deutschen und europäischen Textilindustrie, in den Verhandlungen die Auffassung vertreten, daß die Integration in das GATT nur schrittweise, ausgehend von den bestehenden Regelungen, über einen längeren Zeitraum erfolgen könne.[423] Nach zähen, oftmals sehr kontroversen Verhandlungen ist der derzeitige Verhandlungsstand in der Untergruppe Textilien in Genf relativ weit fortgeschritten. Einem Abschluß der Verhandlungen stehen lediglich politische Kalküle verschiedener Vertragsparteien entgegen, die einen Abschluß von Zugeständnissen in anderen Verhandlungsgruppen abhängig machen. Die vorliegenden Verhandlungsergebnisse sehen ein schrittweises Auslaufen aller bestehender Restriktionen und eine Eingliederung in das normale GATT-Regelwerk bis zum Jahre 2003 vor.

Der Agrarsektor hat bereits in der Vergangenheit bei den GATT-Verhandlungen eine weitgehende Sonderposition eingenommen. Formal in das GATT-System integriert, gelten für den Agrarsektor eine Reihe von Ausnahmen, die diesen Sektor de facto zu einem Sonderfall machen. Daß sich die Agrarfrage zu einem wesentlichen Streitpunkt im Rahmen der laufenden GATT-Verhandlungen entwickeln würde, zeichnete sich bereits in der Vorbereitungsphase ab. Die mit dem weltweiten Agrarprotektionismus verbundenen hohen Kosten und die dadurch bedingten preis- und handelsverzerrenden Effekte sowie die Ungleichgewichte in der Weltagrarprodukion[424] werden von allen beteiligten Gruppen und Akteuren als reformbedürftige Defizite des Agrarmarkts angesehen. Die Notwendigkeit zu einer größeren multilateralen Disziplin in dieser Frage wird grundsätzlich anerkannt.[425] Schwerwiegende Differenzen zwischen den verschiedenen Akteuren des Weltagrarmarktes bestehen allerdings über die Vorgehensweise, wie die bestehenden Verzerrungen zu beseitigen sind.

---

[422]Konrad Neundörfer: Textiles and Clothing in the Uruguay Round Current Situation and Future Perspectives, in: Intereconomics July / August, Hamburg 1990, S.172
[423]Konrad Neundörfer: Die europäische Integration in einem neuen weltpolitischen Umfeld, a.a.O., S.17
[424]Peter Winglee: Die Agrarpolitik der Industrieländer in Finanzierung und Entwicklung Nr.3, Vol. 26, Hamburg 1989 S.9
[425]Stephan von Cramon - Taubadel, Ralf Kühl: Turning Point of European Agricultural Policy?, in: Intereconomics Nov. / Dez. 1990, Hamburg 1990, S. 280 ff

In nahezu allen Industrie- und Entwicklungsländern wird der Agrarsektor staatlich mehr oder weniger reguliert.[426] Spielte in den IL früher die Versorgungssicherheit eine Rolle, so stehen heute das Preisniveau und das Einkommen der landwirtschaftlichen Erzeuger im Vordergrund.[427] Mit Beginn der Uruguay-Runde stand die Agrarpolitik der EG im Mittelpunkt der seitens der USA und der "Cairns - Group " geäußerten Kritik. Diese richtet sich vor allem gegen die von der EG erhobenen variablen Abgaben auf Agrarimporte, die letztlich Importe dadurch verhindern, daß sie deren Preise auf dem EG-Markt über das ohnehin überhöhte Inlandspreisniveau anheben. Ferner führen die in der EG für zahlreiche Produkte geltenden überhöhten staatlich garantierten landwirtschaftlichen Erzeugerpreise in Verbund mit unbegrenzten Absatzgarantien zu Überkapazitäten und Überschußproduktionen. Diese drängen auf den Weltmarkt und sind dort, da überteuert, nur über Exportsubventionen absetzbar.[428] Diese Agrarpolitik hat zur Folge, daß die Produkte aus der EG auf dem Weltmarkt das Preisniveau drücken und daß andere Agrarexporteure einer wachsenden Konkurrenz bei der Erschließung neuer Absatzmärkte ausgesetzt sind.[429] Darüberhinaus verhindern die subventionierten Agrarexporte in den EL oftmals den Aufbau einer eigenen landwirtschaftlichen Produktion, da die inländischen Produzenten gegenüber den subventionierten EG-Importen nicht konkurrenzfähig sind.

Seitens der EG ist offensichtlich lange Zeit das Beharrungsvermögen ihrer Verhandlungspartner unterschätzt worden, die gesamten GATT-Verhandlungen an der Agrarfrage scheitern zu lassen. Nicht zuletzt aufgrund des Drucks, der durch das drohende Scheitern der GATT-Verhandlungen ausgeübt wurde, hat sich die EG zu einer weitgehenden Reformierung ihrer "Gemeinsamen Agrarpolitik" im Frühjahr 1992 durchgerungen, nachdem erste Ansätze aus dem Jahre 1988 bereits weitgehend gescheitert waren.[430] Der Kern der Reform stellt die Umstellung von indirekten mengenbezogenen Subventionen über hohe staatlich garantierte Mindestpreise auf direkte Einkommensbeihilfen an die Landwirte ab 1993 dar.[431] Im Hinblick auf die laufenden GATT-Gespräche ist vor allem die Absenkung des EG-Richtpreises für Getreide um 27% bis zum Wirtschaftsjahr 1995/96, mit einer entsprechenden Senkung des Interventionspreises um 35% von besonderem Interesse. Für Milch ist eine zweistufige Senkung der Quoten um jeweils 1% für 1993/94 und 1994/95 beschlossen

---

[426] Peter Winglee: Die Agrarpolitik der Industrieländer, in: Finanzierung und Entwicklung Nr.3 , Vol. 26, Hamburg 1989, S.9 ff
[427] o.V.: Uruguay-Runde Hohe Ausgangsziele nicht erreichbar, a.a.O., S. 653
[428] Peter Winglee: Die Agrarpolitik der Industrieländer, a.a.O., S.9 ff
[429] Andrew Fenton Cooper: Exporters versus Importers LDC`s, Agricultural Trade and the Uruguay Round, in Intereconomics Jan. / Feb. 1990, Hamburg 1990, S.13
  Benno Engels: Zur Position der Entwicklungsländer im Welthandel mit Agrarerzeugnissen, in: Nord - Süd - Aktuell, Hamburg 1988, S.95 ff
[430] Stephan Tangermann: Das GATT und die EG - Agrarpolitik, Versäumte Hausaufgaben, in: Agrarwirtschaft Jg. 40, Frankfurt 1991, S.98
[431] Kommision der Europäischen Gemeinschaft: Reform der EG - Agrarpolitik unter Dach und Fach, in EG - Nachrichten Nr.21 Bonn 1992, S. 4

worden.[432] Als Ausgleich sind direkte Einkommensbeihilfen und Prämien für stillgelegte Flächen und bestimmte Leistungen, wie z.b. Landschaftspflege und Aufforstung, für die Bauern vorgesehen.

Die anfängliche Hoffnung, daß vor allem die Amerikaner die im Frühjahr 1992 beschlossene EG-Agrarreform zum Anlaß nehmen würden, die weitgehend blockierten Verhandlungen konstruktiv weiterzuführen, erfüllte sich nicht.[433] Eine Lösung des Agrarstreites und damit ein Abschluß der Gesamtverhandlungen wurde mit dem Näherrücken des Wahltermins in den USA immer unwahrscheinlicher, da der Verhandlungsspielraum der amerikanischen Regierung für beiderseitig tragfähige Kompromisse zunehmend eingeschränkt wurde.[434] Zur Jahreswende 1992/93 stand das seit fünf Jahren umstrittene Ölsaatregime der EG im Mittelpunkt der agrarpolitischen Auseinandersetzungen zwischen den USA und der EG. Dieser Streit drohte zum endgültigen Sprengstoff der gesamten Verhandlungsrunde zu werden. Nachdem bereits ein transatlantischer Handelskrieg drohte, einigten sich die USA und die EG schließlich doch noch auf einen Kompromiß.

Die weiteren im Bereich der Verhandlungsgruppe Waren zu behandelnden Fragen betreffen GATT- spezifische Aspekte, die der Notwendigkeit zu institutionellen Reformen innerhalb des GATT Rechnung tragen. Die Reformierung erscheint sowohl unter materiellen als auch unter formellen Gesichtspunkten geboten. Die materiellen Reformansätze zielen auf die Schließung bestehender Systemlücken und die Anpassung an veränderte Erfordernisse des Welthandels ab. Derartige Reformbemühungen können aber nur dann erfolgreich sein, wenn die Umsetzung und Durchsetzung des aufgestellten Regelwerks gewährleistet ist. Insofern ist ebenfalls eine Reformierung des GATT in formeller Hinsicht notwendig mit dem Ziel, die Position des GATT als Institution zu stärken. Entsprechend stehen in diesem Zusammenhang verfahrensrechtliche und institutionelle Aspekte im Vordergrund. Wesentlicher Bestandteil dieser formellen Komponente ist die Verbesserung des Streitschlichtungsverfahrens des GATT, insbesondere durch eine Beschleunigung der Verfahren und eine verbesserte Durchsetzung von Beschlüssen des Streitschlichtungsausschusses (Panels).

Eine verstärkte Überwachung der Handelspolitik der Vertragsparteien und die Erfassung deren Auswirkungen auf das internationale Handelssystem wurde durch die Einführung eines "Trade Policy Review Mechanism" sichergestellt. In diesen Rahmen verpflichten sich die einzelnen Vertragsparteien einen Bericht über ihre nationale Handelspolitik dem GATT zur Überprüfung

---

[432] VDI (Hrsg.): Wege aus dem Patt, in VDI - Nachrichten, Nr. 18, 1992, S.13
[433] Hermann Bohle: Wege aus dem Patt, in VDI Nr.18 Mai 1992, S.13
[434] Erich Reyhl: Wenig Erwartung an München, in: Handelsblatt vom 26.8.1992

vorzulegen.[435] Bericht und Überprüfung haben keine Sanktionen zur Folge, sondern dienen lediglich der Erörterung und besseren Transparenz. Die Einführung dieses Mechanismus zielt insbesondere darauf ab, das Problem der nichttarifären Handelshemmnisse besser bewältigen zu können. Die Reformierung des GATT-Regelwerks in materieller Hinsicht ist Gegenstand in den Verhandlungsgruppen Schutzklauseln, Subventionen und Ausgleichszahlungen und GATT-Artikel sowie GATT-Kodizes.[436]

Der Mißbrauch von Schutzmaßnahmen innerhalb des GATT, insbesondere die Reformierung des Schutzklausel-Artikels XIX, stellte seit längerem ein schwerwiegendes Problem dar. Der GATT-Vertrag läßt zwar im Falle eines plötzlichen massiven Importdruckes die Einführung zeitlich befristeter Notstandsmaßnahmen zu, diese müssen dann allerdings gegenüber allen Anbietern dieses Produktes gelten. Auch ziehen derartige Maßnahmen die Verpflichtung zu einer gewissen Kompensation für die betroffenen Exporteure nach sich.[437] Diese Kompensationsauflagen sind ein wesentlicher Grund für den vermehrten Abschluß von "freiwilligen" Selbstbeschränkungsabkommen und sonstigen sogenannten Grauzonenmaßnahmen, die derzeit nicht durch das GATT erfaßt sind. Um eine weitere Eskalation derartiger Maßnahmen zu unterbinden, ist eine Rückführung der ergriffenen Schutzmaßnahmen in das reguläre GATT-Regelwerk dringend geboten.[438]

Bei den Verhandlungen über Beihilfen und Subventionen handelt es sich um eines der sensibelsten und politisch brisantesten Themen der Uruguay-Runde. Im Verbund mit den Ausgleichszöllen, deren Zweck die Kompensation von Wettbewerbsvorteilen subventionierter Exportgüter ist, stellen sie eines der wichtigsten wirtschaftspolitischen Instrumente zur Marktregulierung dar. Die bestehenden GATT-Regeln gestatten sowohl IL als auch EL lediglich im Agrarbereich den begrenzten Einsatz von Subventionen und hier auch nur unter ganz bestimmten Voraussetzungen.[439] Das Subventionsproblem ist unter anderem deshalb so schwer zu lösen, weil es zum einen keine allgemein akzeptierte Begriffsdefinition gibt und zum

---

[435] Stefan Voigt: The Trade Policy Review Mechanism, in: Intereconomics Vol.25 May / June, Hamburg 1990, S.147 ff
[436] GATT (Hrsg.): GATT Activities 1990, a.a.O., S.37 ff
[437] Sigfried Schultz: Die laufende Uruguay - Runde des GATT und ihre Bedeutung für die Entwicklungsländer, a.a.O., S. 22
[438] Phedon Nicolaides: Anti Dumping Measures as Safeguards. The case of EEC, in: Intereconomics Vol. 25 Nov. /Dez 1990, Hamburg 1990, S. 273 ff
    Phedon Nicolaides: Safeguards and the Problems of Vers, in: Interconomocs Vol. 25 Nov./Dez. 1990, Hamburg 1990, S.18 ff
    Phedon Nicolaides: Anti - competitive Effects of Trade Policy, in: Intereconomics Vol.26 July/August, Hamburg 1991, S.173 ff
    R. Weidemann: The Anti - Dumping Policy of the European Communities, in: Intereconomics Vol. 25 Jan./Feb.1990, Hamburg 1990, S.29
[439] Sigfried Schultz: Die laufende Uruguay - Runde des GATT und ihre Bedeutung für die Entwicklungsländer, a.a.O., S. 24

anderen nur schwer festzustellen ist, welche Interventionen zu unfairen Wettbewerbsbedingungen auf dem Weltmarkt führen. Der bereits in der Tokio-Runde aufgestellte Subventionskodex brachte keine endgültige Lösung, da er in der Praxis kaum umsetzbare Kompromißlösungen enthielt.[440] Zu den neuen Themen der laufenden Uruguay-Runde zählen neben dem separat verhandelten Dienstleistungsbereich, der Schutz geistigen Eigentums und Fragen der außenhandels-bezogenen Investitionspolitik. Bei den handelsbezogenen Aspekten geistigen Eigentums geht es um den verbesserten Schutz von Patenten, Handelsmarken, Computerdesign, Software und Copyrights im internationalen Handel. Fragen über den Schutz geistigen Eigentums werden zunehmend bedeutsamer, da die internationale Wettbewerbsfähigkeit und Sicherung komparativer Kostenvorteile in wachsendem Maße an die Fähigkeiten zur Innovation und Anpassung bzw. Verbesserung von Technologien gekoppelt sind. Außenhandelsorientierte Investitionsmaßnahmen werden im Rahmen des GATT verhandelt, weil einige nationale Regulierungen im Zusammenhang mit ausländischen Direktinvestitionen die Wettbewerbssituation der betroffenen Unternehmen nachteilig berühren und damit die Investitionstätigkeit dämpfen.[441]

Fragen des Dienstleistungshandels werden in einer speziellen Verhandlungsgruppe des GATT separat behandelt. Dienstleistungen spielen im Handel sowohl der IL als auch der EL eine immer wichtigere Rolle. Schätzungen gehen davon aus, daß bereits 1987 30% des Welthandels auf den Dienstleistungsbereich entfielen. Der internationale Handel mit Dienstleistungen weist zudem deutlich höhere Zuwachsraten auf als der Warenhandel. Konnte dieser im Zeitraum 1979-1987 um 150 % gesteigert werden, so wies der Dienstleistungshandel einen Zuwachs von 240 % auf.[442]

Der Dienstleistungssektor hat sich infolge seiner hohen binnenwirtschaftlichen Bedeutung als ein wesentlicher Faktor für die wirtschaftliche Gesamtentwicklung herausgestellt. Auch in den EL nimmt er einen stetig wachsenden Anteil am BSP ein und besitzt zudem, insbesondere für die weiterentwickelten EL, eine wachsende außenwirtschaftliche Bedeutung. Einzelne EL weisen bereits heute im Konstruktionsbereich sowie in Bereichen der industriellen Planung und Gestaltung erhebliche Marktpotentiale auf. Hier sind es vor allem Anbieter aus Brasilien, Venezuela, Südkorea, Taiwan, Singapur, Marokko, Saudi-Arabien und Ägypten, die auf diesen Märkten vertreten sind.

---

[440] Knut Ipsen, Ulrich R. Haltern: Reform des Welthandelssystems?, a.a.O., S.60
[441] Sigfied Schultz, Die laufende Uruguay - Runde des GATT und ihre Bedeutung für die Entwicklungsländer, a.a.O.,S.22
[442] St. Voigt: Traded Services in the GATT, Whats all the Fuss about, in Intereconomics No.4, Hamburg, 1991, S.177 f

Der Verhandlungsverlauf war lange Zeit durch die Definition von Begriffen und Fragen der statistischen Erfassung geprägt.[443] Die begriffliche Unklarheit erklärt sich dadurch, daß der Dienstleistungssektor ein sehr breites Spektrum von sehr unterschiedlichen Aktivitäten wie Bankwesen, Versicherungen, Verkehr, Ingenieurleistungen, Telekommunikation, Tourismus etc. umfaßt. Diese Teilbereiche unterliegen den unterschiedlichsten länderspezifischen Bedingungen und sind in vielen Staaten stark reglementiert.[444] Auch sind die Instrumente, die zur Regulierung des Dienstleistungshandels im Vergleich zum Warenhandel eingesetzt werden, wesentlich vielschichtiger und schwieriger zu erfassen. So werden auf Dienstleistungsimporte keine Zölle oder sonstige Gebühren erhoben, die an den Grenzübertritt gebunden sind. Stattdessen kommen Vorschriften über eingeschränkte Niederlassungsrechte für ausländische Anbieter und/oder sonstige diskriminierende Vorschriften zum Tragen.[445]

Zwischenzeitlich konnten sich die Verhandlungspartner darauf einigen, daß das Dienstleistungswesen zukünftig wie der Warenverkehr dem Regelwerk des GATT zu unterstellen ist. Kontroversen entstehen derzeit aus der Haltung der USA, die für bedeutende Teile des Dienstleistungssektors Ausnahmen durchsetzen wollen. Sie sind nicht bereit, in wichtigen Subsektoren die uneingeschränkte Meistbegünstigung anzuwenden. Freier Marktzugang soll nur nach Prüfung des Einzelfalls bei entsprechenden Gegenleistungen der Handelspartner eingeräumt werden. Regelungsbedarf besteht derzeit vor allem noch bei den Telekom- Grunddiensten, dem audiovisuellen Bereich, dem Seeverkehr und den Finanzdiensten.[446] In Aussicht gestellte Zugeständnisse seitens der USA wurden wiederholt von Zugeständnissen der EG in der Agrarfrage abhängig gemacht.

Die Verhandlungsgruppe "Standstill und Rollback" hat im wesentlichen die Aufgabe, die von den Vertragsparteien eingegangenen Verpflichtungen über das "standstill", d.h. den Verzicht auf die Verfügung neuer Handelsbeschränkungen, und das "rollback", d.h. eine Rückführung bestehender Beschränkungen in das GATT, zu überwachen. Im Laufe der Vertragsverhandlungen stellte sich heraus, daß bereits die Androhung, eine bestimmte als diskriminierend empfundene Maßnahme vor das GATT zu bringen, einen gewissen Druck auf die betroffenen Staaten ausübt, diese nochmals auf ihre GATT-Vereinbarkeit hin zu überprüfen

---

[443] Benno Engels: GATT und Dienstleistungshandel - Kontroversen und Kompromisse, in: Nord - Süd aktuell, Nr . 3, Hamburg 1990, S. 22
Siegfried Schulz: Entwicklungsländer und Dienstleistungen,- Positionen der Dritten Welt zur Einbindung des Dienstleistungshandels in den GATT - Rahmen, in Konsequenzen neuerer handelspolitischer Entwicklungen für die Entwicklungsländer, Schriften des Vereins für Sozialpolitik /Gesellschaft für Wirtschafts- und Sozialwissenschaften, Neue Folge Bd.197, Berlin 1990, S. 76
[444] Naheed Kirmani: Die Uruguay- Runde Wiederbelebung des Welthandelssystems, a.a.O., S. 6
Ralf Langhammer: Import Market Renetration in Services, in: Intereconomics Vol. 26, Nov./Dez. Hamburg 1991, S. 274
[445] Siegfried Schultz: Entwicklungsländer und Dienstleistungen, a.a.O., S. 2
[446] o.V.: Uruguay - Runde Hohe Ausgangsziele nicht erreichbar, a.a.O., S. 656

und gegebenenfalls zu korrigieren. Die Vereinbarungen über das "standstill" konnten allerdings nicht den fortgesetzten Einsatz selektiver Maßnahmen im Grauzonenbereich außerhalb der GATT-Regeln verhindern. Die bilateralen Handels-, Exportselbstbeschränkungs- oder Marktregulierungsabkommen sowie nichttarifäre Handels-hemmnisse wurden in den letzten Jahren verstärkt eingesetzt. Zu erwähnen sind hier z.b. Verträge über Chips und Stahlprodukte, Quoten für japanische Autos und Zölle der EG auf Bananenimporte.

Auch die Bemühungen, die Vertragsparteien zu einer Rücknahme bestehender Beschränkungen zu bewegen, sind bisher bis auf einige wenige Ausnahmen erfolglos verlaufen. In der Regel machen die Vertragsparteien derartige Schritte von dem erfolgreichen Abschluß der eigentlichen GATT-Verhandlungen abhängig.

Die Teilnehmer der Uruguay-Runde verbrachten die ersten zwei Jahre bis zur Halbzeitkonferenz im wesentlichen damit, die Grundlagen für den zukünftigen Austausch von Konzessionen zu sondieren. Die Halbzeitkonferenz (Mid Term Review) wurde auf Ministerebene für den 3. - 8. Dezember 1988 nach Montreal einberufen und sollte mit einer Überprüfung des Verhandlungsstandes, einer ersten Verabschiedung von Ergebnissen und der Festlegung des weiteren Verhandlungsverlaufes verbunden sein. Es zeigte sich, daß die Verhandlungsfortschritte in den einzelnen Verhandlungsgruppen sehr unterschiedlich weit gediehen waren. Zudem schienen die Verhandlungen in einer Reihe von Gruppen auf informelle Art miteinander verknüpft zu sein. In elf von fünfzehn Verhandlungsgruppen konnten deutliche Verhandlungsfortschritte registriert werden. Ein erfolgreicher Abschluß der Mid Term Review scheiterte letztlich daran, daß keine Kompromißlösung in den Bereichen Landwirtschaft, Textil und Bekleidung, in Fragen des Schutzes geistigen Eigentums, sowie bei der allgemeinen Schutzklausel und Subventionsproblematik gefunden werden konnte.[447] Nach umfangreichen Konsultationen, die unter Leitung des Generaldirektors Arthur Dunkel standen, wurde im April 1989 in Genf doch noch ein Konsens gefunden und ein vollständiges Dokument verabschiedet.[448] Erst Ende Februar 1991 wurden jedoch die Verhandlungen erneut aufgenommen, nachdem zuvor ein Kompromißvorschlag als Basis für die weiteren Verhandlungen im Agrarbereich von allen Parteien akzeptiert worden war.[449]

---

[447]Naheed Kirmani: Die Uruguay Runde Wiederbelebung des Welthandelssystems, a.a.O., S.7
Sigfried Schultz: Die laufende Uruguay - Runde des GATT und ihre Bedeutung für die Entwicklungsländer, a.a.O., S.23
Knut Ipsen, Ulrich R.Haltern: Reform des Welthandelssystems, a.a.O., S.52
Handbuch für internationale Zusammenarbeit: Enttäuschende Halbzeitbilanz der Uruguay - Runde, 262. Lieferung, Baden- Baden 1989, S.1 ff
[448]Michael Borchmann: Uruguay - Runde in entscheidender Phase, in EuZW, 1990, S. 340
[449]Knut Ipsen, Ulrich R.Haltern: Reform des Welthandelssystems, a.a.O., S.52

240 Entwicklungsländerbezogene Handelspolitik auf internationaler Ebene

Trotz der hohen Priorität, die dem Thema GATT spätestens seit Beginn des Jahres 1991 von allen Seiten eingeräumt wird,[450] gestaltete sich der Verhandlungsverlauf in der zweiten Jahreshälfte 1991 sehr schleppend. Ein wesentlicher Grund war dabei sicherlich die sich abzeichnende Verzögerungstaktik seitens der EG, deren Staaten zunächst untereinander einen Konsens in der Agrarfrage finden mußten. Bereits im Herbst 1991 zeichnete sich ab, daß der Abschlußtermin Ende 1991 trotz aller Mahnungen von allen Seiten nicht zu halten sein würde. Statt dessen wurde den Vertragsparteien Ende Dezember 1991 durch den Generalsekretär ein Dokument mit dem Titel "Entwurf einer Schlußakte über die Ergebnisse der multilateralen Handelsverhandlungen der Uruguay - Runde" als weitere Diskussionsgrundlage vorgelegt.

Bei diesem Entwurf handelt es sich um ein vielschichtiges Interessenspaket, in dem alle Verhandlungsteilnehmer einige, wenn auch sicherlich nicht alle Elemente ihres ursprünglichen Forderungskatalogs wiederfinden. Der erzielte Konsens basiert sowohl auf Zugeständnissen seitens der IL für tropische Produkte, Rohstoffe und Textilien, sowie der Berücksichtigung von Fragen der Arbeitskräftemobilität im Rahmen der Dienstleistungsverhandlungen, als auch auf der Bereitschaft der EL, die bestehenden Ressentiments abzubauen. In bezug auf die Sonderbehandlung der EL sieht der Dunkel-Entwurf einen Kompromiß vor, der den weniger entwickelten EL eine weitgehende Sonderbehandlung zugesteht, während die Schwellenländer in wachsendem Maße dem normalen GATT-Regelwerk untergeordnet werden.[451] Dieser Plan stellt trotz der Mängel nach wie vor die Grundlage für einen endgültigen Vertragsabschluß dar. Eine substantielle Änderung der von Dunkel unterbreiteten Vorschläge wurde lange Zeit von keiner Vertragspartei ernsthaft in Erwägung gezogen.[452] Mit besonderer Spannung wurden die agrarpolitischen Vorschläge Dunkels erwartet, da hier die Verhandlungen weitgehend festgefahren waren. Diese gehen der EG in vielen Punkten entschieden zu weit, stellen hingegen für die USA die absolute Untergrenze dar.[453]

Trotz großer Bemühungen seitens der Bundesregierung und des EG-Kommissionspräsidenten, doch noch vor dem Weltwirtschaftsgipfel in München im Juli 1992 eine Lösung der anstehenden Probleme zu finden, konnte dieses Ziel nicht erreicht werden, und das leidige Thema GATT war eines der wichtigsten Gesprächspunkte zwischen den Regierungschefs. Ein Umstand, der von Bundeskanzler Kohl zu Beginn des Jahres noch als "grausame Vorstellung" bezeichnet wurde.[454] Die Regierungschefs betonten die Notwendigkeit, die laufende

---
[450]Josef Abafey: Von Gipfel zu Gipfel, in: Handelsblatt vom 21 April 1992
[451]o.V.: Dunkels Gesamtpaket der Uruguay - Runde, in: Neue Züricher Zeitung vom 24.12.1991, S. 9
[452]Erich Reyhl : Wenig Erwartungen an München, in: Handelsblatt vom 13.6.1992
[453]Peter Ziller: GATT - Runde, vor dem Erfolg steht für Kohl ein Krach mit Freund Francois, in: Frankfurter Rundschau vom 4.4.1992, S.8
[454]Christoph Rabe: GATT/ Die europäische Agrarpolitik erzeugt in Australien hohe Einnahmeausfälle - Gespräche mit dem Minister für Handelsfragen, in: Handelsblatt vom 23 Mai 1992, S.8

Verhandlungsrunde bis Ende 1992 abzuschließen. Vor dem Hintergrund des sich zuspitzenden amerikanischen Präsident-schaftswahlkampfes, der es der amerikanischen Regierung immer schwieriger machte, weitergehende Kompromisse einzugehen, wurde recht schnell deutlich, daß dieser Zeitpunkt nicht zu halten war, zumal die Auseinandersetzungen um das Ölsaatenregime der EG eine neue Verhandlungskrise auslösten.

Der Verhandlungsstand im Frühjahr 1993 ist nicht präzise zu fassen. Insgesamt erscheint ein Scheitern der Gesamtverhandlungen immer wahrscheinlicher, nachdem durch den Ölsaatenkompromiß im Frühjahr 1993 weit mehr als ein Dutzend zusätzlicher Abänderungsanträge anderer Vertragsparteien eingereicht wurden und eine erneute Auseinandersetzung zwischen den USA und der EG zum Problemkreis der öffentlichen Aufträge entbrannte.

6.1.4.4 Die Folgen eines möglichen Scheiterns der Uruguay - Runde

Während in den siebenjährigen GATT-Verhandlungen ein mögliches Scheitern stets als handelspolitisches Fiasko dargestellt wurde, scheint sich das Meinungsbild derzeit hierüber zu verändern. Zum gegenwärtigen Zeitpunkt stellt sich die ernsthafte Frage, ob das GATT nicht längst als gescheitert angesehen werden muß. Vor allem die neue US-Administration unter Präsident Clinton scheint die Bedeutung des GATT für die Entwicklung der Weltwirtschaft und des Welthandels deutlich niedriger einzustufen als dies bislang in den USA üblich gewesen ist.[455]

Es ist offensichtlich, daß durch die lange Verhandlungsdauer der Wille zur Einigung im Laufe der Zeit erheblich schwächer geworden ist. Erstmals wird offen über Lösungen außerhalb des GATT diskutiert. Teilweise werden alternative Ansätze bereits in Form von regionalen handelspolitischen Lösungen praktiziert. Beispielsweise werden bis Mitte 1993 für die EG- und EFTA-Länder mehr als ein Dutzend neuer Freihandelsverträge mit den Staaten Osteuropas in Kraft treten. Eine Konkurrenz für das GATT erwächst auch aus der steigenden Anzahl neuartiger bilateraler Handelsverträge, die oftmals Elemente enthalten, die im GATT nicht erfaßt sind. Dies gilt zum Beispiel für handelspolitische Konzessionen zur Drogenabwehr oder aber für die Aufnahmepolitik für Flüchtlinge.[456] Darüberhinaus wird das GATT auch aus

---
[455] Andreas Falke: Neue Wege für die amerikanische Handelspolitik in: das Parlament, Nr.51 vom 11.12 1992, S.18 f
[456] Erich Reyhl: Die internationalen Handelspolitiker verlieren Respekt vor der GATT-Runde in: Handelsblatt vom 19.3.1993, S.11

thematischen Gründen zunehmend in Frage gestellt, da aktuelle Frage- und Problemstellungen, wie beispielsweise die Bekämpfung internationaler Kartellabsprachen oder grenzüberschreitender Umweltprobleme etc., in den Verhandlungen nicht behandelt werden. Lange Zeit bestand Einigkeit darüber, daß ein Scheitern der Uruguay-Runde mit einer erheblichen Verschlechterung der weltwirtschaftlichen Rahmenbedingungen verbunden wäre. Es wurde die Auffassung vertreten, daß das Scheitern der Uruguay-Runde den protektionistischen Tendenzen Vorschub leisten würde, mit der Folge, daß bestehende Handelsschranken konsolidiert und neue errichtet werden. Eine weitere Gefahr wurde in dem zu erwartenden Rückfall in den Bi- und Unilateralismus gesehen, der eine weitere Regionalisierung und eine damit verbundene Erosion des multilateralen Handelssystems nach sich ziehen könnte.[457]

Unabhängig von der sich abzeichnenden veränderten Einstellung der USA zum GATT birgt die Unfähigkeit zum Konsens eine wachsende Gefahr von Handelskriegen zwischen potentiellen Exporteuren in sich. Zudem spiegelt sich in den Verhandlungen das wachsende gegenseitige Mißtrauen der Vertragsparteien wider.[458] Auf Seiten der Industrieländer wären vor allem diejenigen Staaten in besonderem Maße von einem Scheitern der Verhandlungen betroffen, deren Volkswirtschaften stark außenorientiert sind. Aus diesem Grund liegt es im vitalen Interesse der Bundesrepublik Deutschland, doch noch zu einem erfolgreichen Abschluß der laufenden Verhandlungen zu gelangen. Diese Einsicht in die unverändert bestehende zwingende Notwendigkeit eines erfolgreichen Abschlusses kommt in zahlreichen Verlautbarungen deutscher Politiker und Organisationen, wie dem Bundesverband der deutschen Industrie oder dem Bundesverband des deutschen Groß- und Außenhandels zum Ausdruck.[459] Die Bundesrepublik Deutschland wäre aufgrund des überragenden volkswirtschaftlichen Stellenwertes des Außenhandels mehr als jedes andere Land von einem Scheitern der GATT-Runde betroffen. Es erscheint paradox, daß die Meinungsverschiedenheiten im Agrarbereich, der in der Bundesrepublik 2% und im EG-Durchschnitt 3,5% zur Wertschöpfung beiträgt, den existentiell wichtigen Abschluß der Uruguay-Runde blockieren.[460] Durch ein Scheitern der Verhandlungen an der Agrarfrage werden die Exportmöglichkeiten in anderen Sektoren gefährdet, die gewisse Einnahmeverluste im Bereich Landwirtschaft überkompensieren würden.

---

[457]o.V.: Südostasien, Kluge Aufsteiger in: Wirtschaftswoche Feb.1992, Nr.7, Jg. 46, S.41
[458]Knut Ipsen, Ulrich R.Haltern: Reform des Welthandelssystems, a.a.O., S.122 f
[459]Peter Ziller: GATT - Runde - Vor dem Erfolg steht für Kohl ein Krach mit Freund Francois, a.a.O., S.8
o.V.: Verpaßte Chance, in: Wirtschaftswoche Feb.1992, Nr.9, Jg. 46, S.18
[460]Peter Ziller: GATT - Runde - Vor dem Erfolg steht für Kohl ein Krach mit Freund Francois, a.a.O., S.9
Hermann Bohle: Wege aus dem Patt, in VDI - Nachrichten Nr.vom 18 Mai 1992, S.12

Daneben besteht die Gefahr, daß sich die Entwicklungsländer als die Hauptleidtragenden eines Scheiterns der Uruguay-Runde herausstellen könnten, da ohne Konsens eine weitergehende Abschottung der Industrieländermärkte immer wahrscheinlicher wird. Der notwendige Umstrukturierungsprozeß zur Diversifizierung der Exportstruktur, der die einzige Möglichkeit zur nachhaltigen und entwicklungskonformen Integration in die Weltwirtschaft darstellt, würde durch eine derartige Entwicklung behindert, wenn nicht gar vollständig unmöglich gemacht. Zudem würde durch eine derartige Beschneidung der Devisenzufuhr auch eine längerfristige und substantielle Lösung des Verschuldungsproblems zahlreicher Entwicklungsländer in erheblichem Maße eingeengt. Staatliche Entwicklungshilfegelder können auf keinen Fall die Exporteinbußen kompensieren, die aus einer Abschottung der Industrieländermärkte resultieren wüden.[461]

6.2 Die Handelspolitik im Rahmen des UN-Systems und anderer internationaler Organisationen

6.2.1 Handelspolitik im Rahmen des UN-Systems

Der multilateralen Zusammenarbeit innerhalb des UN-Systems und anderer internationaler Organisationen wird neben der bilateralen Entwicklungszusammenarbeit und der Entwicklungszusammenarbeit innerhalb der EG seitens der Bundesrepublik Deutschland ein hoher Stellenwert für die internationale Entwicklungspartnerschaft und Friedenssicherung eingeräumt. Sie ist als wichtiger Bestandteil der deutschen Entwicklungspolitik anzusehen. Im Rahmen des UN-Systems erstreckt sich die deutsche Mitarbeit und Unterstützung, wenn auch mit unterschiedlicher Gewichtung, auf nahezu alle Unterorganisationen und Körperschaften der UN. Für die multilaterale Zusammenarbeit der Bundesregierung gelten eine Reihe von Grundsätzen. Diese lassen sich wie folgt zusammenfassen:

- außenpolitisch strittige Fragen werden nicht mit Entscheidungen über Maßnahmen der UN-Entwicklungspolitik verknüpft

- feste Mindest- und Höchstsätze für multilaterale Leistungen werden nicht festgelegt

- Höhe und Verteilung der Beiträge richten sich nach der Bedeutung und Wirksamkeit der multilateralen Programme und Institutionen[462]

---

[461]Hans Joachim Hochstrate, Ralf Zeppernik: Störungen des Welthandels - neuere Entwicklungen, a.a.O., S.507
[462]BMZ (Hrsg.): Politik der Partner, Bonn 1990, S. 57

Für die nachfolgenden Ausführungen werden ausschließlich die Sonderorganisationen und Sonderkörperschaften innerhalb des UN-Systems angesprochen, die einen direkten oder zumindest indirekten Bezug zu handelspolitischen Frage- und Problemkreisen aufweisen.

6.2.2 Funktion und Bedeutung der UNCTAD

Durch einen Beschluß der Vereinten Nationen wurde im Dezember 1964 die Welthandels- und Entwicklungskonferenz (UNCTAD) als ständiges Organ der UN-Vollversammlung mit Sitz in Genf ins Leben gerufen. Durch die Gründung der UNCTAD sollte ein Forum geschaffen werden, das Entwicklungs- und Industrieländern die Möglichkeit bietet, ihre Standpunkte zu wirtschafts- und handelspolitischen Fragen auf internationaler Ebene darzulegen und zu diskutieren. Die Gründung einer solchen Organisation ist vor allem von seiten der EL gefordert worden, um ihre zu diesem Zeitpunkt vernachlässigten Handelsinteressen gegenüber den Ländern des Nordens besser artikulieren und einfordern zu können.

6.2.2.1 Aufgaben und Organisation der UNCTAD

Im einzelnen sind im Aufgabenkatalog der UNCTAD die folgenden Aufgabenbereiche enthalten:

1. Förderung des internationalen Handels, insbesondere zur Beschleunigung der wirtschaftlichen Entwicklung,

2. Formulierung von Grundsätzen und Richtlinien für den internationalen Handel und den damit verknüpften Fragen der Wirtschaftsentwicklung sowie Ausarbeitung von Implementierungsvorschlägen,

3. Koordination der Tätigkeiten anderer UN-Institutionen in den Bereichen des internationalen Handels und der wirtschaftlichen Entwicklung,

4. Wahrnehmung der Funktion als zentrale Anlaufstelle für die Harmonisierung des Handels und der damit verbundenen Handels- und Entwicklungspolitik von Regierungen und regionalen Wirtschaftsgruppierungen.

Oberstes Gremium der UNCTAD ist die Vollversammlung, die in der Regel alle vier Jahre zusammentrifft. Als ständiges Organ zwischen den Sitzungsperioden fungiert der Welthandels- und Entwicklungsrat. Dieser setzt die Entschließungen und Entscheidungen der Vollversammlung um und stellt die Kontinuität der Aufgabenbewältigung sicher. Von den derzeit insgesamt 179 Mitgliedstaaten der UNCTAD gehören 130 dem Rat an. Davon sind 96

Länder Entwicklungsländer, 24 westliche Staaten und 10 Länder des ehemaligen Ostblocks. Dem Rat untergeordnet sind 7 Hauptausschüsse, in denen Themen und Probleme zu Grundstofffragen, industriellen Halb- und Fertigwaren, Finanzfragen, Fragen zur Intensivierung der wirtschaftlichen Zusammenarbeit der Entwicklungsländer, Schiffahrtsangelegenheiten und Technologietransfer behandelt werden. Zusätzlich besteht ein Sonderausschuß für Handelspräferenzen.[463]

Entscheidend für die Funktion und Bedeutung der UNCTAD ist, daß Entscheidungen und Resolutionen keinen rechtsverbindlichen Charakter besitzen. Mit der Folge, daß einzelne von den jeweiligen Ländern mitgetragene Entscheidungen und Resolutionen zwar die offizielle Haltung eines Landes zu einer Thematik bzw. Problematik widerspiegeln und damit eine gewisse moralische Verpflichtung ausüben, aber letztlich keine rechtsverbindliche Konktretisierung und Umsetzung verlangen.[464]

6.2.2.2 Ergebnisse der UNCTAD-Vollversammlungen

Über die Relevanz der UNCTAD-Aktivitäten für die Regelung internationaler Handelsfragen und -probleme werden unterschiedliche Auffassungen vertreten. Kritische Stimmen betonen vor allem die fehlende Rechtsverbindlichkeit der beschlossenen Resolutionen und die daraus resultierende Begrenzung der Funktionen auf ein reines Diskussionsforum. Ferner wurde die Formulierung konstruktiver Beiträge der UNCTAD zur Lösung handelspolitischer Fragestellungen durch kontroverse Interessensstandpunkte, überzogene Forderungen, ideologische Kontroversen, Gruppenbildung sowie durch den Ost-West Konflikt über Jahre hinweg beeinträchtigt. Trotz dieser ungünstigen Rahmenbedingungen sind von der UNCTAD wichtige Impulse bei der Entstehung des Systems der allgemeinen Zollpräferenzen, bei der Formulierung eines Seeschiffahrts- und Verhaltenskodex sowie bei der Diskussion um die Gestaltung einer neuen Weltwirtschaftsordnung ausgegangen. Eine eindeutige Vorreiterfunktion besitzt die UNCTAD bei der Entwicklung von Initiativen im Bereich der internationalen Rohstoffpolitik.[465]

---

[463] Deutsche Bundesbank (Hrsg.): Internationale Organisationen und Gremien im Bereich von Währung und Wirtschaft Sonderdrucke der Deutschen Bundesbank Nr. 3, Frankfurt 1992, S. 104 ff
[464] G.B.Taplin: Neubelebung der UNCTAD: in Finanzierung und Entwicklung Nr. 2, Hamburg 1992, S. 35
[465] Deutsche Bundesbank (Hrsg.): Internationale Organisationen und Gremien im Bereich von Währung und Wirtschaft, a.a.O., S. 105

Im folgenden werden die wesentlichen Ergebnisse der UNCTAD-Konferenzen zusammengefaßt, wobei der Schwerpunkt auf die Darstellung der Ergebnisse der letzten Vollversammlung in Cartagena gelegt wird.

Auf der *ersten UNCTAD-Vollversammlung* in Genf 1964 wurde zum erstenmal eine quantitative Norm über die Höhe des Netto-Kapitaltransfers (1% des BSP) und der öffentlichen Entwicklungshilfeleistungen (0,7% des BSP) als Forderung der EL an die IL formuliert. Auf Anregung der Vollversammlung ist ferner die Sonderbehandlung der Entwicklungsländer in Kapitel IV des GATT aufgenommen worden.

Das wesentliche Ergebnis der *UNCTAD II-Konferenz* 1968 in Neu Delhi war der Vorschlag über die Einführung eines "Allgemeinen System der Zollpräferenzen", das eine Vorzugsbehandlung von Fertigwarenexporten aus Entwicklungsländern vorsah.

Durch *UNCTAD III* in Santiago de Chile 1972 wurde eine bessere Vertretung der Entwicklungsländer im Rahmen des IWF angeregt. Zudem wurde durch die Diskussion über die sich abzeichnenden Unterschiede in der wirtschaftlichen Entwicklung innerhalb der Entwicklungsländer die Basis für eine gesonderte Behandlung der sog. "Least Developed Countries" entwickelt.

Im Zentrum von *UNCTAD IV* 1976 in Nairobi stand die Verabschiedung eines "Integrierten Rohstoffprogramms" mit dem Ziel, eine Stabilisierung der Rohstoffmärkte und Rohstoffpreise von insgesamt 18 Schlüsselrohstoffen zu erreichen. Nachdem in den siebziger Jahren die Rohstoffpolitik zum Kernbereich der Welthandelspolitik und sogar der Entwicklungspolitik avanciert war.[466]

UNCTAD V in Manila 1979 erbrachte keine neuen Ergebnisse, da sich die Nationen bereits im Vorfeld der bevorstehenden GATT-Runde in Tokyo, auf einen Abbau nichttarifärer Handelshemmnisse geeinigt hatten.

---

[466] Werner Gocht: Internationale Rohstoffpolitik im Wandel - Die rohstoffpolitischen Ergebnisse der 8.UNCTAD- Tagung, in: Metall Nr.5, 46.Jg. Frankfurt 1992, S. 488

UNCTAD VI in Belgrad 1983 stand im Zeichen der Weltwirtschaftsrezession und führte mit Ausnahme einer Bekräftigung der Absage an den Protektionismus zu keinen nennenswerten neuen Beschlüssen.

Auf der 1987 in Genf abgehaltenen *UNCTAD VII* konnte erstmals ein einheitliches Schlußdokument verabschiedet werden. In diesem wird sowohl die Notwendigkeit von Eigenanstrengungen der Entwicklungsländer zur ökonomischen, politischen und sozialen Strukturanpassung als auch die hierfür erforderliche Unterstützung der Industrieländer und multilateralen Organisationen betont. Darüberhinaus wurde der UNCTAD in der laufenden GATT-Runde eine aktive Rolle zur Unterstützung der Entwicklungsländer zugewiesen.[467] Die *achte Welthandels- und Entwicklungskonferenz* tagte im Februar 1992 in Cartagena und wird von vielen Aktiven und Beobachtern als Wendepunkt und Neubeginn für die Arbeit und Bedeutung der UNCTAD aufgefaßt, nachdem die UNCTAD in den Jahren zuvor in wachsendem Maße an politischer Bedeutung verloren hatte. Diese Entwicklung ist sicherlich teilweise durch die Verlagerung der aktuellen handelspolitischen Diskussionen in die laufende GATT-Runde bedingt. Daneben spielt aber auch u.a. die Schwerfälligkeit bei der Umsetzung und Implementierung von UNCTAD-Beschlüssen eine wesentliche Rolle. Beispielsweise überlebte das in den siebziger Jahren konzipierte "Integrierte Rohstoffprogramm" bestenfalls in rudimentärer Form. Erst 1989 wurde mit der Umsetzung von Teilen dieses Programms mit dem Inkrafttreten des Gemeinsamen Rohstoffonds begonnen.[468]

Hintergrund des Bedeutungswandels der UNCTAD stellen die neuen globalen politischen, ökonomischen, sozialen sowie ökologischen Rahmenbedingungen und Konfigurationen dar, die sich im Laufe der 80er und zu Beginn der 90er Jahre herausgebildet haben und im wesentlichen durch die folgenden Entwicklungen geprägt wurden:

- die zunehmende Differenzierung innerhalb der Entwicklungsländer und der Interessenslagen dieser Länder, z.B. durch die Herausbildung von NIC´s,

- den Zusammenbruch des Ostblocks und den damit verbundenen Wegfall von Handels- und Militärpakten sowie die in diesen Ländern ausgelösten Umstrukturierungsprozesse von planwirtschaftlichen zu marktwirtschaftlich orientierten Wirtschaftssystemen,

- die weltweiten Tendenzen zur Bildung regionaler Handelsblöcke,

- die Verschärfung der globalen Ökologieprobleme,

- internationale Migrationsbewegungen in vorher unbekanntem Umfang.

---

[467]BMZ (Hrsg.): Journalisten-Handbuch Entwicklungspolitik !990/91, Bonn 1990, S. 248
[468]Werner Gocht: Internationale Rohstoffpolitik im Wandel - Die rohstoffpolitischen Ergebnisse der 8.UNCTAD-Tagung, a.a.O., S.489

Am deutlichsten manifestiert sich die angestrebte Neubelebung der UNCTAD in dem Abschlußdokument, in dem sich die Mitgliedsstaaten und Teilnehmer unter anderem dazu bekennen:[469]

- die Grundlagen für eine Politik der Zusammenarbeit zur Förderung des wirtschaftlichen und sozialen Fortschritts in allen Staaten der Welt zu schaffen,

- Entwicklungsfragen zum vorrangigen Tagungspunkt der Staatengemeinschaft zu machen,

- eine neue Partnerschaft für Entwicklung zu errichten,

- ein Klima echter Zusammenarbeit und Solidarität zu fördern,

- die UNCTAD durch eine Reform ihres Apparats und ihrer Arbeitsmethoden neu zu beleben,

- den Problemen der am wenigsten entwickelten Ländern Vorrang einzuräumen.

Um diesen Vorstellungen gerecht zu werden, wurden im Abschlußdokument ferner die künftigen Aufgabengebiete, die neue institutionelle Struktur und die seitens der UNCTAD vertretenen grundlegenden Auffassungen über Themen der nationalen und internationalen Handels- und Entwicklungspolitik niedergelegt.

Eine wesentliche Voraussetzung für die Förderung und Dynamisierung des Entwicklungsprozesses wird in einem "guten Management" auf nationaler und internationaler Ebene gesehen. Auf nationaler Ebene beinhaltet "good management" oder "good gouvernance" die aktive Übernahme der Eigenverantwortung für die wirtschaftliche und soziale Entwicklung und die Schaffung der hierfür notwendigen ökonomischen, politischen und sozialen Rahmenbedingungen. Dabei sollte die effiziente Verwendung, Weiterentwicklung und Nutzung der länderspezifischen Ressourcen im Vordergrund stehen. Wesentliche Elemente für die ökonomische Entwicklung werden insbesondere in der Dezentralisierung und Modernisierung, der Intensivierung des Wettbewerbs, der stärkeren Kontrolle inflationärer Tendenzen und der Schaffung günstiger Rahmenbedingungen für ausländische Investoren gesehen.

Auf internationaler Ebene sind vor allem die Industrieländer und die internationalen Organisationen gefordert, entwicklungsfördernde weltwirtschaftliche Rahmenbedingungen zu schaffen mit dem Ziel, den weltweiten Protektionismus einzugrenzen und die Integration aller Staaten in die Weltwirtschaft zu fördern.

---

[469] J. Christoph, Jessen: UNCTAD VIII - ein Neubeginn: in: Handbuch für internationale Zusammenarbeit, 300 Lief., Baden-Baden 1992, S. 6

249

Die institutionelle Reform der UNCTAD stand im Zentrum der Diskussion auf der Vollversammlung in Cartagena. Einigkeit und Entschlossenheit zu einer Reform wurde in dem gemeinsamen Willen demonstriert, eine institutionelle Reorganisation und Refunktionalisierung der UNCTAD einzuleiten. Äußeres Kennzeichen hierfür ist die weitgehende Aufgabe des traditionellen Gruppensystems in der UNCTAD. Hierdurch konnte eine wesentliche Voraussetzung geschaffen werden, daß künftig Entscheidungen der UNCTAD stärker das Ergebnis einer freien Meinungs- und Konsensbildung mit wechselnden Koalitionen widerspiegeln. Die damit erhoffte neue Flexibilität wird als Eckpfeiler für die Neubelebung der UNCTAD angesehen.[470] Als wesentliches Ergebnis der Cartagena - Konferenz muß auch die beschlossene Reformierung der Arbeits- und Organisationsstruktur der UNCTAD gewertet werden. Zu dieser neuen Struktur gehören:[471]

- der *UNCTAD-Rat (Trade and Development Board)*, der regulär zweimal jährlich tagt, wird zusätzlich monatlich zu maximal eintägigen "Exekutivsitzungen" auf der Ebene der ständigen Vertreter zusammenkommen. Damit erhält die UNCTAD ein schnell ansprechbares Entscheidungsorgan.

- die Anzahl der *ständigen Ausschüsse* wird reduziert, wobei gleichzeitig neue Themenschwerpunkte gesetzt werden. Die Tagungsdauer wird auf fünf Tage beschränkt. Als neue Themen wurden in die Tätigkeit der Ausschüsse die Bekämpfung der Armut, Fragen der wirtschaftlichen Kooperation zwischen den Entwicklungsländern sowie der Bereich Dienstleistungen aufgenommen.

- daneben ist die Bildung einer Reihe von *Sonderausschüssen, Expertengruppen und Ad - hoc-Arbeitsgruppen* vorgesehen, die sich jeweils mit speziellen Einzelthemen auseinandersetzen und hierzu auch externe Experten heranziehen können. Bei den Themenbereichen handelt es sich um eine Reihe bisher nicht oder nur am Rande behandelter Themen, wie beispielsweise Investitionen und Finanzströme, Fragen der Privatisierung und wettbewerbsbehindernde Geschäftspraktiken etc.

Zusammenfassend kann festgehalten werden, daß sowohl durch die weitgehende Angleichung der politisch-ökonomischen Grundhaltungen gegenüber Entwicklungs- und Handelsfragen der meisten Mitgliedsstaaten als auch durch die neu geschaffene Organisationsstruktur und die Akzentuierung neuer Themenschwerpunkte die Grundlagen und Voraussetzungen für eine Revitalisierung der UNCTAD gelegt wurden. Es bleibt abzuwarten, ob die UNCTAD in naher Zukunft wieder eine gewichtigere Rolle bei der Klärung international relevanter Entwicklungs- und Handelsfragen einnehmen kann und wird.

---

[470] G.B.Taplin: Neubelebung der UNCTAD: in Finanzierung und Entwicklung, a.a.O.,S. 37
[471] J. Christoph, Jessen: UNCTAD VIII - ein Neubeginn in: Handbuch für internationale Zusammenarbeit, a.a.O., S. 6

6.2.3 Rolle und Funktion sonstiger Organisationen im Rahmen des UN-Systems

Innerhalb des UN-Systems können neben der UNCTAD vor allem die Weltbankgruppe, die UNIDO, der IWF und das International Trade Centre in Genf zu den Organisationen des UN-Systems gerechnet werden, die durch ihre Tätigkeit einen direkten und indirekten Einfluß auf die Gestaltung der Außenwirtschaftsbeziehungen ausüben. Die Bundesregierung der Bundesrepublik Deutschland ist durch ihre Vertreter in allen angeführten Organisationen aktiv. Die Weltbankgruppe ist eine Sonderorganisation innerhalb des UN-Systems und setzt sich aus fünf internationalen Entwicklungs- und Finanzierungsinstitutionen zusammen. Diese sind:[472]

- die Internationale Bank für Wiederaufbau und Entwicklung (IBRD),
- die Internationale Entwicklungsorganisation (IDA),
- die Internationale Finanz-Corporation (IFC)
- die Multilaterale Investitions-Garantie-Agentur (MIGA).
- das Internationale Zentrum für die Beilegung von Investitionsstreitigkeiten (ICSID)

Alle fünf Organisationen verfolgen das gemeinsame Ziel, die wirtschaftliche und soziale Entwicklung in den weniger entwickelten Mitgliedsstaaten durch die Vergabe von langfristigen Krediten und die Durchführung von Beratungs- und sonstigen Unterstützungsmaßnahmen zu fördern.

Die *IBRD* wurde 1945 ursprünglich gegründet, um den Wiederaufbau in Europa nach Beendigung des Zweiten Weltkrieges durch langfristige Kredite zu unterstützen. Ab 1950 verlagerte sie ihre Tätigkeit in wachsendem Maße in die EL und hat sich seitdem zum größten Kreditgeber für die dritte Welt entwickelt. Ihr Kapital schöpft die Weltbank überwiegend aus drei Quellen. Diese sind das eingezahlte Kapital, Kreditaufnahmen auf internationalen Finanzmärkten und die erwirtschafteten Gewinne. Die Weltbank ist sowohl ein Finanz- als auch Entwicklungsinstitut. Entsprechend werden die zur Finanzierung vorgeschlagenen Maßnahmen zum einen auf ihre wirtschaftliche und soziale Bedeutung für die Entwicklung überprüft, zum anderen aber auch auf ihre wirtschaftliche Rentabilität. Weitere - in den letzten Jahren zunehmend an Bedeutung gewinnende - Kriterien für die Vergabe von Krediten sind die Umweltverträglichkeit und der Beitrag zur Struktur- und Sektoranpassung. Die Weltbank vergibt Darlehen nur an Regierungen oder an Projektträger mit einer Regierungsgarantie. Für

---

[472]BMZ (Hrsg.): Journalistenhandbuch Entwicklungspolitik 1990/1991, a.a.O., S. 127 ff

251

die von der Weltbank zur Verfügung gestellten Finanzmittel wird ein Ausleihzins erhoben, der sich an den Zinstrends auf den internationalen Kapitalmärkten orientiert.[473]

Im Gegensatz zur Kreditpolitik der Weltbank werden die von der 1960 gegründeten *IDA* bereitgestellten Kredite mit Ausnahme einer Verwaltungsgebühr zinslos vergeben. Anders als die Weltbank finanziert die IDA die Mittel für ihre Kredite nur aus eingezahlten Beiträgen der Mitgliedsländer und Gewinnüberweisungen der Bank. Sie vergibt ihre Kredite vor allem an ärmere Länder, wobei die Kreditvergabekriterien im wesentlichen die gleichen wie bei der Weltbank sind. In den letzten Jahren sind Projekte in den Bereichen Landwirtschaft, Erziehung und Grundbedürfnisbefriedigung verstärkt gefördert worden.

Die *Internationale Finanz-Corporation* (IFC) wurde 1956 gegründet. Die IFC unterstützt die Aktivitäten der Weltbank, indem sie in Kooperation mit privaten Investoren finanzielle Hilfeleistungen bei der Errichtung, Modernisierung und Erweiterung von privaten Unternehmen leistet.

Die *Multilaterale Investitions-Garantie-Agentur* (MIGA) ist 1988 ins Leben gerufen worden. Zielsetzung der MIGA ist es, den Zufluß ausländischer Direktinvestitionen in Entwicklungsländer zu fördern. Zu diesem Zweck bietet sie im wesentlichen Garantien gegen die nicht kommerziellen Risiken solcher Investitionen an. Darüberhinaus soll durch die gemeinsame Durchführung gezielter Förderungsmaßnahmen eine Verbesserung des Investitionsklimas erreicht werden. Zu diesem Zweck berät die MIGA Regierungen bei der Formulierung entsprechender Investitions-förderungsprogramme.

Die *United Nations Industrial Development Organization (*UNIDO) wurde 1966 als autonomes Organ der UN gegründet.[474] Mit Wirkung vom 1.1.1986 ist sie zu einer UN-Sonderorganisation umgewandelt worden. Übergeordnete Aufgabe der UNIDO ist es, durch technische Hilfe (Beratung in industriepolitischen Fragen, Investitionen und ihre Finanzierung sowie im Ausbildungsbereich), durch die Förderung der industriellen Kooperation zwischen IL und EL und des Technologietransfers sowie durch die Erarbeitung von Forschungs- und Studienprogrammen einen Beitrag zur Förderung des Industralisierungsprozesses in den Entwicklungsländern zu leisten. Die UNIDO konzentriert ihre Aktivitäten hierbei auf den

---

[473]Deutsche Bundesbank (Hrsg.): Internationale Organisationen und Gremien im Bereich von Währung und Wirtschaft, a.a.O., S. 53 ff
[474]UNIDO (Hrsg.): Handbook For UNIDO Field Staff, Wien 1989, S. 11 ff

Aufbau von Klein- und Mittelindustrien in diesen Ländern. Darüberhinaus ist die UNIDO für die Koordination aller industriepolitischen Maßnahmen innerhalb des UN-Systems zuständig.

Die Gründung des *Internationalen Währungsfonds* (IWF) geht auf die 1944 in Bretton Woods abgehaltene "Internationale Währungs- und Finanzkonferenz der Vereinten und assoziierten Nationen" zurück. Auf dieser Konferenz wurde von den 45 teilnehmenden Nationen eine international verbindliche Währungsordnung in Hinblick auf ihre nationale Wechselkurs- und Devisenkontrollpolitik für die Nachkriegszeit beschlossen.

Die zur Zeit dem IWF angehörenden 165 Mitgliedstaaten sind vertraglich zur Einhaltung der vereinbarten Regeln, zur engen Zusammenarbeit in Fragen der internationalen Währungspolitik und des zwischenstaatlichen Zahlungsverkehrs verpflichtet. Auf diese Weise soll der IWF zum Wachstum des Welthandels, der Beschäftigung und des Realeinkommens beitragen.[475] Parallel zu den fundamentalen Veränderungen in den volkswirtschaftlichen Gefügen der Industrie- und Entwicklungsländer ist es seit Beginn der 70er Jahre zu grundlegenden Verschiebungen im internationalen Währungssystem gekommen. Der deutlichste Einschnitt für den IWF war die Einführung von flexiblen Wechselkursen, nachdem das System der festen bzw. stufenflexiblen Wechselkurse nicht mehr aufrechtzuerhalten war.[476]

Von besonderer Bedeutung für die Währungspolitik und damit auch für die Handelspolitik vieler Entwicklungsländer ist, daß die Mitgliedsländer zur Überwindung außenwirtschaftlicher Ungleichgewichte Zahlungsbilanzhilfen in Anspruch nehmen können. Diese finanziellen Überbrückungshilfen werden in Form von Krediten gewährt, die grundsätzlich ein wirtschaftspolitisches Stabilisierungsprogramm des Mitgliedsstaates voraussetzen. Durch diese Konditionalität bei der Kreditvergabe soll eine bloße Finanzierung der Zahlungsbilanzdefizite vermieden werden. Durch die Umsetzung der Auflagen sollen wirtschaftspolitische Kurskorrekturen vorgenommen werden, die notwendig sind, um dauerhaft das außenwirtschaftliche Gleichgewicht wiederherzustellen. Die Auflagen des IWF können gesamtwirtschaftliche Größen wie Haushaltsdefizite, Geldmengenentwicklung, Preissteigerungsraten aber auch wirtschaftspolitische Maßnahmen wie Abbau von Subventionen, Kapitalverkehrsbeschränkungen und die Währungspolitik betreffen.[477] Diese Politik des IWF ist allerdings nicht unumstritten und hat insbesondere bei einigen der betroffenen Länder zum

---

[475] Deutsche Bundesbank (Hrsg.): Internationale Organisationen und Gremien im Bereich von Währung und Wirtschaft, a.a.O., S. 1 ff
[476] Hans E.Büschgen: Internationales Finanzmanagement, Frankfurt, 1986, S. 264
[477] Hans E.Büschgen: Internationales Finanzmanagement, a.a.O., S. 267,
Deutsche Bundesbank (Hrsg.): Internationale Organisationen und Gremien im Bereich von Währung und Wirtschaft, a.a.O., S. 22 ff

Teil heftige Kritik ausgelöst. Neben den normalen Kreditfazilitäten des IWF hat der Fonds spezielle Sonderfazilitäten geschaffen, die hauptsächlich den EL unter den Mitgliedsländern zugute kommen. Dazu gehören u.a. die Fazilität zur kompensierenden Finanzierung von Exporterlöseinbußen oder Mehrkosten von Getreideeinfuhren und die 1988 in Kraft getretene erweiterte Strukturanpassungsfazilität, mit deren Hilfe die Durchführung von umfassenden Strukturanpassungsprogrammen in den jeweiligen Ländern finanziert werden.[478]

Das "*International Trade Center*"(ITC) UNCTAD/GATT hat seinen Sitz in Genf und ist 1964 durch das GATT gegründet worden. Seit 1968 werden die Zielsetzungen und die Geschäftspolitik gemeinsam durch das GATT und die UNCTAD festgelegt. Innerhalb des UN-Systems wird durch das ITC die technische Zusammenarbeit mit den EL zur Förderung des Handels durchgeführt. Die Handelsförderungsprojekte werden durch das UNDP finanziert und durch das ITC implementiert. Hauptaufgabe des ITC ist es, die EL beim Aufbau effektiver nationaler Handelsförderungsprogramme zu unterstützen. Hierzu zählen sowohl die Ausweitung der nationalen Exporte als auch die Verbesserung der Importoperationen.

Die Förderung der nationalen Exporte kann sich auf traditionelle und nicht-traditionelle Exportgüter beziehen und umfaßt folgende Leistungen:[479]

- Beratung von Regierungsinstitutionen hinsichtlich der einzuschlagenden Handelsstrategie und des Aufbaus der für die Umsetzung notwendigen nationalen Institutionen und Dienstleistungen,

- Markt- und Exportförderung durch die Identifizierung von Absatzchancen, Beratung hinsichtlich der Nutzung bestehender Exportmöglichkeiten, Produktanpassung, Exportverpackung, Qualitätskontrolle und Nachfragepräferenzen etc.

- Spezifische Unterstützung von Marketingaktivitäten, insbesondere das "Joint-Marketing" von kleineren und mittleren Unternehmen,

- Durchführung von Trainings- und Schulungaktivitäten für die Abwicklung von Export- und Importaktivitäten,

- Durchführung spezieller Handelsförderungsprogramme für Least-Developed-Countries.

---

[478]BMZ (Hrsg.): Journalistenhandbuch Entwicklungspolitik 1990/1991, a.a.O., S. 137f
[479]ITC (Hrsg.): Promoting Trade, Genf, 1992, S. 1 ff

6.2.4 Handelspolitik im Rahmen sonstiger internationaler Organisationen

Auch außerhalb des UN-Systems gibt es eine Vielzahl von Organisationen und Gremien, die durch ihre Tätigkeiten einen direkten und/oder zumindest indirekten Einfluß auf die Gestaltung der internationalen Handels- und Entwicklungsbeziehungen nehmen. Die Bundesrepublik Deutschland ist in jeder dieser Organisationen aktiv vertreten. Die folgenden Ausführungen sind auf Kurzbeschreibungen der Aufgaben und Bedeutung der OECD und einiger informeller Gremien der internationalen Zusammenarbeit begrenzt.

Die *Organisation für wirtschaftliche Zusammenarbeit und Entwicklung* (OECD) wurde 1960 als Instrument zur Förderung der wirtschaftlichen Zusammenarbeit der westlichen Industrieländer gegründet. Sie nimmt jedoch seit Jahren auch eine wichtige Rolle in der internationalen Entwicklungszusammenarbeit ein.[480] Sie ist aus der 1948 gegründeten Organisation für Europäische Wirtschaftliche Zusammenarbeit (OEEC) hervorgegangen.

Die Zielsetzungen der OECD bestehen darin, zu einer optimalen Wirtschaftsentwicklung und Beschäftigung sowie zu einem steigenden Lebensstandard unter Wahrung der finanziellen Stabilität in den zur Zeit der OECD angehörenden 23 Mitgliedsländern beizutragen. Ferner soll das Wirtschaftswachstum in den Entwicklungsländern gefördert und eine Ausweitung des Welthandels begünstigt werden.

Die Aufgabenbereiche der OECD sind vielfältig und erstrecken sich u.a. auf die Diskussion von wirtschafts- und währungspolitischen Fragen, die Koordinierung der Hilfe für Entwicklungsländer, die Erörterung handelspolitischer Fragen und Aktivitäten zur Liberalisierung des internationalen Dienstleistungs- und Kapitaltransfers. Durch den intensiven Meinungs- und Informationsaustausch der Mitgliedsländer untereinander werden gemeinsame Interessen und Grundhaltungen aber auch divergierende Ansichten zu relevanten Themen evident und damit transparenter. Die Ergebnisse dieses Austausches schlagen sich in den "Empfehlungen" der OECD nieder. Aus handelspolitischer Sicht ist hier beispielsweise der OECD-Konsensus über Konditionen von Exportkrediten, wie sie in den "Übereinkommen über Leitlinien für öffentlich unterstützte Exportkredite" niedergelegt sind, von besonderem Interesse.

---

[480] BMZ (Hrsg.): Politik der Partner, a.a.O., S.149

Innerhalb der OECD ist speziell der *Ausschuß für Entwicklungshilfe* (DAC) für die Erfassung und Bewertung der Leistungen der OECD-Länder an die Dritte Welt sowie für die Koordinierung der Hilfe der Geberländer zuständig.

Die internationale währungs- und wirtschaftspolitische Zusammenarbeit findet auch im Rahmen diverser informeller Gremien statt. Die Motive für den Informations- und Meinungsaustausch in diesen informellen Gruppierungen liegen zum einen in der Möglichkeit, eine Diskussion und Abstimmung zu weltwirtschaftlichen Fragestellungen zu erreichen, bevor diese in offiziellen Organisationen thematisiert werden. Zum anderen bieten sie die Möglichkeit, die anstehenden Probleme in dem Kreis der Länder zu behandeln, die zur Lösung dieser Probleme beitragen können. Weitere Vorteile liegen in der Flexibilität und in den weniger komplizierten Verhandlungsprozessen dieser Gremien.[481]

Die *Zehnergruppe G10* ist ein informeller Zusammenschluß der zehn wichtigsten Industrieländer. Hauptaufgabe dieses Gremiums ist es, Fragen des internationalen Währungssystems zu diskutieren.

In der *Siebenergruppe G7* sind die sieben größten Industrieländer der Welt (USA, Japan, Deutschland, Frankreich, Italien, Großbritannien und Kanada) vertreten. Die Tagungen der G7-Gruppe, auf denen sich die Staats- bzw. Regierungschefs dieser Länder treffen, werden auch als Weltwirtschaftsgipfel bezeichnet. Die G7-Gruppe hat sich zu dem wichtigsten Gremium zur Erörterung der globalen Wirtschafts- und Währungsfragen herausgebildet.

Der *Pariser Club* tritt zusammen, wenn Länder - meist Entwicklungsländer - mit hoher externer Verschuldung in Zahlungsbilanzschwierigkeiten geraten. In diesem Pariser Club treten dann Vertreter der Schuldner- und Gläubigerländer zusammen, um gemeinsam Lösungen zu finden. Auf Seiten der Entwicklungsländer stellen die *Gruppe der 77* und *die Gruppe der 24* die wichtigsten informellen Gremien dar. Innerhalb der Gruppe der 77 werden die in den internationalen Organisationen geführten wirtschaftspolitischen Diskussionen und Verhandlungen mit den Industrieländern vorbereitet. Die Gruppe der 24 wurde als währungspolitisches Sondergremium gegründet. Sie erarbeitet währungspolitische Empfehlungen und wird als Gegengewicht zu der 10er Gruppe verstanden.

---

[481]Deutsche Bundesbank (Hrsg.): Internationale Organisationen und Gremien im Bereich von Währung und Wirtschaft, a.a.O., S. 343 ff

7 Fazit

Die vorstehenden Überlegungen haben gezeigt, daß eine Vielzahl handelspolitischer Beziehungen und Verflechtungen zu Entwicklungsländern auf nationaler, EG- und internationaler Ebene existieren, die weitreichende Auswirkungen auf die Entwicklung und Struktur der Handelsbeziehungen zu diesen Ländern genommen haben und nehmen. Unter entwicklungspolitischer Perspektive müssen viele dieser Beziehungen als problematisch eingestuft werden.

Zugang und Ausgangspunkt für das Verständnis dieser Problembereiche sowie deren Implikationen auf den entwicklungspolitischen Stellenwert der Handelspolitik ergeben sich aus der Beantwortung von drei scheinbar einfachen Fragen: Was ist Handelspolitik? Wie entsteht Handelspolitik? Welche Akteure und Kräfte determinieren die Handelspolitik eines Landes?

Grundsätzlich ist davon auszugehen, daß im Mittelpunkt jedweder wirtschaftlichen Aktivität das einzelne Unternehmen eines Landes steht, das ein bestimmtes Produkt oder eine Dienstleistung auf dem nationalen oder internationalen Markt anbietet oder nachfragt bzw. die Zielsetzung verfolgt, dieses Produkt oder die Dienstleistung künftig anzubieten oder nachzufragen. Entscheidungen hierüber werden in erster Linie von den relevanten Markt- und Wettbewerbsentwicklungen und den daraus resultierenden Chancen und Risiken für das jeweilige Unternehmen bestimmt. Aus der Perspektive des Unternehmens fließen die für das Auslandsengagement relevanten handelspolitischen Bestimmungen als eine wichtige Komponente in die strategische Umfeldanalyse ein und bestimmen so maßgeblich die Strategie und die daraus abgeleitete operativ-konkretisierte Vorgehensweise. Die zur Geltung kommenden Bestimmungen können sich für die unternehmerische Entscheidung günstig, förderlich, restriktiv und/oder diskriminierend auswirken. Die Bedeutung der Handelspolitik resultiert folglich aus der Schaffung von Rahmenbedingungen, die sich günstig oder ungünstig auf die Struktur und Entwicklung der Handelsverflechtungen auswirken.

Durch staatliche Träger beschlossene Eingriffe der Handelspolitik in den Außenhandel sind vor allem dann zu erwarten, wenn eine Entwicklung im Außenhandel stattgefunden hat oder zu erwarten ist, die in mindestens einem der betroffenen Länder als nicht erwünscht oder nachteilig empfunden wird.[482] Die Einschätzungen derartiger Entwicklungen werden dabei

---

[482] Siebert, Ch., Svindland, E.; Nationalstaat und Interdependenz-kooperative Interaktionsmuster in der EG-Handelspolitik, hrsg. von DIW, Sonderheft 147, Berlin 1992, S. 230

vorrangig von den betroffenen Unternehmen und deren Interessensvertretungen wahrgenommen, während staatliche Institutionen nur in einem begrenzten Maße von sich aus aktiv werden. Diejenigen, die an einer Veränderung bestehender handelspolitischer Regelungen interessiert sind, werden in einem solchen Fall versuchen, die Entscheidungsträger auf politischer und administrativer Ebene davon zu überzeugen, daß übergeordnete gesamtwirtschaftliche oder struktur- und regionalpolitische Interessen und Ziele tangiert werden und folglich ein politischer Handlungsbedarf besteht. Handelspolitik weist demnach im allgemeinen einen primär reaktiven Charakter auf. Sie läßt sich größtenteils als durch die von Veränderungen im Außenhandel betroffenen Unternehmen und Interessengruppen induzierten Reaktionen der staatlichen Entscheidungsträger charakterisieren. Anzufügen ist, daß die konkrete Ausgestaltung der ergriffenen handelspolitischen Maßnahmen wiederum das Ergebnis von Verhandlungen ist, in denen die spezifischen Interessen der involvierten Akteure, Politiker, Unternehmen, Lobbyisten einfließen und entsprechend ihrer Machtpostion zum Ausdruck kommen.

Einschränkend ist allerdings hervorzuheben, daß durch den Einsatz handelspolitischer Instrumente sich abzeichnende weltwirtschaftliche Umstrukturierungsprozesse, wie Erfahrungen in der Vergangenheit gezeigt haben, bestenfalls kurz- bis mittelfristig beschleunigt, verlangsamt oder erleichtert werden können. Eine grundlegende und dauerhafte Umkehrung sich abzeichnender globaler weltwirtschaftlicher Umstrukturierungsprozesse ist dagegen, wenn überhaupt, nur in Ausnahmefällen möglich. Als Beispiel zeigen die Exporterfolge der asiatischen Schwellenländer im Textil- und Bekleidungsbereich trotz der im Rahmen des Welttextilabkommens abgeschlossenen und in ihrer Wirkung ausgesprochen restriktiven Selbstbeschränkungsabkommen deutlich die bestehenden Grenzen in der Handelspolitik.

Die Handelspolitik gegenüber Entwicklungsländern ist zusätzlich von entwicklungspolitisch motivierten Überlegungen durch bestimmte Akteure (Entwicklungspolitiker und entwicklungspolitische Organisationen, Meinungsführer, Kirchen, caritative Organisationen) geprägt. Hieraus können vereinzelt handelspolitische Maßnahmen resultieren, die durchaus kontrovers zu den ökonomischen Zielen und Interessen einzelner nationaler Wirtschaftsbereiche stehen können. Dies darf allerdings nicht zu der Annahme verleiten, daß diese Maßnahmen konsequent unter entwicklungspolitischen Gesichtspunkten konzipiert werden. Vielmehr stellen auch die vermeintlich entwicklungsländerfreundlichen handelspolitischen Maßnahmen oftmals nur Kompromisse dar. Hinzu kommt, daß derartige Maßnahmen, die sich teilweise auf ökonomisch weniger relevante Bereiche beziehen, vereinzelt dazu benutzt werden, restriktive Vorgehensweisen in anderen Wirtschaftsbereichen zu rechtfertigen oder zu vertuschen. Auf *nationaler Ebene* kann unterschieden werden zwischen handelspolitischen Maßnahmen, die einerseits direkt oder indirekt zur Förderung von deutschen Exporten in die Entwicklungsländer und andererseits zur Förderung der Exporte aus den Entwicklungsländern in die Bundesrepublik Deutschland eingesetzt werden.

Das deutsche Exportförderungsinstrumentarium wird nach gängiger Auffassung als durchaus zufriedenstellend eingestuft. Als problematisch kann lediglich die Fülle und die dadurch bedingte mangelnde Transparenz der auf Bund- und Länderebene bereitgestellten Instrumente angesehen werden. Spezielle Fördermaßnahmen für die Ankurbelung der Exporte in Entwicklungsländer sind auf das KFW/ERP-Exportfinanzierungsprogramm und die AKA-Exportfinanzierungen beschränkt. Von überragender Bedeutung für das Exportgeschäft mit den Entwicklungsländern ist das staatliche Ausfuhrgewährleistungssystem (Hermes). Hier können sich aus entwicklungspolitischer Sicht Probleme aus der im Rahmen der anstehenden Reformierung geplanten Abschaffung des Einheitsentgelts und der damit verbundenen Verteuerung ergeben.

Mit gewissen Problemen behaftet ist auch die Schnittstelle von Entwicklungspolitik und indirekter Exportförderung im Rahmen der bilateralen Entwicklungszusammenarbeit. Obwohl offiziell keine Lieferbindung besteht, zeugen die hohen Auftragseingänge bei deutschen Unternehmen und der dadurch indizierte Kapitalrückfluß von einer indirekt exportfördernden Wirkung.

Die Förderung von Exporten aus den Entwicklungsländern ist aufgrund der Zuständigkeit der EG auf einige wenige unterstützende Maßnahmen im Rahmen der bilateralen Entwicklungszusammenarbeit beschränkt. Die Förderung der Privatwirtschaft, in die Handelsförderung eingebunden ist, ist ein Aspekt, der in der Entwicklungspolitik zunehmend an Bedeutung gewonnen hat. Vereinzelt kritisiert werden angesichts der begrenzten finanziellen Mittel der Entwicklungszusammenarbeit die entstehenden Substitutionseffekte gegenüber grundbedürfnisorientierten Ansätzen.

In der bilateralen Entwicklungszusammenarbeit war die Handelsförderung zunächst im wesentlichen auf die finanzielle Unterstützung von Messeauftritten in der Bundesrepublik Deutschland für Unternehmen aus Entwicklungsländern beschränkt. Die unbefriedigenden Ergebnisse, die mit dieser weitgehend punktuellen und kurzfristigen Förderung erzielt wurden, haben bei den beteiligten Institutionen zu einem Umdenken in Richtung eines breiteren konzeptionellen Ansatzes geführt. Mit der Integration der Handelsförderung in das IBD-Programm zur Förderung der Privatwirtschaft ist der zu enge Ansatz weitgehend überwunden worden. Eine Ausnahme stellt allerdings in diesem Zusammenhang das bis heute bestehende Messeförderungsprogramm dar. Hier ist es trotz entsprechender Bemühungen nur bedingt gelungen, die Unternehmen in eine umfassende Beratung mit einzubeziehen. Dies hat zur Folge, daß immer wieder Unternehmen auf die Messen gelangen, die nicht ausreichend vorbereitet sind. Sie kehren oft enttäuscht über den Verlauf des Messegeschäftes zurück, zumal ihnen i.d.R. durch die nicht erstattungsfähigen Reisekosten trotz der finanziellen Unterstützung hohe Kosten entstehen. Nur einer begrenzten Anzahl von Unternehmen gelingt es, dauerhaft auf dem deutschen Markt Fuß zu fassen. Daneben war in der Vergangenheit die Auswahl der förderungswürdigen Unternehmen wiederholt mit Problemen verbunden. Es stellt sich die Frage, ob das derzeitige Programm befriedigend zu modifizieren is oder ob es nicht zugunsten einer Erweiterung von anderen Förderprogrammen im Bereich der Privatwirtschaftsförderung aufgegeben werden sollte.

Zumindest vom konzeptionellen Anspruch her ist die weitgehende Einbindung der Handelsförderung in ein länderspezifisches Beratungsprogramm zur Förderung der Privatwirtschaft derzeit gewährleistet. In der Praxis gibt es jedoch zwischen den bei der Planung und Durchführung eines derartigen Programms beteiligten Institutionen eine Vielzahl von Reibungspunkten und Koordinationsproblemen, die die Durchführung eines koordinierten und hinsichtlich der zum Einsatz kommenden Maßnahmen einheitlichen länderspezifischen Gesamtkonzeptes erschwert, wenn nicht gar unmöglich macht.

Die im Rahmen des IBD-Programmms betriebene Handelsförderung schließt im allgemeinen die dem Handel vorgelagerten Bereiche mit ein und schafft damit eine wesentliche Voraussetzung dafür, daß überhaupt wettbewerbsfähige Produkte angeboten werden können. Kritisch zu hinterfragen ist, ob es entwicklungspolitisch wünschenswert ist, die übliche Förderpraxis beizubehalten und die Beratung auf Produkte aus dem Konsumgüterbereich zu beschränken. Darüberhinaus ist die regionale Ausrichtung der Förderung auf den europäischen bzw. deutschen Markt nicht unproblematisch. Hiermit wird ein Absatzmarkt anvisiert, der bereits heute zum Teil durch einen harten Verdrängungswettbewerb der einzelnen Anbieter aus den Entwicklungsländern gekennzeichnet ist. Alternativ bzw. ergänzend wäre eine Ausweitung der Förderung von technischen Produkten für den Absatz auf Entwicklungsländermärkten denkbar. Hierdurch würden zum einen die Entwicklung des Süd-Süd-Handels gefördert und zum anderen weitergehende Industrialisierungsimpulse gegeben.

Auf der *EG-Ebene* werden mit der Festlegung der Zugangsmöglichkeiten für Produkte aus Entwicklungsländern die mit Abstand wichtigsten handelspolitischen Rahmenbedingungen gesetzt und damit im wesentlichen die Exportmöglichkeiten in den einzelnen Mitgliedsländern der EG determiniert. Die Durchsetzung deutscher handels- und entwicklungspolitischer Vorstellungen ist vor dem Hintergrund der in vielen Bereichen konträren Auffassung der deutschen Regierung zu mehr protektionistisch ausgerichteten Vorstellungen einer Reihe anderer Mitglieder zu sehen. Nur über den Konsens mit den anderen Mitgliedern des Ministerrates und der Kommission sind handelspolitische Entscheidungen möglich. Der mehr oder weniger protektionistische Charakter der Entscheidungen hängt im Einzelfall letztlich von der jeweiligen Stärke der vorhandenen Koalitionen im Ministerat und den Vorstellungen der Kommission ab. Das oftmals schwierige, zeitraubende und mühsame Ringen um tragfähige Kompromisse führt in der Konsequenz dazu, daß die Handelspolitik der EG als schwerfällig, wenig transparent und oftmals uneinheitlich hinsichtlich der zugrundeliegenden handels- und entwicklungspolitischen Leitlinien bezeichnet werden muß. In diesem Zusammenhang ist das im Juli 1993 in Kraft getretene Bananenprotokoll ein gutes Beispiel dafür, wie schwierig es im Einzelfall ist, entwicklungs- und handelspolitische Interessen der Bundesrepublik Deutschland gegenüber den protektionistischen Einstellungen anderer Mitglieder durchzusetzen. Mit dem Bananenprotokoll wird ein Weg beschritten, der zumindest aus deutscher Sicht mit einer Umkehr der bisher liberalen Einfuhrpraxis in Deutschalnd verbunden ist. Neben der Verteuerung der Bananen für die Verbraucher stellt diese Entscheidung ein deutliches Zurücknehmen entwicklungspolitischer Interessen hinter mehr als fragwürdige Schutzinteressen einiger weniger, ansonsten nicht mehr konkurrenzfähiger EG-Produzenten dar.

Der Handel mit Agrarprodukten stellt ohnehin den konfliktträchtigsten Bereich der EG-Handelspolitik dar. Die hier von der EG betriebene Politk ist geprägt von vielfältigen Zugangsbeschränkungen, vor allem bei den Produkten, die sich in einer Konkurrenzsituation zu Produkten aus den südlichen Mitgliedsländern befinden. Durch die je nach regionaler Zugehörigkeit mehr oder weniger starke Abschottung des EG-Marktes werden die Exportmöglichkeiten für eine große Anzahl ärmerer Entwicklungsländer, die einen hohen Anteil von Agrarprodukten in der Exportstruktur aufweisen, erheblich eingeschränkt. Darüberhinaus verschlechtern sich durch die auf den Weltmarkt drängenden EG-Agrarüberschüsse die Exportaussichten dieser Länder auch auf anderen Märkten, da sie das Preisniveau auf dem Weltmarkt drücken. Entwicklungspolitisch besonders problematisch sind die Auswirkungen der billigen EG-Importe für die inländische Produktion in einer Reihe von Ländern, die zu den niedrigen Importpreisen nicht wirtschaftlich produzieren können.

Aber auch im Handel mit Halb- und Fertigwaren zeigt sich, daß die EG dazu tendiert, ihren Markt gegenüber Importen aus Drittländern abzuschotten, sobald nationale Interessen einzelner Mitglieder durch diese Importe tangiert werden. Besonders wird dies bei den Beschränkungen gegenüber den Schwellenländern im Textil- und Bekleidungsbereich deutlich. Die in manchen Bereichen geschaffenen, auf den ersten Blick großzügigen Freiräume, beziehen sich oftmals auf wirtschaftlich weniger sensible Produkte oder werden Staaten eingeräumt, die diese Freiräume nur bedingt nutzen können. Die aufgezeigten Tendenzen in der EG-Handelspolitik zeigen sich vor allem im APS der EG. Das APS ist sicherlich der Bereich in der EG-Handelspolitik, der dringend einer tiefgreifenden Reformierung bedarf. Das wiederholte Zurückstellen der längst überfälligen Reformierung des APS auf einen Zeitpunkt nach Abschluß der laufenden GATT-Verhandlungen erscheint immer fragwürdiger, zumal die Kommission seit längerer Zeit entsprechende Reformpläne ausgearbeitet hat. Eine Umsetzung ist jedoch bisher durch die politischen Entscheidungsträger verhindert worden.

Kernstück der Außenbeziehungen zu den Entwicklungs- und Schwellenländern wird auch zukünftig die gemeinsame Handelspolitik der EG darstellen.[483] In diesem Zusammenhang wird sicherlich ein verstärkter Beitrag der EG zur Lösung der Entwicklungsprobleme in Ländern der Dritten Welt und der daraus resultierenden globalen, ökonomischen, sozialen und ökologischen Folgeproblemen erwartet werden. Eine liberale Handelspolitik der EG ohne verdeckte und subtile einseitige Interessenverfolgung und -wahrung ist in Kombination mit einer effektiven Entwicklungszusammenarbeit nicht nur eine wesentliche Determinante und Voraussetzung für eine prosperierende Entwicklung der Entwicklungs- und Schwellenländer, sondern auch ein langfristiger Garant für eine positive Entwicklung in den EG-Staaten. Zum gegenwärtigen Zeitpunkt läßt sich ein erheblicher politischer Anpassungsbedarf der EG-Handelspolitik feststellen.

Ob der Charakter der EG-Handelspolitik geändert werden kann, ist angesichts der in der EG existierenden protektionistischen Haltungen einiger Mitgliedsländer, der langwierigen und komplizierten Entscheidungsverfahren sowie aufgrund der sich in wirtschaftlich rezessiven Phasen immer wieder durchsetzenden Abschottungstendenzen mehr als fraglich.

Im Bereich der Handelspolitik auf *internationaler Ebene* ist die gegenwärtige Situation eindeutig von dem seit Jahren schleppenden Verlauf der Uruguay-Runde geprägt. Die zwischen den Vertragsparteien immer wieder offen zu Tage tretenden Interessensgegensätze und die Unfähigkeit zum Konsens lassen ein Scheitern der Verhandlungen immer

---

[483] Kommission der EG (Hrsg.); Europa Partner der Welt, a.a.O., S. 11

wahrscheinlicher werden. Hier muß es im Interesse der Bundesrepublik Deutschland liegen, über die Geltendmachung ihres Einflusses auf die EG-Verhandlungsposition doch noch zu einem erfolgreichen Abschluß zu gelangen. In der Vergangenheit hat sich wiederholt gezeigt, daß es der deutschen Regierung nicht möglich war, anstehende Kompromisse in den GATT-Verhandlungen gegenüber den nationalen Interessen vor allem Frankreichs durchzusetzen. Für die Bundesrepublik Deutschland, deren Agrarsektor eine vergleichsweise untergeordnete volkswirtschaftliche Bedeutung zukommt, wäre ein Scheitern der Verhandlungen aufgrund strittiger Agrarfragen besonders fatal. Es liegt im vitalen Interesse der Bundesrepublik Deutschland, sich für die Aufrechterhaltung eines möglichst liberalen ordnungspolitischen Rahmens für die Weltwirtschaft wie er im GATT verankert ist, einzutreten.

Die handelspolitische Zusammenarbeit auf internationaler Ebene erstreckt sich darüberhinaus auf die Mitarbeit in einer Vielzahl von multilateralen Organisationen. Deren Bedeutung ist allerdings derzeit auf die Funktion eines Diskussionsforums begrenzt. Eine gewisse Ausnahme stellt sicherlich die OECD dar, da hier wiederholt wichtige Impulse für die nationale Handelspolitik gegeben werden. Als Beispiel sei hier der OECD-Konsensus über Ausfuhrkredite genannt.

Insgesamt ist die derzeitige deutsche Handelspolitik gegenüber Entwicklungsländern durch die Vielzahl von Interessen, die auf den verschiedenen handelspolitischen Agitationsebenen zum Tragen kommen, nur bedingt geeignet, einen aktiven Beitrag zur weitergehenden Integration der Entwicklungsländer in den Welthandel zu leisten. Hierbei ist allerdings anzumerken, daß dies zu einem guten Teil aus der Einbindung der deutschen Handelspolitik in die EG und der damit verbundenen Notwendigkeit zu handelspolitischen Kompromissen mit den anderen Mitgliedern resultiert.

Literaturverzeichnis

Abafey, J.: Von Gipfel zu Gipfel, in Handelsblatt vom 21. April 1992

Adlung, R.: Non-Tariff Barries and the Uruguay Round, in Intereconomics Vol. 25 No.1, Hamburg 1990

AKA (Hrsg.): AKA Geschäftsbericht 1991, Frankfurt 1992

AKA (Hrsg.): Ihr Partner für die mittel- und langfristige Exportfinanzierung, Frankfurt 1992

AMK Berlin (Hrsg.): Import - Messe Partner des Fortschritts, Kurzbeschreibung, Berlin 1992

Antwort der Bundesregierung auf eine große Anfrage: Drucksache 12/17345, Bonn Dez. 1991

AUMA (Hrsg.): Erfolg auf Auslandsmessen, 10 Aufl., Köln 1990

AUMA (Hrsg.): Erfolgreiche Messebeteiligung Made in Germany, Köln 1990

AUMA (Hrsg.): Auslandsmesseprogramm 1992, Köln 1991

Außenwirtschaftslexikon: D. Butt (Hrsg.), 2. Aufl. Köln, 1989

Außenwirtschaftsrecht '92: hrsg. vom Deutschen Wirtschaftsdienst, 22. Aufl., Köln 1992

Baratta v. M. (Hrsg.): Fischer Weltalmanach 1993, Frankfurt 1992

BDI (Hrsg.): Erhaltung leistungsfähiger Exportkreditversicherungen, Pressemitteilung vom 18.12.92

BDI (Hrsg.): Memorandum, Risikoabsicherung in der Europäischen Gemeinschaft für Exportgeschäfte mit kurzfristigen Zahlungszielen, Köln 1993

BDI (Hrsg.): Protokoll BDI-Tagung vom 21.1.1993, Bonn 1993

BDI (Hrsg.): Stellungnahme zur geplanten Neugestaltung des Entgeltsystems für Ausfuhrgewährleistungen des Bundes, Bonn 1992

BDI (Hrsg.): Vorschläge des IIF für künftige Änderungen der Exporfinanzierung und Exportkreditversicherung, Washington 1992

Beutler, B., Bieber, R.,Pipkorn, J., Streil, J.: Die Europäische Gemeinschaft, Rechtsordnung und Politik 3. Aufl. Baden-Baden 1988

BfAI (Hrsg.): Informationsangebot, Köln 1991

BfAI (Hrsg.): Erfolg im Ausland, Publikationen Januar 1989 bis April 1991

BMWI (Hrsg.): Exportfibel, Bonn 1992

BMWI (Hrsg.): 40 Jahre soziale Marktwirtschaft, Bonn 1989

BMWI (Hrsg.): Bericht der Bundesregierung über die Verschärfung der Kontrolle des Exports von zivil und militärisch verwendbaren Gütern, Nr.318, Bonn 1992

BMWI (Hrsg.): Die Reform von Außenwirtschaftsrecht und -kontrolle, Nr.311, Bonn 1991

BMWI (Hrsg.): Wirtschaftliche Förderung in den neuen Bundesländern, Bonn 1991

BMWI (Hrsg.): Die deutsche Zollpolitik nach 1949, unveröffentlichtes Manuskript, Bonn 1991

BMZ (Hrsg.): Erfolgreich mit Entwicklungsländern zusammenarbeiten, 4. Aufl., Bonn1991

BMZ (Hrsg.): Journalisten-Handbuch 1993, Bonn 1993

BMZ (Hrsg.): Beratungsmaßnahmen für die Wirtschaft der EL sowie Maßnahmen zur Förderung ihres Handels, Kurzinformationen, Bonn 1991

BMZ (Hrsg.): Handelsförderung der Entwicklungsländer, Information und Orient-ierung, Bonn 1991

BMZ (Hrsg.): Journalisten-Handbuch 1990/91, Bonn 1991

BMZ (Hrsg.): Politik der Partner, Bonn 1990

BMZ (Hrsg.): Richtlinien für die Gewährung von Zuschüssen an Enwicklungsländer zur Förderung ihrer Teilnahme an deutschen Messen und Ausstellungen -Neufassung 1991-, Bonn 1991

BMZ (Hrsg.): Das BK-Programm, 3.Aufl., Bonn 1986

BMZ (Hrsg.): BMZ - aktuell, Nr. 6, Bonn 1984

Bohle, H: Wege aus dem Patt, in VDI - Nachrichten Nr.5 vom 18. Mai 1992

Bohnhorst, D.: Dokumente im Zahlungsverkehr sichern die Abwicklung von Exportgeschäften, in Handelsblatt Nr.13 vom 18/19.1.1991

Borchardt, K.D.: Das ABC des Gemeinschaftsrechts, 3. Aufl., in Europäische Dokumentation Brüssel, Luxemburg 1990

Borchmann, M.: Uruguay - Runde in entscheidender Phase, in EuZW, 1990

Börgers, K.H., Quambusch, L.: Export und Auslandsinvestitionen, Köln 1985

Borrmann, A.: Das Allgemeine Zollpräferenzsystem der EG, hrsg. von HWWA, Hamburg 1979

Brand, D.: Free Trade in Latin America, a successful way out of Crisis, in Interecomomics Vol. 28 Nov./Dez. 1991, Hamburg 1991

Brüne, St., Januskopf Binnenmarkt: Die Europäischen Gemeinschaften, Lomé IV und die AKP-Staaten, in Europa 1992, hrsg. von M. Kreile, Baden-Baden 1991

Bundesminister für Wirtschaft (Hrsg.): Jahreswirtschaftsbericht 1992 der Bundesregierung, Drucksache 12/2018, vom 39. 1.1992

Bundesregierung: Position der Bundesregierung zur neuen GATT-Runde, in Deutscher Bundestag, 10. Wahlperiode, Drucksache 10/5265 vom 25.3.86

Büschgen, H.E.: Internationales Finanzmanagement, Frankfurt 1986

Butt, D. (Hrsg.): Außenwirtschaftslexikon, Frankfurt 1989

C&L Treuarbeit deutsche Revision (Hrsg.): Merkblatt für die Übernahme von Bundesgarantien für Kapitalanlagen im Ausland, Fassung Sept. 1986, Hamburg 1992

Cohen, St., Zysman, D.: Renaissance des internationalen Tauschhandels, in Der Kampf um den Wohlstand von Morgen, in A. Pfaller (Hrsg.), Bonn 1986

Commerzbank (Hrsg.): Bericht der Abteilung Volkswirtschaft, Frankfurt 1991

Commission of the European Communities (Hrsg.): Agreements and other Bilateral Commitments Linking the Communities with Non-Member Countries, Brüssel 1991

Cooper, A.F.: Exporters versus Importers LDCs, Agricultural Trade and the Uruguay Round, in Intereconomics Jan. / Feb. 1990, Hamburg 1990

Cramon-Taubadel, St. von Kühl.: Turning Point of European Agricultural Policy?, in Intereconomics, Vol. 25, Nov. / Dez. 1990, Hamburg 1990

Davenport, M.: Antidumping Measures under Review, in Intereconomics, Vol 25, Nov./Dez., Hamburg 1990

De Rosa, D.A.: Protection and Export, Performance in Sub-Saharan Africa, in Weltwirtschaftliches Archiv, Bd.128 Heft 1, Tübingen 1992

DEG (Hrsg.): Geschäftsbericht 1991, Köln 1992

DEG (Hrsg.): Marketing, Köln 1993

DEG (Hrsg.): Partner DEG, Ein Porträt, Köln 1992

Der Bundesminister der Finanzen (Hrsg.): 13. Subventionsbericht, Zusammenfassung, Bonn 1991

Deutsche Bundesbank (Hrsg.): Internationale Organisationen und Gremien im Bereich von Währung und Wirtschaft, Sonderdruck Nr. 3, 4. Aufl., Frankfurt 1992

Die Ausfuhren von Embargowaren, Handbuch der deutschen Exportkontrolle: hrsg. vom Wilhelm- Köhler Verlag, Loseblattausgabe Stand 15.9.1992, Minden, Frankfurt, Hamburg, Bonn, Leipzig 1992

DIW (Hrsg.): Struktur und Entwicklung der Importe der Industrieländer aus ausgewählten EL in den achtziger Jahren, Wochenbericht 39/89, 56 Jg., Berlin 1989

DIW (Hrsg.): Die Lage der Weltwirtschaft im Frühjahr 1992, 59. Jg., April 1992, Berlin 1992

DIW (Hrsg.): Intensivierung der weltwirtschaftlichen Leistungsströme trotz schwacher Expansion in den Industrieländern, in DIW-Wochenbericht 8-9/93, Berlin,1993

DIW (Hrsg.): Einfuhren der EG aus Entwicklungsländern und Osteuropa in DIW-Wochenbericht 23/91, Jg. 58, Berlin 1991

DIW (Hrsg.): Bananenfestung Europa, in DIW-Wochenbericht 14/93, Berlin 1993

DIW (Hrsg.): Die Außenwirtschaftsförderung der wichtigsten Konkurrenzländer Deutschlands, Frankeich, Großbritannien, Japan und USA im Vergleich, in Beiträg zur Strukturforschung, Heft 124, Berlin 1993

DIW (Hrsg.): Rekordüberhang der gesamtwirtschaftlichen Produktion, in DIW-Wochenbericht, 20/93, Berlin 1993

Donges, J.B.: Die Exportorientierung der deutschen Wirtschaft, in Exporte als Herausforderung für die deutsche Wirtschaft, hrsg. von E. Dichl, O. Issing, Köln 1984

Engels, B.: GATT und Dienstleistungshandel-Kontroversen und Kompromisse, in Nord-Süd aktuell, Nr. 3, Hamburg 1990

Engels, B.: Zur Position der Entwicklungsländer im Welthandel mit Agrarerzeugnissen, in Nord-Süd-Aktuell, Hamburg 1988

Eurostat (Hrsg.): Außenhandel und Zahlungsbilanz, 10. 1992, Luxemburg, Brüssel 1992

Eurostat (Hrsg.): EC-Commodities Imports from the Developing Countries 1976 - 1988, Luxemburg 1989

Eußner, A.: EG Binnenmarkt und Agrarhandel mit Entwicklungsländern Probleme und Liberalisierungsmöglichkeiten, hrsg. vom Deutschen Institut für Entwicklungspolitik, Berlin 1989

Falke, A.: Neue Wege für die amerikanische Handelspolitik, in das Parlament, Nr.51 vom 11.12. 1992,

Fitzpatrik, J.: Der Warenhandel nach den Konventionen von Lomé, in Deutsche Welthungerhilfe (Hrsg.), Lomé III Kritische Analyse zum Verhältnis der EG gegenüber der Dritten Welt, Bd. 1, Bonn 1984

Fritsch, D.: Die entwicklungspolitische Konzeption der Gemeinschaft, in Neuorientierung in den Beziehungen der Europäischen Gemeinschaft und den Entwicklungsländern, hrsg. von F. Franzmeyer, H.J. Pertersen, DIW, Sonderheft 140, Berlin 1984

Fröbl-Heinrichs-Kreye: Umbruch in der Weltwirtschaft, Reinbek 1986

Deutscher Wirtschaftsdienst (Hrsg.): Garantien und Bürgschaften der Bundesrepublik Deutschland zur Förderung der deutschen Ausfuhr, 132. Erg. Lfg., Köln 1987

GATT (Hrsg.): Activities 1990, Genf 1991

Gocht, W.: Internationale Rohstoffpolitik im Wandel-Die rohstoffpolitischen Ergebnisse der 8. UNCTAD-Tagung, in Metall Nr.5, 46.Jg., Frankfurt 1992

Grabow, B.: Die Rolle der Bergbauerzeugnisse im Lomé-IV-Abkommen, in Metall Nr.4, 44. Jg., Berlin 1990

Grabow, H.J.: Aufgaben, Probleme und Bedeutung des Managments von EPZ im Zielkonflikt unternehmerischer und entwicklungspolitischer Strategien auf Grundlage einer Untersuchung der EPZ auf den Philippinen, Wien 1992

Halbach, A., Osterkamp, R: Die Rolle des Tauschhandels für die Entwicklungsländer, Bd.91, Köln 1988

Halbach, A., Osterkamp, R.: Countertrade with Developing Countries, New Opportunities for North South Trade, in Intereconomics Vol.24, Hamburg 1989

Handbuch des Europäischen Rechtes: Die EG und ihre Handelspartner, Kommentar, Vorbemerkungen zu den Artikeln 110 - 116, 209. Lieferung, Baden-Baden 1984

Handbuch des Europäischen Rechtes: Die EG und ihre Handelspartner, Kommentar Artikel 113, 209. Lieferung, Baden-Baden Juli 1984

Handbuch für Internationale Zusammenarbeit: Der Handelsverkehr der Europäischen Gemeinschaften mit den Entwicklungsländern, 239. Lieferung Mai 1987, Baden-Baden 1987

Handbuch für Internationale Zusammenarbeit: Abschluß der Uruguay - Runde, 281. Lieferung, Baden-Baden 1991

Handbuch für Internationale Zusammenarbeit: Die Europäische Gemeinschaft und ASEAN, 295 Lieferung, Baden-Baden 1992

Handbuch für Internationale Zusammenarbeit: Gesamtbericht der Europäischen Gemeinschaften 1991, 297. Lieferung, Baden-Baden 1992

Handbuch für Internationale Zusammenarbeit: Lomé IV Hintergrund, Neuerungen, Verbesserungen, 274. Lieferung, Juni 1990, Baden-Baden 1990

Handbuch für internationale Zusammenarbeit: Das neue Lomé - Abkommen - Lomé IV, 273. Lieferung, Baden-Baden 1990

Handbuch für internationale Zusammenarbeit: Der Handelsverkehr der Europäischen Gemeinschaften mit den Entwicklungsländern, 284. Lieferung Baden-Baden 1991

Handbuch für internationale Zusammenarbeit: Eine gemeinsame Position der Dritten Welt ist machbar, in 260. Lieferung, Baden-Baden 1989

Handbuch für internationale Zusammenarbeit: Enttäuschende Halbzeitbilanz der Uruguay - Runde, 262. Lieferung, Baden-Baden 1989

Handbuch für internationale Zusammenarbeit: Lomé im ökonomischen Kontext Wohin jetzt ?, Baden-Baden 1989

Handbuch für internationale Zusammenarbeit: Rechtsschutz für Kapitalanlagen im Ausland, 301. Lieferung, Baden-Baden 1992

Harbrecht, W.: Die Entwicklung der Zusammenarbeit zwischen der EG und ASEAN aus europäischer Sicht, in ASEAN und die Europäischen Gemeinschaften, hrsg. von B. Dahm, W. Haebrecht, Hamburg 1988

Hardenberg, A. von: Mehr Chancen für den Handel, in GTZ Info. Nr. 6/92, Eschborn 1992

Hause, E.: Brüssel besorgt über Spannungen zwischen der EG und Marokko, in Frankfurter Rundschau vom 5.3.1992

Heiduk, G: Die weltwirtschaftlichen Ordnungsprinzipien von GATT und UNCTAD, in Internationale Kooperation, hrsg. von H.A. Havemann, Baden-Baden 1973

Heinemann, H.J., Knies, D., Wagner, J.: Die Integration der Bundesrepublik Deutschland in die Weltwirtschaft zwischen freihändlerischem Anspruch und protektionistischer Realität, in Währungsreform und Soziale Marktwirtschaft, hrsg. von W. Fischer, Berlin 1988

Hermes Kreditversicherung AG (Hrsg): Ausfuhrgarantien und Ausfuhrbürgschaften der Bundesrepublik Deutschland, Bericht über das Jahr 1991, Hamburg 1992

Hermes Kreditversicherungs AG (Hrsg.): Ausfuhrgewährleistung des Bundes, Merkblatt Ausfuhr-Pauschal-Gewährleistungen, Hamburg 1992

Hermes Kreditversicherungs AG (Hrsg.): Projektfinanzierung, AGA-Report Nr. 23, Hamburg 1990

Herz, W.: Bürge im Zwielicht, in der Zeit vom 15.2.1991, Frankfurt 1991

Hochstrate, H.J., Zeppernik, R.: Störungen im Welthandel, neuere Entwicklungen, in Wirtschaftsdienst Nr.10 Jg. 68, Hamburg 1988

ILO (Hrsg.): Economics and social effects of multinational enterprises in export processing zones, Genf 1990

Informationsmaterial des DIHT: Abt. Auslandsmessen, Bonn 1993

Ipsen, K., Haltern, U.R.: Reform des Welthandelssystems?, in Bochumer Schriften zur Entwicklungsforschung und Entwicklungspolitik Bd.28, Frankfurt, Bern, New York, Paris 1991

ITC (Hrsg.): Promoting Trade, Genf 1992

Jalloh, S.B.: Countertrade Praxis, Theorie und Perspektiven, Institut der deutschen Wirtschaft, Beiträge 161, Köln 1988

Jessen, J.Ch.: UNCTAD VIII - ein Neubeginn, in Handbuch für internationale Zusammenarbeit, 300. Lief., Baden-Baden 1992

Kebschull, D.: Indische Unternehmer auf Exportkurs, in GTZ info Nr.6/92, Eschborn1992

KfW (Hrsg.): Bericht über das Geschäftsjahr 1991, Frankfurt 1992

KfW (Hrsg.): KfW/ERP Exportfinanzierungsprogramm, Merkblatt 1/92 Frankfurt 1992

KfW (Hrsg.): Langfristige Exportfinanzierung der Kreditanstalt für Wiederaufbau, Frankfurt 1991

Kirmani, N.: Die Uruguay - Runde, Wiederbelebung des Welthandelssystems, in Finanzierung und Entwicklung, Vol.26, Hamburg 1989

Klingebeil, S.: Keine substantiellen Verbesserungen, in epd - Entwicklungspolitik, Materialien 24 /89 Frankfurt 1989

Komission der EG (Hrsg.): Die Lage der Landwirtschaft in der Gemeinschaft 1991, Luxemburg 1992

Kommision der EG (Hrsg.): Reform der EG-Agrarpolitik unter Dach und Fach, in EG-Nachrichten Nr.21, Bonn 1992

Kommission der EG: Agreements and other bilateral Commitments linking the Communities with Non - Member Countries, Brüssel 1991

Kommission der EG: Amtsblatt L370, Abschnitt II Artikel 8, Brüssel 1990

Kommission der EG (Hrsg.): Start in den Binnenmarkt 1991, Brüssel 1991

Kommission der EG (Hrsg.): Amtsblatt der EG, L370 vom 31.12.1990, Brüssel 1990

Kommission der EG (Hrsg.): Endgültige Feststellung des Gesamthaushaltes der EG für das Haushaltsjahr 1991, Amtsblatt der EG L 30 vom 4.2.1991, Brüssel 1991

Kommission der EG (Hrsg.): Die Europäische Gemeinschaft und Lateinamerika, Brüssel 1990

Kommission der EG (Hrsg.): Europa-Dritte Welt, ein Dialog, Luxemburg 1989

Kommission der EG (Hrsg.): Europa-Partner der Welt, in der Reihe Europa in Bewegung, Europäische Dokumentation, Brüssel, Luxemburg 1991

Kommission der EG (Hrsg.): Revision des Schemas der Allgemeinen Zollpräferenzen, Kom. 85, 203, Brüssel 1985,

Kommission der EG (Hrsg.): Vorschlag für eine Verordnung des Rates zur Änderung der Einfuhrregelungen für bestimmte Agrarerzeugnisse mit Ursprung in Ägypten, Algerien, Israel, Jordanien, Libanon, Malta, Marokko, Syrien, Tunesien und Zypern, Brüssel 1991

Kommission der EG (Hrsg.): System Allgemeiner Zollpräferenzen, Orientierung für die neunziger Jahre, Kom.90 329, Brüssel 1990

Kommission der EG (Hrsg.): Europa-Dritte Welt, ein Dialog, Luxemburg 1988

Kommission der EG (Hrsg.): Europäische Gespräche, Heft 4, September 1990, Bonn 1990

Kommission der EG (Hrsg.): Europa-Partner der Welt , Brüssel 1991

Kommission der EG (Hrsg.): Eurostat, Schlüsselzahlen, Luxemburg 1991, in Beilage zu Perspektive '92, Nr. 8, Luxemburg 1991

Kommission der EG (Hrsg.): Lomé IV in Europäische Gespräche Heft 4, Bonn 1990

Kommission der EG (Hrsg.): System zur Stabilisierung der Ausfuhrerlöse (STABEX), DE 63, Brüssel 1990

Kommission der EG (Hrsg.): Die Europäische Gemeinschaft und die Mittelmeerländer, in der Reihe Europa in Bewegung, Brüssel, Luxemburg 1991

Kommission der EG (Hrsg.): Leitlinien über die Zusammenarbeit mit den Entwicklungsländern Asiens und Lateinamerikas, KOM (90) 176 Brüssel 1990

Kommission der EG (Hrsg.): Mitteilung der Kommission für den Rat über die Durchführung handelspolitischer Maßnahmen im Rahmen der neuen Mittelmeerpolitik, Kom.(91) 179, Brüssel 1991

Krüger, U.: Die Lomé Ursprungsregeln, Funktion und Auswirkung auf die internationale Arbeitsteilung, Wuppertal 1990

Kui Wai Li: Positive Adjustment against Protectionism, The positive Case of Textile and Clothing Industry in Hongkong, in the Developing Economics No. 9, Tokio 1991

Laird, L., Yeats, A.: Nichttarifäre Handelshemmnisse der Industrieländer 1966 - 1986, in Finanzierung und Entwicklung, Jg. 26, Hamburg 1989

Landesregierung NRW (Hrsg.): Garantierichtlinien des Landes Nordrhein - Westfalen für die mittelständische Wirtschaft und die freien Berufe, Rd.Erl. vom 1.3.1980

Lang, F.P.: Does the new Protectionism really harm all trading countries, in Intereconomics Vol. 24, No.1,Hamburg 1989

Langhammer, R.J.: Auswirkungen der EG-Binnenmarktintegration auf den Außenhandel der Entwicklungsländer, Kieler Arbeitspapiere Nr. 369 Kiel 1989

Langhammer, R.J.: Import Market Renetration in Services, in Intereconomics Vol. 26, Nov./Dez. Hamburg 1991

Langhammer, R.J.: Kriterien für die Wahl einer erfolgreichen Außenwirtschaftsstrategie in EL, in Die Bedeutung der Ordnungspolitik für den wirtschaftlichen Anpassungsprozeß in Entwicklungsländern, Baden- Baden 1991

Langhammer, R.J., Hiemenz, U.: Regional Integration among Developing Countries, Kieler Studien 232, Tübingen 1990

Lingnau, H.: Neue Elemente in der Entwicklungszusammenarbeit der EG zu Beginn der neunziger Jahre, hrsg. von DIE, Berlin 1991

Löffler, L.: Wunsch nach längerfristigen Zahlungszielen schafft Probleme, in Handelsblatt vom 18/19. 1. 1991

Lorenz, D: Trends towards regionalism in the world economy, in Intereconomics Vol.24. März/April 1989, Hamburg 1989

Maeming, W.: Zur Kritik des EG-Sonderfonds für Bergbauerzeugnisse, in Metall Nr.10, 41. Jg. Berlin 1987

McQueen, M.: Lomé: Die Ursprungsregeln müssen verbessert werden, in Deutsche Welthungerhilfe (Hrsg.), Lomé III, Kritische Analysen zum Verhältnis der EG gegenüber der Dritten Welt, Bd.1, Bonn 1984

Meißner, H.G., S. Gerber: Die Auslandsinvestition als Entscheidungsproblem, in BF u P, 32.Jg. Nr.3, o.O. 1980

Mensah, Ch.: Countertrade in Third World Mutual Trade, in ffda dossier 70, o.O. 1989

Michel, Th.: Das Potential der Partner, in GTZ info Nr. 6/92, Eschborn 1992

Ministerium für Wirtschaft und Verkehr Rheinland - Pfalz (Hrsg.): Wirtschafts-förderung '91, 9.Aufl. Mainz 1991

Möbius, U., Schuhmacher, D.: Chancen der Entwicklungsländer und der osteuropäischen Länder auf dem Binnenmarkt, Berlin 1991

Nawrocki, U.: Industrielle Zusammenarbeit und Handelsbeziehungen zwischen der EG und der Dritten Welt, in W. Gocht, H. Seifert (Hrsg.), Nord-Süd Kooperation -Internationale Herausforderung an Technik und Wirtschaft-, Baden-Baden 1982

Neundörfer, K.: Das Vierte Welttextilabkommen, in Schriften für Textilpolitik Heft 4 Frankfurt 1987

Neundörfer, K.: Die europäische Integration in einem neuen weltpolitischen Umfeld, in Jahrbuch der Textilindustrie 1991, hrsg. von Gesamttextil, Frankfurt 1991

Neundörfer, K.: Textiles and Clothing in the Uruguay Round: Current Situation and Future Perspectives, in Intereconomics Vol. 25, Juli/August, Hamburg,1990,

Nicolaides, Ph.: Anti-competitive Effects of Trade Policy, in Intereconomics Vol.26 Juli/August, Hamburg 1991

Nicolaides, Ph.: Anti Dumping Measures as Safeguards, The Case of EEC, in Interteconomics, Vol. 25, Nov./Dez., Hamburg 1990

Nicolaides, Ph.: Safeguards and the Problems of Vers, in Intereconomics Vol. 25 Nov./Dez. 1990, Hamburg 1990

Noel, E.: Die Organe der Europäischen Gemeinschaft, Luxemburg 1988

o .V.: Bericht des Generalberichterstatters im Namen der Paritätischen Versammlung AKP-EWG über die Prioritäten bei der Anwendung von Lomé IV zur Verbesserung der wirtschaftlichen und sozialen Lage der AKP - Staaten, Sitzungsdokumente Dok. AKP-EWG 184/90/B, Brüssel 1990

o.V.: Lomé IV, in Europäische Gespräche, hrsg. von Kommission der Europäischen Gemeinschaften, Heft 4 Bonn 1990

o.V.: Richtlinien der Kreditanstalt für Wiederaufbau für die Vergabe von Aufträgen im Bereich der Finanziellen Zusammenarbeit der Bundesrepublik Deutschland mit Entwicklungsländern, Frankfurt 1990

o.V.: GATT-Verhandlungen, in Wirtschaftswoche Nr. 11 vom 6.3.1992,

o.V.: Details on principal developments and innovations, in The Courier, No.120, March/April 1990, Brüssel 1990

o.V.: Der Fischer Weltalmanach 1992, Frankfurt 1991

o.V.: Deutsche Entwicklungshilfe, Mehr Lieferbindung durch Mischfinanzierung, in DIW (Hrsg.),Wochenbericht 10/87, 54 Jg., Berlin 1987

o.V.: Das Risiko vor Versendung, in Garantien und Bürgschaften, Loseblattwerk, hrsg. von E.Schallen/G.Stolzenburg, 140. Erg.Lfg., Köln 1989

o.V.: Madrid fordert ein Hilfsprogramm der EG, in Handelsblatt vom 3.3.1992

o.V.: ACP-EEC Trade: The Kiel Study, in the Courier No. 98, Brüssel 1986

o.V.: Athen blockiert Hilfe für Mittelmeerraum, in NFA vom 4.3.92

o.V.: Außenhandel, in Handelsblatt vom 9.7.1992

o.V.: Die Europäische Gemeinschaft und der Mittelmeerraum, in Europäische Dokumentation, Luxemburg, 1985

o.V.: Dunkels Gesamtpaket der Uruguay-Runde, in Neue Züricher Zeitung vom 24.12.1991

o.V.: EG Verhandlungen mit Marokko ausgesetzt, in NFA vom 27.1.92

o.V.: Industriegütereinfuhren der EG aus Süd und Ost, in Wochenbericht 24/92, hrsg. vom DIW 59. Jg. Berlin 1992

o.V.: Leitlinien für die bilaterale Finanzielle und Technische Zusammenarbeit, in Handbuch für internationale Zusammenarbeit, 211. Lieferung, Baden-Baden 1984

o.V.: Mehr als 300 Mio. Paar aus dem Ausland, in Außenwirtschaft, 33 Jg. Nr.3, Frankfurt 1992

o.V.: Mischkredite/Mischfinanzierungen, in Garantien und Bürgschaften, hrsg. E. Schallen/G. Stolzenburg,1. Erg.Lfg. März 1992, Köln 1992

o.V.: Praxis Neue Vorschriften im Außenwirtschaftsrecht, in Außenwirtschaft Nr. 4 1991 Jg. 38, Stuttgart 1991

o.V.: Rechtsnatur der Ausfuhrdeckungen, in Garantien und Bürgschaften, hrsg. E. Schallen/G. Stolzenburg, 3.Erg.Lfg. Köln 1991

o.V.: Stand der Doppelbesteuerungsabkommen und der Doppelbesteuerungs-verhandlungen am 1. Januar 1992, in Handbuch für internationale Zusammenarbeit, 293. Lief. Baden-Baden 1992

o.V.: Südostasien, Kluge Aufsteiger, in Wirtschaftswoche Feb.1992, Nr.7, Jg. 46,

o.V.: Ungebundene Finanzkredite, in Loseblattwerk Garantien und Bürgschaften, 140.Erg. L., hrsg. von DIW Köln 1989

o.V.: Uruguay-Runde : Hohe Ausgangsziele nicht erreichbar, in DIW Wochenbericht 48/92, hrsg. von DIW, 59. Jg, Berlin 1992

o.V.: Verpaßte Chance, in Wirtschaftswoche Feb.1992, Nr.9, Jg. 46,

o.V.: Wie wirksam sind die Allgemeinen Zollpräferenzen der EG für Industrieprodukte, DIW Wochenbericht 10/86, Berlin 1986

o.V.: Freihandelszone mit dem Maghreb, in EPI Nr.3 1992, Saarbrücken 1992

o.V.: Schreiben an Stavenhagen und Roth, ISS gegen Förderung indischer Konkurrenz, Pressemitteilung ISS vom 14.11.1991

o.V.: Details on principal developments and innovations, in The Courier, No.120, March/April 1990, Brüssel 1990

OECD (Hrsg.): Chairman´s Report 1991, Paris 1991

OECD (Hrsg.): International direct investment and the new economic environment, Paris 1989

OECD (Hrsg.): Integration of the Developing Countries into the international Trading System, Paris 1992

Oyowe, A: New ACP-export products, in The Courier No. 127 Brüssel 1991

Pappas, A.: Die außenpolitischen Ziele und Interessen der gemeinsamen Handelspolitik der EG, Berlin 1985

Pater, S.: Stichwort Wende, 2. Aufl. Bad Honnef 1990

Peipers, H.: Politisch bedingte Schäden rücken immer mehr in den Vordergrund der Absicherung, in Handelsblatt vom 27.10.1991

Pollak, Ch.: Unternehmer im Umbruch, in GTZ Info. Nr. 6/92, Eschborn 1992

Porter, M.: Globaler Wettbewerb, Strategien der neuen Internationalisierung, Wiesbaden 1989

Preusse, H.G.: Voluntary Export Restraints-An Effective Means Against a Spread of Neo-Protectionism, in Journal of World Trade, Vol 25. No. 4, New York 1991

Protrade (Hrsg.): Branchenkonzepte, Eschborn 1993

Rabe, CH.: GATT, Die europäische Agrarpolitik erzeugt in Australien hohe Einnahmeausfälle - Gespräche mit dem Minister für Handelsfragen, in Handelsblatt vom 23. Mai 1992

Repnik, H.P.: Die Euphorie weicht dem Pragmatismus, in Standort, Zeitschrift für nationale und internationale Standortinformationen, Nr. 1/2 1990

Reyhl, E.: Wenig Erwartungen an München, in Handelsblatt vom 13.6.1992

Reyhl, E.: Die internationalen Handelspolitiker verlieren Respekt vor der GATT-Runde, in Handelsblatt vom 19.3.1993

Richtlinien über die Förderung von Niederlassungen sowie des Technologietransfers deutscher Unternehmen in Entwicklungsländer: in Bundesanzeiger Nr. 142, Bonn 1991

Schmitz, H.: Hermes- Instrument muß neu zugeschnitten werden, in Handelsblatt vom 27.10.1991

Schmuck, O.: Entwicklungspolitik, in Europa von A - Z, Taschenbuch der Europäischen Integration 1988/89, hrsg. von Werner Wessels, Bonn 1989

Schmuck, O.: Lomé - Zusammenarbeit auf neuer Grundlage, in Entwicklung und Zusammenarbeit, Nr. 3, Jg.31, Bonn 1990

Schultz, S.: Dienstleistungen und Entwicklungsländer-Position der Dritten Welt zur Einbindung des Dienstleistungshandels in den GATT-Rahmen, in Konsequenzen neuer handelspolitischer Entwicklungen für die Entwicklungsländer, Sautter Hermann (Hrsg.) Schriften des Vereins für Sozialpolitik/Gesellschaft für Wirtschafts-Sozialwissenschaften, Neue Folge Bd.197, Berlin 1990

Schultz, S.: Die laufende Uruguay-Runde des GATT und ihre Bedeutung für die Entwicklungsländer, in Aus Politik und Zeitgeschichte, B30 - 31, Juli 1990

Schürmann, H.J.: Die deutschen Importeure klagen über energiepolitische Handicaps, in Handelsblatt 19. Jan 1993

Seifert, H.: Aktuelle Entwicklungen der deutschen Direktinvestitionen im Ausland, in Handbuch für internationale Zusammenarbeit, 292. Lief. Baden-Baden 1992

Sellien, R., Sellien, H.: Gabler's Wirtschaftslexikon, 10. Aufl. Wiesbaden 1979

Senti, R.: GATT, System der Welthandelsordnung, Zürich 1986

Smeets, H.D.: Freihandel im Widerstreit zu protektionistischen Bestrebungen, in Währungsreform und Soziale Marktwirtschaft hrsg. von W. Fischer, Berlin 1988

Siebert, Ch., Svindland, E.: Nationalstaat und Interdependenz- kooperative Interaktionsmuster in der EG-Handelspolitik, hrsg. von DIW, Sonderheft 147, Berlin 1992

Statistical Office of the EC (Hrsg.): Comparison of the total imports under GSP of the principal Beneficiaries of the EC's Scheme of GSP, Brüssel 1992

Statistisches Bundesamt (Hrsg.): Außenhandel mit den Entwicklungsländern 1990, Wiesbaden 1991

Statistisches Bundesamt (Hrsg.): Statistisches Jahrbuch 1991,Wiesbaden 1991

Statistisches Bundesamt (Hrsg.): Statistisches Jahrbuch 1992, Wiesbaden 1992

Stiftung Entwicklung und Frieden (Hrsg.): Globale Trends 1991, Bonn, Düsseldorf 1991

Stolzenburg, G.: Die Staatliche Exportkreditversicherung, 4.Aufl., Köln 1992

Stolzenburg, G.: Praxis der Exportfinanzierung, Köln 1992

Stolzenburg, G., Moltrecht, E.: Sicherungsmöglichkeiten durch staatliche Exportversicherung, in Export Nr.3 1991

Tandon, R.: The Uruguay Round of multilateral Trade Negotiation and the Third World Interests, Genf 1990

Tangermann, St: Das GATT und die EG - Agrarpolitik, Versäumte Hausaufgaben, in Agrarwirtschaft Jg. 40, Frankfurt 1991

Taplin, G.B.: Neubelebung der UNCTAD, in Finanzierung und Entwicklung Nr. 2, Hamburg 1992

Treuarbeit (Hrsg.): Merkblatt über die Gewährung von Garantien und Bürgschaften für ungebundene Finanzkredite an das Ausland, Fassung Juli 1978, Hamburg 1990

Treuarbeit AG (Hrsg.): Bundesgarantien für Kapitalanlagen im Ausland 1960-1992, Hamburg 1993

UN (Hrsg.): International Trade Statistics ,1989, New York 1991

UN (Hrsg.): International Trade Statistics ,1990, New York 1992

UNCTAD (Hrsg.): Preferences: Review of Discussions, TD/B/AC1/1, Genf 1985

UNCTAD (Hrsg.): Fourteenth general report on the implementation of the GSP, TD/B/C.5/ 134/ Add.1 New York 1991

UNCTAD (Hrsg.): The General system of preferences: A review of changes in the schemes since their inception, UNCTAD/ITP/14, Genf 1989

UNCTC (Hrsg.): Transnational cooperation in world development trends and prospects, New York 1988

UNIDO (Hrsg.): Foreign direct investment flows, PPD.167, Wien 1990

UNIDO (Hrsg.): Handbook For UNIDO Field Staff, Wien 1989

Urff, v.W., Weinmüller, E.: Außenwirtschaftliche Aspekte der EG - Agrarpolitik, in H. Priebe,

W. Schepper, W.v.Urff: Agrarpolitik in der EG, Probleme und Perspektiven, Baden- Baden 1984

van den Brink: Befriedigung des Mittellmeerraums, in Europäische Zeitung Juni 1991

VDI (Hrsg.): Wege aus dem Patt, in VDI - Nachrichten, Nr. 18, 1992

Voigt, St.: Traded Services in the GATT, What's all the Fuss about, in Intereconomics Vol. 26, März/April, Hamburg 1991

Voigt, St.: The Trade Policy Review Mechanism, in Intereconomics Vol.25 Mai/Juni, Hamburg 1990

Vortragsmitschrift: im Rahmen der Vortragsveranstaltung der Protrade über "Neue Wege der Wirtschaftsförderung", Protrade im Test - Messeförderung auf der ANUGA 1991, von U. Träger ifo Institut, München

Weidemann, R.: The Anti - Dumping Policy of the European Communities, in Intereconomics Vol. 25, Jan./Feb.1990, Hamburg 1990

Weitzel, G., Täger, U.CH: Möglichkeiten einer verstärkten Messebeteiligung für kleine und mittlere Unternehmen, ifo-studien Nr. 42, München 1992

Weltbank (Hrsg.): Countries Imports, Report No. DRD 115, Washington 1985

Weltbank (Hrsg.): Weltentwicklungsbericht 1991, Washington 1991

Weltbank (Hrsg.): Export processing zones, Washington 1992

Weltbank (Hrsg.): Global Economics Prospects and the Developing Countries 1991, Washington 1991

Werner, H.: Wie liberal ist die deutsche Außenwirtschaftspolitik gegenüber Entwicklungsländern, in Importe aus der Dritten Welt, hrsg, von Deutschen Übersee Institut, Hamburg 1987

Wiemann, J.: Europäische Handelspolitik im Zeichen der Uruguay-Runde und der Vollendung des europäischen Binnenmarktes, hrsg. von Institut für Wirtschaftsforschung, Berlin 1990

Wiemann, J.: Europäische Handelspolitik gegenüber Entwicklungsländern im Zeichen der Uruguay-Runde und der Vollendung des Europäischen Marktes, hrsg. von DIE, Berlin 1990

Wilhelms, CH.: The Federal Republik of Germany, Market and Marketing, hrsg. vom BMZ, 2. Aufl. München 1987

Winglee, P.: Die Agrarpolitik der Industrieländer, in Finanzierung und Entwicklung Nr.3, Vol. 26, Hamburg 1989

WTA: in Jahrbuch der Textilindustrie 1991, hrsg. von Gesamttextil Frankfurt 1991

Zehender, W.: Förderpakete nach Maß, in GTZ Info. Nr. 6/92, Eschborn 1992

Ziller, P.: GATT-Runde -vor dem Erfolg steht für Kohl ein Krach mit Freund Francois-, in Frankfurter Rundschau vom 4.4.1992

SCHRIFTEN DES DEUTSCHEN ÜBERSEE-INSTITUTS HAMBURG

Friedrich von Krosigk/Pierre Jadin
Die französischen Überseegebiete. Paradoxien eines Entwicklungsexperiments. 1994.
ISBN 3-926953-28-4, IX + 296 S., DM 34,00

Wolfgang Hein (Hrsg.)
Umbruch in der Weltgesellschaft - auf dem Wege zu einer "Neuen Weltordnung"? 1994.
ISBN 3-926953-26-8, X + 490 S., DM 38,00

Reinhart Kößler
Postkoloniale Staaten. Elemente eines Bezugsrahmens. 1994. ISBN 3-926953-24-1, 260 S. DM 28,00

Barbara Grabow-von Dahlen
Handelspolitik der Bundesrepublik Deutschland gegenüber Entwicklungsländern. 1994. ISBN 3-926953-23-3, XII + 277 S., DM 28,00

Michael Brzoska (Hrsg.)
Militarisierungs- und Entwicklungsdynamik. Eine Exploration mit Fallbeispielen zu Algerien, Iran, Nigeria und Pakistan. 1994. ISBN 3-926953-22-5, 348 S., DM 35,00

Wolfgang Hein
Autozentrierte agroindustrielle Entwicklung. Eine Strategie zur Überwindung der gegenwärtigen Entwicklungskrise? 1994. ISBN 3-926953-21-7, XVIII + 365 S., DM 32,00

Joachim Betz
Agrarische Rohstoffe und Entwicklung. Teewirtschaft und Teepolitik in Sri Lanka, Indien und Kenia. 1993. ISBN 3-926953-20-9, XII + 360 S., DM 32,00

Rodger Wegner
Nichtregierungsorganisationen und Entwicklungshilfe. Einführung und systematische Bibliographie. 1993. ISBN 3-926953-19-5, 147 S., DM 26,00

Ulrich Menzel
Geschichte der Entwicklungstheorie. Einführung und systematische Bibliographie. 1993. 2. erw. Aufl., ISBN 3-926953-17-9, VII + 375 S., DM 28,00

Benno Engels (Hrsg.)
Perspektiven einer neuen internationalen Handelspolitik. 1993. ISBN 3-926953-16-0, 271 S., DM 28,00

Benno Engels (Hrsg.)
Weiterentwicklung des GATT durch die Uruguay-Runde? 1993. unveränd. Nachdr., ISBN 3-926953-15-2, 205 S., DM 28,00

Wolfgang Hein (Hrsg.)
Umweltorientierte Entwicklungspolitik. 1993. unveränd. Nachdr. d. 2. erw. Aufl., ISBN 3-926953-13-6, XI + 497 S., DM 38,00

Alphons Studier (Hrsg.)
Biotechnologie: Mittel gegen den Welthunger? 1993. unveränd. Nachdr., ISBN 3-926953-07-1, 318 S., DM 28,00

Zu beziehen durch:
Deutsches Übersee-Institut
Neuer Jungfernstieg 21
20354 Hamburg
Tel.: (040) 35 62 593
Fax : (040) 35 62 547

NORD-SÜD *aktuell*

Vierteljahreszeitschrift für Nord-Süd und Süd-Süd-Entwicklungen

Sie werden umfassend informiert!
Sie sparen Zeit!
Wieso?
Wir lesen für Sie!

Ziel der Zeitschrift:

Systematische und kontinuierliche Analyse der Nord-Süd- und Süd-Süd-Beziehungen, unter anderem

zu den Aspekten	sowie diesbezüglicher Aktivitäten von z.B.:
Handel	GATT
Finanzierung	OECD
Investitionen	UNCTAD
Technologietransfer	UNIDO
Rohstoffe	FAO
Entwicklungshilfe	IWF
Verschuldung	Weltbank
Internationale Migration	OPEC
Landwirtschaft und Ernährung	EG
Seerecht und Meerespolitik	Blockfreie Bewegung
Umweltprobleme	

Das Ergebnis ist preiswert:

Jahresabonnement (4 Hefte) DM 80,00 (zuzüglich Versandkosten)

Inhalt: Aus der Fülle des verstreut vorhandenen Materials zu diesem Themenkreis wird das Wichtigste in **Kurzanalysen** zusammengefaßt. Themen von weitreichender Bedeutung werden in Form von **längeren Artikeln** analysiert. Für Entwicklungen von regionaler Bedeutung kann das Deutsche Übersee-Institut auf die Spezialkenntnisse der Wissenschaftler der angeschlossenen **Regionalinstitute** (Institut für Afrikakunde, Institut für Asienkunde, Institut für Iberoamerika-Kunde, Deutsches Orient-Institut) zurückgreifen.

Der Inhalt des Heftes wird ergänzt durch **Konferenzberichte**, eine **Chronik**, wichtige **Dokumente** sowie **Orientierungsdaten** zu Wirtschaft und Gesellschaft der Länder der Dritten Welt.

Das Einmalige dieser Zeitschrift:

Die systematische und kontinuierliche Berichterstattung über und die Analyse von wichtigen Entwicklungen wird durch festgelegte Beobachtungsfelder sichergestellt.

Bitte **Probeheft anfordern**.
Nord-Süd aktuell ist zu beziehen durch:

Deutsches Übersee-Institut
Neuer Jungfernstieg 21
20354 Hamburg
F.R. Germany
Tel.: 040/35 62 593
Fax: 040/35 62 547